HESSISCHE SAGEN

Herausgegeben
von Ulf Diederichs
und Christa Hinze

Eugen Diederichs Verlag

Mit 133 Abbildungen

CIP-Kurztitelaufnahme der Deutschen Bibliothek

Hessische Sagen / hrsg. von Ulf Diederichs u. Christa Hinze. – 1. Aufl. – Düsseldorf, Köln : Diederichs, 1978.
ISBN 3-424-00608
NE: Diederichs, Ulf [Hrsg.]

Erste Auflage 1978

Umschlaggestaltung: Eberhart May, Meerbusch
Satz: Fotosatz Tutte, Salzweg-Passau
Druck und Bindung: Verlagsdruckerei E. Rieder, Schrobenhausen
ISBN 3-424-00608-4

Inhalt

Zur Einführung

Dies ist nach fünfzig Jahren wieder der erste Versuch, die schönsten und merkwürdigsten Sagen aus ganz Hessen zusammenzuführen. Ein Vorhaben, das nicht denkbar wäre ohne die Grundlage früherer Sammlungen, angefangen mit der *Beschreibung der Fürstentümer Hessen und Hersfeld* von Winkelmann (1697) und den *Deutschen Sagen* von Jacob und Wilhelm Grimm (1816/18). Bei den Sagenbüchern des 19. Jahrhunderts ist auffallend, daß sie in ihren Vorreden fast immer auf das Verhältnis von Geschichte und Zeitbewußtsein eingehen. Das macht sie interessant, gerade weil es zum Vergleich mit unserer Zeit herausfordert. So schreibt Johann Wilhelm Wolf eingangs seiner *Hessischen Sagen* (1853): »Die Grimm's riefen einen neuen Zweig der Literatur ins Leben und gegenwärtig wird aller Orten und Enden gesammelt, was noch zu sammeln ist. Wir dürfen uns nun nicht verhehlen, daß trotzdem das Publikum noch nicht mit dem Eifer zugreift, mit welchem das Geschäft des Auflesens betrieben wird. Einstweilen greift es noch lieber nach den poetisch bearbeiteten Sagen,* die jedoch den anderen strengeren Aufzeichnungen den Weg bahnen. Langsam wird sein Auge, das bis dahin an hohle Theaterdekorationen gewöhnt war, wieder Freude finden können an diesen einfachen, kunstlosen Bildern einer frischen Natur.«

Wolf erinnert an die Anfänge der Brüder Grimm, als sie noch von Kassel aus ihre Ausflüge machten, Märchen und Sagen von hessischen Leuten zu hören bekamen.** »Aber Hessen ist groß und mein Gebiet war vorzugsweise das Großherzogtum (Darmstadt), und da ist der Boden leider nicht mehr so ergiebig ...« Das 16. Jahrhundert habe in den Kirchen und auf den Fluren *tabula rasa* gemacht, der Dreißigjährige Krieg habe niedergerissen, was noch an Denkmälern stand; dann seien die französischen Nachbarn über Städte, Burgen und Klöster hergefallen, und kaum hätten sich die Leute von ihnen erholt, seien sie als Revolutionsmänner wieder-

* Gemeint sind die heute in der Tat schwer genießbaren Versdichtungen Karl Simrocks und Alexander Schöppners; hinzuzuzählen die nassauischen Sagenanthologien von Alois Henninger (1845) und später dann F. W. E. Roth (3 Bände 1879)

** Allerdings sind die Grimm'schen Sagen, deren erster Band die lokalen der zweite die historischen Überlieferungen enthält, größtenteils Bearbeitungen nach schriftlichen Quellen.

gekehrt; schließlich habe der Rationalismus »allen Rest von Poesie aus den Herzen gefegt«.

Immerhin, Wolf hat sich zu helfen gewußt. Um die alten Odenwälder Überlieferungen aufzuspüren, wendet er sich an seinen Schwager Wilhelm von Ploennies. Der ist Leutnant in der hessischen Armee, läßt seine Soldaten antreten und befiehlt: Sagen erzählen! – die Ausbeute ist vorzüglich. Wolf ordnet seine Sammlung mythologisch an; für ihn beinahe selbstverständlich. Er beginnt mit den alten Göttern (den in die Berge entrückten Rittern und Helden), den heiligen Schauplätzen, der Göttin unter dreierlei Namen: Holle, Holda und Freya. Es folgen die Umzüge des Wilden Jägers, des Heervaters Wotan; danach die weißen Frauen, die Riesen, die Zwerge und Hausgeister. Dann wilde Frauen, Nöck und Nixen – ihr elbisches Treiben scheint ihm in späterer christlicher Zeit auf die Hexen überzugehen: »Der Bauer, der über alles andere Geistertreiben spottet, er zittert vor der Macht einer triefäugigen alten Frau.«

Diese Anordnung des Sagenmaterials hat durchaus ihre Logik. Zwar legt sie weniger Wert auf Historisches, auf umerzählte Geschichte; doch die Fülle lokaler Überlieferung wird so, nach ihren Grundmotiven gebündelt, im Zusammenhang überschaubar. Eine »mythologische Landeskunde« Hessens schwebte schon Ferdinand von Pfister vor, Zeitgenosse der Brüder Grimm und einer ihrer wenigen Gewährsleute. Er muß ein besessener Sammler gewesen sein, der nicht ästhetisch einschränken oder vorgreifen wollte: »Denn gleich wie zu Tage gefördertes Erz oft nur einiges Gute enthält, so dient doch auch taubes Gestein zur Erkennung innerer Lagerstätten« (Begleitbrief zu seiner ersten Sagenlieferung, gerichtet an Wilhelm Grimm). Hermann von Pfister hat ein halbes Jahrhundert darauf die Aufzeichnungen seines Vaters herausgegeben, unter dem Titel *Sagen und Aberglaube aus Hessen und Nassau* (1885).

Andere Sagenstoffe als Wolf, unter Einbezug auch der alten Volksbräuche, bietet Karl Lyncker. Seine Sammlung *Deutsche Sagen und Sitten in hessischen Gauen* (1854) versteht sich als ein Stück deutscher Geschichtschreibung, in einer Zeit, die viel von ihrer landeskundlichen Überlieferung vergessen habe. Hier finden sich Anklänge an Niklas Vogt (*Rheinische Geschichten und Sagen*, 1817), aber während jener Volkssagen mit heranzieht, da sie »öfters die Urkunden aufklären und uns ein treues Bild von dem Geiste unserer Väter geben«, ist Lyncker in der Beziehung eher kritisch. Ihm kommt es darauf an, die Spreu von den Körnern zu trennen und Sagenwildwuchs in den neueren Chroniken gehörig zu stutzen. Die »problematischen Götter« seien samt und sonders aus Mißverständnissen und falschen Etymologien hervorgegangen; der vielzitierte *Crodo* bei Eschwege reduziere sich auf *Kröte*, der *Stuffo* auf dem Staufenberg sei nicht als Gott anzusehen, sondern ganz wörtlich als *stouf*, Felsenspitze. Die Chronikensagen von *Bato und Hessus* erinnern ihn »gar zu sehr an die unsern Chronisten eigene Manie, aus bloßen Namen die wunderbarsten Ereignisse herauszulesen, und ihre Bücher damit zu füllen«.

Das hört sich auch heute sehr erfrischend an. Lynckers Sammlung ist nicht von ungefähr eine der lesbarsten geblieben. Ohne die territorialen Grenzen seines Heimatlandes (Kurhessen) ängstlich zu wahren oder sagenverwandte Stoffe ganz auszuscheiden, geht es ihm um die Echtheit der Quellen: »So auch geb' ich meine Blumen unverfälscht, wie ich sie gefunden, hin.« Das späte 19. Jahrhundert und erst recht das Zwanzigste haben darin wieder gesündigt, haben Sagen ausgesponnen, miteinander vermengt, für die Jugend zart zubereitet.

Die vorliegende Auswahl hessischer Sagen richtet sich mit gutem Grund nach den älteren Quellen. Sie baut auf den Lesereiz, der von den schmucklosen Texten selbst ausgeht, in ihrer erzählerischen Subjektivität und Frische. Dies Sagenbuch ist anders angelegt als Paul Zaunerts *Hessen-Nassauische Stammeskunde* (1929 bei Diederichs), jene letzte große Zusammenschau, die von den mythischen Sagen um Frau Holle über die heilige Elisabeth bis zu Napoleon führt. Dort die Vorstellung einer eigengesetzlichen Welt, in der »das Bild einer in Stammesart ausgeprägten Volksseele deutlich wird«; eine stoffliche Gliederung mit der Trias Mythische Sagen / Geschichtliche Sagen / Volksglaube.

Hier dagegen eine lockere regionalhistorische Anordnung, achtzehn Sagenlandschaften, die sich aus dem Stoff ergaben und die in etwa die heutigen Landesgrenzen einhalten (nur bei den Regionen Westerwald, Lahn und Rhön greift sie etwas darüber hinaus). Die Gruppierung nach Orten und Landschaften erlaubt zwar nicht jene strenge sachliche Ordnung, wie sie die meisten früheren Sammlungen angestrebt haben. Aber sie weiß sich auch freier von Ideologie, von thematischer Bevormundung. Die einzelnen Sagen sollen stärker für sich wirken; als knappe Erzählstücke, deren jedes für sich lesbar ist, Querverbindungen ermöglicht und im Kontext zeigt, was an Überlieferungen mehr im Umkreis zu finden ist: auf dem Vogelsberg, dem Meißner, der Schwalm, im Lahntal oder im Taunus.

Aus Platzgründen entfiel einiges, denn auch die Städte – Frankfurt und Darmstadt, Kassel und Fulda, Marburg und Gießen – sollten nicht zu kurz kommen. Zumal Frankfurt nicht, das als Reichsstadt und spätere Freie Stadt (ab 1815) einen Sagenfundus hat, der allein einen stattlichen

Band füllen könnte. Die Sammlungen von Enslin, Listmann (beide 1856), Bertling (1907) und Wehrhan (1923) bezeugen es.

Unsere leicht verwegene Absicht war, ganz Hessen erzählen zu lassen. Und das hieß zunächst, den Begriff *hessisch* in seiner jeweiligen territorialen, historischen, mundartlichen Spezifikation zu erfassen. »Unser Hessen« meint für Wolf etwas ganz anderes als für Lyncker, und die Landesgrenzen, die Zaunerts Hessen-Nassauischer Sagenschatz vor fünfzig Jahren absteckt, sind nicht mehr die heutigen: einiges ist an Rheinland-Pfalz gefallen, anderes (Darmstadt, Odenwald, Bergstraße) ist hinzugekommen.

Man mache sich deutlich, daß die sog. ältere Linie *Hessen–Kassel* bis 1866 bestand, als *Kurhessen* von 1803 bis 1866. Zusammen mit dem Herzogtum Nassau (Hauptstadt Wiesbaden) und der Freien Stadt Frankfurt bildete Kurhessen dann die preußische Provinz *Hessen–Nassau* mit der Hauptstadt Kassel.

Die sog. jüngere Linie *Hessen–Darmstadt* bestand noch bis 1945, von 1918 bis 1945 als *Freistaat Hessen.* Unter Abtrennung ihrer linksrheinischen Landesteile, die an Rheinland-Pfalz gingen, wurde 1945 Hessen–Darmstadt mit Hessen–Nassau vereinigt. Es entstand das neue *Land Hessen.*

Das Neue, aus Altem gebildet: wir hoffen, das trifft auch ein wenig auf dieses hessische Sagenbuch zu, in dem sich Bekanntes und Unbekanntes finden läßt, aus einer vielschichtigen Erzähltradition in unsere Gegenwart hinüberspielend.

Januar 1978 — Ulf Diederichs

Von Land und Leuten

Die älteste Nachricht von den Hessen

Erstlich, so befindet sich die allererste Meldung und älteste Gedächtnis der Hessen, so noch zur Zeit vorkommen, in der Historien und Briefe des Bischofs Bonifatius, an welchen Papst Gregorius (der andere dieses Namens) etliche Sendschreiben um Einführung des Römischen Glaubens bei den Teutschen abgehen lassen, unter denen auch eine vom Papst Gregorius III. gerichtet an diejenigen Teutschen Völker, zu welchen er Bonifatius, obgedachten Zweckes halber, gesendet gewesen, und im Jahr 738 abgangen, mit dieser Überschrift:
Gregorius III. allen und jeden fürnehmen, und dem ganzen Volk der Provinzen Teutschlands, sonderlich den Thüringern und Hessen, Bortharen, Ristresen, Wetterauen und denen, so an der Löhn [Lahn], auf dem Süd-Grabfeld, auch allen und jeden, so nach der Sonnen Aufgang wohnen.(1)

Der heilige Salzfluß

Wo das Gebiet der Hermunduren an das der Chatten grenzte, floß die Saale, ein beiden Völkern heiliger Fluß, dessen Wasser, über glühende Baumschichten gegossen, ihnen lange Zeit das Salz lieferte. Die Salzquellen waren den Germanen insgesamt heilig, denn sie glaubten, daß die Götter dort nahe wohnten und an solcher Stätte die Gebete der Sterblichen eher erhörten als anderswo. Chatten und Hermunduren kamen über den Besitz dieses Salzflusses in Streit; vor der Schlacht weihten die Chatten auf den Fall des Sieges das feindliche Heer, Männer und Rosse ihren Göttern Mars und Merkur. Aber der Kampf fiel unglücklich für sie aus, und die Hermunduren vollzogen an ihnen selbst, was sie gelobt hatten, indem sie die gefangenen Chatten ihren Göttern opferten. (2)

Bato und Hessus

Alte Chroniken melden von zwei chattischen Königen: Bato und Hessus, an der Spitze der Unterabteilungen des gesamten Chatten-Stammes.
Ob solche Schreiber aus älteren heimischen Aufzeichnungen schöpften, ob ihnen gar mündliche Überlieferungen noch erreichbar waren, wir wissen es nicht. Eines aber ist gewiß:
Das Chatten-Volk gliederte sich wirklich in zwei große Sippen: Hessen und Batten. Nicht alle Chatten waren in engerem Sinne auch Hessen. Dieser Untername, der später sich anstelle des chattischen Hauptnamens setzte, gebührte ursprünglich nur denen, die wir heute zum Unterschied zusätzlich Niederhessen nennen müssen. Oberhessen und Wetterauer sind vornehmlich Batten. Die Mattiaken im Nassauischen mögen von den Niederhessen ausgegangen sein. Die Bevölkerung südlich des Mains hinwieder erwuchs aus Ansiedlern aus allen alten Gauen.
So ist es dann gar nicht nötig, daß man annimmt, die Chronisten hätten sich die Sagen von den Fürsten Bato und Hessus völlig aus den Fingern gesogen. (3)

Wilde Tiere in Hessen

Nun ist gewiß, daß es in Hessen an Hirschen, Hinden, Rehen, wilden Säuen, Füchsen, Dachsen und dergleichen wegen der großen Wälder mehr hat, als bisweilen dem Landmann lieb ist; desgleichen gibt es auch Wölfe und Luchse.
Vor Zeiten hat man auch mitunter Bären angetroffen, vor allem im Odenwald, auf dem Meißner, in den Ämtern Schmalkalden und Marburg. Etliche davon hat Landgraf Philipp der Held gefangen. Auf dem Schloß zu Marburg sind in einem Gemach diese deutschen Reime zu lesen:

Da noch regiert das Hessenland
Landgraf Philipp, mit seiner Hand
Hat er einen Bären selbst gefällt,
Der edle Fürst und treue Held. (4)

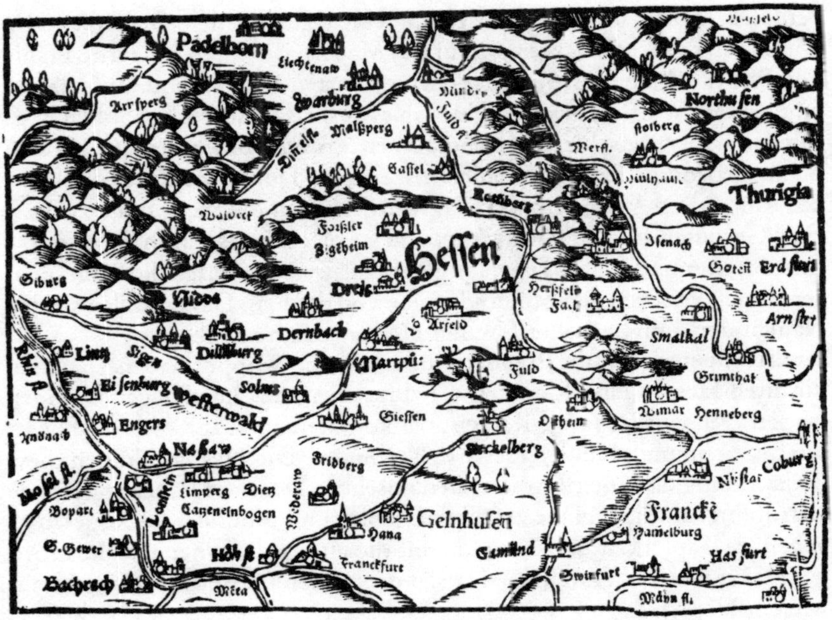

Landkarte von Hessen, um 1550. Kupferstich aus: S. Münster, Cosmographia

Das Zauberhorn

Es war einmal ein Landgraf von Hessen, der hatte einen Diener, der hieß Johann und verstand sich auf feine Künste, besonders was die Jagd betrifft. Er besaß nämlich ein wunderbares Horn und wenn der Landgraf irgendein Wild schießen wollte, so brauchte er nur zu sagen: »Johann, blas das Horn«, und hatte nicht einmal nötig, das Wild zu nennen. Sobald Johann blies, kam das Tier, welches der Landgraf sich wünschte und lief ihm in den Schuß. (5)

Die blinden Hessen

Einst wurde die Stadt Mühlhausen in Thüringen von den Hessen schwer bedrängt und belagert. Schon waren die meisten Verteidiger der Stadt gefangen, tot oder verwundet, und beim nächsten Sturm mußte sie sich erge-

ben. Da kamen die Mühlhäuser auf einen glücklichen Gedanken. Im Dunkel der Nacht steckten sie auf die Mauern der Stadt hölzerne Pfähle und Pflöcke, hingen alte Kleider darum, setzten Mützen und Hüte darauf und banden Waffen daran fest. Da sah es aus, als ob lebendige Soldaten da ständen. Aber zwischen diesen hölzernen Soldaten bewegten sich hin und wieder lebendige Krieger und drohten spottend hinab ins Lager der Feinde. Am andern Morgen, als es Tag wurde, sahen die Hessen die zahlreichen Gestalten auf der Stadtmauer, und sie meinten, es wären lauter wirkliche Streiter und Verteidiger. Da glaubten sie, sie könnten die Stadt nicht gewinnen, verloren den Mut und zogen von dannen. Davon sollen sie den Namen der dummen oder blinden Hessen erhalten haben.
Andere meinen: Wie die Preußen einen Adler im Wappen haben, so hatten die alten Hessen eine Katze zum Feldzeichen, das im Kriege vor ihnen hergetragen wurde. Junge Katzen aber kommen blind zur Welt. Daher sei die Bezeichnung »blinder Hesse« gekommen. Die Hessen können diese Bezeichnung als einen Ehrennamen ansehen. Denn sie haben im Kriege stets, ohne auf die Gefahr zu achten, tapfer und blind darauf losgeschlagen. Ihre Tapferkeit und Treue kennt die alte und die neue Welt. Noch heute sagt man in Westfalen: »He slät drop assen Hesse« (er schlägt drauf wie ein Hesse). (6)

Der stillstehende Fluß

Von der Fulda heißt es, so oft ein Fürst aus dem Lande Hessen, sonderlich ein regierender Herr oder dessen Gemahlin bald sterben soll, daß sie wider ihren natürlichen Lauf ganz still stehe und gleichsam der Strom seine Trauer zu erkennen gebe. Man hält das für eine sichere Todesanzeige und haben es die Einwohner mehrmals beobachtet. –
Der Chronist Winkelmann führt einige Exempel auf. So sei im Jahr 1566 bei Rotenburg die Fulda ganz stehen geblieben und sei so ausgetrocknet gewesen, daß man die Fische mit Händen hat greifen können: worauf im folgenden Jahr der Tod Landgraf Philipps des Großmütigen erfolgt sei. Im Jahr 1642 soll die Fulda wiederum bei Rotenburg still gestanden sein, worauf bald der fromme und gelahrte Landgraf Philipp zu Butzbach gestorben ist. Auch hat der Fluß die Art, daß gemeiniglich alle Jahr jemand darin ersäuft. (7)

Der Feuerbeschwörer

Es hat einmal ein Fürst von Hessen gelebt, der großer Zaubereien kundig war und u. a. auch über das Feuer Macht hatte. Wenn es irgendwo brannte, dann kam er hinzu, ging dreimal um die Flamme herum, besprach sie und warf ein Brot hinein. Dann hatte sie keine Gewalt mehr, weiter um sich zu greifen und das Feuer war bald gelöscht. (8)

Die Wichtelmännchen

Frisch und lebendig hat sich in Hessen der Glaube an die Wichtelmännchen erhalten. Im allgemeinen stellt das Volk sich dieselben als kleine, daumengroße Wesen mit dicken Köpfen vor, die sich unsichtbar machen können, gern den Menschen kleine Neckereien zufügen, aber auch gern ihnen helfen und Gutes tun. Die Kinder haben noch ein Spielzeug, das sie Wichtelmännchen nennen; es ist das Mark des Holunders, in dreiviertel Zoll lange Stücke zerschnitten; in jedes Stück wird der Länge nach ein dickköpfiger Nagel gesteckt: die Schwere des Nagelknopfes macht, daß das Ding, wie man es auch stellen oder legen mag, sich immer von selbst auf den Kopf stellt.

Fürstenstein an der Werra (Wichtelhöhle). Kupferstich (Politisches Schatzkästlein I 4/19, 1625)

Den neugebornen Kindern sind die Wichtelmännchen besonders gefährlich. Vor dem neunten Tag darf in der Wochenstube das Licht nicht ausgehen, sonst können sie den Säugling noch vertauschen, einen Wechselbalg an seine Stelle legen. (9)

Immerwährender Streit

Die Erzbischöfe zu Mainz haben lange Zeit mit den Landgrafen von Hessen in Streit gelegen und sich um das Mein und Dein gestritten, wie es wegen der Grenzen zwischen Nachbarn gemeiniglich herzugehen pflegt. Weil nun Landgraf Ludwig (Ludwig II., der Eiserne, gest. 1172) zuletzt fast stets außer Landes war, nahm Erzbischof Konrad die Gelegenheit wahr, fiel mit seiner Macht in Hessen ein, raubte, sengte und brandschatzte nach seinem Gefallen.
Pfalzgraf Hermann sammelte seine Völker, zog ihm entgegen, trieb den Erzbischof in die Flucht und nahm viele Völker gefangen; jedoch blieben wenige tot. (10)

Das Kind von Brabant

Der letzte männliche Sprößling von dem alten Stamme Ludwigs mit dem Barte war in dem »Pfaffenkönig« Heinrich Raspe zu Grabe gegangen und seine Erblande Thüringen und Hessen schwankten in der Wahl des neuen Herrn. Die Thüringer wollten Heinrich den Erlauchten, Markgrafen von Meißen, dessen Mutter eine Stiefschwester – die Hessen Heinrich, den zweijährigen Sohn der Herzogin Sophie von Brabant, deren Vater ein rechter Bruder des Pfaffenkönigs und Gemahl der heiligen Elisabeth gewesen war. Und die Hessen schickten Gesandte nach Brabant und luden Sophie ein, mit dem jungen Prinzen zu ihnen zu kommen, damit das Land nicht länger ohne Herrn bleibe. Da trat Sophie die Reise nach den Heimatlanden an, wo sie 1247 von den getreuen Hessen freudig und feierlich, mit Kerzen und Fahnen, empfangen wurde. In einem offenen Wagen, das »Kind von Brabant« auf dem Schoße, fuhr sie durch Hessen und Thüringen, von achthundert Gewappneten mit guten Helmen umgeben, und nahm die Huldigung für ihren Sohn ein. Aber minder herzlich als in Hessen war ihr Empfang in Thüringen, denn hier waren die Stimmen geteilt und die Mehrzahl hing dem Markgrafen an. (11)

Sophie empfängt Huldigung. Federzeichnung 1493 (Gerstenbergsche Chronik)

Sophie fordert für ihren Sohn das Land ein

Im Jahre 1253 kam Frau Sophie von Brabant auf einen bestimmten Tag mit ihrem Sohn gen Eisenach in das Prediger-Kloster; dahin kam auch ihr Ohm, Markgraf Heinrich von Meißen, dem sie das Thüringerland zu getreuen Händen übergeben hatte. Zu dem sprach Sophie: »Lieber Ohm, ich habe nun bracht Heinrichen, meinen Sohn, und bitte mir und ihm die Lande wieder zu überantworten, welche ich dir zu getreuer Hand befohlen habe.« Da antwortete der Markgraf: »Gerne, meine allerliebste Base!

Meine getreue Hand soll dir unverschlossen sein und deinem jungen Sohn, meinem Ohmen.« – Und da er so sprach, kamen sein Marschall, Helwig von Schlotheim und sein Bruder Hermann, zogen den guten Fürsten beiseite und sprachen: »O Herr! Was wollt Ihr tun, ein solch fruchtbar Land und die unüberwindliche Feste Wartburg zu übergeben, da Ihr doch auch mit Glimpf, Eurer Mutter halben, Euch für einen Erben mögt halten. Und wär' es möglich, daß Ihr einen Fuß im Himmel hättet und den andern auf der Wartburg, viel eher solltet Ihr den aus dem Himmel zurückziehen, denn den von der Wartburg.« – Also kehrte sich der Markgraf wieder zu seiner Base und sprach: »Liebe Base, ich muß mich zu diesen Dingen bedenken und den Rat meiner Getreuen darüber hören.« Da merkte Frau Sophie, daß ihr Ohm durch falschen Rat sein Gemüt verkehrt hatte und ihr das Land vorenthalten wollte, das sie ihm in gutem Glauben übergeben hatte; darum ward sie sehr betrübt, weinte bitterlich, zog ihre Handschuh von den Händen und sprach: »O du Feind aller Gerechtigkeit, ich meine dich, Teufel, nimm hin diese Handschuh mit den falschen Ratgebern!« und warf sie in die Luft. Also wurden die Handschuh hinweggeführt und nimmermehr gesehen. Die Räte aber samt ihren Knechten sollen keines rechten Todes gestorben sein. (12)

Heinrich der Eiserne

Otto, der zweite Landgraf zu Hessen (1308–1328), hatte vier Söhne: Heinrich, Ludwig, Hermann, der blieb im ledigen Stand und starb jung, und Otto, sein vierter Sohn, der wurde ein Bischof zu Magdeburg. Heinrich und Ludwig, die zwei Gebrüder, die blieben Herren, und ein jeder hätte gern das Regiment behalten, denn sie waren beide jung, schön, stark und gerad. Darum wollte keiner dem anderen weichen; also fanden sie Rat und wurde beschlossen, sie sollten beide zugleich um ein Fräulein werben, und welchen die küren würde, der sollte Herr vom Lande sein und bleiben, der andere aber sollte eine Abfindung haben mit Grebenstein, Immenhausen, Nordeck und Allendorf an der Lumda und sechshundert Mark Silber; und der sollte kein Eheweib nehmen und sollte »Junker von Hessen« genannt werden und nicht Herr. Daher kommt, daß man sprach: »mein Junker der Landgraf«. Danach rüsteten sich die zwei Brüder einer wie der andere an Kleidung, Pferden, Harnisch und Mannschaft aus, daß keiner einen Vorteil vor dem anderen hatte, und ritten miteinander nach

Grebenstein an der Esse. Kupferstich (Politisches Schatzkästlein II 1/19, 1627)

Meißen. Da hatte Markgraf Friedrich der Freudige eine Tochter, die hieß Elisabeth, die war jung, schön und säuberlich, und Markgraf Friedrich der Ernste war ihr Bruder. Diese Jungfrau freiten sie beide und sie erkor den Landgrafen Heinrich. Der blieb Herr und hielt Hof zu Kassel, und Landgraf Ludwig mußte sich mit dem Abschied begnügen lassen und wohnte zu Nordeck, besuchte auch je zuweilen andere Höfe.

Landgraf Heinrich (1328–1377) gewann mit seiner Hausfrau Elisabeth zwei Söhne und eine Tochter. Der erste Sohn hieß Heinrich gleich dem Vater, der andere wurde genannt Otto nach seinem Großvater, und die Tochter hieß Elisabeth, die wurde dem Herzog Otto von Braunschweig zur Ehe gegeben.

Es war sonst Landgraf Heinrich ein ernster und scharfer Herr, und so stark, daß er von freier Hand ein Hufeisen zerbrechen und mit der Waffe die stärkste Wehr und Rüstung durchhauen konnte. Und weil er seine Kraft so meisterlich zu gebrauchen wußte, wurde er der Eiserne genannt und von jedermann gefürchtet, wie denn auch ein Sprichwort von ihm umging:

> Hüte dich vor dem Landgrafen zu Hessen,
> Willst du nicht werden gefressen. (13)

Junker von Hessen

Ludwig, den man nun Junker von Hessen nannte und der zu Nordeck wohnte, war stolz und freudig, ritt zu Höfen und Tänzen, stach und brach im Venusdienst manchen Speer entzwei. Zu der Zeit war eine Gesellschaft zu Köln, da ritt er hin, und da sah er eine Jungfrau, das war eine Gräfin von Spanheim, die gefiel ihm so wohl, daß er gar wenig Ruh in großer Lieb vor ihr haben mocht; nicht anders erging es ihr, und brannten die beiden so lange mit Liebe zusammen, bis ihnen das Glück zueinander half und der Hesse die von Spanheim zur Ehe nahm und führte sie mit nach Nordeck. Wie das sein Bruder, Landgraf Heinrich erfuhr, wurde er zornig, daß Ludwig nicht gehalten, was zwischen ihnen beredet und verbrieft war. Aber Ludwig antwortete, »er hätte nicht die Gnade von Gott, sich eines Weibes zu enthalten; und wäre viel besser, er hätte ein fromm Eheweib, als eine Bubin ohne Kinder. Und wofern ihn auch Gott beriete und ihnen Kinder bescherte, so sollten sie doch dem Landgrafen oder seinen Erben keinen Schaden zufügen. Jedoch möchte es sich auch also begeben aus der Vorsehung Gottes, daß seine Kinder noch möchten Land und Leuten zu Nutz erwachsen.« Doch wurden die zwei Brüder darum uneins und war lange Zeit kein Friede zwischen ihnen. Aber Landgraf Ludwig ließ sich nicht irren durch seines Bruders Zorn und hielt sein Gemahl lieb und wert, und sie gebar ihm zwei Kinder, eine Tochter, die ward Agnesa genannt und wurde hernach Äbtissin in Eisenach zu St. Katharinen; und einen Sohn, den hießen sie Hermann und schickten ihn später nach Prag zur hohen Schule. (14)

Das harte Gelübde

Ein Edelknabe, von Dalwigk, hat zwischen Landgraf Heinrich (Vater Ottos des Schützen) und seiner Gemahlin Elisabeth ein großes Unheil angestiftet, indem er seinem Herrn dem Landgrafen beigebracht, als ob seine Gemahlin ihm nicht treu wäre.

Wie der Landgraf dies gehört, wird er sogleich von Zorn und Affekten übermannt und tut ein hartes Gelübde, er wolle sie von nun an nimmermehr berühren.

Obzwar hernach ihre Unschuld an den Tag kam und ihn das getane Gelübde reute, wollte er seinen Sinn doch nicht ändern und blieb immer da-

bei, indem er sich einredete, es müsse ein Fürst sein Wort so rein halten wie das heilige Evangelium.
Einstmals kommt ihm seine Gemahlin, aufs prächtigste geschmückt und mit liebreizender Freundlichkeit, unter die Augen, in der Hoffnung, er würde sie umfangen. Aber er hat ihr gesagt: »Ach Elisabeth, du bist ein schönes Weib, aber um mein Wort wahr zu halten, komme ich nimmermehr an deinen Leib.«
Als ihr Bruder Friedrich, Landgraf in Thüringen, solches erfuhr, hat er sie mit ihren Jungfrauen von Kassel nach Eisenach holen lassen und dort ist sie dann im Jahr 1347 gestorben. (15)

Otto der Schütze

Landgraf Heinrich der Eiserne zu Hessen zeugte zwei Söhne und eine Tochter; Heinrich, dem ältesten Sohn, beschied er, sein Land nach ihm zu besitzen; Otto, den andern (1322–1366), sandte er auf die hohe Schule, zu studieren und danach geistlich zu werden. Otto hatte aber zur Geistlichkeit wenig Lust, kaufte sich zwei gute Roß, nahm einen guten Harnisch und eine starke Armbrust, und ritt unbewußt seinem Vater aus. Als er an den Rhein zu des Herzogen von Cleve Hof gekommen war, gab er sich für einen Bogenschützen aus, und begehrte Dienst. Dem Herzog behagte seine feine, starke Gestalt, er behielt ihn gern; auch zeigte sich Otto als ein künstlicher, geübter Schütze so wohl und redlich, daß ihn sein Herr bald vorzog, und ihm vor andern vertraute.
Unterdessen trug es sich zu, daß der junge Heinrich, sein Bruder, frühzeitig starb, und der Braunschweiger Herzog, dem des Landgrafen Tochter vermählt worden war, begierig auf den Tod des alten Herrn wartete: weil Otto, der andere Erbe, in die Welt gezogen war, niemand von ihm wußte, und er allgemein für tot gehalten wurde. Darüber war das Land Hessen in großer Traurigkeit: denn alle hatten an dem Braunschweiger ein Mißfallen, und zumeist der alte Landgraf, der lebte in großem Kummer. Mittlerweile war Otto der Schütze guter Dinge zu Cleve und hatte ein Liebesverständnis mit Elisabeth, des Herzogs Tochter, aber nichts von seiner hohen Abkunft laut werden lassen.
Dies bestand etliche Jahre, bis daß ein hessischer Edelmann, Heinrich von Homberg genannt, weil er eine Wallfahrt nach Aachen gelobt hatte, unterwegs durch Cleve kam, und den Herzog, den er von alten Zeiten her

kannte, besuchte. Als er bei Hof einritt, sah er Otto, erkannte ihn augenblicklich, und neigte sich, wie vor seinem Herrn gebührte. Der Herzog stand gerade am Fenster, und verwunderte sich über die Ehrerbietung, die vom Ritter seinem Schützen bewiesen wurde, befragte den Gast, und erfuhr von ihm die ganze Wahrheit, und wie jetzt alles Erbe auf Otto stünde. Da bewilligte ihm der Herzog mit Freuden seine Tochter, und bald zog Otto mit seiner Braut nach Marburg in Hessen ein.

Als nun zu Marburg Hof gehalten und das Fest vorüber war, da bedachte sich der alte Landgraf Heinrich, daß ein Vater viel besser zehn Kinder versorgen könnte, als zehn Kinder einen Vater, und behielt das Land und die Regierung und verordnete seinem Sohn Otto Spangenberg zur Residenz. Da hielt er mit seiner Gemahlin Hof, solange er lebte. Und Frau Elisabeth ließ brauen das alte Bier und salzen die Hirschziemer, davon man noch zu Spangenberg spricht. So erzählt der Chronist.
Im Jahre 1361 zog Landgraf Otto mit Markgraf Friedrich dem Freundholden über den Abt Heinrich von Fulda und gewannen ihm ab Hunnenfeld und plünderten es und behielten es acht Tage innen und führten das Heiligtum hinweg. Das war dem alten Landgrafen Heinrich, seinem Vater, sehr leid, daß sein Sohn den heiligen Mann beschädigt hatte, und er sagte: »Die Heiligen werden sich rächen und ihr Wachs wollen wiederhaben.« Doch machte er einen Tag gen Berka an die Wehre mit dem Abt von Fulda und vielen anderen Herren, da ward geteidingt, daß Hunnenfeld dem Stift und dem Abt mußte wiedergegeben werden.
In demselben Jahr wurde dem Landgrafen Otto dem Schützen zu Spangenberg mit Gift vergeben, wie man geglaubt hat auf Anstiften des Abtes von Fulda, und er starb ohne Kinder. (16)

Otto der Quade

Da wurde das Land zu Hessen abermals erbelos und es schien nun die Zeit gekommen für den Herzog von Braunschweig, dem der Landgraf seine Tochter Elisabeth gegeben hatte und den sie den Quaden oder den tobenden Hund nannten. Den ließ nun der Landgraf nach Kassel kommen und wollte ihn seiner Tochter wegen zum Erben einsetzen. Herzog Otto glaubte, der Erbfolge schon ganz gewiß zu sein und hoffte alle Stunde auf seines Schwiegervaters Tod.

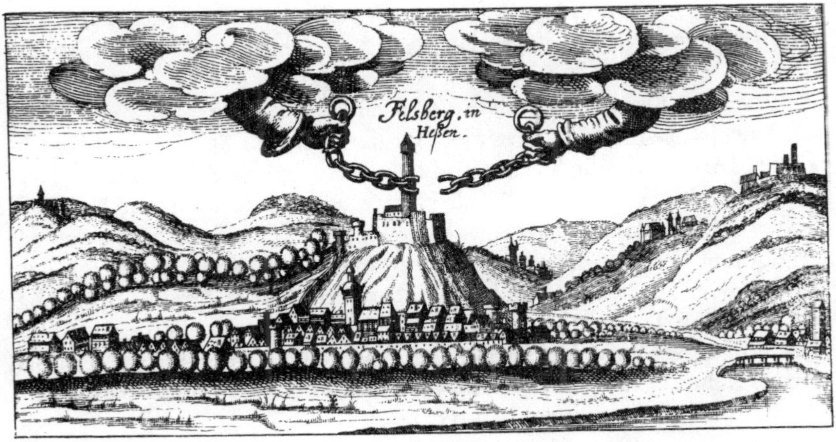

Felsberg an der Eder. Kupferstich (Politisches Schatzkästlein I 5/13, 1625)

Einmal war er bei Felsberg auf der Jagd und der hessischen Ritter einige mit ihm. Als sie nun rasteten, schüttelte er seine Locken und sprach: »Wären twee Ogen dod, so queme ick ut all miner Not und wollt ein rieker Forst sien!« Das hörte ein Ritter, Eckard von Rörenfurt, der verstand, worauf diese Worte geredet, und rief: »Herr, da behüte Euch der Teufel für, und Gott behüte uns unseren alten Herrn! Ich weiß einen näheren Erben zum Lande als Ihr seid.« Und ritt vom Herzog hinweg nach Kassel zu seinem Herrn und sprach: »Herr, was wollt Ihr machen, daß Ihr Eurem Tochtermann das Land wollt zuwenden, der sich Eures Todes freut!« und sagte ihm die Worte, die der Quade gesprochen hatte, und fuhr fort: »Wir haben doch auch noch einen rechtmäßigen Erben, Eures Bruders Ludwig eheleiblichen Sohn, den Landgrafen Hermann; der zwar ein Domherr zu Trier und Magdeburg ist, aber noch nicht geweiht. Den wollen wir als getreue Hessen zum Herrn haben, und mit den Großsprechern zu Sachsen nichts zu tun haben.« Da antwortete der alte Landgraf zornig: »So mir Gott und St. Elisabeth helfe, das Wort soll meinem Tochtermann das Land schaden!« und sandte alsbald nach seines Bruders Sohn, Landgraf Hermann, und nahm ihn auf als seinen Erben, mochte der Herzog darüber zürnen oder lachen.

Der Junker Hermann hatte zu Prag studiert mit ganzem Fleiß und war ein Magister der freien Künste geworden. Dann hatte seines Vaters Bruder Otto, der Bischof von Magdeburg, ihn zu sich genommen und wollte ihm

das Bistum zuwenden. Nun kam er und empfing die Landgrafschaft. Also hatten die getreuen Hessen ihrem Lande wieder einen rechten Erben erworben.
Der Herzog Otto aber, den das so sehr verdroß, stiftete einen Bund, darin wohl zweitausend Mann schwuren, Grafen, Ritter, Edelleute und Knechte, die nannten sich die Sterner und trugen alle goldene und silberne Sterne. Das tat der Herzog dem Lande Hessen und den Städten zum Verdruß, auch wollte die Ritterschaft eigenherrisch sein. Diese Sterner wurden des Landgrafen Feinde und raubten und brannten im Lande, er aber wehrte sich so gut er vermochte. Zu der Zeit lebte der alte Landgraf noch und hat bis zu seinem Tode mitregiert, alle Verträge und was zum Regiment gehört mit unterschrieben, auch Lehenbriefe allein ausgefertigt. Endlich starb er in hohem Alter, ist hundertundvier Jahre alt geworden und zu St. Elisabeth in Marburg begraben. (17)

Ludwig der Friedsame

Als Landgraf Hermann starb, war sein Erbe Ludwig (1413–1458) noch in den Kinderjahren und so sagt eine alte hessische Reimchronik von ihm:

> Weil er sehr weich und mager war,
> Drang ihm der Vatter auf kein Lahr,
> Mit Studiern ihn nicht wolt beschwern
> Biß die Kräfft besser kommen wärn.
> Und alß der nun sein Ende nam,
> Er nie zu keiner Schule kam,
> Weder Lesen noch Schreiben kundt.
> Sonst war er ein rechter Ausbundt,
> Erzogen zu Tugend und Ehr
> Gerechtigkeit er liebet sehr.

Es wurde ihm geweissagt, er sollte fünfzig Jahre glückselig regieren. Derweil er aber noch ein Kind war, wurde er und sein Land viel angefochten mit Fehden.
In dieser Zeit starb auch der letzte Herzog von Brabant ohne Leibeserben. Es drängte sich aber Herzog Philipp von Burgund mit Gewalt in das Land. Da ritt Landgraf Ludwig mit vierhundert Pferden aus, kam nach Aachen

und forderte das Land als ein rechter Erbe und wahrer Herzog aus Brabant. Aber da er in seinem Panier nicht das rechte brabantische Wappen, den goldenen Löwen, führte, so wurde ihm von den Burgundischen sein Recht bestritten.
Während Ludwig vor Aachen seine Sache führte, war dort ein Graf von Hengstberg oder Heinsberg, der war dem Landgrafen feind und gab ihn bei dem Rate von Aachen an, er wäre nur ausgezogen zu einem Anschlage gegen die Stadt und wollte sie mit Verrat in seine Gewalt bringen. Die von Aachen gaben dem Grafen schwachen Glauben, doch da er so viel und oft zu ihnen davon redete, sprachen sie den Landgrafen Ludwig darum an. Der antwortete ihnen voll Verwunderung: »Liebe Freunde, ich glaube nicht, daß es Euer Ernst sei, und haltet mich nicht für den Mann, daß ich mit solchen Stücklein sollte umgehen.« Doch wollte er den Verdacht nicht auf sich behalten und ging mit ihnen auf das Rathaus, wo der Graf war, und der mußte vor ihm alle Dinge wiederholen, deren er ihn bezichtigt hatte. Da schalt er zornig den Grafen von Hengstberg einen Verleumder und sprach: »So wahr du mir unrecht tust, so helfe mir die heilige Frau St. Elisabeth und tue ein Zeichen: wer von uns unrecht hat, daß der tobend, wütend und rasend werde hier angesichts dieser frommen Leute!« Und alsbald fing der Graf an zu wüten und zu toben und raste sich zu Tode. Da war des Landgrafen Unschuld dem Rate und der ganzen Stadt offenbar, sie baten ihn um Verzeihung und erwiesen ihm große Ehre mit Geschenken und anderem.
So sind die Hessen durch Versäumnis, Haß und Ungunst um Brabant, wie schon vorher um Thüringen, gekommen. (18)

Wie Hessen geteilt wurde

Vor seinem Tode setzte Landgraf Philipp (der Großmütige, 1504–1567), als der gemeinsame Stammvater beider Hauptlinien, mit Einwilligung seiner vier Söhne ein Testament auf, in welchem er zwar gern gesehen, daß sie je und allewege in einer Gesamtregierung und Hofhaltung verbleiben möchten; im Fall daß sie aber nicht beisammen wohnen könnten oder wollten, so teile er die väterliche Erbschaft auf folgende Weise.
Seinem ältesten Sohn Landgraf Wilhelm vermache er die Hälfte des Landes, nämlich Niederhessen mit Kassel; seinem zweiten Sohn Landgraf Ludwig ein Viertel, nämlich Oberhessen mit Marburg; Landgraf Philipp

Katzenelnbogen um 1620. Kupferstich (Politisches Schatzkästlein I 5/9, 1625)

die Niedergrafschaft Katzenelnbogen mit Rheinfels; und Landgraf Georg die Obergrafschaft Katzenelnbogen mit Darmstadt.
Doch starben Philipp († 1583) und Ludwig († 1604) bereits früh, und ihre Gebiete fielen an die Linien Kassel und Darmstadt – in die fortan Hessen geteilt blieb. (19)

Von einem, der gut hessisch war

In Friedens- und Kriegszeiten hat es dem Landgrafen an treuen Dienern nicht gefehlt, und wer gut hessisch war, hat allezeit zu ihm gehalten. So wird auch wohl er in der Sage gemeint sein, die noch vor hundert Jahren alte Leute in Hachborn erzählten, ohne seinen Namen dabei zu nennen: Ein hessischer Landgraf hatte sich einst verkleidet in eine feindliche Festung geschlichen, um sie auszukundschaften. Er wurde aber von einem Wachtposten, einem geborenen Hessen, auch in der Verkleidung erkannt. Der sprach ihn leise an, verriet ihn aber nicht, wiewohl er in Feindes Sold stand, sondern half ihm, daß er unerkannt davonkam. Der Landgraf schenkte ihm einen kostbaren Ring und sagte zu ihm: »Wenn du je in Not geraten solltest, so komm nur zu mir!« Viele Jahre danach kam eines Tages ein Fremder in sehr ärmlichen Kleidern nach Kassel, und verlangte, allein vor den Landgrafen gelassen zu werden. Die Wache hielt ihn für einen gefährlichen Landstreicher und wies ihn zurück. Da er aber immer wieder darum anhielt und gar nicht loszuwerden war, wurde er endlich vor den Landgrafen gebracht. Der erkannte ihn anfangs nicht, wie ihm der Mann aber den Ring zeigte, den er einst von dem Herrn empfangen hatte, da wurde ihm das Herz bewegt, er reichte ihm voller Freude die Hand und schenkte ihm das Kloster Hachborn, das soeben säkularisiert worden war. Der, welcher ihn einst gerettet und dem er es so lohnte, war ein von Scheuernschloß, der aus Armut fremde Kriegsdienste hatte suchen müssen. (20)

Kinderbrunnen

Überall in Hessen hört man, daß die Kinder aus einem Brunnen oder Teiche kommen. In Kassel wird der Druselteich genannt, in Waldau der Fakkelteich, in Wolfsanger der Osterborn, in Wolfhagen der Glockenborn, in Marburg der Schröckerbrunnen, in Kirchhain der Klingelborn, in Fulda das Stättebrünnchen und der Bonifatiusbrunnen, in Ermschwerd der Asemannsborn, in Wettesingen der Neuborn, in Rhöda ein Teich, der bei dem Dorf liegt, in Grebenstein der Kressenborn, in Oberrieden der Schnellersborn, in Friemen der Buchborn, in Witzenhausen der Taubenborn, dessen salzhaltiges Wasser nie gefriert und die Geister offenhält, in

Witzenhausen an der Werra. Kupferstich (Politisches Schatzkästlein I 3/51, 1625)

Wolfershausen der Weiberborn, in Felsberg das Kinderbörnchen in der Ketzbach, in Gudensberg der Buchborn, welcher diese Stadt mit Wasser versorgt, in Ziegenhain das Bärbörnchen bei Treysa, in Schlitz der Pfingstborn. In Ottrau heißt es, die Kinder kommen aus dem Milchborn, ohne daß ein bestimmter Brunnen hierunter gedacht ist; anderwärts, z. B. in Treis, gilt immer der dem Hause zunächst liegende Brunnen als der Kinderbrunnen. (21)

Der Wambiß

Auf vielen Dörfern in Hessen gilt noch die gespenstische Macht des Vampirs, oder wie die Leute sagen, der Wambiß. Er fällt namentlich gern Tiere, Ziegen, Schafe und Kühe an. Dann werden sie hin und her gezerrt, bald werfen sie sich krampfhaft auf die Erde und stehen ebenso plötzlich wieder auf, der Hals ist ihnen verdreht, die Glieder ausgerenkt und nichts in Ordnung. Die Kühe geben keine Milch oder Blut statt derselben usw. Dagegen gibt es nun kein anderes Mittel, als daß ein reiner Junggeselle oder eine reine Jungfer sich nackend auszieht, dreimal um das kranke Tier herumläuft und spricht: »Wambiß ich trage dich, ein reiner Junggeselle treibet dich! Im Namen Gottes.« und das Hemde dreimal dabei über sich schwenkt. (22)

Kassel

Chatten-Burg

Ein unterirdischer Gang soll vom ehemaligen Schloß zu Kassel, dessen Grundmauern jetzt abgetragen, und wovon nur noch eine Seite, die als Gerichts-Hof ausgebaut ward, weiter besteht, unter der Fulda hinweg zu dem zwei Stunden entfernten Stift Kaufungen führen.
Da Landgraf-Kurfürst Wilhelm IX. (1743–1821) den dichterisch erhabenen Plan faßte, anstelle einer Pfalz fränkischer Könige nun eine Chatten-Burg zu erschaffen, in deren umfänglichem Gebiet alle Behörden des Landes vereiniget werden sollten, da ward auch die alte Sage von jenem Gang aus grauem Altertum wiederum wach. (23)

Kassel mit Landgrafenschloß um 1580. Kupferstich aus Braun-Hogenberg

Die jungfräuliche Ehefrau

König Heinrich (Heinrich II., 973–1024) hatte zur Gemahlin Kunigunde, des Pfalzgrafen Siegfried am Rhein Tochter, mit der er, zu nicht geringer Verwunderung, eine unzerbrochene Jungfernschaft im Ehebett erhalten. So war er ein Mann ohne Frau und sie eine Frau ohne Mann, dieweil sie ihren erwärmten König zu gewöhnlicher Umfassung nicht beweget und eine beständige Jungfernschaft erhalten hat.
Nach König Heinrichs Tod zog sich Kunigunde in das Stift Kaufungen zurück und starb daselbst (1039) als Nonne. (24)

Ful-uf!

Zu einer Zeit, als einmal die Stadt Kassel vom Feind belagert wurde, hatte der Rat dem Wächter auf dem St. Martinsturme aufgegeben, fleißig auf die Bewegungen des Feindes acht zu haben und sogleich ein Zeichen zu geben, wenn derselbe zum Sturm oder Überfall heranrücke. Eines Morgens in der Dämmerung, als der Wächter eben die dritte Stunde geblasen hatte, bemerkte derselbe in der Tat ein verdächtiges Hin- und Herrennen im feindlichen Lager; er eilte sogleich auf den Altan des Turms und stieß in das Horn: »Ful-uf!« – besser konnte er den beabsichtigten Ruf: »Ihr Faulen, auf!« nicht hervorbringen. Die Bürger von Kassel lagen noch in süßem Schlaf; doch war das Signal vernommen worden. Es erhob sich Lärm durch alle Straßen und bald standen die Bürger mit Wehr und Harnisch auf dem Sammelplatz. In geordneten Reihen, ihren Kriegshauptmann an der Spitze, zogen sie dem anrückenden Feind entgegen, griffen ihn herzhaft an und schlugen ihn in die Flucht. Zur Erinnerung an dies Ereignis mußte von nun an der Wächter, wenn er die dritte Morgenstunde geblasen hatte, jedesmal sein »Ful-uf!« hinterdrein tuten. Dies ist auch bis in die neueste Zeit geschehen und erst bei den letzten Türmern abgekommen, welche das »Ful-uf!« in der hergebrachten Weise nicht zu blasen verstanden. (25)

Unschuldsbeweis

Zu Kassel wollte ein hochbetagtes Weib an ihr selbst schauen und üben lassen, daß sie an zauberischer Kunst unschuldig wäre; denn man hatte sie darauf gescholten. Also ging sie vor jedermann auf die Fulda-Brücke, sprang in den Fluß hinab, und da sie immer oben schwimmen geblieben, hat sie auf ihre Betzel geschlagen und den Kopf untertauchen gewollt. Ist aber doch oben geblieben, lebendig wieder herausgezogen, gefangengelegt, mit dem Schwert hingerichtet. Solches ist 1596 geschehen. (26)

Todes-Weissagerin

Zu Kassel im alten Klosters-Hof beim Schloß ist die Erscheinung einer weißen Frau die Todes-Botschaft für den regierenden Fürsten gewesen. Aus gar unterschiedlichen Jahrhunderten wird solches übereinstimmend berichtet, und bestätigte sich allemal. Auch haben unsere alten Landgrafen fest daran geglaubt, und nach solcher Meldung nicht lange gesäumt, ihr irdisch Werk zu bestellen.

Auch zu Darmstadt ward früher die weiße Frau gesehen. Man weiß nicht, wer sie sei: ob ein nach ihrem zeitlichen Tode gebanntes menschliches Weib, oder aber ein gutes elbisches Wesen, eine Huldin. (27)

Kassel um 1620. Kupferstich mit dem Sinnspruch »Zum Kriegswesen lern freie Kunst / Ob mancher spricht: Es ist umbsunst / Und ganz vergebens das Studiern / – Laß dich nur solche Red' nicht irrn.« (Politisches Schatzkästlein I 1/6, 1625)

Konrad Heß und der Kanzler Johann Feige

Landgraf Philipp (der Großmütige, 1504–1567) hat einen Kanzler gehabt, der hieß Johann Feige und ist ein gar kluger und gelehrter Mann gewesen. Und gar reich worden. Dieser Johann Feige hat andere Leute gern geuzt. Als nun einstmals auf einem Landtag der Landgraf seine vornehmen Räte, Feldhauptleute und andere vom Adel zur Tafel gehabt hat und Konrad Heß von Wichdorff dem Kanzler gegenübergesessen, hat dieser ihn um seinen Namen und Stand aufziehen wollen und gesagt: Die Hessen (er meinte die Heß von Wichdorff) wären unter den Edelgeschlechtern im Hessenland mit die ältesten; wie es doch zugegangen sei, daß sie nit mehr so reich und mächtig wären wie andere? (Womit er auf den Riedesel gezielt, der neben ihm gesessen.) Da hat Konrad flugs geantwortet: »Wir Hessen sind ein alt knorricht Steineichengeschlecht, so gar kärglich und zäh auf den Bergen gewachsen, sind dahero nit so geil aufgeschossen, als die Feigenbäum in den Hofgärten.« Darüber haben alle gelacht, daß auch der Landgraf vor Lachen den Wein verschüttet hat und hat zum Kanzler gesagt: »Siehst du, Johann, diese Eichenart hat auch gar scharfe Dörn, daran man leichtlich hängen bleibt.« Der Kanzler hat danach eine Weile mit Konrad gezürnt, sind aber bald wieder Freund worden. (28)

Landgraf Philipp und die Bauersfrau

Landgraf Philipp pflegte gern unbekannterweise in seinem Land umherzuziehen, und seiner Untertanen Zustand zu erforschen. Einmal ritt er auf die Jagd und begegnete einer Bäuerin, die trug ein Gebund Leinengarn auf dem Kopf. »Was tragt Ihr, und wohin wollt Ihr?« fragte der Landgraf, den sie nicht erkannte, weil er in schlechten Kleidern einherging. Die Frau antwortete: »Ein Gebund Garn, damit will ich zur Stadt, daß ich es verkaufe, und die Schatzung und Steuer bezahlen kann, die der Landgraf hat lassen ausschreiben; des Garns muß ich selber wohl an zehn Enden entraten«, und klagte erbärmlich über die böse Zeit. »Wieviel Steuer trägt es Euch?« sprach der Fürst. »Einen Ortsgulden«, sagte sie; da nahm er sein Säckel, zog so viel heraus, und gab ihr das Geld, damit sie ihr Garn behalten könnte. »Ach nun lohn's Euch Gott, lieber Junker«, rief das Weib, »ich wollte, der Landgraf hätte das Geld glühend auf seinem Herzen!« Der

Landgraf Philipp der Großmütige. Holzschnitt von Hans Brosamer um 1550

leutselige Fürst ließ die Bäuerin ihres Weges ziehn, kehrte sich gegen sein Gesinde um, und sprach mit lachendem Mund: »Schauet den wunderlichen Handel! Den bösen Wunsch hab ich mit meinem eigenen Geld gekauft.« (29)

Landgraf Philipp und der Bauer

Im Jahr 1537 ließ Landgraf Philipp in der Kartause auf dem Eppenberg unter anderm einen feisten Hirsch zerlegen und sprach: »Das Tier hat viel Weiß!« Ein Bauer von Hilgershausen, der dabeistand, antwortete: »Ja, gnädigster Herr, das kostet uns unsere guten Körnlein, die sie uns im Felde abäsen.« Darauf sagte der Landgraf: »Wie mögt Ihr nur verlangen, daß ich Eure Kühe in meinen Wäldern weiden lasse, da Ihr Euch beschwert, daß meine Kühe in Eure Felder gehen?« Gleichwohl ließ er dem Bauern durch den Rentschreiber zu Felsberg zwei Viertel Korn an seinen Zinsen absetzen. (30)

Die Esel

Der Pfarrer von Waldau bei Kassel bekam früher jährlich noch eine hübsche Menge Hafer aus der fürstlichen Renterei zu seiner Besoldung, und das aus folgendem Grund. Vor vielen Jahren machte der Landgraf von Kassel aus einen Spazierritt nach dem nahen und schön gelegenen Dorf. Er war begleitet von seinen Hofjunkern. Wie er mit diesen so dahintrottet, sehen sie den Pfarrer von Waldau daherkommen; der wollte nach Bettenhausen, das zu seinem Kirchspiel gehörte. »Will mal mit dem Pfaffen anbinden und meinen Kurzweil mit ihm haben«, sagt da einer von dem Gefolge zu dem Fürsten. »Nimm dich wohl in acht«, warnt dieser, »der Mann läßt nicht mit sich spaßen.«
Allein als jetzt der Pfarrer nahe ist und seinen Landesherrn grüßt, ist mein Hofjunker nicht faul und spricht: »Warum gehen Sie zu Fuße, Herr Pastor, und halten sich nicht einen hübschen Rappen zum Reiten?« – »Mein Einkommen ist nicht von der Art, daß ich mir so etwas erlauben könnte, und so muß ich mich mit Schusters Rappen behelfen«, lautet die bescheidene, doch bestimmte Antwort. »Und wenn's kein Pferd wäre, das Sie füt-

tern könnten«, fährt der Junker fort, »so täte es schon ein Esel. Hat sich doch der Heiland selbst dieses Tieres zum Reiten bedient.« – »Ach, einen Esel?« spricht der Pfarrer, »wo soll ich den hernehmen, da die kleinen Esel in der Mühle und die großen am Hofe sind?«
Außer dem einen lachten alle über diese Antwort, und der Landgraf am meisten. Und als sich der Pfarrer still fortschleichen wollte, ließ ihn der Fürst nahe herantreten und sich mit dem Rücken vor ihn stellen. Dann nahm er ein Blatt Papier, legte es auf des Mannes Buckel und schrieb darauf den Befehl an die fürstliche Renterei, es sollten dem Pfarrer jährlich so und soviel Viertel Hafer zum Halten eines Pferdes verabreicht werden. Dieses Papier händigte er dem Erstaunten aus, und ist denn auch die Frucht jedes Jahr richtig empfangen worden. (31)

Tod des Erstgeborenen

Eines Morgens wurde dem Landgrafen Moritz gemeldet, daß sein jüngstes Kind in der Nacht gestorben sei. Der bestürzte Vater schöpfte Verdacht, daß die Amme es im Schlaf erdrückt haben möchte, forderte sie vor sich und machte ihr Vorhalt darüber. Die Magd vermaß sich zwar hoch und teuer, daß sie unschuldig an dem Tod des Kindes sei, konnte aber die Verdachtsgründe des Landgrafen, der eine böse Absicht dabei im Spiel glaubte, nicht widerlegen, und so wurde sie zum Tode verurteilt. Als sie nun auf der Richtstätte anlangte und niederkniete, um den Todesstreich zu empfangen, sprach sie: »Ich bin so gewiß unschuldig, als in Zukunft jedesmal der Erstgeborne dieses fürstlichen Geschlechts früh sterben wird!« Nachdem sie dies gesprochen, flog eine weiße Taube über ihr Haupt hin, und ein rascher Hieb des Henkers machte darauf ihrem Leben ein Ende. Die Weissagung aber ging in Erfüllung und der älteste Sohn des fürstlichen Hauses ist noch immer in früher Jugend gestorben. (32)

Landgraf Moritz und der Soldat

Es war ein gemeiner Soldat, der diente beim Landgrafen Moritz (1572–1632), und ging gar wohl gekleidet und hatte immer Geld in der Tasche; und doch war seine Löhnung nicht so groß, daß er sich, seine Frau und Kinder so stolz hätte davon halten können. Nun wußten die andern Soldaten nicht, wo er den Reichtum herkriegte, und sagten es dem Landgrafen. Der Landgraf sprach: »Das will ich wohl erfahren.« Und als es Abend war, zog er einen alten Linnenkittel an, hing einen rauhen Ranzen über, als wenn er ein alter Bettelmann wäre, und ging zum Soldaten. Der Soldat fragte, was sein Begehren wäre? – »Ob er ihn nicht über Nacht behalten wollte?« – »Ja«, sagte der Soldat, »wenn er rein wäre und kein Ungeziefer an sich trüge«. Dann gab er ihm zu essen und zu trinken, und als er fertig war, sprach er zu ihm: »Kannst du schweigen, so sollst du in der Nacht mit mir gehen, und da will ich dir etwas geben, daß du dein Lebtag nicht mehr zu betteln brauchst.« Der Landgraf sprach: »Ja, schweigen kann ich, und durch mich soll nichts verraten werden.« Darauf wollten sie schlafen gehen; aber der Soldat gab ihm erst ein rein Hemd, das sollte er anziehen und seines aus, damit kein Ungeziefer in das Bett käme. Nun legten sie sich nieder, bis Mitternacht kam; da weckte der Soldat den Armen und sprach: »Steh auf, zieh dich an und geh mit mir.« Das tat der Landgraf, und sie gingen zusammen in Kassel herum. Der Soldat aber hatte ein Stück Springwurzel, wenn er das vor die Schlösser der Kaufmannsläden hielt, sprangen sie auf. Nun gingen sie beide hinein; aber der Soldat nahm nur vom Überschuß etwas, was einer durch die Elle oder das Maß herausgemessen hatte, vom Kapital griff er nichts an. Davon nun gab er dem Bettelmann auch etwas in seinen Ranzen. Als sie ganz in Kassel herum waren, sprach der Bettelmann: »Wenn wir doch dem Landgrafen könnten über seine Schatzkammer kommen!« Der Soldat antwortete: »Die will ich dir auch wohl weisen; da liegt ein bißchen mehr, als bei den Kaufleuten.« Da gingen sie nach dem Schloß zu, und der Soldat hielt nur die Springwurzel gegen die vielen Eisentüren, so taten sie sich auf; und sie gingen hindurch, bis sie in die Schatzkammer gelangten, wo die Goldhaufen aufgeschüttet waren. Nun tat der Landgraf, als wollte er hineingreifen und eine Handvoll einstecken; der Soldat aber, als er das sah, gab ihm drei gewaltige Ohrfeigen und sprach: »Meinem gnädigen Fürsten darfst du nichts nehmen, dem muß man treu sein!« – »Nun sei nur nicht bös«, sprach der Bettelmann, »ich habe ja noch nichts genommen.« Darauf gingen sie zusammen nach Haus, und schliefen wieder bis der Tag anbrach; da gab der Soldat dem Armen erst zu essen und trinken, und noch etwas Geld dabei, sprach auch: »Wenn das all ist und du brauchst wieder welches, so komm nur getrost zu mir; betteln sollst du nicht.«

Der Landgraf aber ging in sein Schloß, zog den Linnenkittel aus und seine fürstlichen Kleider an. Darauf ließ er den wachthabenden Hauptmann ru-

Das Alte Stadtschloß in Kassel (abgebrannt 1811). Lithographie von A. Specht, um 1850

fen und befahl, er sollte den und den Soldaten – und nannte den, mit welchem er in der Nacht herumgegangen war – zur Wache an seiner Tür beordern. Ei – dachte der Soldat – was wird da los sein, du hast noch niemals die Wache getan; doch wenn's dein gnädiger Fürst befiehlt, ist's gut. Als er nun da stand, hieß der Landgraf ihn hereintreten und fragte ihn: warum er sich so schön trüge, und wer ihm das Geld dazu gäbe? »Ich und meine Frau, wir müssen's verdienen mit Arbeiten«, antwortete der Soldat, und wollte weiter nichts gestehen. »Das bringt so viel nicht ein«, sprach der Landgraf, »du mußt sonst was haben.« Der Soldat gab aber nichts zu. Da sprach der Landgraf endlich: »Ich glaube gar, du gehst in meine Schatzkammer, und wenn ich dabei bin, gibst du mir eine Ohrfeige.« Wie das der Soldat hörte, erschrak er, und fiel vor Schrecken zur Erde hin. Der Landgraf aber ließ ihn von seinen Bedienten aufheben, und als der Soldat wieder zu sich gekommen war, und um eine gnädige Strafe bat, so sagte der Landgraf: »Weil du nichts angerührt hast, als es in deiner Gewalt stand, so will ich dir alles vergeben; und weil ich sehe, daß du treu gegen mich bist, so will ich für dich sorgen«, und gab ihm eine gute Stelle, die er versehen konnte. (33)

Der Dukaten

Es soll ein großes Vergnügen sein, im Herbst auf dem Feld und im Wald Hirschen, Hasen und Rehen nachzujagen: Ein Vergnügen, dem selbst fürstliche Personen mit Eifer sich ergeben, und so versäumte es der Landgraf Moritz selten, zu dieser Zeit auf dem Habichtswald und am Langenberg ein paarmal zu jagen, wenn er sonst sich auch lieber mit den Wissenschaften beschäftigte und den Beinamen der »Gelehrte« trug. Namentlich war es der Langenberg und die weite Feldmark um ihn herum, welche er vor allen liebte. Kam dann der Abend, so fand er bei dem Pfarrer zu Großenritte ein Nachtlager und freundliche Aufnahme und trabte dann am anderen Morgen wieder dem Walde zu. Die Fürsten von damals verschmähten es nicht, mit ihren Untertanen zu verkehren wie mit ihresgleichen und so verlangte denn der Landgraf zu seiner Bewirtung keinen besonderen Aufwand, er nahm vorlieb mit dem, was das Pfarrhaus ihm bieten konnte, und wollte selbst dafür noch dankbar sein. Darum nahm er eines Morgens einen schönen neuen Dukaten, legte solchen in die große Bibel des Pfarrers in der Überzeugung, daß ihn dieser dann am ersten finden werde und ritt davon. Allein wie groß war sein Erstaunen, als im nächsten Jahre, wo er wieder zur Jagd nach Großenritte ging, das Goldstück ganz unberührt auf der nämlichen Stelle saß und ihm den Beweis lieferte, daß der Geistliche während dieser ganzen Zeit auch nicht ein einziges Mal seine Bibel zur Hand genommen hatte. (34)

Das Schützenfest zu Elgershausen

Landgraf Moritz bemerkte bei seinen Ausflügen auf die Jagd nach dem Langenberg, welche ihn häufig durch Elgershausen führten, daß die Beerdigungen vieler Einwohner dieses Dorfes doch gar zu ärmlich und jämmerlich seien. Es wurde nämlich der Leichnam öfter nur mit einem Gebund Stroh umwickelt und so zur Gruft getragen. Er veranlaßte deshalb die Errichtung einer Leichenkasse in der Art, daß die Teilnehmer an derselben bei jedem Sterbefall eines Mitgliedes einen Groschen zahlten, welche Summe den Hinterbliebenen ausgehändigt und zur Bestreitung der Leichenkosten verwendet wurden. Auch schenkte der Landgraf der Gesellschaft eine Fahne und eine Trommel, welche bei dem Stiftungstag des Vereins, den man alljährlich mit einem kleinen Fest feierte, im ganzen Ort herumgetragen wurden. Im Lauf der Zeit und namentlich jetzt ist fast die ganze Gemeinde dem Verein beigetreten, der seine besonderen Statuten und einen Vorstand von zehn Mitgliedern hat, denen die Überwachung des Ganzen obliegt. Deshalb ist denn auch in einem Haus nicht Raum genug, um alle am Stiftungstag, der das Schützenfest heißt, aufzunehmen und es wird seit vielen Jahren schon im Freien auf einem dazu hergerichteten und geschmückten Platz gehalten und dauert als ein erhebendes, von jedermann ersehntes Volksfest zwei Tage um Jacobi, das auch von den Bewohnern der Umgegend zahlreich besucht wird. Jedes Mitglied zahlt jetzt monatlich zwei Silbergroschen, davon werden bei einem Sterbefall dem Betreffenden acht Taler ausgezahlt und aus dem Überschuß ein Kapitalfonds gebildet. – Die Fahne ist leider samt der Stange verlorengegangen. Die Trommel hingegen, die die Gestalt einer Pauke hat und die Inschrift des Hosenbandordens, sowie die Worte ›Dieu et mon droit‹ trägt, ist noch vorhanden und wird jährlich im Zug mit herumgeführt. (35)

Der Freibrief

In der Waldau bei Kassel befand sich früher eine alte Burg. Landgraf Moritz ließ sie niederreißen und an ihre Stelle ein Försterhaus setzen. Er hielt in dem Dorf eine große Jägerei und sprach oft daselbst ein.
Einst traf er im Feld einen Bauern, der zwei sehr magere Pferde vor seinem Pflug hatte. »Warum hast du so schlechte Pferde?« redete ihn der Fürst an. »Gnädigster Herr«, erwiderte der Bauer, »das geht ganz natürlich zu. Es lasten auf meinem Gut so viele Abgaben, daß mir von seinem Ertrag wenig übrigbleibt. Darum kann ich meinen Pferden nicht so gutes Futter geben, wie die andern Bauern im Dorf den ihrigen.« Der Bauer zählte darauf seine Abgaben her, und der Landgraf fand, daß die Last ungewöhnlich groß war. Darum sagte er zu jenem: »Geh ins Dorf und hole mir Feder und Tinte; ich will unterdes beim Pfluge bleiben.«
Der Bauer eilte von dannen und kehrte nach wenigen Minuten mit Feder und Tinte zurück. Der Landgraf nahm nun einen Streifen Papier aus seiner Brieftasche, ließ den Bauern vor sich hinstellen und schrieb ihm auf dessen Rücken einen Freibrief für sein Gut; darin stand, daß in Zukunft nur noch zwölf Metzen Frucht als Abgabe darauf haften bleiben sollten.
Da dauerte es denn gar nicht lange, da hatte der Bauer die blanksten Pferde im Dorfe. Seine Nachkommen haben nie mehr als zwölf Metzen abgegeben; andere Bauerngüter von gleicher Größe dagegen mußten mehr als das Zehnfache entrichten. (36)

Wecke und Texkäse

Die Tochter des Landgrafen von Hessen aß für ihr Leben nichts so gern wie Wecke und Texkäse und ließ alle andern Speisen dafür stehen. Wenn nun die armen Leute zum Landgrafen kamen, ihm ihre Not klagten und sagten, sie hätten kein Brot, um ihren Hunger zu stillen; dann antwortete stets die Prinzessin: »Ei, wenn ihr kein Brot habt, so eßt doch Wecke und Texkäse.« Einst war sie auf der Jagd und ihr Vater hatte mit Fleiß geboten, daß der Küchenwagen nicht zu rechter Zeit da sein sollte. Denn es grämte ihn, daß sie so hartherzig gegen die Armen war. Als sie nun Hunger bekam und sich endlich beschwerte, daß die Speisen und Getränke noch nicht zur Stelle wären, rief der Vater ihr zu: »Ei, wenn du Hunger hast, so iß doch Wecke und Texkäse!« – »Ach, wenn ich die doch hätte!« seufzte die Prinzessin. – »Ja«, entgegnete der Landgraf, »siehst du, so geht es meinen armen Untertanen auch.« (37)

Die eiserne Jungfrau

In einem der unteren Gemächer des Zwehrenturms zu Kassel befindet sich der Sage nach ein altes Hinrichtungswerkzeug, die »eiserne Jungfrau« genannt, eine eiserne Frauengestalt von mehr als gewöhnlicher Größe. Der Unglückliche, der von ihr den Tod empfangen soll, muß sie umarmen, sobald er ihr aber nahetritt, wankt der Boden unter seinen Füßen – die Jungfrau tut sich auf und zieht ihn mit unwiderstehlicher Gewalt in sich, kein Rückschritt ist mehr möglich; dann schließt sie sich von selbst wieder und das Opfer, von tausend Messern, die gleichsam ihre Eingeweide bilden, in kleine Stücke zerschnitten, fällt unten durch in einen Kanal, der in die Fulda ausmündet.

Noch um die Mitte des vorigen Jahrhunderts soll ein hessischer Edelmann, einer aus dem Geschlecht der Riedesel, welcher ein Vertrauter des Erbprinzen Friedrich – nachmaligen Landgrafen Friedrichs II. – war, in den Armen der eisernen Jungfrau umgekommen sein. Kaum hatte nämlich der Vater des Prinzen, Landgraf Wilhelm VIII., Kunde von dem Übertritt desselben in die römisch-katholische Kirche erhalten, als er sofort energische Maßregeln ergriff, um diesen Schritt möglichst folgenlos zu machen; namentlich ließ er die Umgebung des Prinzen streng überwachen. Der Vertraute desselben, jener Edelmann, war plötzlich ver-

schwunden und niemand hat je von seinem Leben oder Tod etwas erfahren können. Einige Zeit nach seinem Verschwinden fand man in der Fulda, in der Nähe jenes Kanals, einen menschlichen Finger mit einem goldenen Ringe, und es verbreitete sich zugleich im stillen die Sage, der Edelmann wäre durch die eiserne Jungfrau umgekommen. Einige wollten ihn auch zuletzt in der Nähe des Turmes gesehen haben.
Auch in Grebenstein erzählt man von einer eisernen Jungfrau, die dort in einem alten Turm sich befunden haben soll. Die Verbrecher, welche zum »Jungfernkuß« verdammt waren, hauchten, wie oben erzählt, in den Armen der Jungfrau ihren Geist aus und fielen ganz klein zerschnitten in den Bach, über welchem der Turm stand. Dieser Bach, vor dem Turm durch den Zusammenfluß zweier Arme erweitert, soll früher an der Stelle außerordentlich tief, nachher aber ganz verschlammt gewesen sein. (38)

Der kurfürstliche Schatz

Als die Franzosen 1806 in Hessen einbrachen, war es eine der größten Sorgen des Kurfürsten, wie er sein Barvermögen und seine sonstigen Kostbarkeiten rettete. Die Kisten mit dem Silbergerät wollte er anfangs von Münden zu Schiff die Weser hinunterbringen lassen. Er konnte sich aber mit dem Mündener Schiffer über die Fracht nicht einigen. Er handelte mit ihm da um fünfzig Taler, und da keiner von beiden nachgeben wollte, so zerschlug sich die Sache und der Silberschatz wurde nun in aller Hast auf der Sababurg eingemauert, hier aber von den Franzosen entdeckt, ebenso wie die Silbersachen, die noch zu Wilhelmshöhe und auf der Löwenburg geblieben waren. Besser ist es mit dem Barvermögen geglückt, und das war keine Kleinigkeit, es sollen an dreißig Millionen Taler gewesen sein. Der Agent des Kurfürsten, Anselm Rothschild in Frankfurt, hatte zugesagt, soviel in Verwahrung zu nehmen, als seinem eigenen Vermögen gleichkäme; nämlich sieben Millionen Taler. Diese wurden von dem hessischen Hauptmann Mensing aus dem Gewölbe im Schloß Bellevue auf mehreren Wagen unter allerlei Hausgerät versteckt, zuerst auf den einsam gelegenen Hof Stölzingen (zwei Stunden östlich von Spangenberg) geschafft; dort lagen sie einen Monat; dann brachte er sie über Dankerode, wo sie eine Nacht in einer Scheune versteckt wurden, auf Umwegen nach Jesberg und von dort weiter glücklich nach Frankfurt zu Rothschild. Nun erklärte bald darauf Napoleon den Kurfürsten für abgesetzt, da konnte man sich schon denken, daß die Franzosen den Millionen noch weiter nachspüren würden. Aber niemand hat erfahren, wo sie in Frankfurt steckten. Rothschild hatte den kurfürstlichen Schatz in seinem Keller in Weinfässern gut verborgen, und die wenigen, die darum wußten, schwiegen wie das Grab.

Der größte Teil des Millionenschatzes aber wurde von dem Burggrafen Steitz im Wilhelmshöher Schloß versteckt und zwar im Frontispiz neben der Kuppel im Hauptgebäude. Die Türöffnung des Raumes wurde vermauert und so übermalt wie das Kuppelgewölbe mit den zwölf Himmelszeichen und dem Sternenhimmel. (Andere erzählen, der Schatz sei über den Säulen im Dach verborgen worden oder gar in dem großen runden Knopf, der sich ehemals auf der Kuppel befand.)

Von der Wohnung des Burggrafen im Erdgeschoß führte zur Kuppel hinauf eine geheime Treppe, auf der ist alles hinaufgebracht worden, nachdem man es zuvor aus dem Schloß Bellevue auf Fuhrwerken herbeigeschafft und dabei ebenso unauffällig gemacht hatte, wie bei den Fuhren zu Rothschild. Es war ein Glück, daß Steitz auch unter Jerôme seinen Posten als Inspektor auf Napoleonshöhe (so hatte man das Schloß umgetauft) behielt. Etwa zwei Jahre, nachdem Jerôme König von Westfalen geworden war, bekam der Inspektor den Befehl, eine große Fahne mit dem königlichen Wappen und dem goldgestickten N auf dem Hauptgebäude aufpflanzen zu lassen, der König wollte innerhalb vier Tagen seine Sommerresidenz beziehen. Der Fahnenmast mußte durch das Dach eingesenkt werden und würde genau in den kleinen Raum getroffen haben, in welchem die Millionen des Kurfürsten vermauert lagen. Zum Glück war in den Tagen ein furchtbares Regenwetter und der Inspektor konnte sich den Baumeister, der gleich mitgekommen war, zunächst vom Halse schaffen mit der Ausrede, er müßte erst Vorkehrungen treffen, daß es nicht in die königlichen Prunkgemächer durchregnete, die darunter lagen. Inzwischen lief der Burggraf zu den ehemaligen kurhessischen Ministern, die noch in Kassel waren und um das Geheimnis wußten, aber die waren ratlos, Steitz mußte sich selbst helfen. Er beratschlagte mit seinem Freund, dem Justizamtmann Brethauer von Wilhelmshöhe. Es war keine Zeit zu verlieren, sie gingen schnell nach Wahlershausen, suchten sich dort zwölf Maurer, die ihnen als zuverlässige Leute bekannt waren, und bestellten sie samt ihrem Werkzeug auf die nächste Nacht nach Wilhelmshöhe. Dort führten sie die Männer auf bedeckten Wegen, so daß sie von niemand gesehen wurden, vor das Schloß und auf den »Bollengrien« (Bowlengreen), den großen Rasenplatz, den sonst kein Fuß betreten durfte. Und daß sie

Schloß Wilhelmshöhe, um 1850. Lithographie von A. Specht

nun darauftraten, das haben die Männer wohl nie wieder vergessen und wußten nun, daß etwas ganz Besonderes geschehen würde. Sie mußten niederknien und schwören, über das, was sie in den nächsten Augenblikken tun würden, niemals ein Wort zu reden. Steitz hatte auch die Vorsicht gebraucht, daß die Schildwache nicht wie sonst im Inneren des Schloßhofes, sondern an einem anderen Platz stand. Ein Offizier der westfälischen Armee, der aber ein guter Hesse war, hatte dafür gesorgt. Auf geheimen Wegen führte nun der Inspektor die zwölf Männer zum Dachgeschoß hinauf, das Versteck wurde erbrochen, der Schatz heraus- und heruntergetragen unter die Wölbung der Freitreppe vor dem Flügel des Schlosses, der nach dem damaligen Schauspielhaus hin lag. Hier wurde der Schatz wieder vermauert und dort blieb er zunächst unter der Hut der beiden großen steinernen Löwen, die zu beiden Seiten der Treppe liegen. Der Raum oben im Dach aber wurde wieder geschlossen und jede Spur verwischt. Ehe es Tag wurde, war alles geschehen und nach vierundzwanzig Stunden war die Fahne Jerômes oben auf dem Schloß aufgepflanzt. Und wie oft ist der König Jerôme, der immer Geld brauchte und viel Geld, hernach mit seinem ganzen Hofstaat über die Treppe geschritten, ohne eine Ahnung davon zu haben, was für ein Schatz wenige Fuß unter seinen Sohlen verborgen lag.

Aber Steitz wurde die Sorge nicht los. Ob nicht doch am Ende der eine oder andere von den Mitwissern es verriet, um sich eine große Belohnung zu verdienen? Er nahm sich deshalb vor, den verborgenen Schatz ganz von Wilhelmshöhe fort und nach Prag zu dem Kurfürsten zu schaffen. Das schien ihm nicht ohne französische Beihilfe zu gehen. Er machte sich also an den Chef der königlichen Schlösser, einen Comte de Poucheporn, der war womöglich noch leichtsinniger als der König selbst, hatte viele teuere Freundinnen und immer schwere Schulden. Mit dem hatte Steitz dienstlich viel zu tun, wußte sich sein ganzes Vertrauen zu gewinnen und erzählte ihm dann eines Tages, daß er noch allerlei Andenken seines früheren und eigentlichen Herrn, des Kurfürsten, verborgen halte. Dieser habe sie ihm anvertraut, sie seien ohne eigentlichen Geldwert, aber der Kurfürst hänge sehr an ihnen. Wenn ihm nun der Graf behilflich sein würde, sie dem Kurfürsten zu schicken, so werde er wohl eine kleine Aufmerksamkeit nicht verschmähen, das sei ein Goldservice, das seine sechzigtausend Taler wert sei, das einzig wertvolle unter all den Sachen. Der Handel kam zustande. Der Hauptmann Mensing übernahm es wieder, den Schatz zu befördern und mit ihm der frühere Leibchirurg des Kurfürsten. Der Graf beschaffte die nötigen Papiere und Ordres mit beigedrücktem königlichen Haussiegel, er bekam das Goldservice, und der kurfürstliche Schatz wurde auf einen Wagen verladen, den der Trainknecht Homberg, ein alter treuer Hesse, führte. Die Fahrt ging zunächst von Mulang über die damals noch sehr einsame Rasenallee nach dem Schloß Schönfeld, dort wurden die Matratzen und andere Möbel abgeladen, die man daraufgedeckt hatte, dann ging es bei Nacht zur Neuen Mühle, wo eine Furt durch die Fulda war. Ehe Homberg in die Fulda hineinfuhr, hörte er ein merkwürdiges Geräusch, dachte aber, es wäre von einem Stein, den er überfahren hätte. Als sie am anderen Ufer waren, sagte er zu dem Begleiter, man solle die Ladung einmal nachsehen, und man fand, daß etwas fehlen müßte. Homberg ritt durch die Fulda zurück und entdeckte ein Kistchen, das heruntergefallen war; es waren englische Banknoten darin. Ohne weiteren Unfall gelangte dann der Zug an sein Ziel.

Als Anfang der neunziger Jahre des vorigen Jahrhunderts der Teich im Schönfelder Park gereinigt wurde, da kam ein Mauerwerk zum Vorschein, und alsbald ging das Gerücht unter den Leuten, hier sei im Jahr 1806 ein Teil des kurfürstlichen Schatzes eingemauert worden. Was man aber dort vorgefunden hat, waren nur die Grundmauern eines Denkmals, das in der Franzosenzeit für den französischen General Ducoudras von seinen Freunden errichtet worden war und das 1813 weggeschafft wurde. (39)

Die Lustbarkeiten des Königs Jerôme

Der König Jerôme (Bruder Napoleons, 1784–1860) badete des Morgens in Milch, des Mittags in Bouillon, des Abends in Rotwein, und jeden Tag zog er eine neue Kaschmirhose an. Die Kosten des Bades mußte jedesmal die Stadt bezahlen, wo er sich gerade aufhielt. Für sein Bouillonbad wurde allemal ein ganzes Kalb gekocht. Man kann sich denken, wieviel Kälber das das Hessenland gekostet hat. Als er 1809 mit gegen die Österreicher zu Felde zog und gerade in Leipzig war, mußte die Stadt täglich zwanzig Taler zahlen allein für die Vanille, die als Zutat in seine Bäder kam. Es genügte ihm nicht, die schönsten Pferde vor seinem Wagen zu haben. Er ließ Hirsche einfangen, und ein Viergespann davon mußte gezähmt und eingefahren werden, mit großer Mühe und Lebensgefahr für den Stallmeister. Und es wurde ein besonders leichter Wagen für das Gespann gebaut, auch vor den Schlitten der Königin kamen sie. Dieser Hirschvierer war der Lieblingsjagdzug der Majestäten, worin sie oft von Kassel nach Napoleonshöhe fuhren. Als im Jahre 1813 die Russen nach Kassel kamen, fiel das Gespann den Kosaken in die Hände, die haben es sofort geschlachtet und aufgefressen. Andere sagen, der russische General Tschernitscheff hätte sie als Siegestrophäe mitgenommen. (40)

Der Wachtelschlag

In den Notjahren von 1816 und 1817 kam ein Taglöhner von Niederzwehren früh morgens nach Kassel und wollte sich eine Wecke zum Frühstück mitnehmen. Er klopft an den ersten Bäckerladen und fordert eine Wecke. Der Bäcker ruft: »Um einen Dreier stehe ich nicht auf; ich liege noch zu Bett.« – »Nun so reicht mir die Wecke durch das Schlüsselloch hindurch«, antwortet der Taglöhner. Und so ist es denn auch geschehen.

Damals hat die Wachtel ihren Ruf achtzehnmal hintereinander ertönen lassen und es ist ein weit verbreiteter Glaube, daß das Viertel Korn soviel Taler koste als man den Wachtelschlag hintereinander höre. Wirklich hat das Korn damals 18 Taler gegolten. (41)

Vor-Beerdigung

Vierzehn Tage vor dem Tod des Kurfürsten Wilhelm (1743–1821) sind in Kassel, wie man erzählt, verschiedene Leute auf der Oberneustadt gegen Mitternacht durch Peitschenknall, Pferdegetrappel und Wagengerassel aus dem Schlaf geweckt worden und haben, als sie an die Fenster traten, einen Trauerzug gesehen, der sich aus dem Bellevuehofe am Meßplatz vorüber nach dem Wilhelmshöher Tor zu bewegte. Bei diesem Leichenzug soll alles genau so gewesen sein, wie hernach bei der wirklichen Beerdigung des Kurfürsten. Es heißt auch, sie seien darüber amtlich vernommen worden und hätten ihre Gesichte feierlich bestätigt. (42)

Der schwarze Ritter

Der Kurfürst hatte schon mehrere Jahre vor seinem Tod angeordnet, wie die Beerdigungsfeier für ihn gehalten werden sollte. Nach altem Brauch sollte der schwarze Ritter des hessischen Hauses in der schweren Rüstung, die schon von alters her dafür aufbewahrt wurde, dem Trauerzug voranreiten. Hierzu hatte man den jüngsten Sohn des Oberstleutnants von Eschwege zu Reichensachsen an der Werra ausersehen, einen stattlichen jungen Mann von kräftigem Wuchs, Leutnant bei dem Jägerbataillon. Am 14. März sollte das Leichenbegängnis sein. Tags zuvor fiel das lebensgroße Bild des Leutnants von Eschwege im Wohnzimmer zu Reichensachsen von der Wand herab und der Mutter vor die Füße. Nach einer anderen Überlieferung soll das Bild in Reichensachsen zu derselben Stunde von der Wand gefallen sein, als der Leichenzug den Burghof betrat. Es wurde dann noch weiter erzählt, das Bild habe zugleich eine Tasse zertrümmert, auf der Ansichten von Wilhelmshöhe gewesen seien. Die Mutter war nun in großer Angst und Sorge um ihren Sohn und bat ihn, nicht den schwarzen Ritter zu machen, sie ahne ein großes Unglück. Der Sohn aber blieb dabei, als Kavalier und Soldat dürfe er nicht zurücktreten. Der 14. März war ein etwas rauher Tag, der schwarze Ritter durch den Ritt vom Wilhelmshöher Schloß zur Löwenburg in der schweren Rüstung ganz erschöpft und erhitzt, öffnete, während der Sarg in die Kapellengruft gesenkt wurde, das Visier, um sich an der kalten Luft zu erfrischen. Er führte auch den Zug in guter Haltung zurück zum Residenzschloß. Von da fuhr er nach Kassel in seine Wohnung, die er lebend nicht wieder verlassen hat. Er starb sechs

Tage (andere erzählen: drei Wochen) nach dem Leichenbegängnis am Fieber, im Volke aber war allgemein der Glaube, es sei auch diesmal wieder geschehen wie immer bisher: daß der schwarze Ritter im landesherrlichen Trauerzug auch als erster seinem Herrn in den Tod habe nachfolgen müssen. (43)

Der Werwolfsriemen

Bei einem Mann in Ehlen (Habichtswald), der im Verdacht stand, daß er ein Werwolf sei, fand man nach langem vergeblichen Suchen im Keller ein tiefes Loch, darein war ein Faß gesteckt und das Ganze mit einer Steinplatte belegt, so daß es schwer zu entdecken war. Das Faß war ganz voll Fleisch, das der Werwolf gesammelt hatte. Den Werwolf selbst fanden sie nicht. Wie sie nun bei der Familie danach fragten, sagte das jüngste Kind: »Wo mein Vater ist, das weiß ich nicht. Wenn er aber den Riemen umtut, der da an der Wand hängt, dann kann er über die Haustür springen« (d. h. über die Untertüre, die Türen waren geteilt). Einer von den Leuten, die das hörten, bekam Lust nach dem Riemen und schnallte ihn sich um den Leib. Kaum war das geschehen, so flog er hinaus. Er sprang nicht etwa über die Gärten und Hecken, wie es wohl Menschen können, sondern war auf einmal weg, und soviel sie auch suchten, er war nirgends zu finden. Nach vier Wochen fanden sie ihn tot im Walde. Das war die Strafe für seinen Vorwitz. Er verstand die Sache nicht. (44)

Schloß Schauenburg am Habichtswald

Weit sichtbar in südlichem Habichtswald ragt die spitze steile Burghöhe mit den Trümmern des Schlosses Schauenburg hervor. Sechshundert Schimmel, erzählt die Sage, haben sich bei Erbauung der Feste zu Tode ziehen müssen. In früher Zeit ein Sitz hessischer Gaugrafen, wurde die Schauenburg nachher vom Geschlecht derer von Dalwigk bewohnt.
Wann und durch wen die stolze Feste gegründet wurde, ist nicht überliefert. Jene Sage bietet jedoch vielleicht einen Anhalt in ihrer Ausdeutung. Sind die Schimmel etwa kriegsgefangene Sachsen gewesen, die ihren fränkischen Besiegern eine Grenzfeste wider ihr eigenes Volk bauen mußten? Denn weißes Roß und Löwe sind alte feindliche Stammes-Wappen. (45)

Der Reinhardswald

Sababurg

Das Haus, sonst Zapfenburg genannt, liegt fast mitten im Reinhardswald auf einem hohen Berg und Steinfelsen. Es soll erbaut sein von einer edlen Geistlichen, Frau Saba genannt, deren Rippen man in ziemlicher Größe gefunden hat. Sie werden in der Kunstkammer zu Kassel gezeigt. (46)

Die Riesenprinzessinnen

Vor sehr langer Zeit lebte im Reinhardswald ein mächtiger König, der hatte drei Riesinnen zu Töchtern, wovon die eine Saba, die andere Trenda und die dritte Bramba hieß. Der Vater baute einer jeden ein Schloß, für Saba die Sababurg, für Trenda die Trendenburg (jetzt Trendelburg), und für Bramba die Bramburg; da wohnten sie und pflegten sich die Tage zu verkürzen, indem sie durch Sprachrohre von ihren Schlössern aus mitein-

Die Sababurg um 1620. Kupferstich (Politisches Schatzkästlein II 2/44, 1628)

ander plauderten. Lange nachher zeigte man noch zu Sababurg das große Bett der Saba, ihre Betstube, den Brunnen und den Becher, woraus sie getrunken haben soll. Das Holz an der Bettspanne war fast ganz zerschnitzt. Jeder Besucher nahm sich einen Span zum Zahnstocher davon mit, denn man glaubte, wenn man bloß einen kranken Zahn mit dem Holz berührte, vergingen augenblicklich die Schmerzen.

In der benachbarten Göttinger Gegend erzählte man früher: Auf der Sababurg im Kurhessischen ständen drei Hünenbetten. Die müßten täglich frisch gemacht werden, wenn die Leute in der Burg Ruhe haben wollten. Geschähe das nicht, dann polterte des Nachts alles wild durcheinander und keiner könnte vor Lärm ein Auge zutun. In den Betten würde auch jede Nacht geschlafen. Das könnte man des Morgens noch ganz deutlich sehen. Wer aber darin gelegen habe, dahinter wäre noch niemand gekommen.
Eine von den Riesenprinzessinnen, die Bramba, soll blind gewesen sein, aber doch zu Pferd den Weg durch die Weser nach der Bramburg gefunden haben. Ehe die Schwestern sich aber trennten, teilten sie ihr Gold und maßen es sich in einer Metze zu. Aber wenn die blinde Schwester ihren Anteil zugemessen bekam, wendeten die anderen beiden das Gemäß immer um und bedeckten nur den Boden mit Gold, so daß sie, wenn sie es betastete, meinte, sie hätte ein volles Maß bekommen. Daher kommt es, daß sie ihre Burg nicht fertigbauen konnte. Die Saba wurde hernach von der Trendela in der »Mordkammer« umgebracht. (47)

Die Sababurg um 1650. Kupferstich von Matthaeus Merian

Erbsen und Speck

Als die Trendelburg gebaut wurde, bekamen die Gesellen täglich acht Heller Lohn und wurden davon ganz stolz und übermütig. Und eines Tages, als die Frau eines Maurers ihrem Mann Erbsen und Speck zum Mittagessen brachte, da warf dieser entrüstet den Topf mitsamt dem Essen gegen die Mauer und rief: »Ist das auch eine Kost für einen Menschen, der täglich acht Heller verdient?« Die Frau weinte, der Meister aber strafte den Hochmut des Gesellen damit, daß er ihn zwang, den zerbrochenen Topf nebst Erbsen und Speck auf einem Stein auszuhauen und diesen an der Mauer einzufügen. Dieser Stein ist auch bis heute noch zu sehen. (48)

Trendela versetzt Berge

Zwischen Trendelburg und Deisel zog sich vormals von der Diemel an eine weite Talebene westlich hinaus. Der Trendela gefiel dies nicht. Sie sammelte Erde und Steine in ihre Schürze und ging, einen Berg dorthin zu setzen. Unterwegs entglitt ihr aber ein Zipfel der Schürze, und ein Teil der Erde fiel heraus: das ist der Ohmesberg geworden. Sie erfaßte den Zipfel wieder, ging noch eine Strecke fort und schüttete dann den ganzen noch übrigen Inhalt der Schürze auf die Ebene: daraus entstand der Deiselberg. (49)

Trendelburg um 1620. Kupferstich (Politisches Schatzkästlein II 1/14, 1627)

Trendela wird vertrieben

Einst zog sich ein schreckliches Gewitter über Trendelburg zusammen und stand sieben Tage und sieben Nächte über dem Ort. Die Einwohner der Stadt glaubten, die böse Trendela sei schuld daran, und deshalb beschlossen sie, dieselbe zu vertreiben, dann würde ihnen Gott wieder gnädig sein. Sie führten also die Trendela auf das Feld hinaus und ließen sie allein. Kaum aber stand sie allein dort, da schoß eine Wetterwolke auf sie herab und verschlang die Gottlose. Blitz und Donner ließen alsbald nach, und die Not war vorüber. Die Wolke aber hatte zwei tiefe Löcher in den Erdboden gerissen, welche noch bis auf diesen Tag zu sehen sind und die Wolken- oder Erdborste genannt werden. In dem größeren dieser Löcher befindet sich ein kleiner Teich, und zuweilen läßt sich dort eine weiße Jungfrau sehen. (50)

Weitere Riesentaten

Ein Geschlecht von Riesen bewohnte die ehemaligen Schlösser an der oberen Weser im sächsischen Hessen-Gau. Die Wahlsburg wurde von zwei Riesen zerstört. Die großen Steine um die Sababurg erinnern an deren ungeheure Stärke; denn mit diesen und ähnlichen Felsblöcken, worin man Eindrücke riesiger Hände zu sehen glaubt, sollen sich jene geworfen oder auch Kegel gespielt haben. Auch hätten sie einen unterirdischen Weg von der Sababurg nach der Bramburg geführt. In der Hölle bei Ödelsheim standen die Kegel, wonach sie von der Sababurg aus warfen. Hier wird die Kegelbahn noch gezeigt. Da liegen drei große steinerne Kugeln, worin sich die Pranken der Riesen eindrückten. Von der Bramburg warf ein Riese einen Stein wider die Kirche von Vake, der jedoch darüber hin flog; die Fingereindrücke sind noch darin zu schauen. (51)

Graf Reinhard der Spieler

Es lebte einmal ein Graf Reinhard, dem alles Land, alle Dörfer und Städte zwischen der Diemel und dem Weserstrom gehörten. Er war aber ein arger Spieler. Mit andern vornehmen Herren spielte er oft Würfel, hatte aber fast nie Glück im Spiel. Eines Abends spielten sie wieder, und Graf Reinhard hatte schon alles verloren. Da setzte er zuletzt seine ganze Grafschaft aufs Spiel. Aber auch diesmal verlor er, und Graf Reinhard war mit einem Wurf ein armer Mann geworden. Er gönnte jedoch seinem Gegner die Grafschaft nicht und brauchte eine List, um sie ihm wieder zu entreißen. Er bat ihn, er möchte ihn noch eine Aussaat ernten lassen. Die Bitte wurde zugestanden, und Graf Reinhard eilte von dannen, um seine Anstalten zu treffen. Er brannte alle Dörfer nieder, trieb die Einwohner weg und ließ überall Waldsamen ausstreuen. Daraus ist der Reinhardswald aufgewachsen, und der glückliche Gewinner wartete noch heute auf die Ernte, wenn er nicht längst gestorben wäre. An sehr vielen Stellen des Waldes sind Spuren des früheren Ackerbaues noch sichtbar; Mittelrücken und Scheidefurchen der Äcker wechseln regelmäßig auf große Strecken hin miteinander ab. (52)

Der Grenzstreit

Zu Wilhelmshausen, einem hessischen Dorf unweit Münden, war vormals Uneinigkeit zwischen der Gemeinde und der benachbarten Stadt Münden über ihre Grenzen entstanden. Man wußte sie nicht recht mehr auszumitteln. Also kam man überein, einen Krebs zu nehmen und ihn über das streitige Ackerfeld laufen zu lassen, folgte seinen Spuren und legte die Marksteine danach. Weil er nun so wunderlich in die Kreuz und die Quer lief, ist daselbst eine sonderbare Grenze mit mancherlei Ecken und Winkeln bis auf den heutigen Tag. (53)

Der Würfelturm von Hofgeismar

Süß was de Stad Geismer vell grötter, osse jetzunder. Da hed se enmal enen Krieg ehat med vellen Heren, de wollen se utbrennen. Se kamen mit erren Lüen, un nammen de ganze Feldmark in, un lechden sik vörr de Dore, de to emacht wören, un ümme de Müre, und leten nemes ut, nau in. Se hadden auk de Kögge van der Weide elanget, un de Swine hadden se weg etrewwen un oll dat Veh, dat vörr den Heren geit. Up dem Felle hadden se olles afemegget und streggeden de Frucht mid den Gülen. Un toest

Hofgeismar um 1620. Kupferstich (Politisches Schatzkästlein II 1/24, 1627)

wören se käwisch. Se slachteden dat Veh, un wollen nu nix angeres eten, osse Flesch un Smalt un Wöste un Bran un Zalat derbi. Osse awer olles verterd was, da hadden de vellen Lüe vörr der Müre nix meir to etene. Nu was et awer to sülftiger Tied in der Stad auk juste in better. De Börgere drinne moßden Hunger lien, und wußden ni meir wovan se lewen solden. Da was menniker, de dre Kodeile ehat hadde, un hadde nu ken enziges meir. Den Supen moßden se dünne koken, un dat Flesch ging enne ganz af.

Da sied se van beiden Partiggen ens eworen, se wollen twe Mann, enen ut'm Lager, den angeren ut der Stad, med enanger würpeln laten und seen, we den höchdesten Wuorp dedde. De Wörpeler ut'm Lager schmeid sewwenteine. Da krechde de, denn se ut der Stad eschicked hadden, en grauten Schrecken. He verfohr sek, un dachte re, et wöre olles verloren. Awer smieden moßde he doch auk, un he schmeid – achteine! Un do lacheden de Borger van Geismer de grauten Hense ut, darümme, dat de Dickedoers moßden mager afgahn un laten de Stad med Fredden.

Dem Börger awer, de so god wörpelen konde, hat se in der Stad en Teken esat up den Toren, bi dem he ewörpeld hadde. Se hat dre graute Stene ut ehegget, osse de Wörpele sied, un had se elegd up de üngerste Müre annen Toren, un darup sied ewest to seene de achtein Augen. De allen Lüe, de nau lewwet, had den Toren un de Wörpele, de darup wören, nau eseen, un davan hed de Toren eheiten: de Wörpeltoren. (54)

Tod des letzten Schönebergers

Es sind schon viele Jahre, da wohnte auf dem Schöneberge, bei Hofgeismar ein sehr reicher Mann, der war ein kleiner König und besaß Schlösser und Dörfer, und Höfe und Städte, und er hieß nach dem Berg, auf dem er lebte, der Herr vom Schöneberg. Noch lieber aber als alle seine vielen Güter war ihm seine Frau; die war ein junges Weib und gar schön, und alle Männer, die sie sahen, konnten die Augen nicht von ihr abwenden. Und da starb der Herr vom Schöneberge und hinterließ nur ein Kind, das war ein Knabe von zwölf Jahren.

Nun nahm die Frau einen Lehrer an, daß der Knabe die nötige Bildung empfinge und würde wie sein Vater. Der Lehrer kam auf das Schloß und wohnte dort und sah die junge Frau gern und er ging mit dem Gedanken um, sie zu heiraten und ihre Besitztümer dabei zu erwerben; die Frau aber wies ihn zurück. Da ging er einmal in der Abenddämmerung mit dem Junker in den Wald, der um die Schloßmauer noch zu sehen ist. Der Weg, den sie zusammen gingen, läuft nahe an der Mauer um einen Brunnen, der sehr tief gemauert ist, und den keine Befriedung einschloß. Als sie an den Brunnen kamen, warf der Lehrer den Junker ins Wasser, ging zum Schloß zurück und sagte, er wüßte nicht, wo der Junker geblieben wäre.

Schon wurde es Nacht und ganz finster und der Wind brauste und sauste durch die Bäume, und der Junker war immer noch nicht zu Hause. Seiner Mutter graute es; sie fragte, sie suchte, sie rief – aber der Knabe war nicht zu sehen und nicht zu hören. Sie schickte die ganze Dienerschaft aus, ihn im Walde mit Laternen zu suchen, aber der Junker war nicht zu finden. Am andern Morgen schickte sie nach Geismar in die Schule, wo die ganzen Schulkinder versammelt waren und ließ sie bitten, daß sie kämen und hülfen ihr im Wald suchen. Die Schüler hatten den Junker lieb und liefen alle zusammen in den Wald und suchten mit allem Fleiß in den Gebüschen. Sie riefen ihn auch bei Namen, aber das Echo der Berge antwortete und nicht der Junker. Dann kam einer der Schüler oben auf dem Berg an den Brunnen und sah das kleine Hütchen, welches der Junker zu tragen pflegte, auf dem Wasser schwimmen. Da wußten sie, daß der Junker in den Brunnen gestürzt war und holten das Hütchen heraus und brachten es der Mutter. Die Mutter aber hatte keine leiblichen Kinder mehr und vermachte den Schulkindern zu Geismar all ihr Gut. Aus den Zinsen werden auf Ostermittwoch die Stutzwecke gebacken und ausgeteilt, welche die Kinder noch immer zu derselben Tageszeit empfangen, wo sie das Hütchen gefunden haben. (55)

Liebenaus Name

Das Städtchen Liebenau an der Diemel hieß ursprünglich Marienau oder Mergenau. Wie der neue Name aber entstanden, wurde seit Jahrhunderten in der Leute Mund also weiter erzählt; nur meldet die Überlieferung nicht, welcher Landesfeind es gewesen sei, dem damals mutige Weiber den Siegespreis verwehrten.
Denn in des Städtchens Mauern weilte der »Herr zu Hessen«, wie vor uralters, noch ehe der Titel Landgraf aufkam, der Landesfürst geheißen hat. Da zog in Untreuen mit Heeresmacht plötzlich der Feind heran, der das erfahren hatte und berannte die Mauern.
Groß war die Not der Stadt; eilends gingen Boten aus, um überallhin die Bedrängnis des Fürsten zu melden. Doch der Feind stürmte Tag und Nacht, und matt und müde wurden die wenigen Streiter. Da traten die Weiber an die Seite ihrer erschöpften Männer und fochten mit. Und die Alten, die keine Wehr zu tragen mehr vermochten, die siedeten Öl und gossen dies und glühend heißen Roggenbrei den Stürmenden auf den Leitern über die Köpfe. Da, als schon alle Kraft die Bürgerschaft verlassen und jegliche Hoffnung geschwunden schien, da nahte Entsatz; und ab zogen die Feinde.
In dankbarer Rührung aber, für solch treuen Liebesdienst wackerer Weiber, wandelte der Fürst den alten Namen des Ortes in den jetzigen: Liebenau! (56)

Liebenau um 1620. Kupferstich (Politisches Schatzkästlein II 4/29, 1630)

Der Fiedler von Liebenau

Im Siebenjährigen Krieg lag einmal am Anhaltsberg bei Liebenau ein französisches Heer. Die Braunschweiger aber hatten eine Stunde weiter bei Warburg ihr Lager aufgeschlagen. Nun lebte damals in Liebenau ein Mann, den nannten sie dort den Fiedler. Der ging oft in das französische Lager, spielte den französischen Soldaten zum Tanz auf und verdiente sich so ein paar Groschen mit seiner Fiedel. Heimlich aber sah er sich sehr genau um und merkte sich, wieviel Soldaten der Feind hatte, wieviel Kanonen und wie das Lager befestigt wäre; und alles, was er ausgekundschaftet hatte, meldete er dann dem Herzog von Braunschweig. Der machte daraufhin seinen Plan, überfiel das französische Lager, schlug die Feinde und machte große Beute. Der Fiedler aber bekam so reichen Lohn, daß seine Nachkommen, die in der Diemelgegend zerstreut wohnten, noch hundert Jahre danach als reiche Leute galten. Der französische General soll Anhalt geheißen haben, und davon hat der Berg, an welchem das Treffen gewesen ist, den Namen Anhaltsberg bekommen. (57)

Entstehung von Helmarshausen

In uralter Zeit stand auf einem Berg hoch überm Diemelstrom ein Städtchen: Alten Köllen genannt. Drunten aber am Ufer baute ein Fischer namens Elmeri sich bequem zu seinem Gewerbe an. Er war ein freundlichbiederer Mann; ihn besuchten daher bisweilen die Bewohner des Städtchens, ließen sich beköstigen mit gerösteten Fischen und Met; und da bescheiden der gute Elmeri stets nur geringe Vergütung annahm, so kam seine Wirtschaft zu fröhlichem Gedeihen, und die Städter schmausten, tanzten und vergnügten sich je länger je öfter.

Das reizte manchen, es dem glücklichen Elmeri nachzutun; und sieben Männer kamen nacheinander, bauten Fischerhütten neben ihm an, kamen in Frieden, Freiheit, Ordnung gleichfalls zu Wohlstand, so daß die kleine Pflanzung trefflich ihren Anbau erweitern konnte.

Da geschah, daß schwerer Krieg hereinbrach, Haufen der Feinde stürmten durchs Land; und da die reisigen Männer fern beim Heer waren, so durften die Feinde ungeschoren sengen und brennen. So fiel auch Alten Köllen in Schutt und Asche; Greise, Weiber und Kinder suchten Obdach und Unterhalt bei den mildtätigen Fischern drunten am Fluß. Da nun aber die

Männer aus dem Krieg heimkehrten und fanden die Ihrigen in der Pflege Elmeris und der andern Fischer, da beschlossen sie, hier ebenfalls zu bauen und zu wohnen.
Und aus den Trümmern Alten Köllens schafften sie Steine und Gebälk herab; bauten und nannten den Ort nach dem ersten Urheber: Elmeri. (58)

Des Heilands Leichnam in Gottsbüren

Kurz vor dem Jahre 1331 verbreitete sich plötzlich in den Diemel- und Weserlanden die Kunde, daß man im Reinhardswald den heiligen Leichnam des Herrn ganz unversehrt, aber mit blutigen Tropfen bedeckt, gefunden und nach Gottsbüren gebracht habe. Bald war die seltsame Kunde bis zum Fuße der Alpen gedrungen und bis zum Meeresgestade im Norden, und aus allen deutschen Gauen strömten fromme Pilger herbei, um an der geheiligten Stätte ihre Andacht zu verrichten. Die dargebrachten Opfer waren so groß, daß, außer bedeutenden Erwerbungen, die schöne, geräumige Kirche zu Gottsbüren und das Schloß Sababurg daraus gebaut werden konnten. Auch das nahe Hofgeismar hob sich dadurch und die Stadt ließ, zur Bequemlichkeit der Wallfahrer, so erzählt die Sage, den morastigen Weg von da nach Gottsbüren pflastern. (59)

Was für ein Wild die Gottsbürer erlegten

Die Gottsbürer waren einmal zur Kirmeszeit in den Wald jagen gegangen und hatten ein großes Stück Wild erlegt, von dem sie aber nicht wußten, was es eigentlich war. Denn es sah weder einem Hirsch oder Reh, noch einem Wildschwein ähnlich. Das Wild ward indessen ausgeweidet und jedem Einwohner ein Stück davon zugeteilt. Abends brodelte über jedem Herd in Gottsbüren ein Stück Wildpret im Topf. Das Fleisch schäumte seltsamerweise im Kochen so stark, daß eine Frau zur Nachbarin ging und fragte: »Nabersche, wo is dat mit den Fleesche? Mien Fleesch schiemet tum Potte ruht; schumet juppe Fleesch aut so?« – »Ach, Nabersche«, erwiderte die Befragte, »et schumet jo tor Owerdöre nuht!« – Am folgenden Morgen suchte der Müller seinen Esel, den er ins Gehege zum Grafen getrieben hatte; er war nirgends zu finden. Es blieb ihm endlich nichts übrig, als zum Bürgermeister zu gehen und demselben Anzeige zu machen, daß ihm sein Esel abhandengekommen sei. Siehe, da lag noch die Haut von dem gestern erlegten Wild, welche der Müller sofort als die seines Esels erkannte. (60)

Grenzzug

Zwischen Immenhausen und Burguffeln liegt eine Mühle gerade auf der Grenze der Feldmark. In früheren Zeiten war es üblich, daß die Ortsobrigkeit mit den Feldhütern, Förstern und vielen Einwohnern von Zeit zu Zeit die Grenze beging, damit durch Verjährung nichts verloren würde. Wenn der Zug nun an jener Mühle anlangte, so mußte der Müller die ganze Gesellschaft bewirten; wollte er das nicht, so mußte er sich gefallen lassen, daß sie ihm die Wände einschlugen und geraden Wegs mitten durch sein Haus zogen, denn die Grenze lief durch die Küche über den Herd hinaus. (61)

Gudensberg, Fritzlar, Spangenberg

Wodensberg und Odenberg

In der Gegend, wo Mattium, die uralte, von Germanicus zerstörte Hauptstadt der Chatten und wo die Malstätte des fränkischen Hessengaues lag, kaum eine Meile von dem Orte, wo Bonifatius vor den Augen der erstaunten Heiden ihre heilige Donnereiche niederhieb, liegt das Städtchen Gudensberg um einen Hügel herum, der auf seinen beiden Spitzen einst zwei Schlösser trug. Ehemals soll die Stadt viel größer gewesen sein und bis zum Odenberg sich ausgedehnt haben; auch schrieb man im Mittelalter Wodensberg (Wotensberg 1209, Wuodensberg 1226), nachher Vdenesberg und zuletzt Gudensberg.
Dunkle Sagen erzählen von einer großen Kirche, die einst auf dem Gipfel, und von einer Kapelle, die am Abhang des Odenberges gestanden. Die Kapelle hieß die Karlskirche und soll von Karl dem Großen zur Erinnerung an einen hier erfochtenen Sieg gebaut worden sein. Landgraf Heinrich I. schlug 1270 die in Hessen eingefallenen Westfalen bei dieser Karlskirche, wobei 400 Feinde tot blieben. Im 16. Jahrhundert zerfiel die Kapelle, deren Schlüssel in neuerer Zeit der Pflug wieder zutage gefördert haben soll, und die Stätte diente nachher zum Hochgericht, wo noch 1662 viele Opfer der unseligen Hexenprozesse auf dem Scheiterhaufen starben. Uralte Schanzgräben laufen rings um den hohen Rücken des Odenbergs; die Sage schreibt auch diese Karl dem Großen zu. Der Berg selbst, von dessen Gipfel man eine außerordentlich weite und schöne Aussicht genießt, ist der Mittelpunkt vieler Sagen von Karl dem Großen, denn wenn auch lange schon das Volk den alten Heldenkönig in Karlquintes umgetauft hat, so ist doch sicher jener und nicht Karl V. darunter zu verstehen. (62)

Gudensberg um 1620. Kupferstich (Politisches Schatzkästlein II 2/18, 1628)

Das durstende Heer

Einst war Karl mit seinem Heer in die Gebirge der Gudensberger Landschaft eingerückt, siegreich, wie einige erzählen, nach andern fliehend. Die Krieger schmachteten vor Durst. Der König saß auf schneeweißem Schimmel; da spornte er sein Pferd, daß es mit dem Huf heftig auf den Boden trat und einen Stein aus dem Felsen schlug, in welchem die Spuren seines Trittes zurückblieben. Aus der Öffnung sprudelte die Quelle mächtig, das ganze Heer wurde getränkt. Das Wasser dieser Quelle, welche Glißborn heißt und an der Morgenseite des Odenbergs liegt, ist hell und eisig kalt und besitzt die Eigenschaft, daß es ohne Seife reinwäscht; aus stundenweiter Entfernung, aus Besse und anderen Orten, kommen die Weiber dahin, ihr Weißzeug zu waschen. – Der Stein mit dem Huftritt ist in die Gudensberger Kirchhofsmauer eingesetzt und noch heute zu sehen. (63)

König Karl im Odenberg

Am Fuße des Odenbergs schlug Karl eine große Schlacht. Des vergossenen Blutes war so viel, daß es tiefe Furchen in den Boden riß; oft sind sie zugedämmt worden, der Regen spült sie immer wieder auf. Die Fluten strömten zusammen und ergossen sich bis Besse hinab. Karl erfocht den Sieg; abends tat sich der Berg auf, nahm ihn und das ermattete Kriegsvolk ein und schloß seine Wände. – Doch auch hierin stimmen die Erzählungen nicht überein. Nach andern kam Karl, gedrängt vom Feind, bis zum Odenberg, da rief er die Gottheit an, ihn mit all den Seinen in den Berg aufzunehmen: der Berg öffnete sich und Karl ging hinein mit seinem ganzen Heer, worauf sich der Spalt wieder schloß. – In diesem Berg ruht der König von seinen Heldentaten aus; er hat verheißen, alle sieben oder alle hundert Jahre herauszukommen; tritt eine solche Zeit ein, so hört man Waffen in den Lüften rasseln, Pferdegewieher und Hufschlag, Trommelton und Trompetenklang. Karlquintes verläßt mit seinen Kriegern die unterirdische Behausung; der Zug geht an den Glißborn, wo die Rosse getränkt werden, und verfolgt dann seinen Lauf, bis er nach vollbrachter Runde endlich wieder in den Berg zurückkehrt. Sonntagskinder, die zwischen den Kirchen geboren sind, haben den Zug schon oft gesehen. Die Soldaten sind meist verstümmelt: der hat einen Arm verloren, jener ein Bein, dieser hat nur ein Ohr und viele andere tragen klaffende Wunden zur Schau.

Einmal gingen Leute an den Odenberg und hörten Trommelschlag, ohne etwas zu sehen. Da hieß sie ein weiser Mann nacheinander durch den Ring schauen, den er mit seinem in die Seite gebogenen Arm bildete: alsbald erblickten sie eine Menge Kriegsvolk, in Waffenübungen begriffen, den Odenberg ein- und ausgehen.

Im Berg wächst Hafer für die Rosse; was der »Quintes« seinen Pferden nicht geben will, wirft er hinaus. Täglich reinigen und schwenken seine Krieger Hafer und häufen große Vorräte davon in den Kammern auf. Ein Sauhirt bemerkte, daß sich eine der Säue von der Herde abschlug, sobald er am Odenberg hütete und jedesmal satt und fett zurückkam. Er ging ihr einst nach und sah, daß sie durch ein Loch in den Berg lief, worin ein ungeheurer Vorrat geschwenkter Hafer lag.

Alle sieben Jahre öffnet sich der Odenberg, und wem der Zufall den Gang zeigt, welcher in sein Inneres führt, der kann glücklich werden, denn es liegen große Schätze drinnen. Aber nur eine Viertelstunde lang ist er offen, und wer nicht eilt, den Ausgang wieder zu gewinnen, ehe die Frist verstreicht, der muß unten bleiben bis zum nächsten siebten Jahr. Doch wurden die Menschen, welche dies Schicksal hatten, nicht älter in der Zeit; sie blieben ebenso wie sie waren und auf derselben Stelle wie in dem Augenblick, da sich der Berg schloß.

Die Furcht vor dem Karlquintes war noch vor wenigen Jahren so groß, daß niemand ohne Grauen den Berg betrat. Kinder, welche Nüsse und Erdbeeren an seinem Abhang suchen gingen, wurden von den Eltern gewarnt: »Nehmt euch in acht, daß euch der Quintes nicht kriegt!« und mit der Drohung: »Der Quintes kommt!« beschwichtigen die Mütter dort herum ihre Kinder. (64)

Metze und Maden

Bei Gudensberg lag früher die uralte Hauptstadt der Chatten. Sie hieß Matziachi, später Metzach, und war befestigt. Wahrscheinlich lag sie zwischen den Dörfern Ober- und Niedervorschütz. Beide Dörfer waren schützende Warten, daher ihr Name. Befestigt waren auch wohl die Höhen ringsum, die Wodensberge, auf denen der Gott Wodan verehrt wurde. Im Jahre 15 nach Christi Geburt wurde Matziachi von den Römern erstürmt und verbrannt. Aber die Feinde mußten bald das Land wieder verlassen. Denn unsere Vorfahren waren gewaltige Helden. Bei der Zerstörung der Stadt waren wohl die meisten Bewohner umgekommen. Die übriggebliebenen bauten sich von neuem da an, wo jetzt das Dorf Metze liegt. Die Sage berichtet nämlich folgendes:
Metze war vor uralten Zeiten eine große, herrliche Stadt. Aber durch ein Weib, das vorher ihren Mann ermordet hatte, wurde der Ort an die Feinde verraten und zerstört. Nur zwei Häuser blieben übrig. Das Weib liegt dafür in ewigem Banne, und zuzeiten sieht man es im Bach stehen, der durchs Dorf hinfließt. Es ist eine hohe weiße Gestalt, plätschert dort im Wasser und verfolgt die Zuschauenden. Doch kann sie nicht weiter kommen, als ihr Eigentum gegangen war. Man nennt sie die Windelswäscherin.
Nicht weit von der alten Hauptstadt wurde auch der Landtag gehalten. Dort versammelte sich das Volk; aus allen sechs hessischen Stämmen erschienen Abgesandte; dann wurde beraten über Krieg und Frieden, und es wurde Gericht gehalten. Das nannte man »maden«. Daher hat das Dorf Maden, der Mader Stein und die Mader Heide den Namen bekommen. Dort liegen auch die sechs Dörfer, von denen der sonderbare Spruch geht: Dissen, Deute, Haldorf, Ritte, Baune, Besse das sind der Hessen Dörfer alle sesse. (65)

Der Scharfenstein

Unweit Gudensberg, nahe der Heerstraße, welche nach Kassel führt, erhebt sich ein hoher, kahler Basaltfelsen, der Scharfenstein. In diesem befindet sich eine gar schöne Jungfrau und viele kostbare Schätze. Nur nach sieben Jahren, an einem bestimmten Tag, gewinnt sie Leben und verläßt das dunkle Grab des Felsens, um an das Licht des Tages zu treten. Dann niest sie siebenmal und wer ihr siebenmal ein Gotthelf zuruft, der hat nicht nur die Jungfrau aus ihrem Bann befreit, sondern gewinnt auch alle in dem Felsen verborgenen Schätze. Einst hörte ein Fuhrmann sie niesen und rief sechsmal sein Gotthelf, als er aber zum siebenten Mal ungeduldig statt dessen einen Fluch ausstieß, verschwand die Jungfrau. (66)

Wie der wilde Jäger aussieht

Auch den wilden Jäger hat man früher oft genug gesehen; so bei Zierenberg. Erst kam ein entsetzliches Toben in der Luft von den Gudenbergen gegen die Stadt herab, und dann sah man im Mondschein einen Jäger auf weißem Roß und hinter ihm her mehr als hundert kläffende und heulende Hunde hoch über die Bäume dahinfahren. Am anderen Morgen sah man den Schimmel des Jägers oben an den Gudenbergen bei der Goldkaule weiden; ein paar Männer gingen schnell hinauf, um das Tier einzufangen, aber als sie oben ankamen, war es spurlos verschwunden. (67)

Eckbert von Grifte

Im Jahre 1370, als Landgraf Heinrich und mit ihm Hermann regierte, fiel der Erzbischof Gerlach von Mainz mit einem Heer in Hessen ein. Zuerst wollte er die Stadt Gudensberg erobern. Hier befanden sich zwei Schlösser, die Wenigenburg und die Obernburg. Die Wenigenburg wurde ihm durch den Hauptmann Henne von Wehren bald übergeben, die Obernburg aber von Eckbert von Grifte tapfer verteidigt. Die Feinde stürmten oft gegen die Burg an und forderten Eckbert auf, sie zu übergeben. Eckbert aber schlug alle Angriffe tapfer ab und verweigerte die Übergabe der Burg. Viel Blut wurde vergossen. Endlich kam Hermanns Gemahlin Johanna selbst vor die Burg und forderte zur Übergabe derselben auf. Aber der wackere Hauptmann gab ihr zur Antwort: »Gnädige Frau, hebt Euch hinweg alsobald, oder ich werde auf Euch einwerfen wie auf den Feind. Und käme mein gnädiger Herr selbst, er sollte in dieser Not nicht herauf. Ich gelobe zu Gott, dieses Schloß meinem Herrn wohl zu erhalten, bis es Friede wird. Alsdann will ich es wie ein Biedermann und nicht eher verlassen.« So sprach der tapfere, biedere Kriegsmann. Der Erzbischof aber, durch solchen Mut erschreckt, zog mit seinem Heere wieder ab. Im Jahre 1387 hat der tapfere Eckbert dieselbe Stadt gegen andere Feinde ebenso mutig verteidigt. Für diese Treue und Tapferkeit lohnte ihn sein Herr mit der Burg Falkenstein im Langenberg, von der aber jetzt nur noch Spuren vorhanden sind. (68)

Die Eiche bei Geismar

Bei Geismar, zwo Meilen von Kassel, hat Jupiter auf einem großen Eichbaum gestanden, welchen die Hessen angebetet und zweifelhafte Dinge befraget; welche ihnen das Götzenbild mit lebendiger Stimme aus dem Eichbaum beantwortet hat.
Soweit Winkelmann. Dazu berichtet Willibald (in der Lebensbeschreibung des Bonifatius), wie dieser, in Rom vom Heiligen Vater zum Bischof erhoben, wieder nach Hessen zurückgekehrt sei. Damals empfingen viele Hessen, die den katholischen Glauben angenommen hatten und durch die Gnade des siebenfältigen Geistes gestärkt waren, die Handauflegung. Andere aber widerstrebten noch der unverfälschten Wahrheit des Glaubens. Einige opferten heimlich Bäumen und Quellen; andere taten dies ganz offen. Auch trieben etliche, offen oder heimlich, Seherei und Wahrsagen und allerlei Zauberwerk; oder sie schauten auf Zeichen und Vogelflug und pflegten mancherlei Opferbrauch. Andere hinwieder waren schon gesunderen Sinnes und hatten allem heidnischen Götzendienst abgesagt. Die rieten und halfen ihm, daß er es unternahm, eine ungeheure Eiche in dem Ort Gaesmare zu fällen, die von alters her bei den Heiden Jupiters- (d. h. Donars-)Eiche hieß. Die Diener Gottes umstanden ihn dabei, aber es kam auch eine große Menge von Heiden hinzu. Die verfluchten ihn untereinander als einen Feind ihrer Götter. Er hatte aber erst wenige Hiebe getan, da wurde die gewaltige Masse der Eiche von einem göttlichen Wehen erschüttert, ihre Krone brach, sie stürzte zusammen und zerbarst wie durch eine höhere Gewalt in vier gleich große riesige Stücke, ohne daß die umstehenden Brüder irgendetwas dazu getan hätten. Als dies die Heiden sa-

Bonifatius läßt zu Geismar die Jupitereiche umhauen. Federzeichnung 1493 (Gerstenbergsche Chronik)

hen, die vorher geflucht hatten, da wurde ihr Sinn umgewandt, sie glaubten und priesen Gott. Der heilige Bischof aber kam mit den Brüdern überein, daß sie aus dem Holz des Baumes ein Bethaus bauen und es dem heiligen Petrus weihen wollten. Als er mit dem Beistand des Himmels dieses vollendet hatte, zog er weiter nach Thüringen.
Man hat viel darüber gestritten und streitet noch, wo das Gaesmare liegt, von dem die alte Lebensbeschreibung des Bonifatius spricht. Den Hessen gilt heute zumeist das Geismar bei Fritzlar als Ort, wo Bonifatius die Donarseiche fällte. (69)

Fritzlars Schutz und Schirm

Da Kaiser Karl vermeinte, die Sachsen bezwungen und gebändigt zu haben, und nun auf Papstes Bitte wider Desider, der Langobarden König gezogen war, fielen jene in 773 doch wiederum ab. Sie überzogen und plünderten Hessenland; und da sie kommen sind an den Ort, Fritzlar genannt, haben sie sich unterstanden, die Kirche des heiligen Winfrieds, so in St. Peters Ehren erbaut, anzuzünden.

Die Kirche aber hatte von ihres Erbauers weissagendem Geist die Verheißung empfangen, daß sie durch Feuer niemals solle verderbet werden. Also sind etlichen von den Sachsen, die teils Christen, teils Heiden, zwei Jünglinge erschienen, in weißen Gewändern; die haben die Kirche vom Feuer beschirmet, und ist durch göttliche Schickung ein Schreck unter die Feinde gefahren, daß sie alle sind davon geflohen. Danach ist bei genannter Kirche einer der Sachsen tot gefunden; der lag auf seinen Knien, hatte Holz und Feuer in Händen, gleichsam ob er's mit dem Mund anbliese, die Kirche zu verbrennen.

Auch wird überliefert, in 787 sei bei Fritzlar Blut aus der Erde gesprungen und Blut vom Himmel gefallen. (70)

Landgraf Konrad zerstört Fritzlar

Landgraf Konrad, der 1232 mit dem Mainzer Bischof Siegfried in Fehde gelegen, zog mit seinem Heer vor Fritzlar, das zu der Zeit auch mainzisch war, und brannte die Vorstadt ab, ließ die Mühlen zerschlagen und die steinerne Brücke über die Eder zerbrechen, und da ihn deuchte, daß der Schaden genug getan und sich wohl an dem Bischof gerächt hätte, steckte er die Buden seines Lagers an und zog mit seinem Heer ab. Da liefen die gemeinen Weiber, die mit den Rinkgäuern (Rheingauern) dahingekommen waren, auf die Mauer der Stadt und hingen ihre nackten Hintern über die Zinnen und riefen den Landgräflichen zu, darin sollten sie herbergen. Als der Landgraf den schmählichen Spott sah, da hieß er sein Volk wieder umkehren, und sie lagerten sich zum zweiten Mal vor Fritzlar, und er griff sie mit Geschoß an, stürmte mit Macht und verbrannte die Stadt samt den Kirchen. Und es verbrannten auch viele Leute, Frauen und Kinder und alles Gut, das darin war. So auch das Münster und Kloster, das vor der Stadt lag. Das geschah im Herbst nach dem Tag des heiligen Kreuzes.

Fritzlar um 1620. Kupferstich (Politisches Schatzkästlein I 2/19, 1625)

Indessen hatte der Erzbischof von Mainz, der wohl sah, daß er des Landgrafen im Feld nicht Herr werden könne, den Papst Gregor IX. in Rom angerufen und ihn dazu vermocht, daß er den Landgrafen in den Bann tat. Um wieder aus dem Bann zu kommen, zog Konrad nach Rom zum Papst, tat Buße und bat, daß er ihn löste von seinen Sünden. Und tat in Rom viel Werke christlicher Milde. So speiste er täglich während der ganzen Zeit zu Rom vierundzwanzig Arme, die bediente er mit eigner Hand. Endlich sprach ihn der Papst los vom Bann und setzte ihm zur Buße, daß er sich mit dem Erzbischof von Mainz und seinen anderen Feinden versöhnen sollte, und sollte sich in einen Orden geben, die Gotteshäuser reichlich begaben und zu Fritzlar anstatt des Münsters, das er verbrannt hatte, ein neues bauen, dazu endlich noch öffentliche Buße tun. Als Landgraf Konrad wieder im Lande war, tat er das alles, vergütete und ersetzte den Leuten zu Fritzlar den erlittenen Schaden aus seinem eigenen Zehnten von Dörfern und Gerichten.

Als Landgraf Konrad zur Buße Fritzlar wieder aufgebaut hatte, soll er bei einer Prozession vor der Kirchtür in Fritzlar gekniet, eine Rute in der Hand gehalten und diese zu seiner Züchtigung jedem Vorübergehenden angeboten haben. Doch aus der großen Menge erlaubte es sich nur ein altes Mütterchen, die Rute zu nehmen und dem Landgrafen einige Streiche damit zu geben. (71)

Bonifatius rettet Fritzlar

Im Siebenjährigen Krieg lagen einmal die Franzosen in Fritzlar. Da erschien der Feind vor der Stadt und beschoß sie sehr heftig. Alle Bürger klagten und jammerten laut. Plötzlich aber hieß es, Bonifatius sei wiedergekommen, um seine Stadt aus ihrer Bedrängnis zu retten. Alle strömten dem Haddamarer Tor zu und sahen dort den Heiligen auf der Mauer stehen. Er hielt ein großes weißes Tuch in den Händen und fing damit die Kugeln der Feinde auf. Die Kugeln prallten auf die Feinde zurück und töteten sie. Von der Stadt her wurde aber auch nicht eine Muskete abgeschossen. Da ergriff die feindlichen Krieger Angst und Schrecken, und sie machten, daß sie fortkamen. Alsbald war auch Bonifatius wieder von der Mauer verschwunden. (72)

Jagender Spuk

1651 kam des Rentmeisters von Borken Landknecht: Johann, zubenamet der Rühling, von Kassel zurück, wohin er seinem Herrn etliche Rechnungen getragen. Als er hinter Fritzlar in die Hecke neben der Kalbsburg kommt, hört er jemanden jagen und ins Horn blasen; auch viele Hunde bellen und ihm näher kommen.

Johann, der zu Fritzlar einen guten Rausch getrunken, schreit dem Jäger nach; und alsbald streicht ein gewaltig starker Hirsch mit etlichen Hunden vor ihm her. Darauf kommt ein Mann in ledernem Wams mit einer Axt, den jener für einen Zimmermann aus Borken ansieht. Da er ihn nun aber anredet, hat der doch Johannen keine Rede gestanden, sondern ist eilends vorübergegangen. Da kommt ein Jäger, dem Landknecht unbekannt, auf diesen zu, greift mit einer Hand, so kalt wie Eis, dem Rühling von der Stirn durch den Bart herab, so daß der schwer erschrocken schnellen Ganges nach Borken läuft; wo er sich dann gleich, weil es schon späte Nacht geworden, zu Bett legt.

Am Morgen aber sah jedermann, wie des Jägers Finger übers ganze Gesicht rote Striche gegriffen hatten; und wo die Finger durch den Bart gegangen, war es glatt und nicht ein Härlein zu schauen.

Ist auch keins wieder daselbst gewachsen. Der Rühling war ein recht Weltkind, so nach niemandem fragte; und starb über etliche Jahre hernach. (73)

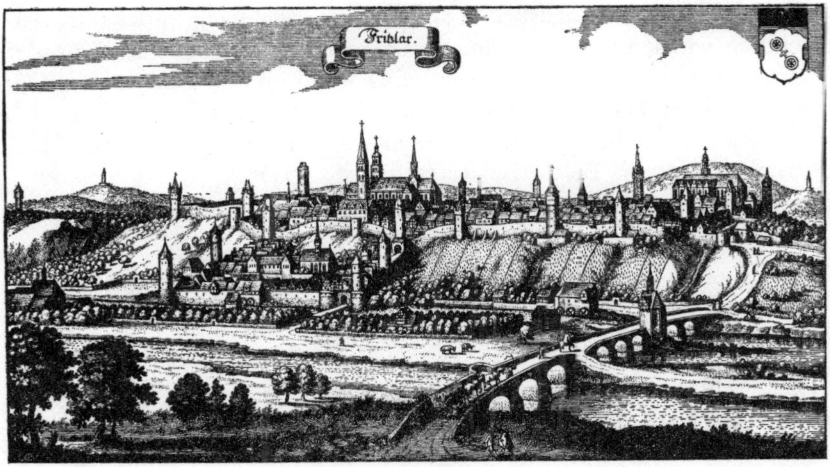

Fritzlar um 1650. Kupferstich von Matthaeus Merian

Das Bier am Bürberg

Am Bürberg unweit Fritzlar standen Hopfengärten und der Vikar der dortigen Kirche wußte sich bei seinem geistlichen Amt noch andere Hilfs- und Erwerbsquellen zu eröffnen. So legte er auch eine Bierbrauerei an und der beste Abgang der Ware wurde an Festtagen und bei Prozessionen erwartet. Einst schrieb er in sein Tagebuch: Am zweiten Ostertag war das Wetter zwar sonst gut, aber doch so kalt, daß das Bier nicht ganz getrunken wurde; allein am dritten Ostertag kamen die Ungedanker und tranken es rein aus. (74)

Das Kloster Breitenau

Graf Werner von Grüningen (Gudensberg), der auf der Höhe von Holzhausen ein neues Schloß erbaut und zu seinem Sitz gewählt hatte, entschloß sich, weil er kinderlos blieb, aus seinen Gütern dem Himmel ein Haus zu stiften. Da gab ihm Gott ein Zeichen, wohin er bauen sollte, wie kurz zuvor ein ähnliches auch den Ort bestimmt hatte, wohin das berühmte Kloster Reinhardsbrunn am Thüringerwald gegründet war. Allnächtlich wurde über dem grünen Bergkessel, wo sich die Eder mit der Fulda vereinigt, ein Glanz wie von sieben Lichtern und himmlischen Gestalten erblickt. Dahin baute Werner das Kloster Breitenau, das allmählich zu einem der ansehnlichsten in Hessen aufblühte und in welchem nachmals auch Werners Leiche beigesetzt wurde. (75)

Der Weinkeller im Heiligenberg

Am Heiligenberg, bei Felsberg, der noch die Überreste eines lange zerstörten Schlosses auf seinem Haupt trägt, bemerkte einst ein Schäfer, als er mit seiner Herde droben weidete, ein Loch in den Steinen, aus welchem eine Menge Mäuse, eine hinter der andern herausliefen und eben so wieder hineinschlüpften. Er bohrte das Loch mit seiner Schippe ein wenig größer, riß ein paar Steine aus dem moosbedeckten Boden und sah hinein; aber nichts als schwarze schweigende Finsternis war da. Allgemach bemächtigte sich seiner der Gedanke, daß Schätze unten verborgen liegen könnten, und er beschloß, nächsten Tages ein Brecheisen von Haus mitzunehmen. Und das tat er auch; nach kurzer Anstrengung war das Steingeröll weggeräumt und bald lag eine Mauer mit einem Kellerloch offen. Nun stieg er durch das Loch in ein Gewölbe, in welchem mehrere große Weinfässer standen, aber sowie er die Fässer berührte, fielen die eichenen Planken in Staub und Asche zu Boden und der Wein stand da in seiner »eigenen Haut«. Neugierig bohrte der Schäfer die Kruste (des Weinsteins) an; aus allen ergoß sich eine Flüssigkeit, die in kurzer Zeit einen solchen Wohlgeruch in dem Keller verbreitete, daß der Schäfer ganz betäubt und taumelig davon wurde und kaum noch das Kellerloch wieder gewinnen konnte. Nachdem er eine Zeitlang oben gelegen und sich von seiner Betäubung erholt hatte, ging er nach Gensungen und erzählte im Dorf, was ihm begegnet war. Da dauerte es denn gar nicht lange, so waren die Bauern und Bäuerinnen mit Krügen auf dem Weg nach dem Heiligenberg, um sich von der wohlriechenden Flüssigkeit zu holen; aber wie sie hinaufkamen, war längst alles ausgelaufen und der schöne Geruch verflogen. (76)

Klostergänge

Der Sage nach befand sich ehemals auf dem Heiligenberg bei Felsberg ein Mönchskloster; unter demselben lag das Augustiner-Nonnenkloster Eppenberg, welches nachmals von Kartäusermönchen bezogen wurde. Beide standen durch unterirdische Gänge, die noch jetzt vorhanden sein sollen, miteinander in Verbindung. Mönche und Nonnen kamen heimlich zusammen und die mehr und mehr um sich greifende Sittenlosigkeit führte endlich den Verfall beider Klöster herbei. Auch von den Benediktinern in Breitenau wird erzählt, daß sie sich einen unterirdischen Gang bis zum Eppenberg hätten bauen lassen, und daß die Bauleute, als er vollendet gewesen, von ihnen ermordet worden seien, damit die Sache nicht verraten würde. (77)

Felsberg um 1650. Kupferstich von Matthaeus Merian

Die Glocke von Harle

Zwischen Felsberg und Harle liegt am Ufer der Eder ein Anger, der fast alljährlich zur Zeit der Schneeschmelze vom Hochwasser überflutet wird. Beide Orte besaßen hier gemeinschaftlich das Recht zu hüten. Eines Tages bemerkte der Felsberger Hirt, daß eins seiner Schweine emsig den Boden aufwühlte. Er ging hinzu, stieß an der aufgewühlten Stelle seinen Stab in die Erde und vernahm dabei einen hellen Klang. Jetzt fing er selbst an, den Boden aufzuwühlen und gewahrte zu seiner Verwunderung ein metallenes Gefäß. Er rief nun seinen in der Nähe hütenden Kameraden von Harle herbei, und beide entdeckten den Helm einer großen Glocke. Nun eilte jeder in seinen Ort, um Hilfe und Gerätschaften zum Ausgraben und Heben der Glocke zu holen. Bald war die Arbeit geschehen, und vor aller Augen stand eine herrliche Glocke. Nun aber entstand Streit darüber, wem die Glocke gehören solle. Man kam schließlich überein, daß die Ältesten aus beiden Orten darüber entscheiden möchten. Am anderen Tag fanden sich die Ältesten auf dem Anger ein und beschlossen, ein blindes Pferd mehrmals um die Glocke zu führen und dann frei laufen zu lassen. Schlage es die Richtung nach der Stadt ein, so gehöre die Glocke den Felsbergern, laufe es aber dem Dorf zu, dann solle Harle den Fund behalten. Mit diesem Vorschlag war man einverstanden, und ein blindes Pferd wurde herbeigeholt. Schon glaubten die Felsberger, den Sieg davonzutragen, doch das Roß sprang plötzlich wieder um und lief im Galopp geradewegs nach Harle. Dort wurde die Glocke im Turm aufgehängt, und ihr herrlicher Klang erfreut noch heute die Bewohner dieses Ortes und seiner Nachbargemeinden. (78)

Der Verrat der weißen Jungfrau

Als im Sommer des Jahres 1636 der General Götz mit einem großen Heer vor Homberg an der Efze erschien, flüchtete sich ein Teil der Bürger in das Schloß, welches eine hessische Besatzung hatte. Die Stadt fiel den Kaiserlichen fast ohne Widerstand in die Hände, doch beschossen sie vergebens von einer benachbarten Höhe das Schloß; nach einem mißlungenen Sturm zog sich Götz nach Zennern zurück, günstigere Gelegenheit abzuwarten. Da erschien ihm in einer Nacht die weiße Jungfrau, welche noch bis auf den heutigen Tag im Homberger Schloßberg haust, und verkündete ihm, auf dem Schloß herrsche Wassermangel; eine Magd sei in den Brunnen gefallen und ihr Leichnam in Stücken wieder herausgeholt worden. Der Ekel habe der Besatzung den Gebrauch des Wassers verleidet und sie hole nun ihren Bedarf außerhalb der Mauern aus einem Brunnen, welcher am Abhang des Schloßberges, gegen Mitternacht zu, hervorquelle; wenn man ihr auch diesen verlege, so sei sie zur Übergabe gezwungen. Alsbald brach der kaiserliche General wieder gegen Homberg auf und er fand es, wie ihm verkündigt worden war. Da ließ er den Brunnen am Schloßberg mit totem Vieh zuwerfen, und der Besatzung blieb nun nichts übrig, als dem Feind sich auf Gnade oder Ungnade zu ergeben. (79)

Die weiße Frau

Die Stadt Homberg wurde einst hart belagert und unter den Bürgern fanden sich sogar etliche, die hielten es mit dem Feind. Auch der Türmer auf dem Schloßberg gehörte zu den Verrätern. Er konnte von seiner Wohnung aus die Bewegungen der Belagerer am ehesten beobachten und sein Amt erforderte es, daß er zu jeder Zeit der Stadt von einer drohenden Gefahr Kunde gab. In der Nacht aber, wo verabredetermaßen ein Sturm auf die Mauern von Homberg geschehen sollte, auch alles dazu vorbereitet war, unterließ der bestochene Türmer das Blasen mit dem Horn und die Stadt wäre verloren gewesen, wenn nicht die Magd des Türmers durch ihren angstvollen Ruf die Bürger aus dem Schlummer geweckt hätte. Sie konnte zwar nur auf der einen Seite des Schloßturms das Wächterhorn erschallen lassen, da die andern drei Seiten vom Türmer verschlossen waren. Dieser stürzte die Magd, weil sie seine böse Absicht vereitelt, in den vier-

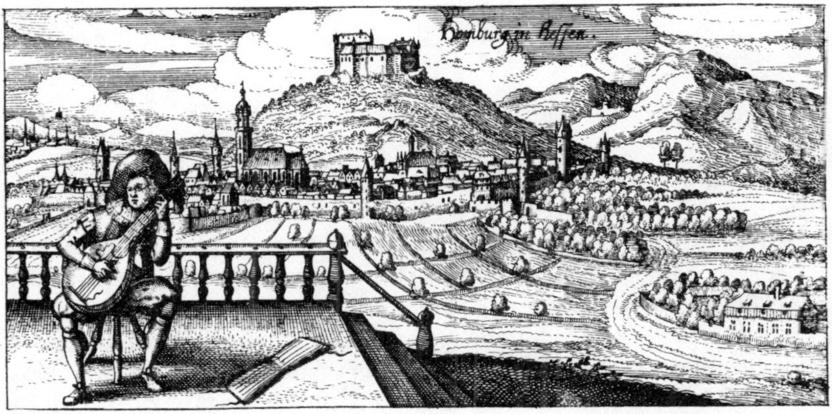

Homberg an der Efze, um 1620. Kupferstich (Politisches Schatzkästlein I 7/24, 1626)

undzwanzig Klafter tiefen Schloßbrunnen, aber die Feinde mußten unverrichter Dinge abziehen. Seit dieser Zeit erscheint alle sieben Jahre auf dem Schloß eine weiße Frau und der Türmer darf bis heute nur auf drei Seiten die Stunde abrufen. Sollte er es wagen, auch auf der vierten Seite zu blasen, dann würde ihm die weiße Frau den Hals umdrehen. (80)

Festmachen

Vor langer Zeit lebte in Homberg ein Wasenmeister, der verstand die Kunst, die Leute festzumachen, so daß sie nicht von der Stelle konnten. An einem Sonntagmorgen kamen die Homberger aus der Kirche und sahen nicht weit von des Wasenmeisters Haus ein Weib auf den Planken hängen, das schreit gar jämmerlich, es sei festgebannt und könne nicht loskommen. Man versammelt sich voll Angst und vereint seine Bitten mit dem Flehen der Frau. Da sagt der Wasenmeister: »Nun diesmal will ich dich noch freigeben. Wenn es aber wieder so kommt, sollst du hängenbleiben und hätte die Sonne auf dich geschienen, so wärst du elendiglich vertrocknet.« Darauf konnte das Weib von den Planken herunter und ging nach Haus. – Später freilich, als dieselbe Frau sich mit dem Wasenmeister veruneint hatte, rief sie aus: »Wißt Ihr noch, daß Ihr mir damals fünf Silbergroschen gegeben habt, damit ich mich an die Planken hängen und sagen mußte, ich könne nicht loskommen?« – Aber niemand hat es ihr geglaubt und an der Zauberkunst des Wasenmeisters gezweifelt. (81)

Der Nachtwächter von Melsungen

Im Herbst, wo es gar mancherlei zu schaffen gibt in Feld und Wiese, kann man es wohl auch einem Nachtwächter nicht verdenken, wenn er lieber schläft, als die Runde macht. So hatte denn einst der Nachtwächter von Melsungen des ganzen Tages Last und Hitze getragen und mußte doch um zehn Uhr abends wieder auf den Beinen sein, weil ihn sein Amt dazu trieb. Es wurde also die zehnte Stunde in gewohnter Weise abgerufen, auch der Stadt Bestes nach allen Seiten hin gewahrt. Als er jedoch wieder nach Hause wollte, sah er auf dem Markt vor dem Wirtshause zum goldnen Löwen eine Kutsche stehen, die war ausgespannt und bot ein bequemes Plätzchen, um eine Stunde darin zu verträumen. Du könntest dich hinsetzen, dachte der Nachtwächter, so wärest du um elf gleich bei der Hand und spartest den weiten Weg zu deiner Wohnung. Und ehe er sich's versah, saß er in dem Wagen und legte sein Horn neben sich. – Die Luft war so angenehm, die Polster und Kissen in der Chaise so weich, daß er sich's nicht besser wünschen konnte. Er schlief schon lange, ehe er es wollte, und schlief so fest, daß er nichts von allem hörte, was um ihn her geschah. Denn kaum war ein Viertelstündchen vergangen, daß er sich's im Wagen bequem gemacht, so spannte der Kutscher die Pferde vor und fuhr nach Kassel zu, das er gegen Morgen erreichen mußte. Das Schaukeln des Wagens beförderte noch den sanften Schlaf des Nachtwächters und die ganze Strecke hindurch störte nichts seinen Schlummer. Doch als man gegen drei Uhr nach Waldau kam, hielt der Kutscher vor der Schenke, um seine Pferde etwas ruhen zu lassen. Darüber erwachte nun der Nachtwächter, der in der Meinung, es möchte jetzt elf Uhr sein, schnell aus dem Wagen sprang, in sein Horn stieß und die Zeit abrief, wie es seines Amtes war. Das schallte so wunderbar durch die stille Nacht, daß die Waldauer aufschraken, der dortige Nachtwächter aber besonders nicht wußte, was das bedeuten solle, da er soeben dem Dorf den Morgen verkündet hatte. Er eilte also rasch und zornig herbei, und es dauerte lange, bis man sich verständigte und der Melsunger Nachtwächter sich endlich überzeugte, wo er denn eigentlich sei. – Seit der Zeit hat er sich gehütet, jemals die Stunden wieder in einer leeren Kutsche zu verträumen und konnte überhaupt von Glück sagen, daß er diesmal mit blauem Auge davonkam. (82)

Die Bartenwetzer

Die jungen Burschen von Melsungen hatten einst den Müßiggang lieber gewonnen als das Arbeiten, und wenn sie nach dem Wald geschickt wurden, um Holz zu fällen, kam ihnen das gar sauer an. Sie behaupteten, die Äxte seien nicht scharf genug, sie müßten sie erst wetzen. Auf der Brücke angekommen, welche über die Fulda nach dem Wald führt, setzten sie sich erst hin, oft zehn und zwölf beisammen, und plauderten von diesem und jenem, damit nur die Zeit hinginge. Und wenn die Vorübergehenden fragten: »Was macht ihr denn hier?« so antworteten sie: »Wir wetzen unsere Barten.« Darum werden die Melsunger noch heute die Bartenwetzer genannt, und man sieht noch jetzt, wie das steinerne Brückengeländer an vielen Stellen ganz ausgehöhlt ist. (83)

Melsungen um 1620. Kupferstich (Politisches Schatzkästlein II 2/31, 1628)

Die Magd von Körle

Das Dorf Körle zwischen Kassel und Melsungen an der Fulda ist ein Filial von Wollrode. Vor langen Jahren kam an einem Sonntag der dortige Pfarrer herübergeritten, um den Gottesdienst zu besorgen. Seinen Esel, ein frommes Tier, band er, wie gewohnt, außen an die Kirchhofsmauer, damit er sich an den Disteln verlustieren möge, die dort in Menge wuchsen. Es dauerte gar nicht lange, so hatte sich eine Schar mutwilliger Jungen um den Esel versammelt und neckten und zerrten an ihm, daß er hinten und vorn ausschlug. Da kam von ungefähr eine junge Bauerndirne vorüber, welche eine Mistgabel trug; sie lachte über das neckische Spiel, trat hinzu und begann nun auch den Esel mit der Mistgabel zu kitzeln. Bald mehrte sich das Häuflein der Zuschauer, denn es gab damals viele Bauern in Körle, welche des Sonntags um die Kirche herumzugehen pflegten und soll auch jetzt noch deren geben. Alles fand Vergnügen an den Sprüngen des armen geplagten Esels, ja sie liefen am Ende selbst heim, holten Mistgabeln und kitzelten das unglückliche Tier damit so lange, bis es zusammenbrach und alle Viere streckte.

Als nun der Pfarrer aus der Kirche kam und seinen Esel wieder besteigen wollte, fand er ihn tot und klagte sehr darüber. Denn das fromme Tier, das ihn schon so manches Jahr nach seinem Filial getragen hatte, war ihm sehr ans Herz gewachsen. Das rührte einen alten Bauern, der den Frevel mit angesehen, und er hinterbrachte dem Pfarrer die Geschichte. Seitdem müssen die Bauern von Körle einen jährlichen Zins, »Eselszins« oder auch »Kitzelgeld« genannt, zahlen. Sie werden darum auch sehr böse, wenn man sie an die Geschichte erinnert, und wer es nur wagte, die Zipfel seiner Rockschöße wie ein paar Eselsohren an den Kopf zu halten und so durchs Dorf zu gehen, der möchte wohl schwerlich ohne eine Tracht Prügel davonkommen. Auch ist es seitdem in Niederhessen sprichwörtlich geworden, von einem Übermütigen, der tolle Streiche macht, zu sagen: »Dem ist zu wohl, wie der Magd von Körle.« (84)

Ursprung der von Malsburg

Die von der Malsburg gehören zu dem ältesten Adel in Hessen und erzählen: Zur Zeit als Karl der Große den Brunsberg in Westfalen erobert, habe er seine treuen und versuchten Diener belohnen wollen; einen Edelmann, namens Otto, im Feld vor sich gerufen, und ihm erlaubt, daß er sich den Fels und Berg, worauf er in der Ferne hindeute, ausmalen (d. h. eingrenzen, bezeichnen) und für sich und seine Erben eine Festung dahin bauen dürfe. Der Edelmann bestieg den Felsen, um sich den Ort zu besehen, auszumalen und zu beziehen; da fand er auf der Höhe einen Dornstrauch mit drei weißen Blumen, die nahm er zum Mal-, Kenn- und Merkzeichen. Als ihn der König hernach fragte, wie ihm der Berg gefalle, erzählte er, daß er oben einen Dornbusch mit drei weißen Rosen gefunden. Der König aber sonderte ihm sein gülden Schild in zwei gleiche Teile, obenhin einen Löwen und unten drei weiße Rosen. An dem ausgemalten Ort baute Otto hernach seine Burg und nannte sie Malsburg, welcher Name hernach bei dem Geschlecht geblieben ist, das auch den zugeteilten Schild bis auf heute fortführt. (85)

Die Ullenfänger

Es traf sich einst, daß auf dem Kirchturm zu Waldkappel eine Eule ihr Nest baute, und da der große Vogel, der sich meist nur abends in der Dämmerung sehen ließ, den Einwohnern unbekannt war, wendeten sie alle List und Schlauheit an, um das merkwürdige Tier in ihre Gewalt zu

Waldkappel an der Wehre. Kupferstich (Politisches Schatzkästlein II 8/47, 1631)

bekommen. Nach vielen vergeblichen Versuchen gelang es indessen wirklich einem Bürger, die Eule zu fangen. Die ganze Stadt lief ob dieses Ereignisses zusammen, jedermann staunte über die großen Augen und Ohren des wunderbaren Geschöpfes und sie beschlossen endlich, dasselbe nach Kassel in das Museum zu schicken, weil man gewiß dort noch kein solch seltenes Tier besäße. Es wurde daher eine Deputation nach der Residenz abgeordnet und auf dem ganzen Weg dahin erregte diese wegen der Eule das größte Aufsehen. Als sie aber nach Kassel kamen, wurden sie tüchtig ausgelacht und mit der Eule nebst Schimpf und Spott wieder heimgeschickt. – Seitdem heißen sie die »Ullenfänger.« (86)

Der Liebenbach

Die Stadt Spangenberg in Hessen erhält ihr Trinkwasser durch einen Bach, welcher die gute Quelle des gegenüberliegenden Berges herbeileitet. Von der Entstehung dieses Bachs wird folgendes erzählt. Ein Jüngling und ein Mädchen in der Stadt liebten sich herzlich, aber die Eltern wollten lange nicht zu ihrer Verheiratung einwilligen. Endlich gaben sie nach, unter der Bedingung, daß die Hochzeit erst dann solle gefeiert werden, wenn die zwei Liebenden die gute, frische Quelle von dem gegenüberliegenden Berg ganz allein herübergeleitet hätten: dadurch würde die Stadt Trinkwasser erhalten, woran sie bisher Mangel gelitten. Da fingen beide an, den Bach zu graben und arbeiteten ohne Unterlaß. So haben sie vierzig Jahre gegraben, als sie aber fertig waren, starben sie beide in demselben Augenblick. (87)

Der Brunnen zu Spangenberg

Merkwürdig ist der tiefe in den Berg gehauene Brunnen auf dem Schloß Spangenberg, aus welchem das Wasser mittels eines großen Rades, das zwei Esel in Bewegung setzen, heraufgewunden wird. Gießt man Wasser in den Brunnen zurück, so dauert es eine geraume Zeit, ehe ein lautes dumpfes Brausen von unten herauf anzeigt, daß es auf dem Wasserspiegel angekommen ist. – Vor langer, langer Zeit wohnte ein Ritter hier auf dem Schloß, der einmal zwei Männer gefangenhielt; diese wußten, daß oft Wassermangel auf der Burg war und erboten sich, einen Brunnen zu graben, wenn der Burgherr ihnen alsdann die Freiheit schenken wollte. Der nahm sie beim Wort und sie gruben darauf den noch vorhandenen Brunnen und erlangten dadurch ihre Freiheit wieder. (88)

Schreckliches Todesurteil

Auf dem Schloß Spangenberg wohnte lange zuvor, ehe es die traurige Bestimmung erhielt, als Staatsgefängnis zu dienen, ein reicher mächtiger Herr, welcher weit und breit in großem Ansehen stand. Die Dörfer im Tal, die Berge, die Wälder ringsumher waren sein Eigentum und oft rief der muntere Ton seines Hifthorns das schlummernde Echo wach, lange zuvor, ehe die ersten Strahlen der Morgensonne die Wipfel der Eichen auf dem hohen Bromsberg oder dem gegenüber liegenden Junkernkopf vergoldeten. Allein indes der Schloßherr mit seinen Jagdgenossen der Fährte des Wildes folgte, stellte daheim im häuslichen Revier ein Edelknecht, minder tugendhaft als Fridolin, einer schöneren Beute nach, indem er mit verführerischen Liebesworten des Ritters junge und reizende Hausfrau umstrickte. Lange blieb sein böses Treiben ein Geheimnis, bis der Zufall den Gemahl auf die Entdeckung führte. Anfangs verwies er dem Jüngling nachsichtig, aber mit strenger Warnung sein unehrerbietiges Gebaren;

doch beobachtete er ihn unter dem Schein der Sorglosigkeit um so aufmerksamer, und als er nach einiger Zeit gewahrte, daß der Edelknecht die Absicht, sein Weib zur Untreue zu verleiten, nicht aufgegeben hatte, ließ er ihn greifen und in das unterste Verlies werfen. Darauf sandte er seine Diener aus, alle Fürsten, Grafen und Herren der Nachbarschaft zu einer großen Jagd einzuladen. Am bestimmten Tage füllten sich die weiten Hallen des Schlosses mit edlen Gästen. Die Jagd begann. Felder und Wälder erbebten unter den Hufen der Rosse; das Gebell der Hunde, das Hallo der Jäger und Treiber vermischt mit den Sterbeseufzern des erlegten Wildes, erfüllten die Luft, bis die einbrechende Nacht der Lust ein Ende machte und ein festliches Mahl die Genossen im großen Rittersaale zu Spangenberg wieder vereinte. Dort saßen sie noch, als längst die Schüsseln von der Tafel verschwunden waren, und labten sich an köstlichem Wein bei Gesang und muntern Scherzen. Auch der Burgherr schien fröhlich und unbefangen, als er sich von seinem Sitz erhob und lachend rief: »Wie nun, ihr Herren! Wenn daheim eurer Knappen einer die Gebieterin mit Liebesschwüren betörte, indes ihr hier arglos euch vergnügt?« – »Dem Burschen schlitzt ich den Leib auf und gäb ihm sein eigen Gedärm zur Speise!« rief ein Ritter vom untern Ende der Tafel. »Nicht doch!« fiel ein anderer ein, »ich zöge den Buben nackt aus, ließe ihn mit Honig beschmieren und an der obersten Turmspitze in einem Käfig aushängen, daß das Geschmeiß ihn zu Tode kitzele.« – »So soll es sein!« rief der trunkene Chor. Neue Scherze kamen an die Reihe und einer verdrängte den andern, bis lange nach Mitternacht die Zecher das Lager suchten, um ihren Rausch auszuschlafen und sich zur Heimkehr zu stärken. – Gegen Mittag des andern Tages war es wieder so still wie gewöhnlich im Schloß Spangenberg. Der Ritter aber begab sich hinab in die Stadt und bestellte bei einem geschickten Schmied einen großen Käfig von Eisendraht. Als dieser fertig war, ließ er den Edelknecht aus dem Gefängnis holen, entkleiden, mit Honig beschmieren und in den Käfig stecken, der an die höchste Zinne des Turmes gehangen ward. Die Süßigkeit lockte unzählige Insekten herbei, welche den Unglücklichen bald so bedeckten, daß sein ganzer Körper schwarz gemalt schien. Das Kitzeln und Stechen dieser winzigen Tierchen, die sengenden Strahlen der Augustsonne und ein brennender Durst bereiteten ihm solche Folterqualen, daß er schon nach wenigen Tagen diesen erlag und seinen Geist aufgab. – Seitdem hat man in Spangenberg alljährlich und bis auf diese Zeit auf den Tag Laurentii (10. August) oder auch einen Tag früher oder später, einen Schwarm kleiner Insekten am Turm des Schlosses schweben gesehen. Eine Stunde lang hängen sie gleich einer schwarzen

Spangenberg um 1620. Kupferstich (Politisches Schatzkästlein II 2/46, 1628)

Wolke über der Turmspitze, fallen dann auf einen nebenan aus dem Dach ragenden hohen Schornstein und verbreiten sich durch diesen in die untern Gemächer des Schlosses, wo sie oft zollhoch den Fußboden in Zimmern und Gängen bedecken. Die Tierchen sind nach wenigen Stunden entweder bereits tot, oder so matt, daß sie nicht mehr auffliegen können. Sie werden dann mit Besen zusammengekehrt und auf den Kehricht geworfen. Auch den Drahtkäfig haben alte Leute in Spangenberg noch gesehen. Man sagt, daß einer der letzten Kommandanten des Schlosses ihn verkauft und deshalb von seinen Vorgesetzten sich eine Strafe zugezogen habe. (89)

Der Heilige von Röhrenfurth

Als im Dreißigjährigen Krieg einmal katholische Truppen sich dem Dorf Röhrenfurth – an der Fulda bei Melsungen – näherten, holten die Einwohner ihren beiseite gestellten Heiligen hervor und trugen ihn in Prozession dem Feind entgegen, der dadurch getäuscht wurde, indem er sie, die doch Protestanten waren, für Glaubensgenossen hielt. Diese List hatte sie zwar gerettet, aber später strafte sie der Fürst schwer für die Verleugnung ihres Glaubens. (90)

Die Schüttekuchen

Früher mußten auf allen Dörfern Niederhessens in jedem Haus am Sonnabend zum Nachtessen sogenannte Schüttekuchen gebacken werden und ich hätt's keiner Hausfrau, der ihr guter Ruf lieb war, raten wollen es zu versäumen. Jetzt ist's abgekommen wie so vieles, das bei unsern Vätern Sitte war. Im Dorf Empfershausen hatte aber eine Bäuerin am Sonnabend einmal keine Schüttekuchen gebacken und der Knecht zog deshalb am folgenden Morgen wie gewöhnlich an den Acker. Da rief ihm sein Herr zu: »Was machst du da, weißt du nicht, daß es heute Sonntag ist?« – »Nein«, sagte der Knecht, »es kann unmöglich Sonntag sein. Wir haben ja gestern abend keine Schüttekuchen gegessen.« (91)

Rund um den Meißner

Sagenhafter Berg

Der Weisener (Meißner) liegt ungefähr eine Meile Wegs von der Stadt Eschwege entfernt. Er wird für den allerhöchsten und größten Berg in ganz Niederhessen gehalten, da man von ihm aus nicht allein das ganze Nieder-Fürstentum Hessen, sondern auch das Thüringische, Eisfeldische und ein gut Teil Braunschweigisches, wie auch übers Hessenland hin in das hohe Waldeckische und Kölnische Gebirge und hinauf in das Stift Fulda und nach Franken sehen kann.
Er ist lange Zeit mit Schnee und Eis überzogen und vielleicht daher der Weisener genannt worden. Dieser Berg ist eine stattliche Wildbahn gewesen, aber auf Bitte der Untertanen, wegen des ihnen von dem Wild zugefügten merklichen Schadens, veräset worden. Doch gibt es auf ihm noch viele Rehe, zuweilen wilde Schweine, zuvor auch Bären.
Oben auf dem Berg hat es einen Platz, fast dreiviertel Meile lang und viel tausend Ackerbreit Wiesen mit schön wachsendem Gras, daher ist eine treffliche Viehzucht an diesem Berg. So wachsen dort auch allerlei stattliche, als Arznei und für die Lustgärten dienliche, teils auch unbekannte Kräuter. Daher sind zu Friedenszeiten jährlich zu bestimmten Zeiten Leute aus fremden Ländern zu diesem Berg gereist, die herrlichen Kräuter einzusammeln. (92)

Frau Holle

Auf dem Meißner wohnt die Frau Holle. Wenn sie ihr Bett macht, fliegen die Federn umher, und dann schneit es. Kocht sie in ihrer großen Küche, dann steigen viele Wasserdämpfe in die Höhe, einzelne Wolken ziehen am Meißner hin, und bald ist der ganze Berg in Wolken gehüllt. Frau Holle war früher ein schönes und tugendsames Mädchen. Das hieß Martha und wohnte in dem Dorfe Dudenrode. Weil sie so gut und fromm war, gab ihr die Göttin Freia oder Hulda den stärksten und schönsten Burschen des

Dorfes zum Mann, der hieß Holle. Den machte aber das Glück übermütig. Er arbeitete nichts, sondern trank und spielte nur. Zuletzt verlor er Hab und Gut, ja sogar seine Freiheit, er wurde als Sklave verkauft und kam weit in die Fremde. Da stand nun die gute Frau Holle ganz verlassen da und wußte nicht, was sie essen und trinken und wo sie wohnen sollte. In ihrem Kummer ging sie tief in den dunklen Wald hinein, weinte und klagte. Der Ort, wo sie sich aufhielt, heißt heute noch der Weinbusch. Aber die Göttin Hulda erbarmte sich über sie und schenkte ihr den ganzen Meißnerberg zum Eigentum. Sie gab ihr zum Lohn ihrer Tugend auch eine Zauberglocke. Die besaß Wunderkräfte, und wenn sie damit läutete, so gehorchten ihr die kleinen Geister in Wasser, Feuer, Luft und Erde. Zur Wohnung gab ihr die gute Göttin ein prächtiges Zauberschloß mit einem herrlichen Blumengarten. Beides lag auf dem Grund eines schönen Waldteiches, der heißt bis auf diesen Tag Frau-Hollen-Teich. Für den Sommer erhielt sie über der Erde ein schönes Häuschen, von dem man noch immer einige Spuren sieht. Weil später ein Köhler darin gehaust hat, heißen die Reste nun das Waldmannshäuschen. Frau Holle besaß auch mancherlei Vieh. Ihr Schafstall befand sich da, wo jetzt die Mauerwiese ist. Rings um dieselbe kann man noch jetzt Steine liegen sehen. Ihre Hühner mitsamt den Küchlein schliefen da, wo heute das Dorf Küchen liegt, und ihr Milchkeller lag an der Stelle, die jetzt Rebbes heißt.
So fehlte es der Frau Holle an nichts. Sie hatte auf ihrem Berg Gewalt über alles, auch über die Menschen. Den Guten und Fleißigen half sie, den Faulen und Schlechten schadete sie. Besonders nahm sie sich der armen Frauen an, die böse oder faule Männer hatten. Die bösen Männer neckte und plagte sie auf alle Weise. Die viel tranken verwandelte sie in Kälber und ließ sie Gras fressen. Die Bergwiese, wo sie geweidet haben, heißt noch heute die Kalbe. Viele Leute, denen es schlecht ging, kamen zur Frau Holle und fanden Schutz bei ihr. Besonders nahm sie die armen Mädchen auf, die von ihren Verlobten treulos verlassen waren. Viele darunter aber waren eitel und putzsüchtig. Jede wollte die schönste sein, und es gab viel Neid und Streit unter ihnen. Als Frau Holle eines Tags nach Hause kam, war der größte Lärm daheim. Da wurde sie zornig, schüttelte ihre Zauberglocke, und sogleich waren die Mädchen in Katzen verwandelt. Die wurden in eine felsige Höhle auf der Abendseite des Berges verbannt. Diese Höhle heißt jetzt noch die Kiezkammer. Von da aus mußten sich die Katzen über den ganzen Berg verteilen und der Frau Holle dienen. Den guten Wanderern mußten sie den Weg weisen, die bösen aber in die Irre führen.

Schon lange, lange Jahre hat Frau Holle auf dem Meißner gewaltet. Die einen priesen sie als echte Hulda, die andern schalten sie als böse Hexe. Besonders die Faulen und Schlechten erzählten weit und breit viel von dem Hexenspuk auf dem Meißner. Die gute Frau Holle, die Holde, wurde eine Unholdin. Darum wollte auch niemand mehr über den Berg gehen. Auch ein frommer Einsiedler, namens Bernhard, hatte am fernen Rhein von dem Teufelsspuk am Meißner viel gehört. Er war selbst aus dem Hessenland gebürtig, und er machte sich auf, um die bösen Geister zu bannen. Zuerst kam er nach Germerode. Hier erzählte ihm Germar viel Gutes von Frau Holle. Bernhard aber tat doch, was er sich vorgenommen hatte. Er stellte sich unter eine dicke Buche, rief einen Bannspruch in den Wald hinein und verbot darin den bösen Geistern, noch länger Zauberei zu treiben. Feierliche Stille folgte seinen Worten. Aber plötzlich vernahm er den sanften Klang einer Stimme, die vom Weinbusch herübertönte. Die Stimme kam ihm so bekannt vor. Es war die seines Weibes, das er einst so elend gemacht hatte. Bernhard war nämlich Holle. Er hatte sich gebessert und war ein Heidenbekehrer geworden. Seine Frau hielt ihm alle seine Sünden vor und verfluchte ihn. Er aber bat sie herzlich um Vergebung. Dann predigte er ihr von Jesus Christus, der die Menschen von den Sünden erlöst hat, und bat sie, abzulassen vom Götzendienst und von der Zauberei. Da versöhnte sie sich endlich mit ihm, wurde eine Christin, warf die Zauberglocke tief hinunter in den Hollenteich und wurde wieder die Frau ihres Mannes.

Noch jetzt lebt die Frau Holle im Hollenteich. Zuweilen kann man sie um die Mittagsstunde in dem Teich baden sehen. Bald zeigt sie sich als eine schöne weiße Frau in oder auf der Mitte des Teiches, bald ist sie unsichtbar, und man hört bloß aus der Tiefe ein Glockengeläute und finsteres Rauschen. Das Volk erzählt von ihr vielerlei, Gutes und Böses. Weiber, die zu ihr in den Brunnen steigen, macht sie gesund. Aus ihrem Brunnen stammen die neugeborenen Kinder, und sie trägt sie daraus hervor. Blumen, Obst, Kuchen, die sie unten im Teich hat, und auch was in ihrem unvergleichlichen Garten wächst, teilt sie denen aus, die ihr begegnen oder zu gefallen wissen. Sie ist sehr ordentlich und hält auf guten Haushalt. Faule Spinnerinnen straft sie, indem sie ihnen den Rocken besudelt, das Garn wirrt oder den Flachs anzündet. Jungfrauen aber, die fleißig abspinnen, schenkt sie Spindeln und spinnt selber für sie über Nacht, daß die Spulen des Morgens voll sind. Faulenzerinnen zieht sie die Bettdecke ab. Fleißige, die schon früh morgens Wasser zur Küche tragen in reingescheuerten Eimern, finden Geld darin. Gern zieht sie Kinder in ihren Teich. Die guten macht sie zu Glückskindern, die bösen zu Wechselbälgen. Jedes Jahr geht sie im Land um und verleiht den Äckern Fruchtbarkeit. Aber sie erschreckt auch die Leute, wenn sie durch den Wald fährt an der Spitze des wütenden Heeres. (93)

Der Holleabend

In Rehe war einmal eine Frau, die den größten Teil des Tages und sogar die halbe Nacht fleißig spann. Zu der kam eines Abends, es war am letzten Donnerstag vor dem heiligen Christfest, eine Holl, brachte zwölf leere Spulen mit und gab mit strenger Miene der fleißigen Spinnerin auf, diese zwölf Spulen bis um zwölf Uhr voll zu spinnen, sonst würde sie ihr den Kopf umdrehen. Lächelnd entfernte sich die Holl, die erschrockene Frau aber wußte sich nicht zu raten und zu helfen. Sie ging daher zu ihrer Nachbarin und erzählte ihr, was ihr geschehen. Diese sagte: »Die zwölf Spulen bis um zwölf Uhr voll zu spinnen, ist für dich allein ein Ding der Unmöglichkeit. Spinne deshalb über jede Spule nur einmal.« Und die Spinnerin tat so. Schlag zwölf Uhr nachts kam die Holl wieder und verlangte ihre zwölf Spulen. Zitternd reichte die Frau sie ihr hin. Als die Holl die Spulen besehen hatte, fragte sie heftig: »Wer hat dich das gelehrt?«, und als die erschreckte Frau nichts darauf erwiderte, sagte die Holl: »Das hat dir der Teufel gesagt!« Und sogleich verschwand sie bei zugemachter Türe. Deshalb heißt dieser Abend (Donnerstag vor Weihnachten) der Holleabend, und viele alte Frauen hüteten sich früher, an diesem Abend ihr Rädchen zu drehen, aus Furcht vor der Holl. (94)

Die Wohnung der Frau Holle

Bei Hilgershausen in der Nähe des Bades Sooden erhebt sich in einem Busch verborgen ein steiler Felsen, der Hollestein. Wie der Felsen versteckt liegt, so noch mehr die darin befindliche Höhle, die größte des Hessenlandes, die nur dem Kundigen bekannt ist. Altbemooste Steine führen wie eine wuchtige Treppe zu ihr empor, und vor dem Höhleneingang ruht ein mächtiger Opferstein, über den die Wipfel der Buchen ihre Zweige zusammenschlagen. Die mächtigen, bestaubten Felsblöcke im Innern türmen sich zu einer Tempeltreppe empor, die bis an die riesige Wölbung heranreicht. Unsichtbare Tropfen fallen klatschend auf das Gestein. Das ist die Wohnung der Frau Holle; das ist auch die Stelle, wo das Märchen von der Gold- und Pechmarie spielt. (95)

Allendorf an der Werra. Kupferstich (Politisches Schatzkästlein I 5/1, 1625)

Die Werra

Die Werra hat ihren Ursprung in einem Grund der alten gefürsteten Grafschaft Henneberg, die Gabel genannt. Ihren Namen wollen etliche herführen von Guerra oder Werra, ist so viel als Gewerr oder Gewirr – wegen der verwirrten Schlangen-Krümmung ihres Laufes, und des Streits oder Kampfs (Guerra), welchen sie mit andern an sich nehmenden Flüssen hat. Und von diesem alten keltischen Stammwort Wehr (ist so viel als Krieg) wollen einige das Wort Germani als Guerman, Gens d'armes, Werreman (das ist ein Kriegsmann) herführen.

Von den Druiden haben wir in unserm Hessenland an der Werra ein gewisses Wahrzeichen behalten, woher der Name Trittenberg (ist so viel als der Druidenberg), wo jetzt Treffurt liegt, von ihnen übrig geblieben. Auch ist der liebliche Weibername Gertrud (Druytgen, mein Druytchen), Truten Freund – ist so viel wie treuer oder vertrauter Freund – in Hessen noch allgemein.

Ein Götz, Stuffo genannt, ist gestanden an der Werra in dem Eichsfeld auf einem hohen Berg, Staufenberg genannt. Wenn das Volk denselben angerufen, hat der Teufel durch ihn geredet, daher wird selbiger Ort noch das Stuffen-Loch oder Stuffons-Höhle genannt. Etliche halten dafür, aber ohne Grund, daß des Götzen Stuffo Bildnis auf dem Berg eine Meile Weges von Gießen, wo jetzt das Städtlein Staufenberg liegt, gestanden habe. (96)

Der Bilstein

Der Bilstein mit seinem spitzen Felsgestein soll in den alten Zeiten noch viel höher gewesen sein und eigentlich der Bildstein geheißen haben, von wegen eines ungeheuer großen Götzenbildes, das da gestanden hat. Früher zündete man im Mittsommer auch da Feuer an, und noch jetzt stecken allemal am Pfingstabend die Burschen von Busenborn eine mächtige Maie darauf unter lautem Gesang. (97)

Der letzte Graf von Bilstein

Am östlichen Fuß des Meißners liegt auf einer steilen Felsenkuppe in dem romantischen Höllental die Ruine der alten Burg Bilstein. Diese wurde einst hart und eng eingeschlossen, doch der Graf achtete wenig darauf, denn die Felsen schützten ihn und ebensowenig konnte er durch Hunger zur Übergabe gezwungen werden. Da machte eines Tags der Feind die Entdeckung, daß der am Fuß des Burgbergs wohnende Müller das Schloß durch einen verborgenen Gang mit Lebensmitteln versorgte. Schnell wurde diesem gewehrt und bald gingen die Lebensmittel auf der Burg aus und dem Grafen blieb nur die Wahl zwischen Übergabe der Burg und dem Hungertod. Doch er griff zu keinem von beiden, sondern ließ die wildesten seiner Rosse an einen Wagen spannen, bestieg denselben mit Weib und Kind und stürzte sich so hinab in die gräßliche Tiefe. (98)

Frau Else

Vor uralter Zeit, als es noch Ritter gab, zog einmal ein Ritter am Bilstein vorüber. Da sah er plötzlich neben sich eine uralte Frau, die auf Krücken ging und nur mit Mühe weiter zu können schien. Sie bat ihn flehentlich, er möge sie doch hinter sich auf sein Roß nehmen, sie könne kaum noch einen Schritt machen, so müde sei sie, und sie müsse doch bald im nächsten Ort sein. Der Ritter sah sich die Frau einmal an, gab dann aber seinem Roß die Sporen und sprengte so schnell sein Pferd konnte weiter. Aber da sprang das Weib ihm auf den Rücken und fuhr mit ihm auf und davon; nie hat man mehr eine Spur von ihm gesehn. Es war nämlich die Frau Else. (99)

Der Nachtwächterruf von Allendorf

Allendorf hatte ehemals die Gerichtsbarkeit über das zwei Stunden entfernte Dorf Vatterode. Bürgermeister und Rat hielten hier jährlich im Frühjahr und Herbst Gericht, an das sich ein ländliches Mahl schloß. Als die Gänse im Herbst einmal besonders gut waren, gefiel es den Allendörfer Herren so gut in Vatterode, daß sie sich über die Zeit aufhielten. Der Nachtwächter von Allendorf rief bereits die zehnte Stunde ab, und die Herren waren noch nicht zurück. Da trat er hinter die Kirche zu St. Nikolai (die jetzige Schule) und rief seinen Spruch mit mächtiger Stimme zur Stadt hinaus. Nun wollte es der Zufall, daß die Ratsherren soeben auf dem Rückweg vor Vatterode standen und die Stimme des Allendörfer Wächters hörten. Die Vatteröder versprachen deswegen dem Nachtwächter alljährlich ein Paar neue Schuhe, wenn er jeden Abend die zehnte Stunde an dieser Stelle riefe, so daß man es in Vatterode hörte. Es hat sich diese Sitte lange erhalten. (100)

Teufelsstein

Nicht weit von Reichenbach, im Amt (Hessisch-) Lichtenau, dem Hohen Steine gegenüber, liegt der Teufelsstein. Er sieht aus, als wären etliche hundert Karren Steine kunstreich zusammengeschüttet; es haben sich

Ruine Reichenbach um 1620. Kupferstich (Politisches Schatzkästlein I 8/37, 1626)

Gemächer, Keller und Kammern von selbst darin gebildet, daß es zum Verwundern ist, und bei schweren und langen Kriegen haben die Bewohner der Gegend mit ihrem ganzen Haushalt darin gewohnt. Diesen Stein soll der Teufel in einer einzigen Nacht so gebildet haben. (101)

Der gesegnete Born

Wenn man aus dem Höllental sich rechts in das Werratal hinaufwendet und die nahe am Ufer hinführende Straße nach Eschwege verfolgt, stößt man nach einer Viertelstunde auf einen dicht an der Straße aus dem Fuß der Talwand hervorbrechenden Quell, der zierlich in Stein gefaßt durch die Frische und Klarheit seines Wassers zum Trunke einlädt. In alter Zeit war hier ein Landungsplatz der Werraschiffe, und schon im 14. Jahrhundert kommt sein Name vor. Die Schiffe mit fränkischen Weinen, so erzählt das Volk, welche die Werra herabkamen, legten hier an, und die Schiffer füllten mit dem Wasser des »gesegneten Borns« die Fässer wieder, die sie auf ihrer Fahrt zur Stillung ihres Durstes angebohrt hatten; denn dieses Wasser hatte die gesegnete Kraft, daß der Wein dadurch nicht verdünnt wurde. (102)

Otto der Quade vor Eschwege

Als Herzog Otto von Braunschweig durch die Zurückberufung des Landgrafen Hermann – welcher auf der Universität zu Prag die Magisterwürde erhalten hatte – plötzlich alle Hoffnung auf das hessische Erbe verschwinden sah, ward er der Landgrafen Feind, sammelte in und um Hessen viele unzufriedene Ritter, Freiherrn und Grafen zu einem Bund, an dessen Spitze sich Graf Gottfried von Ziegenhain stellte; dessen Wappen, ein Stern, war ihr Bundeszeichen, sie heißen davon die »Sterner«. Mehrere Jahre lang befehdeten die Sterner die beiden Landgrafen und richteten in Hessen große Verheerungen an, ohne daß der Anstifter von allem, Otto der Quade, seinen Vorteil dabei fand. Dieser fiel einst, im Frühjahr 1375, am Sonnabend vor Judica, mit den Sternern in das Werratal und ließ die Mauern von Eschwege mit Sturm anlaufen. Die Bürger aber hielten's treu mit ihren Landesherren, den Landgrafen von Hessen, und waren dem Herzog feind. Wie sie nun so bedrängt wurden von diesem, zeigten sich auf einmal glühende Schwerter auf der Mauer, zwischen dem Dünzebacher Tore und der Mühlenpforte, und helleuchtende Gesichte feuerten die Bürger zur mutigen Gegenwehr an, so daß sie die Feinde männlich abtrieben.

Zur Erinnerung an diese wunderbare Rettung ließen die Bürger fünf steinerne Köpfe auf die Mauer stellen, feierten jährlich am Sonntag Judica ein öffentliches Dankfest und gaben allemal auf grünen Donnerstag den Armen eine Spende. (103)

Eschwege um 1620. Kupferstich (Politisches Schatzkästlein II 7/14, 1631)

Die Tütemännerchen

Im fürstlichen Schloß zu Eschwege befand sich ehedem eine künstliche Uhr. Wenn die Stunde um war, trat ein metallnes Männchen aus einer Nische hinter der Uhr hervor und tütete so vielmal als die Glocke war. Das Männchen wurde das Tütenmännerchen genannt und hinterließ seinen Namen, als später die Uhr weggenommen wurde, den Eschwegern bis auf den heutigen Tag. (104)

Die Wichtel als Schuhmacher in Eschwege

In der alten Reichsstadt Eschwege lebte einst Meister Jobsen, ein armer Schuhflicker. Eines Abends saß er auf seinem Schemel, schon nahte Mitternacht und spärlich erleuchtete die Lampe das Stübchen. Finstere Sorgen trübten sein Inneres und der Gedanke, wie er sich mit Weib und Kind ehrlich durchbringen wolle in dieser schweren Zeit, lag ihm hart auf der Seele. Da schreckte ihn plötzlich ein Männlein auf, das wie gezaubert vor ihm stand und sagte: »Meister Jobsen, warum so grämlich? Will dein Geselle werden.« – »Bist mir auch der rechte Gesell«, sprach Jobsen verdrießlich und verwundert. »Bin's nicht allein, bin's nicht allein«, sprach das Männlein, »schneid Leder zu, schneid Leder zu, wir machen dir feine Schuh!« Sprach's und verschwand. Staunend und sinnend saß Jobsen noch eine Weile auf seinem Schemel und dachte: Das Glück reicht dir vielleicht die Hand, willst des Männleins Rede nicht verachten. Kannst Geld gewinnen, kannst reich werden. Flugs springt er, holt Leder, schneidet es zu Schuhen zurecht und legt sich müde dann zu Weib und Kind. Da trippelt und trappelt es zu Tür und Fenster herein, bald sitzt eine Schar kleiner munterer Gesellen um den Tisch herum und als Jobsen am andern Morgen erwacht, da steht manch Paar feiner Schuhe auf dem Tisch, aber die Gesellen sind verschwunden. Entzückt erzählt er seinem Weib das Abenteuer der vorigen Nacht und bringt die Schuhe zu Markte. Dann kauft er Leder ein und wohl zugeschnitten legt er's am Abend wieder zurecht. Des Nachts kommen die kleinen Gesellen und am andern Morgen findet er die schönsten Schuhe. So geht es eine Zeitlang fort, die feinen Schuhe finden viele Käufer und werden gut bezahlt, so daß Jobsen viel Geld gewinnt. Da spricht er zu seinem Weib: »Müssen doch den fleißigen Gesellen einmal etwas zugute tun. Kauf' Braten ein, back' Kuchen, bring Wein herbei.« So geschah es. Speis und Trank wurden am Abend auf den Tisch gestellt, sowie auch zugeschnittenes Leder. Allein wie wunderten sie sich, als sie am andern Morgen wohl neue Schuhe fanden, doch die Speisen waren unberührt und vom Wein nichts gekostet. »Müssen es anders anfangen«, sprach Jobsen, ging aufs Tuchhaus, kaufte rotes Zeug und ließ beim besten Schneider Röcklein und Höschen anfertigen. Wie werden sich die Gesellen freuen, dachte er, wenn sie die schönen Kleider finden? Wie werden sie flugs die schmutzigen Mäntel von sich tun? Des Nachts trippelt's und trappelt's wieder zu Tür und Fenster herein, und wie die Gesellen die schmucken roten Wämse finden, da werfen sie hurtig ihre schmutzigen Mäntel weg, putzen sich und hüpfen auf Tisch und Bänken herum. Sie jubeln, schauen in den Spiegel und singen: »Hör, wie so knapp, und sollen machen Schuh lapp?« Damit hüpfen sie zur Tür und zum Fenster hinaus und sind nie wiedergekommen. Meister Jobsen aber ging es gut sein Leben lang. (105)

Sontra um 1620. Kupferstich (Politisches Schatzkästlein I 7/44, 1626)

Fräulein von Boyneburg

Auf eine Zeit lebten auf der Boyneburg drei Fräulein zusammen. Der jüngsten träumte in einer Nacht, es sei in Gottes Rat beschlossen, daß eine von ihnen im Wetter sollte erschlagen werden. Morgens sagte sie ihren Schwestern den Traum und als es Mittag war, stiegen schon Wolken auf, die immer größer und schwärzer wurden, so daß abends ein schweres Gewitter am Himmel hinzog und ihn bald ganz zudeckte und der Donner immer näher herbeikam. Als nun das Feuer von allen Seiten herabfiel, sagte die Älteste: »Ich will Gottes Willen gehorchen, denn mir ist der Tod bestimmt.« Sie ließ sich einen Stuhl hinaustragen, saß draußen einen Tag und eine Nacht und erwartete, daß der Blitz sie träfe. Aber es traf sie keiner; da stieg am zweiten Tage die zweite herab und sprach: »Ich will Gottes Willen gehorchen, denn mir ist der Tod bestimmt«, sie saß den zweiten Tag und die zweite Nacht, die Blitze versehrten sie auch nicht, aber das Wetter wollte nicht fortziehen. Da sprach die dritte am dritten Tage: »Nun seh ich Gottes Willen: daß ich sterben soll.« Da ließ sie den Pfarrer holen, der ihr das Abendmahl reichen mußte, dann machte sie auch ihr Testament und stiftete, daß an ihrem Todestag die ganze Gemeinde gespeist und beschenkt werden sollte. Nachdem das geschehen war, ging sie getrost hinunter und setzte sich nieder und nach wenigen Augenblicken fuhr auch ein Blitz auf sie herab und tötete sie.

Hernach als das Schloß nicht mehr bewohnt war, ist sie oft als ein guter Geist gesehen worden. Ein armer Schäfer, der all sein Hab und Gut verloren hatte und dem am andern Tag sein letztes sollte ausgepfändet werden, weidete an der Boyneburg, da sah er im Sonnenschein an der Schloßtür eine schneeweiße Jungfrau sitzen. Sie hatte ein weißes Tuch ausgebreitet, darauf lagen Knotten, die sollten in der Sonne aufklinken. Der Schäfer verwunderte sich, an dem einsamen Ort eine Jungfrau zu finden, trat zu ihr hin und sprach: »Ei was für schöne Knotten!« nahm ein paar in die Hand, besah sie und legte sie wieder hin. Sie sah ihn freundlich und doch traurig an, antwortete aber nichts, da ward dem Schäfer Angst, daß er fort ging, ohne sich umzusehen und die Herde nach Haus trieb. Es waren ihm aber ein paar Knotten, als er daringestanden, in die Schuhe gefallen, die drückten ihn auf dem Heimweg, da setzte er sich, zog den Schuh ab und wollte sie herauswerfen; wie er hineingriff, so fielen ihm fünf oder sechs Goldkörner in die Hand. Der Schäfer eilte zur Boyneburg zurück, aber die weiße Jungfrau war samt den Knotten verschwunden; doch konnte er sich mit dem Gold schuldenfrei machen und seinen Haushalt wieder einrichten.

Viele Schätze sollen in der Burg noch verborgen liegen. Ein Mann war glücklich und sah in der Mauer ein Schubfach; als er es aufzog, war es ganz voll Gold. Eine Witwe hatte nur eine Kuh und Ziege und weil an der Boyneburg schöne Heiternesseln wachsen, wollte sie davon zum Futter abschneiden, wie sie aber eben nach einem Strauch packte, glitt sie aus und fiel tief hinab. Sie schrie und rief nach Hilfe, es war aber niemand mehr in der einsamen Gegend, bis abends ihre Kinder, denen angst geworden war, herbeikamen und ihre Stimme hörten. Sie zogen sie an Stricken herauf und nun erzählte sie ihnen, tief da unten sei sie vor ein Gitter gefallen, dahinter habe sie einen Tisch gesehen, der mit Reichtümern und Silberzeug ganz beladen gewesen. (106)

Der Hülfenberg

Eine Stunde von Wanfried liegt der Hülfenberg, auf diesen Berg befahl der heilige Bonifatius eine Kapelle zu bauen. Unter dem Bauen kam nun oft ein Mann gegangen, der fragte: was es denn geben sollte? Die Zimmerleute antworteten immer: »Ei, eine Scheuer soll's geben.« Da ging er wieder seiner Wege. Zuletzt aber wurde die Kirche immer mehr fertig und der Altar aufgebaut und das Kreuz glücklich gesteckt. Wie nun der böse Feind wiederkam und das alles sehen mußte, ergrimmte er und fuhr aus, oben durch den Giebel; und das Loch, das er da gemacht, ist noch bis auf den heutigen Tag zu sehen und kann nimmer zugebaut werden. Auch ist er inwendig in den Berg gefahren und suchte die Kirche zu zertrümmern, es war aber eitel und vergebens. Das Loch, worin er verschwand, nennt man das Stuffensloch, (wie den ganzen Berg auch Stuffensberg) und es soll zu Zeiten daraus dampfen und Nebel aufsteigen. Von dieser Kapelle wird weiter erzählt: sie sei einer Heiligen geweiht, rühre ein Kranker deren Gewand an, so genese er zur Stunde. Diese Heilige aber wäre vordem eine wunderschöne Prinzessin gewesen, in die sich ihr eigener Vater verliebt. In der Not hätte sie aber Gott um Beistand gebeten, da wäre ihr plötzlich ein Bart gewachsen und ihre irdische Schönheit zu Ende gegangen. (107)

Die Nonnen auf dem Hülfenberg

Eine Bäuerin, deren Kuh krank war, gab ihrer Tochter zwei junge Hühner für die Nonnen auf dem Hülfenberg in der Nähe von Wanfried. Das Mädchen begegnete einem schon von der neuen Lehre, die sich damals in Hessen zu verbreiten anfing, angesteckten lebenslustigen Nachbarn, welcher ihr den Rat gab, für diese Hühner gutes Einbeckerbier zu kaufen und mit ihm zu trinken; denn das Opfer der Nonnen wäre doch umsonst. Dieser Rat wurde auch befolgt und als das Mädchen abends zu ihrer Mutter kam, fragte diese, um welche Zeit sie den Nonnen die Hühner gegeben? – »Um elf Uhr«, sagte diese. »Hm«, antwortete die Mutter, » gerade um dieselbe Zeit wurde meiner Kuh besser und die Fürbitte der Nonnen vermag also viel. Hüte dich ja, den alten Glauben zu verlassen. Mich soll, so lange ich lebe, niemand davon abbringen.« (108)

Der Heldrastein

Im Dreißigjährigen Krieg führten die Bewohner des Heldrasteins ein so wüstes Leben, daß sie der Schrecken der ganzen Gegend wurden. Kein Verbrechen scheuten sie und noch weniger hörten sie auf Warnungen und besserten sich. Gerade die Geistlichkeit mußte am meisten von ihnen leiden und der Gutsherr spottete allen Ermahnungen. Einst kehrte er in dunkler Nacht von einem Raubzug heim, glaubte noch nicht auf dem Felsen angekommen zu sein, sondern spornte sein Pferd zu einem rasenden Lauf, obgleich es auf der Spitze des Berges stand. Das Roß fühlte nach einigen Sätzen keinen Grund mehr unter seinen Hufen, wollte umkehren, als es des Ritters Sporn von neuem stachelte, da sprang es hoch vom Felsen herab durch die Luft. Jetzt wurde es doch dem Ritter bang. Laut rief er: »Ave Maria!« und zerschmettert stürzte das Roß zur Erde. Ihm selbst hatte der Fall nicht geschadet. Es war das erste Mal in seinem Leben, daß er gebetet und doch hatte die Gottesmutter sein Flehen gehört. Von Stunde an ging er in sich, wanderte nach Eisenach und wurde ein Mönch. (109)

Das Henningsloch

In der Nähe des Heldrasteins bei Wanfried lebte vor Zeiten ein schlimmer Raubritter Henning. Als Schlupfwinkel für seine Übeltaten hatte er sich eine Höhle ausersehen, die keinem Menschen bekannt und keinem Auge sichtbar im tiefen Wald am Fuß der Burg gelegen war. Ein schönes Mädchen zu Wanfried entzündete schon lange des Räubers Lust und er scheute sich nicht, da sie allen seinen Forderungen widerstand, sie einst in der

Wanfried an der Werra. Kupferstich (Politisches Schatzkästlein I 5/49, 1625)

Nacht gewaltsam zu entführen und in seiner Höhle zu verbergen. Zugleich mußte das Mädchen mit den schwersten Eiden geloben, selbst im Fall einer Flucht den Schlupfwinkel nicht zu verraten. Auch schläferte sie allmählich das Mißtrauen des Ritters so gut ein, daß sie während einer kurzen Abwesenheit desselben zu ihren Eltern gehen konnte, welche in großer Angst um sie gewesen waren und sich sehr freuten, sie wenigstens noch am Leben zu wissen. Um die Stadt und die ganze Umgegend nicht der Rache des Ritters auszusetzen, kehrte sie am Abend nach der Höhle zurück, konnte aber durch keine Versprechungen bewogen werden, den Ort ihres Aufenthaltes zu verraten. Bei ihrem Abschied von Wanfried nahm sie jedoch einen Beutel voll Erbsen mit und streute diese einzeln auf den Weg, so daß es den vielen Feinden des Ritters Henning möglich war, den Eingang der Höhle und diese selbst zu finden. Sie taten sich zusammen und befreiten das Mädchen nach wenigen Tagen. Auch der Ritter entging seiner Strafe nicht. Die Höhle heißt noch jetzt Henningsloch. (110)

Der Ludwigstein

Eine Stunde südöstlich von Witzenhausen schaut von einem Kegelberg am linken Werraufer die Burg Ludwigstein ins schöne Tal herab. Sie ist von Landgraf Ludwig I. von Hessen im Jahre 1415 erbaut. Ludwig lag in

Fehde mit denen von Hanstein und andern Raubrittern der Umgegend. Um sein Land gegen sie zu schützen, ließ er dem Hanstein gerade gegenüber jene Burg errichten, und zwar innerhalb kurzer Zeit. Ein Haufen Soldaten mußte während des Baues Wache halten. Eines Morgens stand die Burg fertig da. Die Hansteiner waren nicht wenig erstaunt, sich auf einmal in so gefährlicher Nachbarschaft zu sehen; denn der Landgraf ließ das Schloß von seinen Leuten besetzen und die Schnapphähne scharf beobachten. Niemand aber wußte sich zu erklären, wie die Burg, die sie den Ludwigstein nannten, so geschwind hatte aufgebaut werden können. Da verbreitete sich das Gerücht, der Landgraf hätte einen Bund mit dem Teufel geschlossen und dieser die Burg in einer Nacht gebaut. Und zum Beweise dessen zeigte man einen ungeheuren Kopf, der in der Wand nach dem Hanstein hin in Stein ausgehauen war. Das, so hieß es, sei das Ebenbild des schnellen Baumeisters. Auch an dem Hanstein erblickte man einen ähnlichen, nur noch größeren Kopf, den Neidkopf, der gegen den Ludwigstein herüberschaute. (111)

Ludwigstein um 1620. Kupferstich (Politisches Schatzkästlein II 3/25, 1629)

Schwalm und Knüllgebirge

Der Alp

Bei den Bewohnern des Schwalmgrundes findet man eine eigentümliche Erklärung des Alps. Hiernach ist der Alp entweder ein böser Geist oder das Liebchen des Geplagten. Um ihn zu fangen solle man, so raten sie, sich nur mit dem Bettuch zudecken und wenn er komme, dieses über ihm zusammenschlagen, dasselbe festhalten und in einen Kasten verschließen. Öffne man denselben früher, ehe ein Mensch ersticken könne, so fliege eine weiße Taube davon, wo nicht, so setze man sich der Gefahr aus, wenn es das Liebchen gewesen, dieses erstickt zu finden. (112)

Das Maileben

In der Walpurgisnacht wird an vielen Orten der Kreise Kirchhain und Ziegenhain eine früher allgemein verbreitet gewesene Sitte geübt, nämlich »das Mailehn ausgerufen«.
Zu diesem Zweck ziehen die jungen Männer, welche zur Wahl eines Liebchens das erforderliche Alter haben und durch einen besonderen Akt in die junge Mannschaft aufgenommen worden sind (in Rauschenberg heißt dieses »geburscht werden«), eine Stunde vor Mitternacht singend auf eine außerhalb des Ortes gelegene Anhöhe und zünden dort ein großes Feuer an. Ist dieses in vollem Brand, so stellt sich einer der jungen Männer auf eine Erhöhung und ruft mit lauter Stimme eins der heiratsfähigen Mädchen beim Namen und auch den, welchen das Mädchen schon zum Liebsten hat oder mit welchem man es im Scherz oder Ernst zu beglücken wünscht. Hierauf ermahnt der Redner die Versammlung auf das erste Lehn, nämlich auf das ausgerufene Mädchen, zu bieten. Es wird dann ein kleiner Betrag als Gebot genannt. Ist das Mädchen beliebt, so bietet einer den andern ab, sucht es aber in der Regel so einzurichten, daß das Sprichwort: »Wer das Glück hat, führt die Braut heim« in Erfüllung geht, d. h.

Rauschenberg um 1620. Kupferstich (Politisches Schatzkästlein I 5/35, 1625)

daß schon bestehende Verhältnisse nicht aufgelöst werden, sondern gerade zur Bestätigung kommen. Hat ein Mädchen das Unglück so zu mißfallen, daß es von niemandem zum Schatz begehrt wird, so schweigen entweder alle, oder es wird statt Geldes eine geringfügige lächerliche Sache geboten. Sind alle Mädchen ausgerufen, so begeben sich die Burschen in das Wirtshaus, um das gelöste Geld zu verzehren.

Obgleich so die Mädchen schon vermuten können, wer sich in ihren Besitz gesetzt hat, so sind sie nichts destoweniger auf das Höchste gespannt, das Resultat des Lehnausrufens zu vernehmen, besonders wie hoch oder niedrig sie veräußert worden sind.

In manchen Orten wird die Neugierde schon am nächsten Tag befriedigt, in andern erst am nächsten Sonntag und zwar teilweise in der Kirche. Diejenigen Mädchen, welche einen Liebsten bekamen, finden einen schönen Blumenstrauß oder ein grünes Maibüschchen auf ihrem Sitz; die Verschmähten einen Dornen- oder vertrockneten Zweig. Wo jedoch die Kirchenstände nicht mehr den Meistbietenden überlassen werden, da ist auch die kirchliche Proklamation weggefallen.

Zum Zeichen, daß das Mädchen seinen Käufer als Liebsten anerkennt, steckt es ihm einen Strauß an die Mütze und macht jedem, der es ohne dessen Erlaubnis zum Tanze begehrt, einen verneinenden Knicks. (113)

Nixenbraut

Nicht weit von Kirchhain liegt ein tiefer See, der Nixenborn geheißen; und öfter lassen sich auch die Nixen sehen, um sich an den Gestaden zu sonnen. Die Mühle, die dort am Wasser liegt, heißt ebenso: Nixen-Mühle; da baden Nöcken und Nixen sich alle am hellen Mittag. Sie haben alsdann unten einen dünnen farbigen Leib wie eine glatte Schlange, tun jedoch niemandem etwas Böses. Nur wer sie ockert, atzelt und itzelt, der muß es büßen.

Sie verkehren wohl auch mit den Menschen, haben dann ganz menschliche Gestalt; und so läßt sich ihre Art nur daran erkennen, daß ein Saum ihres Gewandes immer feucht bleibt.

So kamen eine Zeitlang drei wunderschöne Jungfrauen aus jenem See in die Spinnstube des Dorfes Nieder-Gleen, brachen aber unweigerlich immer um elf Uhr mit dem erstem Glockenschlag auf. Ein Bursche des Ortes hatte sich in die eine Nixe verliebt und verstellte also die Wanduhr um eine ganze Stunde.

Ahnungslos gingen die Jungfrauen fort. Doch am nächsten Morgen schwammen drei Blutstropfen auf dem Wasser des Sees; und am dritten Tag verstarb der an der Täuschung Schuldige. (114)

Kirchhainer Nöcke

Zu Kirchhain hat es einmal tief in der Nacht bei der Hebefrau am Fenster geklopft; da ist draußen auf der Gasse ein feiner Mann gestanden und hat sie um ihre Hilfe angesprochen.

Nun, sie sind dann beide fort in Wind und Wetter zur Stadt hinaus; der Mann hat aber lange nichts entdecken gewollt. Zuletzt, da sie schon bei Nieder-Gleen an der Nixen-Mühle waren, hat er gesagt, er sei ein Nöck, aber mit menschlichem Weib vermählt; die möge nicht gebären ohne Amme. Da hat die Hebefrau den Nöcken angefleht: sie könne doch nicht mit unters Wasser! Hat ihr aber nichts geholfen; der Nöck hat den Boden getreten, und beide waren unterirdisch.

Die Hebefrau hat nun ihres Amtes auch glücklich gewaltet, worauf der Nöck aber das Kind gleich fortgetragen hat. Ist dann jedoch wiedergekommen und hat ihr einen kostbaren Ring an den Finger gesteckt. Doch schon beim Andrehen ist alles ringsum verschwunden; die Hebefrau stand wieder oben am Wasser, der Ring stak aber am Finger. (115)

Kirchhain um 1620. Kupferstich (Politisches Schatzkästlein I 7/27, 1626)

Die Pest in Kirchhain

Zu einer Zeit war einmal die Pest in Kirchhain ausgebrochen und raffte viele Menschen hinweg. In ihrer Not riefen die Kirchhainer einen Zauberer herbei, welcher die Seuche beschwor und in einen Balken bannte; vor das Loch, in welches sie hineingefahren, schlug er einen Pflock. Von dem Tag an kamen keine Pestfälle mehr vor und die Bürger waren froh, daß der ungebetene Gast sich zurückgezogen hatte.
Zwei Jahre später kam ein Mann in das Haus, sah den Pflock in dem Balken stecken und zog ihn heraus; denn er wußte nicht, welche Bewandtnis es damit hatte. Zur selben Stunde brach die Pest von neuem in Kirchhain aus und wütete so arg, daß fast die ganze Stadt ausstarb. (116)

Das Lichtlein

Zwei Bauern gingen aus dem Dorf Langenstein (nah bei Kirchhain in Oberhessen) nach Emsdorf zu, mit ihren Heugabeln auf den Schultern. Unterwegs erblickte der eine unversehens ein Lichtlein auf dem Spieß seines Gefährten, der nahm ihn herunter und strich lachend den Glanz mit den Fingern ab, daß es verschwand. Wie sie hundert Schritte weitergingen, saß das Lichtlein wieder an der vorigen Stelle und wurde nochmals abgestrichen. Aber bald darauf stellte es sich zum dritten Mal ein, da stieß der andere Bauer einige harte Worte aus, strich es jenem nochmals ab und darauf kam es nicht wieder. Acht Tage hernach an derselben Stelle, wo der eine dem andern das Licht zum dritten Mal abgestrichen hatte, trafen sich diese beiden Bauern, die sonst alte gute Freunde gewesen, verunwilligten sich und von den Worten zu Schlägen kommend erstach der eine den andern. (117)

Das Steigerfest in Amöneburg

Auf der breiten Hochfläche eines 541 m über den Wasserspiegel der Ohm sich erhebenden Basaltberges liegt das früher mainzische Städtchen Amöneburg, bekannt schon seit Bonifatius, welcher nach seiner Ankunft in Hessen (722) hier die ersten Bekehrungsversuche machte. Amöneburg ist demnach ein uralter, gewiß von unsern heidnischen Vorfahren schon heilig gehaltener Ort, eine Vermutung, die darin ihren Grund hat, daß unter der an der Ostseite des Berges steil abfallenden, 70 bis 80 m hohen Felswand vormals Gericht gehalten wurde, und daß der Apostel der Deutschen hier ein Kloster und eine Kirche anlegte, gerade so, wie er einige Jahre später zu Fritzlar, wo die heilige Donnereiche stand, und nahe dem

Amöneburg um 1620. Kupferstich (Politisches Schatzkästlein II 6/3, 1631)

alten Gaugericht von Maden (Mattium) eine Kirche erbaute. Die Stadt Amöneburg, welche durch ihre Lage und ihre Mauern geschützt und durch zwei feste Burgen gedeckt war, ist gleichwohl mehrfach belagert und erobert worden, namentlich wurde sie im Dreißigjährigen Krieg hart heimgesucht. Die Bürger feierten bis in die neueste Zeit zur Erinnerung an eine glücklich zurückgeschlagene feindliche Bestürmung jährlich am 1. Januar das sogenannte Steigerfest, welches von der Geistlichkeit durch eine kirchliche Feier eingeleitet wurde und wozu der Stadtrat förmliche Einladungen an die mainzischen Beamten und Burgmannen zu erlassen pflegte. Man glaubte seither, das Fest datiere von jener in der Silvesternacht 1645 durch die in Kirchhain liegenden hessischen Truppen versuchten Ersteigung und Überrumpelung, welche, auf der steilsten Seite unternommen, durch die Wachsamkeit einiger Weiber noch vereitelt wurde, als sie schon halb gelungen war. Die Vordersten hatten nämlich auf den mitgebrachten Leitern bereits die Mauer erstiegen und waren in die Stadt hinabgesprungen, als auf das Hilfegeschrei der Weiber die Besatzung herbeieilte. Die kühnen Eindringlinge wurden mit Übermacht angegriffen und erschlagen, die übrigen samt den Leitern in die Tiefe hinabgestoßen.
Allein das Steigerfest ist viel älter, wie einige in neuerer Zeit aufgefundene Briefe ergeben. Im Jahr 1642 berichtete Johann Daniel von der Nuhn an den Kurfürsten von Mainz: »Es sei vor hundert und mehr Jahren die Stadt Aumeneburgk einsmals bey Nacht feindlich bestigen, aber wieder zurückgeschlagen worden, deshalben dann die von Aumeneburgk noch alle Jahr uff selbigen Tagk das Steigfest genant, zue halten pflegen, bey welchem dan zue forderst E. churf. Gnaden Beambten, die Burgkleut, Burgermeister vnd Rath zu erscheinen citiret werden, vngeachtet, daß nuhn vor 80 Jahren mein Vetter Christoffel von der Nuhn damals zue Martorff gewohnt, seine Burgmans Gerechtigkeit gleichwol in diesem helfen halten, auf solchem Fest in der Kirchen beizuwohnen citirt worden oder warumb er nicht erscheinen können, seine Entschuldigung einbringen müssen.« Und in der Tat findet sich noch ein anderer Brief vom 4. Januar 1560, worin Christoph von der Nuhn, Burgmann zu Amöneburg, an den Stadtrat daselbst schreibt: »Evern Begern nacher hab ich das vergangen Steigfest nicht bey euch erscheinen können, den ich bin denselben Tag verritten gewest.« – Diese Briefe beweisen zur Genüge, daß das Steigerfest nicht auf die versuchte Ersteigung der Stadt im Jahr 1645, sondern auf eine weit frühere Zeit und auf ein Ereignis zurückzuführen ist, von welchem jede Kunde verlorengegangen zu sein scheint. (118)

Homberg an der Ohm, um 1620. Kupferstich (Politisches Schatzkästlein II 5/21, 1630)

Storch hilft löschen

Im Jahr 1597 in der Erntezeit ist in der Stadt Homberg an der Ohm ein Feuer aufgangen, und fast der halbe Teil gegen die Stadtpforten von der Untergasse an bis hinaufwärts gegen das Schloß eingeäschert worden, wobei dann dieses besonders notabel, daß die Störche, in währendem Brand, zu einem Haus, worauf sie ihr Nest gehabt, Wasser im Mund herbeigeführet und in den Brand abgespeiet, gleichsam dadurch ihr Herberg zu salvieren. (119)

Das mutige Mädchen zu Ohmes

Bauern saßen im Wirtshause zu Ohmes bei Alsfeld in Oberhessen guter Dinge zusammen: sie trieben es laut und lustig. Unter allerlei Sagen, Wetten und Wünschen kam ihnen der Einfall, anstatt Schnapses und Bieres einmal Wein zu trinken; obwohl keine Seele im Dorf Schlüssel zu einem Weinkeller besaß.
Der Wirtin Tochter aber, die allem zugehört hatte und nun die Ratlosig-

keit nach ihren gewagten Wettereien sah, sprach: »Was gilt es? Ich schaffe Wein her!«
Nun steht neben Ohmes auf waldiger Höhe das Trumm eines Schlosses und wird die Wüsburg genannt. Noch viele Mauern und Zimmer waren zu jener Zeit vorhanden. Niemand wohnte zwar in der Öde; dennoch gab es bisweilen um Mitternacht hellen Lichterschein, und altes Leben wurde im Schloß wach.
So nahm dann das Mädchen eine Mane, ging beherzt und guten Mutes hinaus in die Nacht; sah auch droben in allen Fensterhöhlen vollen Glanz und schritt dreist ins Gemäuer hinein. Da waren alle Türen unverschlossen, und ein schlohweiß gekleidetes Weib als gespenstische Pförtnerin kommt dem unverzagten Mädchen entgegen, und fragt nach ihrem Begehr. Die antwortet ohne alle Scheu und spricht gar eindringlich: sie müsse und solle Wein haben. Da hat die Pförtnerin oder Schließerin die dargereichte Mane abgenommen, ist fortgegangen, und nach kurzer Weile mit dem Korb voll Flaschen mit Wein zurückgekehrt.
Das Mädchen bedankte sich schön, ging heim mit der Gabe, und die Bauern genossen des Gebotenen zu erhöhter Fröhlichkeit. Indem sie nun aber erst recht auf den Geschmack gekommen, war auch der Wein schon alle worden. Noch einmal entschloß sich das Mädchen, nahm wieder die Mane mit den geleerten Flaschen und ging die Wüsburg hinan. Noch strahlten alle Fensterhöhlen und nur zehn Schritte noch war das Mädchen vom Gemäuer; da erlosch plötzlich aller Schein, tiefes Dunkel fiel, keine Tür ließ sich öffnen, und ohne Wein mußte das Mädchen abziehen. (120)

Der Pfarrer zu Arnsbach

Auf der Hundsburg bei Arnsbach wohnte ein Herr von Hund, der ließ einst seinem Pfarrer zu Kleinenglis sagen, er möchte kommen und ein paar junge Hunde taufen. Der Geistliche wies das Ansinnen mit Entrüstung zurück, als eine Entweihung der Sakramente und seines Amtes. Darauf sandte der Ritter die gleiche Botschaft an den Pfarrer von Arnsbach und dieser, klüger als sein Amtsbruder zu Kleinenglis, sagte bereitwillig zu, kam und taufte freilich keine jungen Hunde, aber die Zwillingssöhne des Ritters, mit denen die gnädige Frau niedergekommen war. Für diesen Dienst erhielt der Prediger zu Arnsbach fünfzig Acker Land, welche er noch immer zu seinen Einkünften zählt. (121)

Treysa um 1620. Kupferstich (Politisches Schatzkästlein I 5/44, 1625)

Abzug der Wichtelmännchen

An der Schwalm bei Uttershausen liegt der Dosenberg; dicht am Ufer gehen zwei Löcher hervor, die waren von alters her Aus- und Eingänge der Wichtelmänner. Zu dem Großvater des Bauern Tobi in Singlis kam öfter ein Wichtelmännchen freundlich auf den Acker. Eines Tages, als der Bauer Korn schnitt, fragte es, ob er in der künftigen Nacht für reichen Goldlohn Fuhren durch die Schwalm übernehmen wolle. Der Bauer sagte zu; abends brachte der Wichtel einen Sack voll Weizen als Handgeld in des Bauern Haus. Nun wurden vier Pferde angeschirrt, und der Bauer fuhr zum Dosenberg. Der Wichtel lud aus den Löchern schwere, unsichtbare Lasten auf den Wagen, die der Bauer durchs Wasser auf das andere Ufer brachte.

So fuhr er hin und her von abends zehn bis morgens vier Uhr, daß die Pferde endlich ermüdeten. Da sprach der Wichtel: »Es ist genug; nun sollst du auch sehen, was du gefahren hast.« Er hieß den Bauern über die rechte Schulter blicken. Da sah der Bauer, wie das weite Feld voll von Wichtelmännchen war. Darauf sagte der Wichtel: »Viel tausend Jahre haben wir im Dosenberge gehaust, jetzt ist unsere Zeit um, wir müssen in ein anderes Land; im Berg aber bleibt so viel Gold zurück, daß die ganze Gegend genug daran hätte.« Dann lud er dem Tobi seinen Wagen voll Gold und schied. Der Bauer brachte mühsam seinen Schatz nach Hause und war ein reicher Mann geworden. Seine Nachkommen sind noch vermögende Leute, die Wichtelmännchen aber für immer aus dem Lande verschwunden. (122)

Der Teufel baut eine Stadt

Junker Hans von Dörnberg besaß auf dem Hain bei Neustadt ein Schloß und gebot außerdem über fünf Dörfer, die in dieser Gegend lagen. Er wünschte nun eine Stadt zu haben, und um seinen Zweck schnell zu erreichen, schloß er ein Bündnis mit dem Teufel und ließ ihn vier Dörfer, obgleich dieselben eine hohe und gute Lage hatten, zu dem fünften und größten in den Bruch hinabtragen. Weil nun der Teufel die Häuser bloß auf den Boden dahin gestellt hat, daher kommt's, daß keine Keller darunter sind. So ist Neustadt entstanden. (123)

Die Neustädter und der Junker Hans

Die Bürger von Neustadt waren ehemals ein gar wildes unbändiges Völkchen, die ihrem Herrn, dem Kurfürsten von Mainz, gar manche Sorge und Ärger machten. Deshalb sprach der Kurfürst einstmals zu dem reichen Junker Hans von Dörnberg, dem gewaltigen Hofmeister von Hessen: »Höre, Hans! Ich will dir die Neustädter verpfänden, damit du sie zähmst.« Und Hans war das zufrieden und zahlte dem Kurfürsten eine gewisse Summe. Um aber Hansen den Besitz zu sichern, kamen beide überein, die Ablösung dieses Vertrages durch mehrere Bedingungen zu erschweren. Nur dann nämlich sollte dem Kurfürsten der Rückkauf zugestanden werden, wenn er die Pfandsumme in neuer und von einem und demselben Fürsten geprägter Münze erlege, einen kohlschwarzen Ziegenbock stelle, der auch nicht ein weißes Haar an sich habe und einen sieben Fuß langen Hagedorn liefere, von einem Schuß ohne Äste.
Hans nahm darauf Neustadt in Besitz und baute einen weiten hohen Turm, der noch jetzt vorhanden ist und Junker Hansens Turm genannt wird. In diesen Turm ließ Hans alle Bürger werfen, die seinem Willen nicht gehorchten, und hielt sie bei schmaler Kost.

Neustadt um 1620. Kupferstich (Politisches Schatzkästlein II 8/27, 1631)

Und die Bewohner des Turmes mehrten sich von Tag zu Tag, so daß bald ein großer Teil sämtlicher Bürger darin saß. Es wendeten sich zwar die Weiber an Hans und baten, daß er ihnen ihre Männer wiedergebe, da sie dieselben nicht entbehren könnten. Allein es war vergebens, denn auf den strengen Junker machten solche Bitten keinen Eindruck.

Den Neustädtern wurde dieses harte Regiment natürlich immer lästiger und der Magistrat begann zu überlegen, wie die Stadt sich von demselben befreien und wieder unter die Obhut des guten Kurfürsten gelangen könne. Allein jegliche Verhandlung, die deshalb auf dem Rathause gepflogen wurde, mochte das auch noch so geheim geschehen, wurde dem Junker bekannt und er wußte sie stets zu hintertreiben. Die Neustädter zogen daraus den richtigen Schluß, daß der Teufel dem Junker dabei behilflich sei. Darum verlegten Bürgermeister und Schöffen ihre nächste Beratung ins offene Feld an eine Stelle, die noch heute der »gute Rat« genannt wird. Hier faßten sie den Beschluß, den Junker abzukaufen, und um die schwierigen Bedingungen herbeizuschaffen, wurden drei Bürger gewählt, von denen der eine die Sorge um das Geld, der andere die wegen des Ziegenbocks, der dritte die Lieferung des Hagedorns übernehmen sollte. Der Letztere hatte die bequemste Aufgabe erhalten. Er düngte eine Stelle seines Gartens aufs sorgfältigste, pflanzte einen Hagedorn dahin und pflegte ihn früh und spät. Die andern beiden mußten sich dagegen auf die Wanderung begeben und durchzogen viele fremde Länder, ehe sie das fanden, was sie suchten. Der, welcher nach dem Geld ausgezogen war, kam endlich in die Schweiz und traf dort den Kaiser. An ihn wendete er sich und dieser war so gnädig und erfüllte seine Bitte nach neuer und nur von demselben Fürsten geschlagener Münze. Der andere aber fand erst in Ungarn einen Ziegenbock wie er sein mußte. Inzwischen war auch der Hagedorn so trefflich gediehen, daß, als jene mit dem Geld und dem schwarzen Ziegenbock heimkehrten, derselbe statt der nötigen sieben Fuß sogar neun Fuß hoch gewachsen war. So waren denn alle Bedingungen herbeigeschafft und die Neustädter zögerten nun auch keinen Augenblick mehr, das schwere Joch des Junkers Hans von Dörnberg von ihrem Halse zu werfen. (124)

Junker Hans von der Schwalm

Der hessische Landgraf Karl machte einmal Jagd in den Wäldern des Schwalmgrundes. Dabei kam er von seinen Leuten ab und verirrte sich. Es wurde finster, und er konnte den Weg nach seinem Schloß Ziegenhain nicht finden. Da traf er zum Glück einen jungen Bauern, Hans Hoose aus dem kleinen, aber reichen Dorfe Leimbach. Der nahm ihn mit auf seinen Hof, bewirtete ihn mit Speise und Trank und brachte ihn auf den rechten Weg. Als nun Hans bald darauf Hochzeit hielt, lud er auch den Fürsten dazu ein. Karl versprach, er wolle kommen und auch die Landgräfin mitbringen. Und er hielt redlich Wort als der Hochzeitstag kam. Da ging es hoch her in Leimbach. Es wurde das Feinste gegessen und getrunken, es wurde gesungen, getanzt und gesprungen. Man tanzte auch den »Schwälmer« und den Siebensprung. Hans war überglücklich, und in seinem Glück bat er sich vom Landgrafen die Ehre aus, auch mit der Landgräfin einmal tanzen zu dürfen. Nun war aber gerade ein Tanz (das Küssesüßchen) an der Reihe, bei dem nach altem Brauch der Tänzer in Ehren seine Tänzerin küssen darf. Der Landgraf erlaubte die Bitte, Hans sollte aber für die große Ehre bis zu einem bestimmten Tag eine Metze Dukaten zahlen. Hans war damit einverstanden, führte die Landgräfin zum Tanz und küßte dabei auch seine Tänzerin.
Der Landgraf wartete nun von einem Tag zum andern auf Hans, aber der kam nicht. Erst am letzten Tag der festgesetzten Frist erschien er im Schloß zu Kassel und holte aus der Tasche ein kleines silbernes Gemäß, das aber im Umfang nicht größer als ein Dukaten und mit Goldstücken gefüllt war. Das überreichte er dem Fürsten mit den Worten: »Hier bringe

ich die versprochene Metze voll Dukaten. Dukatenmetzen sind freilich nicht so groß wie die, mit denen wir Bauern den Weizen messen.« Der Landgraf mußte herzlich lachen über die Bauernlist und reichte Hans die Hand. Er gewann den wackern Bauern immer mehr lieb und lud ihn sogar zu seinen Hofmusiken ein. Hans aber meinte, er habe daheim eine viel schönere Hofmusik und wolle das dem Landgrafen beweisen. Als Karl nun einst wieder nach Leimbach kam, ließ der schlaue Hans alle Stalltüren öffnen. Da erhoben seine vielen Kühe, Kälber, Pferde und Schweine ein hundertstimmiges Konzert, und Hans rieb sich vergnüglich die Hände und sagte: »Das ist meine Hofmusik.«

Der Landgraf Karl und der Bauer Hans Hoose blieben immer gute Freunde. Karl besuchte Hans fast jedes Jahr und brachte auch oft seine Gemahlin mit. Beiden bereitete es besonderes Vergnügen, den Kirmessen der Schwälmer beizuwohnen und den lustigen Tänzern zuzusehen. Zuletzt machte der Fürst seinen bäuerlichen Freund sogar zu einem adligen Herrn und nannte ihn »Junker Hans«. (125)

Heinz von Lüder

Die Stadt Ziegenhain war früher eine starke Festung, denn sie war rings mit dicken Mauern, hohen Wällen und breiten Wassergräben umschlossen. Darum sagt man noch jetzt in Hessen, wenn man etwas Sicheres bezeichnen will: »So fest wie Ziegenhain!« Landgraf Philipp der Großmütige befestigte die Stadt noch stärker. Kaiser Karl V. ließ den Landgrafen im Jahre 1547 gefangennehmen. Dann schickte er den Grafen Reinhard von Solms zu Lich nebst 100 geharnischten Reitern nach Hessen mit dem Befehl, alle Festungen des Landes zu schleifen. Die Mauern und Wälle der Hauptstadt Kassel wurden nun zerstört und die Kanonen nach Frankfurt am Main gebracht. Dasselbe geschah mit Spangenberg. Hierauf kam der kaiserliche Gesandte auch vor Ziegenhain und verlangte, ihn einzulassen. Der Befehlshaber der Stadt, Heinz von Lüder, weigerte sich aber, die Feste zu übergeben. Er sagte: »Der freie Landgraf hat mir diese Festung anvertraut, und dem freien Landgrafen werde ich sie überantworten.« Er ließ ihn nicht ein, und die Festung war gerettet. Heinz hatte ganz recht gehandelt, denn es war ausgemacht worden, Ziegenhain sollte dem Landgrafen erhalten werden.

Als der Landgraf fünf Jahre lang in der Gefangenschaft gesessen hatte, kam er wieder frei. Doch mußte er dem Kaiser das Versprechen geben, den ungehorsamen Heinz von Lüder am Tor der Feste Ziegenhain in Ketten aufzuhängen. Und der edle Fürst hielt Wort. Als er nach Ziegenhain kam und am Tor hielt, schlang er dem braven Heinz eine goldene Kette unter den Armen hindurch um die Brust und ließ ihn daran ein wenig in die Höhe ziehen. Dann aber küßte er ihn und schenkte ihm die Kette zur Belohnung für seine Tapferkeit und Treue. – Das kostbare Kleinod ist bei dem Lüderschen Geschlecht in Ehren aufbewahrt worden und nach Erlöschen des Mannesstammes an das adlige Haus Schenk zu Wilmerode gekommen. (126)

Ziegenhain um 1620. Kupferstich (Politisches Schatzkästlein II 8/50, 1631)

Der hessische Blocksberg

Im Süden des Kreises Ziegenhain erhebt sich bei Ottrau der Bechelsberg bis zu einer Höhe von 472 m empor. An seinem Abhang wachsen mancherlei Heilkräuter, die zu Himmelfahrt gesammelt werden. Der Gipfel des Bechelsberges heißt die Rumpelskuppe, ein Name, welcher dem ungeheuern, donnerähnlichen Getöse seine Entstehung zu danken haben mag, das zum Schrecken und Entsetzen der Menschen und des Viehes mitunter oben auf dem Berg gehört worden sein soll. Dieses Gepolter wird von Ohrenzeugen mit dem Toben und Brausen eines schrecklichen

Sturmes verglichen. Kurz vor dem Ausbruch will man in der Nähe des Berges bisweilen eine schwarze Gestalt, auch wohl eine feingekleidete Jungfrau gesehen haben.
Nahe an der Rumpelskuppe befindet sich eine kesselförmige Vertiefung, die Hexenkaute, auch Silberkaute genannt. Hier wird am 1. Mai in der Mitternacht großes Gastgebot und Hexentanz gehalten. Der Meister führt strenge Aufsicht über Musik und Tanz. Wer z. B. um eine Viertelstunde zu spät erscheint, beim Tanz einen Fehltritt tut usw., bekommt zur großen Belustigung aller Gäste eine gewisse Anzahl Besenhiebe. Die Tracht der Teilnehmer besteht in einem langen schwarzen Kleid mit einem Strohgürtel und einer Haube, unter welcher ein langer Haarzopf herabfällt. Es wird getanzt, gesungen, gelärmt und allerhand Unfug getrieben, zuletzt der Rest der Mahlzeit für die Rückreise eingepackt und, nach gegenseitigem Anwünschen eines fröhlichen Wiedersehens für das nächste Jahr, auf stumpfen Besen und Hähnen pfeilschnell wieder weggeritten.
Die Hexen kommen stets an solchen Orten zusammen, an denen in altgermanischer Zeit Gericht gehalten und geopfert wurde; auf dem Bechelsberge aber war eine alte Ziegenhainische Gerichtsstätte. (127)

Schwarzenborn

Das hessische Schilda ist Schwarzenborn, hoch oben am Knüll gelegen. Einmal wollten die Schwarzenbörner einen Brunnen graben, wußten aber nicht, wo sie die ausgegrabene Erde unterbringen sollten. Da sagte der Bürgermeister: »Wir graben ein zweites Loch und werfen die Erde in dieses hinein.« Als nun ein anderer klüger sein wollte und meinte, wohin man denn die Erde aus dem neuen Loch tun solle, da sagte der Bürgermeister: »Das ist doch ganz einfach, das zweite Loch muß eben so groß gemacht werden, daß es die Erde aus beiden Löchern aufnehmen kann.«
Als der Landgraf einst in der Nähe von Schwarzenborn jagte, da schickte er einen Junker in die Stadt und ließ dem Bürgermeister sagen, daß er in seiner getreuen Stadt Schwarzenborn einen Imbiß zu sich nehmen wolle. Der Bürgermeister war darüber hocherfreut und teilte es den Ratsherren mit. Man beschloß, den Landgrafen im großen Rathaussaal zu bewirten. Zwölf Schüsseln mit mancherlei Braten, Gemüse und süßem Kuchen sollten in Eile bereitet werden. Jeder Ratsherr sollte alsdann dem Landgrafen eine Schüssel darbringen. Als nun der Fürst mit seinen Hofedelleuten an

der Tafel Platz genommen hatte, da fragten die Ratsherren den Bürgermeister, wie sie sich verhalten sollten. Der Bürgermeister sagte: »Sehet nur auf mich; was ich tue, das tut ihr auch.« Und so nahm er eine Schüssel und schritt voran. In der Tür stolperte er aber über die Schwelle, fiel hin, und die Schüssel lag zerbrochen am Boden. Vorschriftsmäßig stolperte nun auch der Zweite und warf seine Schüssel zu Boden, und so ging es fort, bis alle zwölf herein waren. Der Landgraf mit seinem Gefolge saß hungrig, wie sie gekommen, da.
Als der Landgraf sich wieder einmal im Knüllgebirge auf der Jagd befand, ließ er dem Bürgermeister von Schwarzenborn melden, daß er in seiner getreuen Stadt eine Erfrischung zu nehmen gedenke. Der Bürgermeister rief die Väter der Stadt zu einer Beratung zusammen. Man geriet jedoch diesmal in Verlegenheit, denn niemand wußte zu sagen, was unter einer »Erfrischung« zu verstehen sei. Schließlich meinte einer der Ratsherren, daß dem Landgrafen bei dem gerade herrschenden heißen Wetter ein Bad oder etwas ähnlich Frisches angenehm sein werde. Diese Annahme könne richtig sein, meinten die anderen; da aber nun im Rathaus ein Bad nicht vorhanden war, so beschloß man, die gewünschte Erfrischung durch die Feuerspritze zu bewirken. Und so geschah es. Als der Landgraf vor der Stadt erschien, empfing er nebst seinem Gefolge aus dem Schlauch der Feuerspritze einen erfrischenden Regen. Als er aber schließlich in dem Wasserstrahle sich umwenden mußte, rief der Bürgermeister seinen Getreuen zu: »Von vorn hat er genug, jetzt wünscht er auch noch von der anderen Seite eine Erfrischung zu haben.« Und so mußte er auch diese noch hinnehmen. (128)

Walpertszins

Das hessische Dorf Salzberg am Knüll mußte alljährlich am St. Walpurgistag den v. Buchenau 6 Knacker (à 6 Heller) in alter hessischer Münze liefern. Der Gemeindemann, der diesen Zins überbrachte und das Walpertsmännchen genannt wurde, mußte, das Wetter mochte noch so ungünstig sein, des Morgens früh Punkt 6 Uhr zu Buchenau eintreffen und auf einem besondern Steine an der Schloßbrücke sich niedersetzen. Verspätete er sich, so verdoppelte sich progressiv mit jeder Stunde der Zins, und am Abend hätte ihn die Gemeinde nicht mehr zu zahlen vermocht. Deshalb wurden die Salzberger jedesmal, wenn die Zeit herannahte, von ihrem Beamten an ihre Verpflichtung erinnert und die Gemeinde schickte der Vorsicht halber dann zwei Abgeordnete nach Buchenau, für den Fall, daß einem ein Unfall begegnete; doch ging der Stellvertreter nicht bis zum Ziel, sondern blieb schon in Bodes, eine halbe Stunde von Buchenau. Das Walpertsmännchen mußte nun die von Buchenau durch ihren Torwart begrüßen lassen, worauf es erst in das Schloß ging und seine Knacker zahlte. War dieses geschehen, so wurde es nach Vorschrift drei Tage lang bewirtet. Schlief das Walpertsmännchen während dieser Zeit nicht ein, so waren die Zinsherren verpflichtet, es lebenslänglich zu verpflegen; geschah jedoch das Gegenteil, so wurde es alsbald zum Schloß hinausgeschafft. – Schon an 300 Jahre war diese merkwürdige Zinszahlung im Gebrauch und bestand noch im Anfange dieses Jahrhunderts. Doch im Wechsel der Verhältnisse und im Untergange so manches Alten unterblieb endlich auch dieser Walpertszins. (129)

Der Blumenstein

Als auf dem Blumenstein bei Rotenburg in Hessen noch Ritter lebten, wettete eines Abends ein junges, mutiges Bauernmädchen in dem benachbarten Dorf Höhnebach, daß es um Mitternacht bei Mondschein hinaus auf die furchtbare Burg gehen und ein Ziegelstück herabholen wollte. Sie

Rotenburg an der Fulda. Kupferstich (Politisches Schatzkästlein I 5/37, 1625)

wagte auch den Gang, holte das Wahrzeichen und wollte eben wieder zurückgehen, als ihr ein Hufschlag in der stillen Nacht entgegenklang. Schnell sprang sie unter die Zugbrücke und kaum stand sie darunter, so kam auch schon der Ritter herein und hatte eine schöne Jungfrau vor sich, die er geraubt und deren köstliche Kleidungsstücke er hinten aufgepackt hatte. Indem er über die Brücke ritt, fiel ein Bündel davon herab, das hob das Bauernmädchen auf und eilte schnell damit fort. Kaum aber hatte sie die Hälfte des Spisses, eines Berges, der zwischen Höhnebach und dem Blumenstein liegt, erstiegen, so hörte sie, wie der Ritter schon wieder über die Zugbrücke ausritt und wahrscheinlich das verlorene Bündel suchen wollte. Da blieb ihr nichts übrig, als den Weg zu verlassen und sich im Wald zu verbergen, bis er vorüber war. Und so rettete es seine Beute und brachte das Wahrzeichen glücklich nach Haus. (130)

Der Anschlag auf Hersfeld

Der Abt von Hersfeld hielt heimlich zu den Sternern und hätte gern den Schlüssel zu der Stadtpforte in Händen gehabt, die Bürger aber waren zumeist landgräflich.

Wie nun einstmals Landgraf Hermann und Markgraf Balthasar von Meißen miteinander vor Herzberg, zwei Meilen über Hersfeld, lagen – das hatte damals ein Freiherr von Lißberg, der auch in dem Bund der Sterner war –, da kamen die Sterner mit großer Macht und schlugen die Herren mit Gewalt zurück, so daß die Herren vor Hersfeld kamen und um Einlaß baten. Die Bürger von Hersfeld aber wußten des Abtes Untreue nicht und schickten zu ihm, ob sie sollten die Herren einlassen. Da schlug der Abt sein Schaphir (Scapulir) zurück, denn er trug einen verborgenen Stern, und sprach zu dem Boten: »Das sage deinen Ratsherren.« Das tat der Bote, so standen die Hersfelder im Abenteuer. Und ließen die Herren von Thüringen und Hessen ein. Die Feinde waren aber so nahe wie die Pforte aufging, daß sich ihrer viele zwischen den Toren erdrängten und tot blieben.

Daß sie aber die Herren von Hessen und Thüringen eingelassen, das stak dem Abt im Kopf, und er dachte wider sie Tag und Nacht. Er verhetzte wider die Bürgerschaft die Ritter, die um Hersfeld saßen und in der Stadt Häuser hatten, nämlich die von Buchenau, von Hune, von Ronnenrode und sonst viele Edle; die verkauften alle ihre Häuser und gaben sie ums

Belagerung von Hersfeld im 14. Jahrhundert. Handzeichnung aus dem 17. Jh.

halbe Geld und brachten ein falsches Geschrei aus: die Stadt Hersfeld sollte untergehen. Und wie sie zur Stadt hinaus waren, wurden sie allzumal derer von Hersfeld Feinde.
Der Abt aber ließ sich unterdes nichts Böses gegen die Bürgerschaft vermerken und gab ihnen einen Schöffen-Imbiß, wozu der Rat und die vornehmsten Bürger geladen wurden, gab auch für die übrigen was zum besten und ließ allen fest einschenken, daß sie trunken würden. Unterdessen hatte er aber mit den genannten Edelleuten und anderen Herren vom Sternerbund einen heimlichen Anschlag gemacht, wenn die Bürgerschaft berauscht wäre, ihnen des Nachts die Stadt durch Verrat zu übergeben. Das Bad war bereitet, die Bürger sollten alle sterben, und die genannten Herrn gedachten ihre Behausungen wieder einzunehmen ohne Geld. Nun war aber unter dem Sternerbund ein frommer Ritter, Simon von Hune (Haun), dem hatten die von Hersfeld viel Freundschaft erzeigt, so daß ihm grauste vor dem Anschlag und dem unschuldigen Blut, das vergossen werden sollte. Der schrieb an die Stadt einen Feindsbrief: »Wisset ihr von Hirßfeld, daß ich Simon von Hune, Ritter, euer und der Eurigen Feind sein will, mit all meinen Helfern und Bundesgenossen. Und will euch nicht allein nach dem Gut stehen, sondern nach Ehr, Leib und Leben, und will das diese

Nacht tun, danach habt euch zu richten. Datum unter meinem Insigill auf S. Vitalis Abend A. D. 1378.«
Als die Hersfelder diesen Fehdebrief bekamen, gingen sie zu Rat, bestellten ihre Wache und kamen durch Gottes Schickung alsbald hinter die Verräter, deren sieben waren, die fingen sie alle beisammen in des Dechanten Kemenate und erfuhren des Abtes mörderlichen Anschlag. Da die sieben so auf warmer Tat befunden worden, nahmen die von Hersfeld sie und schleiften sie in der Stadt herum, und auf den Abend ließen sie ihnen die Köpfe abschlagen. Und wie des Nachts die Feinde kamen, wurden sie so empfangen, daß ihrer viele wund und tot blieben und die anderen mit Schimpf und Schande abziehen mußten. Einer, genannt Eberhardt von Engern, hatte neun Städte erstiegen, der ward mit einer Armbrust von der Mauer durch seinen eisernen Hut erschossen. Der Hut hing noch lange zum Gedächtnis dieser Verräterei am Rathaus. Der Abt, der diesen Anschlag gemacht hatte, Herr Berlet von Volkershausen, tat hernach im Bunde mit den Sternern der Stadt noch großen Schaden. Später aber reute ihn seine Übeltat und Sünde, denn er wurde stichblind und man sagt, daß ihn Gott damit heimgesucht habe, wegen seiner Bosheit. Er mußte die Abtei übergeben und ging danach in das Stift wie ein armer Mönch. (131)

Das Lullusfest in Hersfeld

Lullus, ein Schüler des Bonifatius, hat das Kloster und die Stadt Hersfeld gegründet. Sein Gedächtnistag ist der 16. Oktober, an dem er im Jahre 786 gestorben ist. Dieser Tag und die ganze Woche wurde früher in Hersfeld sehr gefeiert, und man kannte dort kein größeres Fest als das Lullusfest. Schon ehe das Fest begann, ertönte abends in den Straßen häufig der Ruf: »Bruder Lolls!« oder auch nur »Lolls!« Am Lullusmontag wurde eine Bretterbude auf dem Markt erbaut, ein großer Holzstoß vor demselben aufgerichtet und ein Vorrat von Getränken herbeigeschafft. Das alles mußte im Laufe des Vormittags geschehen.
Wenn die Uhr die Mittagsstunde verkündete, begann das Fest. Der Holzstoß wurde angezündet, die Glocken der Stiftskirche läuteten, und das Geschrei: »Lolls! Lolls! Bruder Lolls!« ward immer toller und toller; es hatte schon den ganzen Vormittag die Luft erfüllt. Jetzt erschienen in der Bude, von rauschender Musik empfangen, die beiden Bürgermeister von Hersfeld, der städtische Wagemeister, der in einen blauen Kittel gehüllt

war, und der Stadtdiener. Dieser trug einen Sack voll Nüsse auf der Schulter. Während sich die drei ersteren zum Mahl niedersetzten, warf der letztere seine Nüsse in den wild jubelnden Schwarm der Stadtjugend, die begierig danach haschte. Um ein Uhr begann in der Bude der Tanz. Das Feuer wurde Tag und Nacht erhalten und erst in der Nacht von Donnerstag auf Freitag gelöscht, die Bude abgebrochen, die Lustbarkeit aber noch bis zum Sonntag fortgesetzt.
Die am Lullusmontag in die Bude gebrachten Getränke wurden für städtische Rechnung verkauft. Bäcker und Metzger waren ihrer Taxe entbunden, sobald die Freiheit des Kirchweihmarktes eingeläutet worden war, und alle Getränke durften frei in die Stadt eingeführt werden. Auch hatten in der Lulluswoche alle Dörfer des Amtes Hersfeld ihre Kirchmessen, und sie mußten die Musikanten dazu aus der Stadt abholen.
Die meisten der Gebräuche des Lullusfestes haben sich bis in unsere Tage erhalten. Noch in jedem Jahre wird am Montag der Lulluswoche auf dem Marktplatz das Bretterhäuschen aufgeschlagen und das Lullusfeuer angesteckt. Noch heute werden die Stiftsglocken geläutet, und am Mittwoch findet der Lullusmarkt statt. (132)

Die Riesin

Im Eingang der noch in ihren Trümmern bewundernswerten Stiftskirche zu Hersfeld, durch welchen die Domschüler ein- und auszugehen pflegten, sah man noch in der ersten Hälfte des vorigen Jahrhunderts links an der Wand ein Gemälde, welches eine große Frau darstellte, unter deren Füßen ein sehr kleines Kind lag. Die Frau soll eine Riesin und die letzte ihres Geschlechts gewesen sein. Sie lebte mit einem Mann, der dem kleinen Menschengeschlecht angehörte, und gebar ein Kind, das gegen sie so klein war, daß sie es verächtlich mit den Füßen zertrat. (133)

Die Mückenstürmer

Die Hersfelder führen den Spitznamen »Mückenstürmer« und das hat folgende Ursache. An einem schwülen Sommertag zeigte sich über dem ehemals sehr hohen Turm der Stadtkirche eine schwarze Wolke, welche viel Aufsehen und Besorgnis erregte. Die Bürger liefen zusammen in der Meinung, daß es irgendwo in der Stadt brenne, eilten auf den Kirchturm und schlugen die Sturmglocke an. Allein nirgends wurde ein Hilferuf vernommen, nirgends bemerkte man Feuer in der Stadt. Als die Bürger nun die sonderbare Wolke, die sie für Rauch gehalten hatten, näher betrachteten, ergab es sich, daß es ein ungeheurer Schwarm von Mücken war, welche, nachdem sie einige Zeit um die Turmspitze geflogen waren, sich wieder zerstreuten. Die Hersfelder aber hatten von nun an ihren Spitznamen weg. (134)

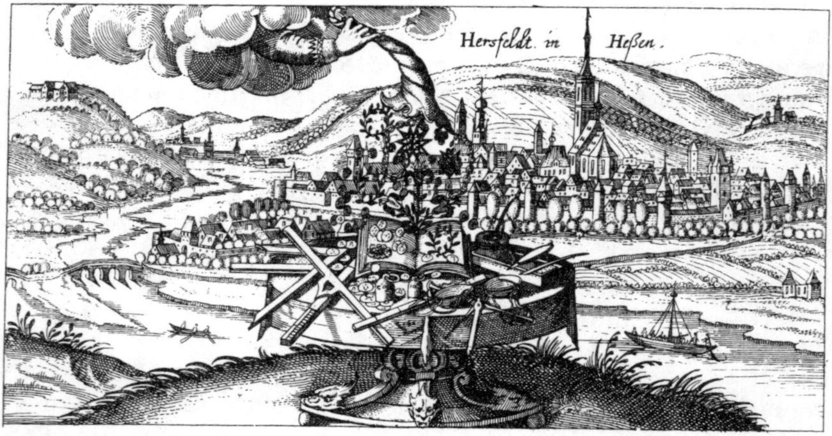

Hersfeld um 1620. Kupferstich (Politisches Schatzkästlein I 5/20, 1625)

Unglückliche Entzauberung

Zu Hersfeld dienten zwei Mägde nebeneinander; die pflegten, ehe sie zu Bett gingen, jeden Abend eine Weile in ihrer Stube stillzusitzen. Den Hausherrn nahm das endlich Wunder; er blieb daher einmal auf, verbarg sich im Zimmer und wollte die Sache ergründen. Wie die Mägde sich nun beim Tisch allein sitzen sahen, sprach die eine: »Geist, tu dich entzücken und jenen Knecht bedrücken.«

Darauf stieg ihr und der anderen Magd gleichsam schwarzer Rauch aus dem Hals und kroch zum Fenster hinaus; die Mägde fielen zugleich in tiefen Schlaf. Da ging der Hausvater zu der einen, rief sie mit Namen und schüttelte sie; jedoch vergebens, sie blieb unbeweglich. Endlich ging er davon und ließ sie. Morgens darauf war diejenige Magd tot, die er gerüttelt hatte; die andere aber, die von ihm nicht angerührt worden war, blieb lebendig. (135)

Burg Hauneck

Auf dem rechten Ufer der Haune, zwischen den Dörfern Ober- und Unterstoppel erhebt sich 1190 Fuß über dem Spiegel des Meeres der Stoppelberg, dessen bewaldeter Gipfel die Trümmer des Schlosses Hauneck trägt. Auf diesen Trümmern regt sich einmal im Jahr, am Himmelfahrtstag, buntes, heiteres Leben; denn es sammeln sich hier an diesem Tag viele Hunderte von Landleuten aus der Umgegend, welche heilende Kräuter am Bergabhang suchen und droben, der stummen Zeugen irdischer Vergänglichkeit und der Verwüstung ringsum nicht achtend, fröhlich singen und tanzen. Die Burg Hauneck gehörte einem der ältesten Edelgeschlechter des Buchenlandes, denen von Haune, berüchtigt mehr als berühmt wegen ihrer unbändigen Fehde- und Raubsucht. Ein ärgeres Raubnest als Burg Hauneck, die so trotzig von dem Gipfel des Berges in die Welt hinausschaute, war weit und breit nicht zu finden. Unterirdische Gänge liefen bis zu einigen anderen Burgen in der Nachbarschaft, mit deren Besitzern die Haunes zu gegenseitiger Hilfe und Wachsamkeit sich verbündet hatten. So kam denn kein Warenzug unangefochten vorbei, der nicht eine starke Bedeckung mit sich führte, und selbst einzelne Reisende wurden ausgeplündert und durften von Glück sagen, wenn sie für ein gutes Lösegeld mit dem Leben davonkamen.

Zu einer Zeit hauste auf Hauneck ein Ritter von Haune, welcher an Verwegenheit und Wildheit alle seine Vorfahren übertraf und allgemein als eine Geißel des Landes angesehen wurde. Der »wilde Haune« war ein gefürchteter Name, an den sich manch schreckhafte blutige Mär knüpfte. Eines Tages kam ein vornehmer Edelmann das Haunetal heraufgezogen. Er hatte zwar eine Schar von Reisigen zu seinem Schutz bei sich, aber der »wilde Haune«, dem seine Späher von der Ankunft des Reisenden Nachricht gegeben hatten, lag mit seinen Spießgesellen im Hinterhalt, überfiel unerwartet den Trupp, überwältigte ihn, nahm den Edelmann gefangen und führte ihn auf sein Felsennest, wo er ihn in Erwartung eines reichen

Lösegeldes einstweilen in einen Turm einsperrte. In diesem Turm saß er viele Tage und Nächte lang und jeden Morgen und Abend brachte eine junge Dirne ihm Speise und Trank. Der Edelmann war aber ein schöner junger Mann; die Dirne nahm deshalb großen Anteil an seinem Schicksal, um so mehr, da er sich stets freundlich gegen sie erwies, und Freundlichkeit auf Burg Hauneck seit Menschengedenken nicht mehr heimisch war. Sie mußte jeden Abend, nachdem sie den Gefangenen versorgt hatte, in das Tal und in einer großen Bütte Wasser herauftragen, da sich im Schloß kein Brunnen befand. Dies brachte sie auf den Gedanken, den Edelmann zu retten; auch fand sich bei dem wüsten Leben auf der Burg bald eine Gelegenheit, wo sie unbeachtet ihren Plan ausführen konnte. An einem Abend, da es schon dämmerig war, ging sie, die Bütte auf dem Rücken, in gewohnter Weise den Schloßberg hinab und niemand argwöhnte, daß der Gefangene in der Bütte saß. Am Fuß des Stoppelberges angekommen, versteckten sie die Bütte im Gebüsch und schlugen eilig die ihnen wohlbekannten Wege nach Fulda ein. Als die Haunecker am andern Morgen die Flucht des Gefangenen wahrnahmen und auch die Bütte fanden, setzte sich der »wilde Haune« mit einigen seiner Knechte sogleich zu Roß, um die Flüchtlinge auf der Straße nach Fulda zu verfolgen; aber diese waren längst hinter den schützenden Mauern des alten Bischofsitzes in Sicherheit und die Räuber hatten nur das leere Nachsehen.
Der Edelmann reichte bald darauf seiner Retterin am Altar die Hand und führte sie als Gattin auf sein Schloß. (136)

Der Haun-Müller

Vor langer Zeit stand einmal eine Mühle an der Haun, einem Flüßchen, das an Hünfeld vorbeifließt und bei Hersfeld in die Fulda fällt. Jedes Jahr rissen die Fluten das Wehr entzwei und der Müller hatte fort und fort zu bauen und zu bessern. Eines Tages stand der Müller betrübt am Ufer und sann darüber nach, wie er dem Wehr eine Festigkeit gäbe, welche auch bei großem Wasser widerstände. Da trat ein Mann zu ihm, forschte nach der Ursache seines Kummers und sagte, nachdem der Müller ihm diese vertraut: »Ich weiß ein Mittel, das Wehr so fest zu bauen, daß keine Flut es zerreißen kann. Ihr müßt in den Grund einen lebendigen Jungen legen und darüberhin bauen. Den Jungen schaff' ich Euch um einen billigen Preis.« Den Müller überlief es eiskalt bei diesen Worten; das Mittel sollte aber untrüglich sein und da er durch die jährliche Beschädigung der Mühle um all' seinen Wohlstand gekommen war und sich in großer Bedrängnis befand, so ließ er sich überreden, auf den Vorschlag einzugehen. Der Mann brachte den Knaben – es war sein eigener –, empfing seinen Lohn dafür und half dem Müller beim Bau. Diesen aber erfaßte die Reue und er starb kurze Zeit nachher. Doch wurde das Grab ihm keine Ruhestätte; nachts geht er am Ufer auf und ab und lockt den Wanderer in den Fluß. Jedes Jahr muß der Müller seine Beute haben. Der erste, der ihm zum Opfer fiel, war jener Mann, der ihm den Knaben verkauft hatte. (136a)

Woher der Name Riedesel kommt

Vor langen Jahren war der Wald um Rotenburg noch viel dichter als jetzt, und da es Wälder genug in Hessen gab, so belohnte der Landgraf seine treuen Diener mit denselben. Einst schenkte er einem von seinen Rittern soviel von dem Wald um Ersrode als er mit einem Esel in einem Tage umreiten könne. Der Ritter machte sich also auf und umritt auf seinem Esel eine große Fläche des Waldes in jener Gegend. Davon erhielt er von dem Tag an den Namen Riedesel, und den hat sein Geschlecht behalten bis zu dieser Stunde. (137)

Am dritten vorbei

Die Riedesel stammen aus dem Württembergischen und haben zum Ahnherrn einen Müller, der ein lustiger Schalk und bei dem Herzog gut angeschrieben war. Deshalb durfte er sich seinem Herrn gegenüber mehr herausnehmen als anderen gestattet war. So ritt der Müller eines Morgens auf seinem Esel von der Mühle in die Stadt und mußte am herzoglichen Schloß vorüber. Der Herzog stand am Fenster und lachte ob des drolligen Anblicks, den der Müller auf dem Esel bot. »Wo reiten denn die beiden Esel hin?« rief er vom Fenster herab. »Am dritten vorbei!« rief der Müller vergnügt und grüßte zum Herrn hinauf, der ihm diese Freiheit nicht nachgetragen haben soll. (138)

Waldecker Land

Die Ziegen im Waldeck'schen

Früher hatten wir im Waldeck'schen keine Ziegen, darum behielten wir auch gute Hecken und das Gras blieb stehen. Im Darmstädt'schen aber gab es so viele Ziegen, daß sie dort nichts mehr zu fressen fanden. Um nun Waldeck zu schützen, stellten die übrigen Tiere den Wolf auf die Grenze zwischen das Darmstädt'sche und das Waldecker Land, daß die Ziegen ja nicht herüberkämen. Als die Wölfe da Schildwache standen, kam auf einmal eine Ziege mit ihrem Lämmchen und sagte zum Wolf: »Guter Freund, sei doch so gut und laß uns da hinein.« Der Wolf aber sagte: »Nein, das geschieht nicht, bleib du, wo du bist!« Die Ziege ging traurig zurück und klagte es dem Ziegenbock. Dieser sagte: »Halt, das müssen wir klüger anfangen; wir müssen das Lämmchen hinschicken und ihm ein Blatt mitgeben und lassen dem Wolf sagen, es müsse seiner Mutter etwas aus der Apotheke holen, weil sie sehr krank wäre. Dann kommt es gewiß hinüber. Und dann gehst du und verbindest den Kopf und sagst, du hättest dein Kind ins Waldeck'sche geschickt, das hätte dir etwas aus der Apotheke holen sollen und nun bleibe es aus; du müßtest einmal sehen, wo es bliebe – dann kommst auch du hinüber, und ich will dann schon sehen, wie ich hinüberkomme.« Es war gut. Das Lämmchen ging zuerst und es kam wirklich hinein. Ein paar Tage später ging dann auch die Mutter mit dem verbundenen Kopf und sagte dem Wolf, wie der Bock zu ihr gesagt hatte und sie kam auch hinüber. Nun waren die beiden drüben; aber wie der Bock nun hinüberkommen sollte, das wußte er selbst noch nicht. Er dachte hin und her. Auf einmal dachte er, du willst einmal sehen, ob du nicht gutwillig hinüberkommst. Er ging bis an die Grenze. Als er dahin kam, fragte ihn der Wolf zuerst voller Schrecken, was er wolle. Der Bock sagte: »Guter Freund Wolf, laß mich hinüber!« Der Wolf fragte den Bock, was er auf dem Kopf für zwei Dinger hätte. Der Bock sagte, das wären ein Paar Pistolen. Als das der Wolf hörte, lief er geschwinde mit wüstem Gebrüll fort, so daß eine große Zahl Ziegen und Böcke zusammen liefen und über die Grenze ins Waldeck'sche kamen. Seitdem haben wir Ziegen im Waldeck'schen. (139)

Schloß Waldeck um 1650. Kupferstich von Matthaeus Merian

Schloß Waldeck

Man erzählt sich, als einer der Grafen ein Schloß an der Eder bauen wollte, fragte er einen in der Gegend hütenden Schäfer, wohin sich wohl bequem ein Schloß bauen ließe. Der Schäfer sagte darauf: »Dort, auf der Wald-Ecke!« Und daher hat denn das dort gebaute Schloß den Namen »Waldeck« erhalten.
Wenn man von Waldeck auf das Schloß zugeht, so steht da ein Felsen nicht weit von der Zugbrücke. Da haben sie oft gesagt, wenn der Fürst käme, würde er darunter sterben. Deshalb käme er nicht auf das Schloß. (140)

Heinrich bleibt eisern

Als der Kaiser Wenzel nach seiner Krönung von Aachen wieder nach Böhmen reiste, kehrte er bei Heinrich dem Eisernen auf Schloß Waldeck ein. Der Graf war wie gewöhnlich auch bei der Bedienung des hohen Gastes ganz in Eisen gekleidet und als sich Wenzel darob wunderte, erwiderte Heinrich, »daß er wollte lieber ohne Speise, als ohne seinen Harnisch sein«. Diese Antwort gefiel dem Kaiser so wohl, daß er alle Überredungskunst aufbot und die glänzendsten Versprechungen machte, um den Grafen zu bewegen in seine Dienste zu treten. Allein alles blieb fruchtlos, denn, sagte Heinrich, hier auf seinem Schloß sei er ein freier Degen, dort im Böhmerland aber ein Kaisersknecht. (141)

Das Schloß bei Bringhausen

Brenkausen es ein Dorf in Waldeckschen, welches nohe an der Edder legget un nit widd vun Wellungen es, wo de gudde Surbrunnen es. Bie dünn Dorfe sind zwe Küppel, uff welchen ein Schloß vör ahlers stund. In dünn Schlosse wunnte ein adeliger Herr vun Bring, dem hörte das Dorf. He war awwer so schlemm, dass he den armen Leuden ehr Veh wecknahm. Düss liessen se sech alle gefallen; endlich machte he es awwer zu schlemm un nahm den Leuden ehre Kenner weck; hieröwwer worren die Leude so böse, dass se em das Schloß anstochen. Will se das nu gedon hatten, liefen se alle hen. Do machte der Herr vun Bring ein Fenster uff, un rief zun Fenster rucks: »Meine lieben Leute, wollt Ihr mir denn nicht helfen.« Do lachten se en alle ucks. Hieröwwer wor he ganz erschrecket un machte das Fenster zu. Wie se noch do stungen, wor uff einmol ein Fenster uffgemacht, un eine wickse Junfer met einen Bunne Schlüssel in der Hand sprunk zen Fenster rucks, un fiel dodt. Noher gieng düdde Schlüsseljunfer uff der Bork rum, un ja'te alle Kenner, welche uff der Bork waren, weck. (142)

Umleitung der Eder

Tief unten im Grund am Fuß des Waldecker Schloßberges macht die Eder einen großen Bogen um einen Basaltfelsen, hinter welchem die Stollmühle liegt. Ein Tunnel ist durch den Felsen gebrochen und das Wasser des Flusses so auf die Mühle geleitet. Einst harrten zwei Verbrecher im Burgverlies des Schlosses, das den Namen Hexenspund trägt, weil Hexen und Zauberer mehrfach darin geendet, und das bis auf den heutigen Tag noch vollständig erhalten ist. Sie harrten ängstlich der gerechten Strafe. Da wurde ihnen Leben und Freiheit versprochen, wenn sie die Eder durch den Basaltrücken zu leiten vermöchten. Obgleich die Aufgabe unlöslich schien, machten sich beide dennoch an das Werk und brachten es nach vielem Anstrengen zustande. Einer aber nur konnte sich des Lohnes freuen, denn der andere wurde von den Wellen verschlungen, als die Eder zum erstenmal mit Gewalt durch den Stollen brach. (143)

Die Stollmühle

Der Fürst Anton Ulrich reiste einmal von Arolsen nach Fritzlar. Bei seiner Rückkehr war die Eder so groß geworden, daß er sich fürchtete, hindurchzureiten. Da erbot sich ein junger Müllerbursch aus Fritzlar, vor ihm herzureiten. Dadurch bewogen, sagte der Fürst zu ihm: »Mein Sohn, hast du Lust später einmal in meinem Land eine Mühle zu pachten, so wende dich an mich.« Der junge Mensch kam nun und pachtete die Mühle zu Gellershausen. Als aber später diese Mühle ohne sein Wissen an einen anderen verpachtet worden war, machte er sich gleich auf nach Arolsen. Auf seinem Wege dorthin kam er an einen Platz, wo zwei Arrestanten, welche auf dem Schloß Waldeck gesessen hatten, wegen eines Hammerwerkes einen ungefähr 100 Fuß langen und 10 Fuß hohen Stollen durch den Berg gehauen hatten, wofür ihnen ihre Freiheit geschenkt war. Dieser Platz gefiel ihm so gut, daß er in Arolsen nun den Fürsten bat, ihm diesen Platz schenken zu wollen. Der Fürst schenkte ihm denselben und nun erbaute er hier die Mühle, die jetzt noch dort steht und den Namen »Stollmühle« trägt. (144)

Arolsen um 1620. Kupferstich (Politisches Schatzkästlein II 3/3, 1629)

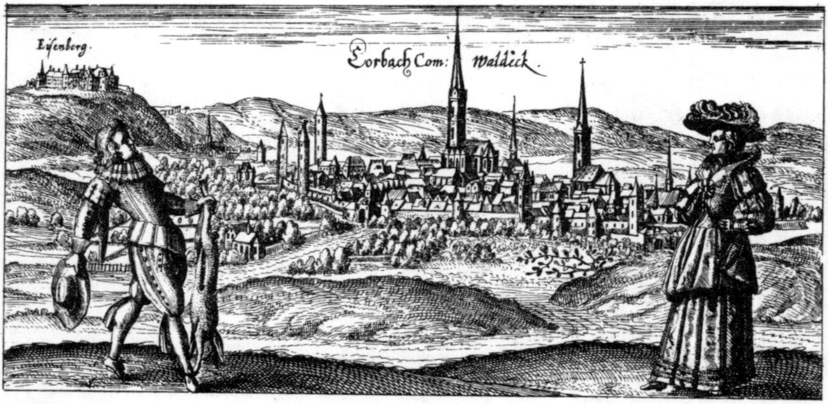

Korbach um 1620. Kupferstich (Politisches Schatzkästlein I 7/9, 1626)

Korbach

Den vom Fürsten Anton Ulrich zu Korbach angefangenen Schloßbau soll der damalige Besitzer des Rittergutes Lengefeld verhindert haben, weil er geglaubt hatte, durch die Nähe des Fürstenhauses leide sein Ansehen. Emigranten aus Frankreich haben sich zwischen Korbach und Lengefeld anbauen wollen; da es ihnen nicht gestattet wurde, sind sie nach Hessen gegangen und haben zu Kassel die Neustadt gegründet. (145)

Die Lage des Klosters Höhnscheid

Auf der hessisch-waldeckschen Grenze, zwischen dem ehemals mainzischen Städtchen Naumburg und der althessischen Stadt Wolfhagen, liegt die Waldecker Domäne Höhnscheid, an deren Stelle vormals ein Augustiner-Nonnenkloster stand. 1468 wurden die Nonnen wegen ihres unsittlichen Wandels ausgewiesen und das Kloster den Brüdern des Ordens vom heiligen Kreuze übergeben. Aus derselben Zeit datiert eine Handschrift, welche die Lage des Klosters auf dem Grenzpunkt dreier Länder nach alter Überlieferung beschreibt:
»Vnd mer der eltesten by vns (in Wolfhagen nämlich) sprecken, se sin be-

scheiden (abgegrenzt) von eren eldern vn de scheidunge des Stiffts mentze, des lands ztu Hessenn vn der Graueschafft ztu waldecke gha dor ere kokkene (Küche); vnd eyne alde Juncfrowe to Honscheit Haue in vortyd gesproken: wan se dri potte by eren hert hetten, do sta eyn up dem stiffte to mentze, eyn uff dem Lande ztu Hessenn, de dridde vp der Graueschafft von Waldecke.« (146)

Agnes von Bürgel

Et het emol vörr langer Tied hie bie uns in Wulfagen ene Edelfrugge gelewet, de heet Angenese von Bürgelen un war ne fromme Frugge. Wann de Tüg trügete, sau schmet set nur in de Luft, dann blewet hanken ohne Seil. Als de Edelfrugge awer emol biene Galgen verröwer kam, versünnigete se sik an dem armen Manne, de doane bummelte, dann se sägete: »Dem es au sin Heil wedderfahren!« Do upp bleff ere Tüg nit mei in der Luft hanken, bis se mit vellem Beten un Bitten bie unsen Herrgott wedder tau Gnaden kam. Awer wann se nu ere Tüg in de Luft schmet, blefft nit mei sau hoch hanken wie freuher.
Düsse Frugge het au unsen Kerchthaurn gebugget bis an den letzten Ümmegank, wo ere Bild stet, do es se gestorben. De Taurn de es freuher au völl höcher gewesen wie jetzunner, do schlaug emol de Blitz nin, un do upp han sen körter gemaket. (147)

Wolfhagen um 1620. Kupferstich (Politisches Schatzkästlein II 1/51, 1627)

Der ungeborene Reinhard

Auf dem Weidelberge, zwischen Naumburg und Wolfhagen, an der Waldecker Grenze wohnte ein stolzer tapferer Ritter, Reinhard von Dalwigk, vom Volk schlechtweg der »ungeborene Reinhard« genannt, denn er war durch den Kaiserschnitt zur Welt gekommen und bis zur Reife in den Leibern geschlachteter Schweine warmgehalten worden. Nachmals, als er zum Mann geworden, hatte er viele Feinde und Neider und man erzählt, daß er diese einst, als sie ihm bei der Belagerung seines Schlosses auflauerten, lange dadurch zu täuschen gewußt habe, daß er seinem Pferd die Hufeisen hatte verkehrt aufnageln lassen. (148)

Die Belagerung der Weidelburg

Reinhard von Dalwigk, der Ungeborene, war ein ebenso tapferer wie stolzer Ritter; er lebte wie ein kleiner Fürst. Seine Rauflust und ewigen Fehden, auch Raub und Plünderungen, die man ihm zur Last legte, hatte ihm die Ungnade seines Fürsten, des Landgrafen Ludwig des Friedsamen, zugezogen, welcher seine Vasallen aufbot und den Ritter in seinem Schloß Weidelberg belagerte. Als er nun sehr gedrängt wurde und der Landgraf von der Belagerung nicht ablassen wollte, bis der Ritter sich ergeben und gefänglich stellen würde, ließ er von den Seinen einige zum Landgrafen gehen und mit diesem, als geschähe es ohne sein Wissen, wegen der Übergabe des Schlosses unterhandeln. Der Landgraf gestattete ihnen frei abzuziehen mit allem, was sie auf einem Esel davonführen könnten, unter der Bedingung, daß der Ritter sich als Gefangener stelle. Da kroch Reinhard in einen Sack, ließ sich auf einen Esel legen und hieß seine Leute vorgeben, es seien ein paar Seiten Speck in dem Sack. Als aber der Zug durch das landgräfliche Lager ging, erregte der Sack Aufsehen; der Landgraf befahl, seinen Inhalt zu untersuchen und so wurde der Ritter gefangen. (149)

Der Schneiszug

Vor Zeiten war es üblich, daß die Landgrafen von Hessen die Grenzen ihres Gebietes bereisten. Von diesen Grenz- oder »Schneiszügen«, welche von den Grenzbewohnern als ein Freudenfest angesehen wurden, ist nur noch eine dunkle, aber frohe Erinnerung übrig geblieben. Wenn die »Schneise« gezogen werden sollte, rückte schon mit Tagesanbruch alt und jung aus. Die Förster, Flurschützen und die, welche sonst den Verlauf der Grenze genau kannten, machten den Vortrab, hinter ihnen ritt der Landgraf mit seinem Gefolge, der Amtmann des betreffenden Amtsbezirks, der Rentmeister und, stieß die Flur einer Stadt an die Grenze, auch der Bürgermeister und der gesamte Rat. Auf diese folgte dann ein langer Zug von Greisen, Männern und Jungen. Die Jungen nahm man mit, auf daß sie früh mit dem Verlauf der Grenze bekannt würden. Von dem Waldecker Dorf Bühle lag ein Haus teilweise auf hessischem Boden, nämlich in der Wolfhager Stadtgemarkung; die Grenze ging durch die Küche. Sagen erzählen, daß ein Loch in die Wand gehauen wurde und der ganze Zug, vom Fürsten bis zu den Jungen, hindurchkriechen mußte. (150)

Die versunkene Stadt

Da, wo jetzt die »Poile« sind, ist einmal eine große Stadt gewesen, die Aa hieß. Die Leute, die darin gewohnt haben, haben jeden, den sie nur erreichen konnten, getötet. Nun kommt aber einmal so ein großes Wasser und bricht die Mauern durch und die Stadt geht unter und alle Leute ertrinken im Wasser. Dort sieht man noch jetzt ganz große Teiche; im größten ist die Kirche. Es werden in der Nähe bisweilen Mauersteine gebrochen, die sind von den Häusern und Mauern der versunkenen Stadt. Es können jetzt etwa hundert Jahre sein, da ist einmal ein kleiner Junge dorthin gekommen. Er sah unter andern einen runden Stein, den hebt er auf und will damit hickeln. Da sieht er, daß unter diesen Steinen ein großer Schlüssel liegt. Den hebt er auf; es war der Kirchenschlüssel. (151)

Curt von Wetterburg

Zu Wetterburg hat ein Ritter gewohnt, der hieß Curt von der Wetterburg. Er wurde oft durch Spuk beunruhigt. Das soll durch die Patres von Volkhardinghausen gekommen sein. Als er nun diese fragte, wie er die bösen Geister loswerden könne, da rieten sie ihm, eine Reise nach Jerusalem zum heiligen Grab zu machen, sonst könne er die Sünden, die er auf sich hätte, nicht loswerden. Da unternahm er denn auch diese. Er hatte einen einzigen Sohn, den vertraute er den Mönchen zu Volkhardinghausen zur Erziehung an. Den aber wollten sie gern aus dem Weg haben. Einer der Mönche ging deshalb einst mit ihm gegen den Wald hin spazieren und da ist er den Abend nicht wieder zurückgekommen. Der Pater aber gab vor, er wäre ihm im Wald verlorengegangen, er wolle sich Mühe geben, daß er ihn wiederfinde. Er ist aber nicht wiedergefunden. Der Vater kam endlich von Jerusalem wieder, er fand aber seinen Sohn nicht. Er stellte nun verschiedene Versuche an, den Sohn wieder aufzufinden. Zuerst griff er mit seinen Rittern, unter denen die v. Dalwigk waren, das Kloster an; sie gestanden aber nichts von dem Sohn. Der Ritter hatte einen alten Knecht, Johannes, der versprach, dem Sohn auf die Spur zu kommen. Er zeigte einen heimlichen Gang auf die Burg. Als sie den verfolgten, trafen sie einen Mönch, konnten aber, als sie nach dem Sohn fragten, von ihm zuerst nichts herausbringen. Da Schläge nichts halfen, um durch ihn Nachricht zu erhalten, brannten sie ihm die Sohlen unter den Füßen. Jetzt gestand er, der Sohn lebe noch und sei im Kloster zu Volkhardinghausen in einem Gewölbe. Und wirklich fanden sie ihn da. Der Bart war ihm bis über die Brust gewachsen und die Nägel auf den Fingern vorn herunter, ja er war in seinem Elend fast vergangen. Nachdem er nun losgekommen war, hat er nicht lange mehr gelebt. Die Mönche hatten ihn gern auf die Seite schaffen wollen, damit sie die Güter von Wetterburg zu Volkhardinghausen hätten ziehen können. (152)

Wetterburg um 1620. Kupferstich (Politisches Schatzkästlein II 8/49, 1631)

Die Hollen in der Klus

In der Klus, einer Bergschlucht zwischen Volkhardinghausen und Landau, haben früher Hollen gewohnt; in dem Gestein dort ist noch deutlich die Spur der Wohnung zu sehen. Sie lebten von Wurzeln und Kräutern; Geld besaßen sie nicht. Eine aus Braunsen herbeigeholte Hebamme wurde mit Steinen belohnt, welche sie später zu hohem Preis verkaufte. Alte Hollen kommen oft zu Einwohnern benachbarter Ortschaften, doch nur in einzelne bestimmte Häuser, wahrscheinlich, wenn dieselben familienlos waren. In Twiste wurden sie durch eine List aus einem Haus vertrieben, da man sich gehütet hatte, sie zu beleidigen. Man machte nämlich bei dem Feuerherd eine Zeremonie, welche auf Zauberei deutete, worüber die Holle entrüstet das Haus verließ.
Wo eine Holle eingekehrt war, da passierte so leicht kein Unglück. Insbesondere nehmen sich die Hollen der Pflege und Aufsicht der Kinder an. Als einst eine Holle aus einem Haus zu Twiste wieder in ihre Heimat zurückzukehren wünschte, wußte sie die Gegend nicht zu bezeichnen, wo sie denn zuhause war. Der Hausherr wußte besser Bescheid. Er nahm die Holle auf den Arm, um sie in die Klus zu tragen. Als sie jedoch in die Nähe des Bilsteins gekommen waren, verbat sich die Holle das Weitertragen mit der Äußerung, sie wolle sich nun schon zurechtfinden, weil sie diesen Berg bereits vor hundert Jahren gekannt habe.
Die Hollen verloren sich, als sich die jetzige Generation der Menschen vermehrte und ihr Treiben störte, es ihnen auch nicht mehr gelang, ihre Zwergrasse durch Stehlen von Kindern zu veredeln. (153)

Zwischen Eder und Westerwald

Die Eder

Dieser Strom, wenn schon nicht schiffreich, ist doch vor allen anderen überaus fischreich.
Jährlich wird darin eine genauso große Menge von Salmen und Lachsen gefangen wie im Rhein oder anderen großen Strömen, denn sein Wasser ist überaus lieblich, süß und fast durchs ganze Jahr hell und klar bis auf den Grund. Daher setzte Abraham Sauer diesen Reim: Die Eder gibt viel herrlich Fisch / Die zieren wohl eines Fürsten Tisch / Den Gelehrten allen ingemein / Gibts auch Papier schön weiß und rein.
Es scheint, daß dieser Fluß seinen Ursprung bei oder in einem alten Goldbergwerk haben muß, weil der Sand gleich dem Tejo in Hispanien Gold mit sich führt, so daß man aus zehn oder zwölf Wassereimern eine güldene Linse oder Erbse auswaschen kann. Im Jahr 1677 hat Herr Landgraf Karl aus der Eder den Goldsand sammeln und Dukaten daraus schlagen lassen. (154)

Der heilige Winfried

Als der heilige Winfried, genannt Bonifatius, die Hessen bekehren wollte, kam er auf einen Berg, wo ein heidnisches Gotteshaus stand, das ließ er umreißen und die erste christliche Kirche bauen. Seitdem heißt der Berg Christenberg (vier Stunden von Marburg), und zweihundert Schritt von der Kirche weisen die Leute noch heutigentags einen Fußtritt im Stein, der von Bonifatius herrührt, als er vor heiligem Eifer auf den Boden stampfte. Wie er nach Thüringen kam, ließ er zu Großvargula eine Kirche bauen, die er selbst einweihen sollte. Da steckte er seinen dürren Stab in die Erde, trat in die Kirche und las die Messe; nach vollbrachtem Gottesdienst hatte der Stab gegrünt und Sprossen getrieben. (155)

Der heilige Bonifatius. Kupferstich 1685

König Grünewald erobert den Christenberg

Auf dem Christenberg, im Burgwald, stand vor alters ein Schloß, darin wohnte ein König mit seiner einzigen Tochter, auf die er gar viel hielt und die wunderbare Gaben besaß. Nun kam einmal sein Feind, ein König, der hieß Grünewald, und belagerte ihn in seinem Schloß. Die Belagerung dauerte lange und der König wäre fast verzweifelt, hätte die Jungfrau ihm nicht immer neuen Mut zugesprochen. Das dauerte bis zum Maitag; da sah die Königstochter, früh morgens wie der Tag anbrach, das feindliche Heer mit grünen Zweigen den Schloßberg heraufkommen und es wurde ihr angst und bange, denn nun wußte sie, daß alles verloren war, und sprach zum Vater:

Vater, gebt Euch gefangen,
Der grüne Wald kommt gegangen!

Darauf schickte sie ihr Vater ins Lager des Königs Grünewald, bei dem sie ausmachte, daß sie selbst freien Abzug haben sollte und noch dazu mitnehmen dürfte, was sie auf einen Esel packen könnte. Da nahm sie ihren eignen Vater, packte ihn darauf nebst ihren besten Schätzen und zog vom Schloß weg. Als sie eine gute Strecke gegangen war, sprach sie: »Hier woll mer ruhn!« Daher hat das Dorf »Wollmer« den Namen, das dort liegt. Bald zogen sie weiter durch Wildnisse und Berge, bis sie endlich in eine Ebene kamen. Da sagte die Königstochter: »Hier hats Feld!« Und da blieben sie und bauten sich ein anderes Schloß, das sie »Hatzfeld« nannten. Davon sieht man noch heute die Überreste, und das Städtchen dabei nannte sich auch wie die Burg »Hatzfeld«.

Noch wird ein dem Christenberg naheliegendes Tal das »Hungertal« genannt, von dem vielen Elend während der Belagerung des Schlosses. Da, wo der Berg sich mit dem Hauptrücken des Burgwaldes verknüpft, ist er durch siebenfache Gräben und Wälle befestigt; südlich unter ihm aber liegt die Lüneburg und nordwestlich die Lützelburg, zwei Hügel, von denen der erstere noch deutliche Spuren ehemaliger Befestigung zeigt. (156)

Der Schneider von Hatzfeld

Zu der Zeit, als Doktor Luther gegen den Ablaßhandel aufgestanden war, lebte in Hatzfeld ein Schneider, der war gegen die gewöhnliche Schneidernatur ein wilder, boshafter, gefährlicher Mensch. Sein Beichtvater hatte ihm, weil er nicht gehörige Beichte und Buße tun wollte, die Absolution verweigert. Der Schneider aber wollte sie dem Beichtvater abtrotzen und überlief ihn einmal um das andere mit bösen und groben Worten. Doch der Geistliche ließ sich nicht irremachen, sondern wusch ihm nur um so derber den Kopf. Da wurde schließlich der Schneider so wütend, daß er sich an dem Geistlichen vergriff und ihn totschlug. Man tat ihn sofort in den Bann und fahndete nach ihm, um ihn dem Henker zu überliefern, und er mußte landflüchtig werden. Er wußte sich aber zu helfen; er zog nach Rom und log daselbst, er habe zwei Menschen erschlagen, begehrte Ablaß, und erhielt ihn auch, da er reichlich Geld zahlte. Wer konnte auch in Rom wissen oder sich darum bekümmern, wie die Sache eigentlich stand. Nun ließ er sich sicheres Geleit geben und kam, bewaffnet mit seinen zwei Ablaßbriefen, guten Muts in die Heimat zurück. Niemand wagte ihn anzugreifen. Damit aber noch nicht genug, er prahlte, er habe noch einen Ablaßbrief zugute, und so dürfe und werde er ehestens noch einen totschlagen, und zwar zunächst wieder einen Pfaffen, sowie ihn einer nur verkehrt ansähe oder ihm ein ungerades Wort sage. Und so mußten nicht allein alle Nachbarn, sondern zumal alle schutzlosen und wehrlosen Dorfpriester um Biedenkopf und Battenberg in beständiger Angst vor diesem Wüterich sein und wohl gar durch Geld sich seine Gunst erkaufen. Der Schneider von Hatzfeld wurde der Schrecken der ganzen Gegend.
Das dauerte mehrere Jahre, bis die Reformation nach Hessen kam, die von Geistlichen und Laien mit großem Eifer angenommen wurde. Da galten seine Ablaßbriefe nichts mehr und er war seines Lebens nicht mehr sicher. So machte er sich zum zweiten Mal aus dem Staube, und man hat nachher nichts wieder von ihm gehört. (157)

Die Glocke läutet von selbst

Zu der Zeit, da Philipp der Großmütige die Reformation in Hessen einführte, vertauschten auch die Bürger von Frankenberg den alten Glauben mit dem neuen, helleren und freudigeren, den der Wittenberger Doktor

Martin Luther gelehrt hatte. Das nahmen ihnen besonders ihre Nachbarn im kölnischen Sauerland übel, denn diese waren katholisch geblieben und machten sich eines Tages auf, Frankenberg zu erobern und zu zerstören. Die Frankenberger lebten just damals mit aller Welt im tiefsten Frieden und ahnten das Schicksal nicht, welches ihnen bevorstand. Sie hatten zwar ihre Mauern und Türme mit Wächtern besetzt, denn so war es vom Landgrafen allen Städten anbefohlen worden, aber auch den Wächtern fiel es im Traum nicht ein, daß ihnen die Gefahr so nahe sein könnte. So kamen die Feinde um 9 Uhr abends unbemerkt vor der Stadt an und trafen ihre Vorkehrungen zu einem Überfall. Da ertönte urplötzlich der Sturmglocke furchtbarer Hall und rief die sorglosen Bürger zur Wehr. Niemand war der Glocke nahegekommen, sie hatte sich ganz von selbst in Schwung gebracht. Die Feinde, als sie das Gestürme hörten, glaubten sich verraten und machten sich eilig auf den Rückzug.
Trotz ihrer Wächter wäre die Stadt verloren gewesen, hätte nicht im Augenblick der höchsten Gefahr die tote Glocke ihren metallenen Mund aufgetan. Noch heute wird mit derselben, zur Erinnerung daran, jeden Abend um 9 Uhr geläutet. (158)

Die Frau unter den Wichtelmännchen

Es ist noch gar nicht lange her, daß in Frankenberg eine Kinderfrau lebte, die viel wunderliche Dinge von den Wichtelmännchen zu erzählen wußte, denn sie hatte einmal ganze acht Tage unter ihnen zugebracht und ihr Tun und Treiben ihnen abgemerkt. In einer dunklen Nacht nämlich, da alle Nachbarn schon in tiefem Schlummer lagen, war die Frau durch ein starkes Klopfen an der Haustür geweckt worden. Sie sprang auf und lugte durchs Fenster, sah aber nichts als eine Laterne vor dem Haus. Da rief eine Stimme hinauf: »Werft Eure Kleider über und kommt mit mir; eine Frau harrt Eures Dienstes!« Die Kinderfrau tat wie ihr geheißen, ging hinunter und folgte der Laterne, die schon eine Ecke voraus war, zweifelnden Schrittes nach, denn es kam ihr doch höchst seltsam vor, daß sie nur die Laterne sah und nicht den Menschen, der sie trug. So ging es durch mehrere Gassen, dann zum Klostertor hinaus und noch eine gute Strecke ins Freie; da blieb das Licht endlich stehn, es öffnete sich eine verborgene Falltür und viele Stufen führten in die Tiefe. Mit Zittern und Gebet folgte die Kinderfrau ihrem rätselhaften Führer und es währte nicht lange, so befand sie sich in einem hellen geräumigen Gemach mitten unter Wichtel-

Frankenberg um 1580. Kupferstich aus Braun-Hogenberg

männchen, die sie freundlich willkommen hießen. Ehe sie Zeit hatte, sich von ihrem Staunen zu erholen, trat aber schon eins der kleinen Männchen zu ihr heran und forderte sie auf, ihm zu der Frau zu folgen, um derentwillen sie gerufen worden war. Bald darauf kam denn auch ein ganz kleines niedliches Wichtelmännchen zur Welt und da sich Mutter und Kind wohlbefanden und alles gut von statten gegangen war, so hoffte die Kinderfrau am Morgen wieder zu den ihrigen zurückkehren zu können. Daraus wurde aber nichts; die Wichtelmännchen wollten sie durchaus nicht gehen lassen, bewirteten sie einen Tag besser wie den andern, und ließen's ihr an nichts fehlen.

Während dieser Zeit gingen die Wichtelmännchen oft fort und kehrten nicht wieder, ohne mit allerlei schönen Sachen beladen zu sein. Ehe sie weggingen, benetzten sie jedesmal ihre Augen mit einer Flüssigkeit, welche sie in einem Glas aufbewahrten. Der Alten war das nicht entgangen, und als einmal das kleine Volk wieder ausgezogen war, suchte und fand sie das Glas und tupfte ein wenig von dem Inhalt auf ihr rechtes Auge.

Acht Tage waren inzwischen vergangen und die Wichtelmännchen widerstanden nun nicht länger mehr den Bitten der alten Frau; sie erlaubten ihr, sobald es dunkel wäre, heimzukehren: »Den Kehrdreck, der hinter der

Tür liege, möge sie als Belohnung mitnehmen!« Sie war klug genug, das unscheinbare Geschenk nicht zu verschmähen, raffte den Kehrdreck in ihre Schürze und folgte guten Mutes der Laterne, die ihr, wie vor acht Tagen, von unsichtbarer Hand vorausgetragen ward. Nach einer halben Stunde langte sie wohlbehalten zu Hause an, zur großen Verwunderung ihres Mannes, der sich in den acht Tagen fast den Kopf zerbrochen hatte vor lauter Gedanken über ihr Ausbleiben. Nun erzählte sie ihm, wie das alles gekommen war und schüttete zum Schluß den Kehrdreck, den sie noch in der Schürze trug, vor ihn hin auf den Tisch. Ach, wie bebten da die Herzen der beiden Alten vor Freude! Wie blinzelten ihre Augen und wie schwiegen sie so still, als fürchteten sie durch ein lautes Wörtchen, durch einen Jubelschrei das, was sie so entzückte, wieder wie ein eitles Traumbild verschwinden zu sehen! Endlich aber lösten sich ihre Zungen; ihr Staunen ging in Worte über und jetzt sahen sie, daß es kein Traum, daß es die bare Wirklichkeit war: – ein Haufen von schimmernden Goldstücken lag auf dem Tisch!

Nach einiger Zeit war Jahrmarkt in Frankenberg. Die Kinderfrau, die nun so plötzlich reich geworden, ging zwischen den Krambuden umher, sah und kaufte mancherlei. Auf einmal bemerkte sie im Gedränge hier und dort zerstreut die Wichtelmännchen, wie sie ungesehen mit großer Geschicklichkeit die Tische und Läden plünderten. Und das sah sie mit dem rechten Auge, welches sie damals, als sie in der Wichtelwohnung war, mit jener Flüssigkeit benetzt hatte. Sie konnte es nicht über sich gewinnen, die kleinen Diebe unangeredet gehen zu lassen und sprach: »Ei, was macht ihr da für Sachen?« Die Wichtelmännchen erkannten sie wohl und fragten: »Mit welchem Auge siehst du uns?« Sie antwortete: »Mit dem rechten.« Da bliesen sie ihr in dasselbe und im Augenblick fiel es wie schwarze Nacht darüber. Sie sah die Wichtelmännchen nie wieder und blieb ihr Leben lang auf dem rechten Auge blind. (159)

Die Totenhöhe

Bei Frankenberg liegt eine Hochebene, die Totenhöhe genannt. In grauer Vorzeit wurde hier eine Schlacht geschlagen und an dem jedesmaligen Jahrestag erheben sich in der Nacht die Gefallenen und wiederholen von neuem das blutige Spiel. Als einst in einer Winternacht Holzhauer über die Höhe gehen wollten, sahen sie die Geisterschlacht; ganze Scharen von

Bewaffneten zu Roß und zu Fuß kämpften in wildem Streit, daß dumpf der Boden davon dröhnte. Da ergriff sie Schrecken und Angst und ihre Äxte wegwerfend, eilten sie zu ihrer heimischen Hütte zurück. Als sie des Morgens wiederkamen, ihre Äxte zu suchen, sahen sie nichts als ihre eigenen Fußtritte im Schnee. (160)

Der Schwedengeneral

Auf der Totenhöhe bei Frankenberg zeigt man noch einen Stein, unter welchem ein schwedischer General, der hier in einer Schlacht im Dreißigjährigen Krieg sein Leben verlor, begraben liegen soll. Alle sieben Jahre steigt er aus seinem Grab, schwingt sich auf sein hohes braunes Roß und umreitet den Berg. Er trägt ein kurzes Wams, hohe Stiefel, Fechthandschuhe und einen großen Hut mit wallendem Federbusch und an der Linken ein langes Schlachtschwert. So wollen ihn die Leute in der Gegend dort oft gesehen haben. (161)

Frankenberg um 1620. Kupferstich (Politisches Schatzkästlein I 5/14, 1625)

Hessenstein an der Eder. Kupferstich (Politisches Schatzkästlein II 7/21, 1631)

Der Leichenzug

In einem Dorf bei Frankenberg, das vor langen Jahren im Krieg zerstört und nicht wieder aufgebaut worden ist, war einmal große Not; der Feind war in der Nähe und die Bauern fürchteten all' ihre Habe zu verlieren. Nun stand eben zu der Zeit ein Toter über Erde. Da verfielen sie auf den Gedanken, alles, was sie an Geld und wertvollen Sachen besäßen, in den Sarg zu tun und den in einer Prozession nach dem Kirchhof zu tragen. Gedacht, getan! Der Pfarrer stellte sich an die Spitze und die Bauern folgten dem Sarg, als ob sie einen verstorbenen Nachbarn zu Grabe trügen. Der Feind ließ den Zug ungehindert vorüber; als er auf dem Kirchhof anlangte, sprach der Pfarrer das Gebet und die Träger versenkten den Sarg in das Grab, das für den Toten bestimmt war. Das Dorf wurde zerstört, doch die Bauern hatten ihren Schatz gerettet.

Für diese Entweihung des Grabes läßt die Sage aber die Bauern schwer büßen, denn der Leichenzug, wie er damals war, begegnete seitdem manchem Wanderer, der bei Nacht an der wüsten Stätte des Dorfes vorüberkam. (162)

Ruine Hollende im Lützlergebirge

Eine Stunde nordwestlich von Warzenbach befinden sich am Nordabhang der Koppe die Ruinen der Burg Hollende. Auf dieser Burg wohnte im 11. und 12. Jahrhundert das mächtige althessische Grafengeschlecht der Gisonen. Graf Giso IV. erbte 1121 durch seine Gemahlin von Werner von Grüningen die Grafschaft Gudensberg, und seine Tochter Hedwig vererbte 1123 seinen ganzen Besitz an den Grafen Ludwig von der Wartburg. Dadurch kam Hessen an Thüringen, mit dem es bis 1247 verbunden war. Im engen Wiesengrund, der sich am Fuß des Burgberges von Hollende hinzieht, befand sich einst ein tiefer Brunnen. Der letzte Ritter der Hollende lebte mit seinen ritterlichen Nachbarn in steter Fehde. Er war ein steinreicher, habgieriger Kauz. Lüstern nach seinen Schätzen, bestürmten die Feinde seine Burg, drangen durch das zerbrochene Tor und dachten den alten Fuchs in der Falle zu haben. Er war aber durch ein geheimes Pförtchen rechtzeitig entschlüpft und mit seinen Schätzen den Berg hinabgelaufen. Unten schwang er sich auf ein Pferd, das auf der Wiese weidete, und dachte sich auf ihm mit seinem Schatz zu retten. Doch die Feinde hatten ihn bemerkt, jagten hinter ihm her und hatten ihn bald eingeholt. Zähneknirschend stand er ein Weilchen unschlüssig. Aber er will sein Geld nicht lassen, und mit verzweiflungsvollem Aufschrei stürzt er sich samt den Schätzen in den unergründlich tiefen Brunnen hinein. Darin ist er noch jetzt und hütet seinen Schatz. Sonntagskinder haben ihn unten gesehen. Schwer gepanzert von Kopf bis zu Fuß, schaut er mit glühenden Augen unverwandt auf sein gleißendes Gold. Bauern haben wiederholt versucht, den Schatz zu heben. Es leuchtete und flimmerte ihnen ganz nahe an der Oberfläche des Wassers entgegen. Sobald sie aber gierig die Hand danach ausstreckten, sank die ganze Herrlichkeit in die Tiefe zurück. Ein schwacher Born ist noch heute an jener Stelle, er heißt der Geldborn.

In geweihten Nächten wandelt ein Ritterfräulein durch die Wiesen des Auetälchens bei der Hollende und streut Schlüssel und Weizenkörner aus. Zwei Mäher fanden solche einst in früher Morgenstunde, und sie sahen auch das Fräulein, das rasch im Waldesdunkel verschwand. Der eine Mäher, ein leichter, lustiger Gesell, warf spottend die rostigen Schlüssel und dürren Weizenkörner in den Bach; der andere aber, eine ernste, sinnige Natur, trug die seinigen heim und legte sie in seine Truhe. Als er diese am andern Morgen öffnete, blinkte es ihm wie eitel Gold entgegen, und als er näher zusah, fand er wirklich goldene Schlüssel und goldene Weizenkörner. Er wurde der reichste Mann im Land. Später haben noch viele Leute, die auch gern reich sein wollten, dort nach Schätzen gesucht; doch ist ihnen nie das Edelfräulein erschienen. (163)

Das Aarnest

Das Aarnest, ein hoher bewaldeter Berg im Lützlergebirge, gehörte in alten Zeiten der Gemeinde Engelbach. Einmal schossen die Engelbacher da droben in ihrem Gemeindewalde einen Adler. Es war ein großer, prachtvoller Vogel, wie sie noch keinen gesehen hatten, und sie beschlossen, ihn ihrem Landesherrn zum Geschenk zu machen. Sie schickten ihn also durch die angesehensten Dorfbewohner dem Landgrafen nach Darmstadt und ließen sagen, der Adler sei hoch oben auf dem waldigen Aarnest geschossen worden. Der Landgraf, der ein gewaltiger Jäger war, hätte gern die gute Jagd am Aarnest gehabt. Mit der unschuldigsten Miene von der Welt sagte er daher freundlich zu den Abgeordneten des Dorfes: »Euer Aar macht mir viel Freude; schenkt mir auch das Nest dazu.« Das könne er haben, meinten die glückstrahlenden Bauersleute. »Brav, liebe Leute«, rief der Fürst, »den Aar habt ihr mir geschenkt, das Nest dazu; das Aarnest ist also fortan mein.« Laut lachte er und mit ihm seine Hofleute. Die verdutzten Bauern zogen kleinmütig ab und wurden daheim wegen der seltsamen Schenkung nicht wohl empfangen. Aber die Sache ließ sich nicht ändern. Seitdem ist das Aarnest herrschaftlich. (164)

Sichere Schützen im Hinterland

Wilderer waren von jeher gefürchtete Leute und an ihnen hat es dem hessischen Hinterland nie gefehlt. Besonders in den ersten Jahrzehnten des vorigen Jahrhunderts war in dem westlichen Teil des Hinterlandes eine gefährliche Bande, die durch ihre Kühnheit wie Treffsicherheit im Schießen heute noch den Volksmund jener Gegend beschäftigt.
Die Herren von Wittgenstein hielten in ihren Waldungen an der Landesgrenze hinter Achenbach eines Tages Treibjagd. Beim Frühstück um einen Baumstock lagernd, auf dem die Schnapsflasche stand, war jeder der größte Held im Stellen und Fangen von Wilddieben. Letztere hörten den Großsprechereien unbemerkt aus nächster Nähe zu. Sie hielten den Augenblick für gekommen, diesen Herren ihre Anwesenheit zu bezeugen

Biedenkopf um 1620. Kupferstich (Politisches Schatzkästlein II 4/6, 1630)

und sie auseinanderzujagen. Durch den wohlgezielten Schuß eines Wilderers flog die Schnapsflasche aus dem Kreise der Jagdhelden in Scherben; die Herren selbst stieben vor Entsetzen und Schrecken nach allen Himmelsrichtungen hin und vergaßen das Fangen und Stellen der Wilddiebe für immer. (165)

Das Ourebrünnche bei Affhöllerbach

Kunndach, Herr Schullehrer! Sie kumme jo groad rähcht, wie geruffe! Awel (Eben) hott merr de Poschthoalter vunn Bräinschboch wirrer Order g'schickt, ehm 'n Hoas se schieße, weil Dammstärrer Herrn kumme wolle. Wann's ene Spaß mecht, kenne se hälfe. Mir daun äwer de Midoag glei fortgäihn, wammer allenfalls lang suchche mißte. Gäscht hawwe joh zwäin lang am Ourebrünnche rimgedanzt, heit wärrn sich äwer die Eser nett säh' losse, orrer häwe se sich wirrer vorrerscht gepullt, daß se kahn Deiwel dräffe konn. Mei Fra un Kinner gäihn joh a manchen Sunndoag mohl naus un wesche sich ganz un goar, daß se g'sund bleiwe solle. Ich konn nett rähcht droun glawe. No, wann ich äwer groad droun vebei gäih, battsch'l ich ah e bisje drin rim und denk: batts nix, so schatts nix. Manschmol häwich joh ahch geglabt, mei Ahgelicht wer davon ebbes besser worn. Sou ganz geheier isses iwrigens an dem Plätzche nett. Sou häwe gäscht die Sannersch Mariebärwel un meiner Dochder ihr Klani g'sähe, wie a feirischi Kuchel vunn de Haal riwer geflohe kumme is nach dem Oureqwellche un drowe an Kattestan isse verplatzt un die gonze Gäjend hot geroche devon. Mir wolles gäih losse; ich kennt joh noch vehl devon verzäihle. (166)

Die Wilhelmslinde in Dillenburg

Als in der Reformationszeit die Niederlande von den Spaniern unter Alba hart bedrängt wurden, sandten sie eine Abordnung nach Dillenburg zu Wilhelm von Oranien, der dort geboren und zu der Zeit auf dem Schloß bei seiner Mutter und seinen Brüdern war. Sie fanden ihn im Schloßhof unter einer Linde. Dort klagten sie ihm ihre Not und er gelobte ihnen Hilfe. Mit aller Macht wurde gerüstet. Seine Verwandten gaben alles, was sie an Gold und Silber hatten und aßen aus hölzernem und zinnernem Geschirr. Viele Westerwälder zogen damals mit in den Krieg und vergossen ihr Blut für die Freiheit der Niederlande. Der Lindenbaum, unter dem Wilhelm die Boten empfing, steht noch auf dem Schloßberg, unfern des 1875 erbauten Wilhelmsturmes, und wird Wilhelmslinde genannt. (167)

Dillenburg um 1650. Kupferstich von Matthaeus Merian

Der vergeßliche Graf

In Dillenburg war einmal vor vielen Jahren ein Mann der Hexerei beschuldigt worden. Der Graf wollte nicht recht daran glauben, aber das Volk wurde unruhig, so machte man dem Mann den Prozeß und verurteilte ihn zum Feuertod. Insgeheim aber befahl der Graf, man solle den Holzstoß zwar anbrennen, sobald man jedoch ein weißes Fähnchen vom Schloß herab winken sehe, wieder auslöschen. Die Richter hielten die Hinrichtung lange hin, als aber das Volk ungeduldig wurde, mußten sie doch den Befehl geben, den Scheiterhaufen anzuzünden. Die Flammen schlugen schon an dem Mann in die Höhe, da wehte auf einmal das Fähnchen aus dem Schloßfenster. Aber als man den Holzstoß auseinanderriß, fand man nur die verkohlte Leiche. Der Graf hatte zu der Stunde gerade ein Bankett gegeben und darüber sein Versprechen vergessen. Und als es ihm endlich einfiel, war es zu spät. Nun muß er jede Nacht auf einem schwarzen Roß den Weg vom Schloß nach dem Fluß, wo die Richtstätte war, reiten. Weder er noch das Roß haben einen Kopf. (168)

Sechshelden

Vom sonnigen Rhein zogen einmal sechs reisige Gesellen herauf, die gewaltige Fässer vor sich herrollten. Endlich machten sie halt, hieben in harten Steinen einen Keller aus und lagerten ihre Fässer dort. Dann setzten sie sich um Steintische und tranken kühlen Wein. Und das tun sie heute noch. Wenn aber ihre Gläser zusammenklingen, so dröhnen alle Felsen um Sechshelden. (169)

Der Hexenschmied von Hirzenhain

Als im Dreißigjährigen Kriege einstmals viel Reitervolk durch Hirzenhain zog, hatte der dortige Schmied, der sein Handwerk von Grund auf verstand und nebenbei noch mehr konnte als Brot essen, alle Hände voll zu tun. Die Kriegsleute waren mit seiner Arbeit stets zufrieden. Aber wenn er ein Pferd beschlagen hatte, sagten sie nicht einmal Dank, geschweige denn, daß sie gefragt hätten, wieviel die Eisen kosteten. Der Schmied

sprach bei sich selbst: »Wenn das so weitergeht, habe ich bald keine Kohlen und kein Eisen mehr; aber auch keinen Batzen Geld.«
Am Tag darauf fanden sich wiederum zwei Reitersmänner ein, ließen ihre Pferde beschlagen und ritten wieder ohne Abschied davon. Auf dem Wege nach Dillenburg kamen sie an ein Wasser; aber die Pferde waren nicht zu bewegen, den Bach zu beschreiten, sondern liefen wie wild am Ufer auf und ab, bis sie ihre Hufeisen verloren hatten. Die Reiter kamen nun wieder zum Schmied nach Hirzenhain, ließen von neuem Eisen aufschlagen und vergaßen diesmal auch nicht, den Schmied für seine Arbeit zu entlohnen. Ehe sie wieder fortritten, winkte ihnen der Lehrjunge und sagte heimlich zu ihnen: »Wißt ihr auch, warum ihr nicht über das Wasser gekommen seid? Wenn ihr gleich bezahlt hättet, so könntet ihr jetzt schon in Dillenburg sein!« (170)

Herborn

Herborn hat seinen Namen von einem Born, der am Weg nach Uckersdorf rechts vom Johannisberg liegt. Eine Frau aus Uckersdorf, die schon lange krank war, hat ihn entdeckt, als sie einst auf dem Weg nach Hause war und vor Müdigkeit und Durst kaum weiter konnte. Das Wasser löschte ihr nicht nur den Durst, ihre Schmerzen ließen nach, es gab ihr frische Kraft.

Herborn um 1600. Kupferstich nach Zeichnung von Wilhelm Dilich

Und lange war ihr der Weg nach Hause nicht so leicht gefallen. Seitdem trank sie jedesmal aus dem Born, wenn sie des Weges kam, und wurde zuletzt wieder ganz gesund. Das erzählte sie ihren Nachbarn und bald wallfahrteten viele Kranke nach dem Quell und man hieß ihn den Guten Born. Und seit auch die Herren von Dillenburg dahin kamen, nannte man ihn auch den Herrenborn. Und danach bekam die Stadt, die dort entstand, den Namen Herborn. (171)

Die Zehntengarben

In der Nähe des Weges von Hartenfels nach Maxsain liegt in dichtem Gesträuch am Waldesrand eine zwei Meter hohe aus dem Boden hervorgewachsene Gruppe von Säulenbasalten, von den Leuten die Zehntengarben genannt.
Die Einwohner von Hartenfels waren ihrem Schutzherrn zehntenpflichtig. Alljährlich, wenn die Halmfrüchte geschnitten und die Garben gebunden waren, ging der Zehntenerheber durch die Fluren und stellte die Zehntengarben heraus, die dann in die Zehntenscheuer gefahren wurden. Kein Bauer durfte seine Ernte einholen, bevor die Zehntengarben ausgehoben waren. Einst hatte ein Bauer dieses Gebot übertreten, alle Garben aufgeladen und war davongefahren. Der Zehntenerheber hatte jedoch aus der Ferne den Dieb beobachtet und eilte ihm nach, der seinerseits wiederum die Pferde zum Laufen antrieb. Doch das Schicksal ereilte ihn bald; auf dem holperigen Weg schlug der vollbeladene Erntewagen um, und nun konnte der diebische Bauer seinem Verfolger nicht mehr entkommen. Über sein Ungeschick geriet der Mann in hellen Zorn und rief dem Erheber fluchend entgegen: »Wenn du doch zu Stein würdest!« Doch die Verwünschung traf den Flucher selbst. Kaum war seiner Zunge das letzte Wort entflogen, als Totenstille eintrat. Der Zehntenerheber fand nur noch einen Haufen versteinerter Garben und daneben den mit seinen Pferden halb in die Erde eingesunkenen regungslosen Bauern als Basaltsteine. (172)

Die Zerstörung der Dornburg

In grauer Zeit stand auf dem Westerwald die blühende, von Dorngestrüpp umgebene Stadt Dornburg. Aus dem leise rauschenden Brunnen, der dort aus dem Basaltfelsen quillt, klingt es wie fernes Wehklagen: das ist der Geist der Hildegard, die Vaterhaus und Stadt an den Feind verriet.

Dornburgs Bürger waren arbeitsam und treu. Aus weiter Ferne brachten die Kaufleute hohen Gewinn heim; aber oft wurden sie von Raubrittern verfolgt und überfallen, wobei es heißen Kampf absetzte. Bei einem solchen Strauß wurden einmal drei Ritter gefangengenommen und im Jubelzug in die Stadt geleitet, der listige Georg von Molsberg, der trotzigwilde Emich von Ellar und Rupert von Ellar. Letzterer war der Freund der schönen Bürgermeisterstochter Hildegard, und als sie ihn sah, erfüllte tiefes Mitleid ihr Herz.

Oft war Rupert von seiner Burg herüber nach Dornburg geritten und im Bürgermeisterhaus gastlich empfangen worden. Nun saß er im tiefen Turmverlies, bis hohes Lösegeld für ihn gezahlt würde. Aber die Ritter der Umgegend zogen zur Befreiung der Gefangenen heran, und der Kampf dauerte zwei Monate. Am Christabend rüsteten die Feinde zur Feier in ihrer Familie und ließen nur einen Teil zur Bewachung zurück. Die Einwohner der Stadt atmeten auf; aber in Hildegard entstand ein schlimmer Plan. Ihre Gedanken waren stets bei dem Geliebten im Turm. Nun gab es einen geheimen Gang, auf dem man unter der Erde vor die Stadt nach dem Kirchlein St. Blasius gelangen konnte. Ein wilder Wahn erfaßte sie und in lodernder Leidenschaft stürzte sie auf unterirdischem Weg zur Blasiuskirche hinaus und verriet den Feinden den Weg in die Stadt. Dann eilte sie wieder zurück zur Kapelle, wo eine Ohnmacht sie lange umfangenhielt.

Alles war in Dornburg zur Kirche geeilt, um die Christnacht zu feiern. Da zog der Feind auf dem unterirdischen Pfad in die Stadt. Plötzlicher Waffenlärm ertönte, Brandfackeln wurden in Kirche und Häuser geschleudert, die Menschen niedergeschlagen und keine Gnade gewährt. Hildegard erwachte aus tiefer Ohnmacht, sah das Feuermeer, hörte das Jammern der Menschen und das Krachen der sinkenden Gebäude – der Wahnsinn erfaßte sie, und mit lautem Schrei stürzte sie sich in den Brunnen. Die schöne blühende Stadt ist nicht mehr; die Feinde haben sie bis auf den Boden zerstört, und nur Steingeröll bezeichnet die Stätte, wo sie früher gestanden hat. Aber der Schatten Hildegards schwebt noch manchmal über den Trümmern. (173)

Marburg

Marburg

Viele halten dafür, daß die Hessischen Völker, Mattiaci genannt, diesen Ort im Jahr 2720 nach Erschaffung der Welt sollen erbaut und nach ihrem Namen Mattium genannt haben, so daß aus dem Wort Mattium Matburg, hernach Marburg entsprungen sei. Wiewohl der Mattiacorum Haupt-

Marburg um 1550. Kupferstich aus: Sebastian Münster, Cosmographia

Flecken Mattium an dem Ort, wo jetzt das Dorf Metz, im Amt Gudensberg liegend, gewesen sein soll. Einige sagen, es sei vor diesem nur hier ein Meyerhof gewesen, und als hernach eine Burg dazu gebaut worden, sei sie Mayrburg geheißen, was in den alten Handschriften Maerburg geschrieben würde. Noch andere vermeinen, weil der Ort an der Mark und den Grenzen des Landes zum Westerwald gelegen, daß es so viel heiße wie Markburg – und diese von Markgraf Otto, Graf Ludwigs des Ersten zu Thüringen und Hessen Sohn, im Jahr 1065 erbaut sein soll. (174)

Wie die Heilige Elisabeth nach Marburg kam

Als Landgraf Ludwig auf der Fahrt in das Heilige Land gestorben war, da vergaßen seine Räte und Edlen ihre Treue und Eide, die sie dem fromen Fürsten getan hatten, und rieten dem Landgrafen Heinrich, daß er die Lande behalten solle und seines Bruders Weib, die heilige Elisabeth mit ihren Kindern daraus vertreiben. Der Fürst war jung und ließ sich dazu bereden, und die Edlen verstießen Sankt Elisabeth schmählich aus dem Schloß Wartburg und von allem ihrem Gut. Hernach aber, als des Landgrafen Ludwig Gebeine in das Land gebracht und begraben waren, da gingen die Herren und Ritter, die das Gebein gebracht hatten, zu dem jungen Landgrafen Heinrich. Und Herr Rudolf von Vargula der Schenk führte so scharfe Rede wider das Unrecht, das St. Elisabeth geschehen war, daß Landgraf Heinrich bitterlich weinte und es ihm von Grund seines Herzens leid war; und er nahm Elisabeth gar liebreich wieder zu sich und tat ihr alles Gute, was er nur konnte.
Elisabeth aber entsagte aller Welt, Eltern, Kindern und Freunden. Und als Landgraf Heinrich sah, daß sie sich ganz Gott ergab und nicht bei ihm bleiben wollte, da gab er ihr ihre Morgengabe und eine gute Summe Geldes. So zog sie aus Thüringen und folgte dem Meister Konrad, den ihr der Papst zu einem Seelsorger bestellt hatte, nach Marburg in Hessen. Als sie aber nach Marburg kam, konnte sie da keine bequeme Wohnung bekommen, weil etliche Edle, die dort Gewalt hatten, ihr abgünstig waren. Andere erzählen dagegen, es sei ihr in Marburg so viel Ehre erwiesen worden, daß sie es nicht habe vertragen mögen. Darum zog sie auf ein Dorf, nahe bei der Stadt, das hieß Wehrda. Da kam sie in einen wüsten Hof, das Dach und die Wände des Hauses waren zerbrochen. Da mußte sie ihre Lagerstätte nehmen unter einer Treppe, und litt viel Ungemach von Rauch, Hit-

ze, Regen und Wind. Derweil wurde ihr zu Marburg eine kleine Wohnung hergerichtet, aus Lehm und Holz, da zog sie mit ihrem Gesinde hinein in großer Geduld und Demut. Nun war dort eine kleine Kirche mit einem Konvent, darin wohnten drei oder vier Barfüßerbrüder. Bei dem Klösterchen baute sie ein Spital für die armen kranken Leute, und empfing von ihrem Beichtvater Konrad ein graues Kleid, und mit ihr eine ihrer Dienstjungfräulein, genannt Jutta. In dem Spital diente sie den armen Kranken mit Fleiß, badete sie, bettete sie und tat auch an den Aussätzigen, Grinden und Unreinen alle Werke der Barmherzigkeit unverdrossen. Einst, als sie die Kranken speiste und wusch, sprach sie zu ihren Dienstmägden: »O wie wohl ist uns, daß wir unsern Herrn Jesum waschen, baden, speisen und tränken!« Da antwortete eine: »Frau, Euch ist wohl, aber ob den andern wohl sei, das weiß ich nicht.« (175)

Elisabeth hilft den Kranken. Holzschnitt aus: Dietrich von Thüringen, Chronica Sankt Elisabeth. Erfurt 1520

Wohin die Kirche gebaut werden soll

Als die heilige Elisabeth zu dem Entschluß gekommen, in Marburg eine Kirche zu bauen, war sie lange über den Standort im Zweifel. Zuerst hatte sie einen hohen Berg über der Stadt, der deshalb auch noch heute die »Kirchspitze« heißt, und von dessen Gipfel man weithin die schöne Gegend überschauen kann, dazu ausersehen. Doch gab sie diesen Plan bald wieder auf, und da sich ihr in oder nahe bei Marburg eben kein geschickter Platz darbot, so ward sie endlich mit sich eins, dem höchsten Herrn die Wahl selbst zu überlassen. Sie wollte die Kirchspitze ersteigen, einen großen Stein von oben hinabrollen und dahin die Kirche bauen lassen, wo der Stein liegenbleiben würde. Und so geschah's. Der Stein kollerte schnell und immer schneller in einem großen Bogen zu Tal, dem Ufer der Lahn zu, bis er in einem Sumpf steckenblieb. Elisabeth erlebte zwar den Beginn des Baues nicht mehr, doch wurde die Kirche später an dieselbe Stelle hingesetzt, wo der Stein lag. Zahllose Baumstämme mußten zuvor in den Moorgrund eingerammt werden, ehe man die Gewölbe der Kirche darüber bauen konnte.
Als die Elisabeth-Kirche gebaut wurde, stand es den Arbeitern frei, ihren Lohn in Geld oder Korn zu nehmen. Drei Heller galten gleich einer Metze Korn, und sie nahmen doch lieber die drei Heller. (176)

Der Elisabeth-Brunnen

Eine Stunde von Marburg quillt unter einem zierlichen, von Bäumen beschatteten Gewölbe der »Schröckerbrunnen«, auch »Elisabether Brunner« genannt, welcher sehr häufig von Marburg aus besucht wird. Der Sage nach ging die heilige Elisabeth oft dahin, um in der Einsamkeit zu beten und um in dem klaren Wasser des Quells ihr Weißzeug zu waschen; wenn es rein gewaschen war, warf sie es nur in die Luft, da blieb es sogleich auf den Sonnenstrahlen hängen. Lange gingen seitdem die Frauen und Mägde aus den nahen Dörfern hierher, um zur Pfingstzeit gleichfalls ihr Weißzeug am Schröckerbrunnen zu waschen, und das taten sie noch vor etwa 50 Jahren, denn ohne Seife wäscht, so sagen sie, das Wasser dieses Brunnens rein.

Einmal begegnete der heiligen Elisabeth ein Verbrecher, der zur Richtstätte geführt werden sollte. Einige Leute, die gerade vorüberkamen, bedauerten den Verbrecher; doch Elisabeth sagte: »Er wird es verdient haben.« Und alsbald fiel alle ihre Wäsche aus der Luft. (177)

Die heilige Elisabeth. Holzschnitt von Hans Burgkmair um 1520

Das runde Bäumchen

Auf dem Lahnberg, am Weg zum Elisabethen-Brunnen, steht eine kleine uralte Buche, »das runde Bäumchen« genannt. Zur Zeit der heiligen Elisabeth haben die Landleute unter diesem Baum getanzt; wie noch immer eine Spur davon sichtbar ist. Und die Fürstin ließ den Baum jederzeit in rundem Schnitt halten. Obwohl die Heilige nun schon so lange gestorben, sprossen die Zweige doch nimmer über jenen alten Umfang hinaus. Der Plan rings um den Stamm blieb offen, auch ohne weitere Pflege. (178)

Marburger Nixe

Im Oktober 1615 will man zu Marburg bei der Elisabethermühle auf der Lahn eine Wassernixe gesehen haben. Es soll eine schlangenartige Gestalt gewesen sein, deren Körper dünn, vom Wasser gebildet und vielfarbig war und Bewegung und Empfindung hatte. Wenn ihr Gefahr gedroht, habe sie sich in die Tiefe gesenkt. Sie bedeute nichts Böses, sagte man damals, und schade niemand; drum möge man sie ungestört auf ihre Weise ihr Wesen treiben lassen; wer sie beunruhige, werde dafür büßen müssen.
Der Chronist Winkelmann vermerkt: Was sich im Jahr 1615 vom 15. bis 17. Oktober zu Marburg bei St. Elisabethen-Kirche in der Löhn für ein Wundertier hat sehen lassen, das besieh in Olaus Worms »Monumenta Danica«. Auch weiß man aus langer Erfahrung, daß die Löhn gemeiniglich alle Jahr jemanden zu sich raffet. (179)

Die Jungfrau auf dem Frauenberg

In Marburg lebte früher ein Bäcker, der an den Armen viel Gutes tat. Einmal ging er frühmorgens über Feld, um Weizen aufzukaufen. Als er über den Frauenberg kam, ging eben die Sonne auf. Da sah er da eine weiße Jungfrau sitzen, die spann, und auf einem großen Tuch hatte sie Weizen zum Trocknen ausgelegt. Verwundert hob der Bäcker eine Handvoll von dem Weizen auf, besah ihn, steckte einige Körner in die Tasche und ging weiter. Als ihm nun im nächsten Dorf die Bauern Weizen anboten, gefiel derselbe ihm nicht, und er sagte: »Ich habe schöneren heute gesehen.« Er

Marburg um 1620. Kupferstich (Politisches Schatzkästlein I 1/34, 1625)

wollte ihnen nun die Probe zeigen, die er vom Frauenberg mitgebracht hatte. Aber wie er in die Tasche griff, waren statt Weizenkörner lauter Goldkörner darin. Schnell ging er nach dem Frauenberg zurück, um noch mehr Weizen zu holen. Aber nun war alles verschwunden. (180)

Die Ketzerverfolgung

Als im Land viel neue Lehre sich erhob gegen des Papstes Gewalt, da befahl der Papst dem Meister Konrad von Marburg, diese Ketzerei zu vertreiben und auszurotten. Dabei verfuhren die geistlichen Richter sehr unbedachtsam und eilfertig. Wer um vermeinter Ketzerei willen, auch oft aus bloßem Argwohn, bei ihnen angegeben wurde und noch nicht geständig war, der mußte ein glühendes Eisen neun Schritt weit tragen oder über neun glühende Pflüge schreiten. Bestand er die Probe nicht, so wurde er der Ketzerei schuldig erkannt und auf dem Scheiterhaufen gerichtet. So wurden allein in Marburg etwa achtzig Menschen verbrannt, und daher heißt auch eine Straße dort noch heute die Ketzerbach. Über diese Verfolgungen entstand großer Unwille im Land.
Einst sollten auch einige Ketzer aus der Gegend von Lengsberg und Momberg vor das Gericht geliefert werden. Der Zug ging über Etzgerode und Speckswinkel zunächst auf Kirchhain zu. Voran schritt ein Bote Konrads, auch ein Priester, der die Ketzer hatte gefangennehmen lassen, und

sie nun dem Gericht überantworten wollte. Dabei verspottete er die Gefangenen unterwegs und sang und jubilierte vor Freude über das, was mit ihnen geschehen würde. Das hörte schon von weitem der Herr von Etzgerode, der war gerade in seinem schönen Berggarten, dessen Hecke an die Straße stieß. Er erkannte gleich, was das bedeutete, und der Übermut des Priesters verdroß ihn. Er griff nach seiner Armbrust und legte einen scharfen Pfeil darauf. Als der Priester nahe genug gekommen war, schoß er und traf so gut, daß der Gehilfe des Meisters Konrad sogleich tot hinfiel. Nun rief er seine Knechte und befreite die Gefangenen, und die zogen mit großem Dank wieder heim. (181)

Collegium Marburgense um 1600. Kupferstich nach Zeichnung Wilhelm Dilich

Der Ameisentopf

Ein armer Handwerker in Marburg besaß einen Garten vor der Stadt in der Habichtstalgasse, nahe dem Finis- oder Venusloch. Eines Morgens war seine Frau frühzeitig aufgestanden, um im Garten zu arbeiten und hatte ihm gesagt, daß er gleich nachkommen und ihr helfen möchte; aber als sie fortging, hatte er sich noch einmal umgewendet und war wieder eingeschlafen. Als sie nun in die Nähe ihres Gartens kam, fand sie einen Topf, der, wie sich bei näherer Untersuchung zeigte, mit Ameisen gefüllt war.

»Wart«, sagte sie zu sich selbst, »das kommt mir eben recht; ich will dem Langschläfer einmal einen Possen spielen!« kehrte um und stellte den Topf, da ihr Mann noch immer schlief, unters Bett. Später, als sie nach getaner Arbeit wieder nach Hause kam, saß der Mann noch im Bett, das ganz mit Goldstücken übersät war. »Was sind das für Goldstücke?« fragte er seine Frau, die vor Verwunderung gar nicht wieder zu sich kommen konnte; sie dachte an die Ameisen und erzählte ihrem Mann den Streich. Wie sie den Topf unter dem Bett hervorzog, war von den Ameisen keine Spur mehr darin. (182)

Schatzgräberei am Frauenberg

Die Leute glauben, am Frauenberg bei Marburg liege ein großer Schatz verborgen. Einst verabredeten sich drei Männer aus Weidenhausen, ihn zu heben. Sie bedurften dazu aber einer Wünschelrute, das ist ein Haselstock, der wie eine Gabel ausläuft und am ersten Advent um Mitternacht auf der Landesgrenze gebrochen werden muß. Die drei Männer warteten also den Advent ab und verschafften sich dann zunächst den Zauberstab. Darauf gingen sie in einer Nacht nach dem Frauenberg und nahmen sich fest vor, daß keiner ein Wörtchen reden sollte, es möge kommen, was da wolle. Mit Hilfe der Wünschelrute fanden sie bald den Ort, wo sie zu suchen hatten, fingen an zu graben und stießen bald auf einen großen kupfernen Kessel. Der war aber so schwer, daß sie ihn nicht vollends aus der Erde heben konnten, obwohl sie alle drei zusammen anfaßten und mit aller Gewalt zogen. Sie machten das Loch ringsherum größer; aber es verging lange Zeit, ohne daß sie den Kessel merklich höher brachten. Auf einmal stand ein Hund unter ihnen, klein wie ein Teckel und noch ganz jung, daß er noch nicht beißen konnte, weil er noch keine Zähne hatte. Doch bellte und heulte er so schrecklich, daß den dreien die Haare zu Berge standen und einer in der Angst schon davonlaufen wollte. Wie das einer der beiden andern merkte, verlor er die Geduld; er vergaß das Stillschweigen, stieß einen Fluch aus und rief: »So greift doch zu und macht, daß wir fertig werden!« Kaum aber hatte er den Mund aufgetan, da tat es einen Krach, und der Kessel samt dem Hund war verschwunden. Später sind sie noch mehrmals hingegangen und haben nachgegraben; doch fanden sie den Ort gar nicht wieder, wo der Kessel gesteckt hatte. (183)

Ankündigung des großen Krieges

Im Jahr 1618 hatte ein Mann zu Schiffelbach, beim Städtchen Gemünden an der Wohra, seinem Jungen vier Mesten Korn zugestellt, sie aufs Pferd gelegt, ihn nachher nach Marburg geschickt: solche dort um zwei Gulden zu verkaufen.

Da nun dieser vor Marburg zum Dorf Wehrda kam, hat ein vornehmer, hochgewachsener Mann ihn angesprochen und gefragt, wie teuer er's geben solle; auch hat er ihn vermahnt, er solle eine Meste nicht um weniger als einen Weißpfennig hingeben, und ihm also gehorchen, bis er ihm weiteres sagen würde.

Der Junge hat also das Korn um vier Albus verkauft, diese in seinen Beutel getan, und sich wiederum nach Hause gewandt. Da ist ihm jener Mann an der gleichen Stätte wieder begegnet, und hat vom Jungen vernommen, daß er ihm gehorsam gewesen sei. Hat dann den Jungen geheißen, unter seinem linken Arm durchzusehen; da hat er viele Spieße und blutige Degen gesehen. Darauf geheißen, unterm rechten Arm durchzugucken, hat er viel Totengebein und Schädel erblickt. Nun hat der Mann geweissagt, es solle ein arges Blutvergießen und solches Sterben geschehen als es noch nie zuvor war.

Dann hat jener noch in des Jungen Geldbeutel geblasen, viel Geld beschert und geboten, er solle alles so seinem Herrn sagen und das Geld bringen. Der Junge ist an drittem Tag danach gestorben. (184)

Das Bäumchen schütteln

Im Jahr 1658 wurde in Marburg eine Hexe vor Gericht gezogen, die hatte in ihrem Keller ein Bäumchen stehen, wenn sie das schüttelte, fielen so oft sie dies auch tun mochte, Weißpfennige herab. (185)

Das Raubhaus

Im Hessenland geht die Kunde, es sei auf dem spitzen Berg bei dem Dorf Wehrda unweit Marburg ein festes Raubhaus gestanden, der Weißenstein genannt, und seine Reste könne man noch sehen. Von ihm aus sei den umliegenden Dörfern vor alters großer Schaden zugefügt worden. Weil man nun dem Raubhaus wegen seiner Höhe und Festigkeit nicht habe beikommen können, hätten die Einwohner von Wehrda den darauf wohnenden Edelleuten einen Schwerttanz angeboten, sich zuvor jedoch mit allerhand Wehr und Waffen heimlich versehen. Wie sie, unter solchem Schein, in das Schloß eingelassen worden, hätten sie in tapferer Wehr die Besatzung niedergemacht und die Edelleute mitsamt dem Schloß in ihres Landesfürsten Hand geliefert. – Dies ist mir von vielen alten Leuten als glaubwürdig erzählt worden. (186)

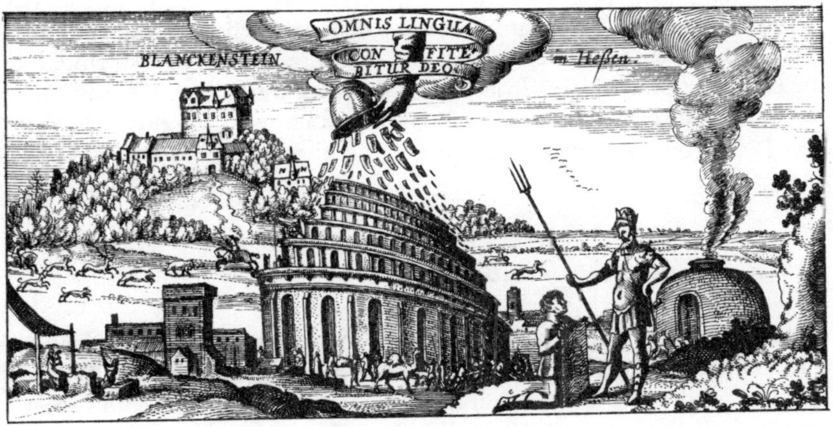

Blankenstein bei Marburg. Kupferstich (Politisches Schatzkästlein I 8/8, 1626)

Der Schwerttanz zu Weißenstein

Eine halbe Stunde nördlich von dem Dorf Wehrda liegt in einer Krümmung der Lahn ein weißer Sandsteinfelsen, der Weißenstein genannt. Auf dem Gipfel desselben stand vormals eine Burg, die nach den Erzählungen des Volkes bald von Riesen, bald von Räubern – welche die tiefen Höhlen des Felsens als Schlupfwinkel benutzten – bewohnt gewesen und deshalb von der Herzogin Sophie von Brabant zerstört worden sein soll. Einer anderen Sage zufolge dagegen hätten die Bauern von Wehrda die Burg zerstört.

Vor Zeiten hauste auf dem Weißenstein ein Ritter, welcher die ganze Gegend in Furcht und Schrecken setzte. Er trieb nicht nur Straßenraub, sondern drängte und quälte auch seine Bauern bis aufs Blut und hob eines Tages sogar eine junge Bauerndirne in Wehrda auf, die er nach seiner Burg schleppte. Da traten die Bauern von Wehrda zusammen und schwuren Rache zu nehmen an dem übermütigen Räuber. Sie wußten, daß der Ritter ein großer Freund vom Schwerttanz war; einen solchen wollten sie aufführen, den Feind in ihre Mitte locken und sich dann seiner bemächtigen. Diesen Plan zu verwirklichen, rückten sie auf die Wiesen an der Lahn am Fuß des Schloßberges und luden den Ritter ein, herabzukommen und den Tanz mit anzusehen. Dieser ahnte den Verrat nicht und stellte sich auf der Wiese ein; aber der Tanz hatte nicht so bald begonnen, als die Bauern über ihn herfielen, ihn zu Boden warfen und erschlugen. Darauf erstürmten sie die Burg und brachen sie nieder. – Die Edelfrau warf alle ihre Kostbarkeiten in die Lahn, worunter auch ein goldnes Rad, welches seitdem alle sieben Jahre vom Grund sich erhebt und sichtbar wird. (187)

Der Riese auf dem Rimberg

Auf dem Rimberg bei Caldern hauste früher ein Riese. Seine Nachbarn und zugleich Brüder waren der Riese auf dem Weißenstein bei Wehrda und der auf dem Rotenstein, auf dem später das Marburger Schloß erbaut wurde. Der Rimberger und der Weißensteiner Riese besaßen einen gemeinschaftlichen Backofen, der mitten im Feld lag. Wenn sie backen wollten, warfen sie einander Felsblöcke zu. Das war das Zeichen, daß Holz zum Heizen des Ofens von des Nachbarn Burg gebracht werden sollte. Einst warfen sie zu gleicher Zeit. Da trafen die Steine in der Luft zusammen und fielen mitten im Feld oberhalb Michelbach zur Erde nieder. Da liegen sie noch heute. Jedem Stein aber ist eine Riesenhand eingedrückt. Ein anderes Zeichen gaben sich die beiden benachbarten Riesenbrüder damit, daß sie sich am Leib kratzten. Dies war so laut, daß sie es deutlich auf ihrer Burg hören konnten. (188)

Wildungens Nachleben

Wildungen, der große hessische Forst- und Waidmann, zieht noch jetzt mit der Büchse im Wald herum. Mancherlei wird über ihn erzählt.
Im Marbacher Wald wurde ein Hirsch gejagt. Der nahm seine Zuflucht zu einigen kleinen Jungen, die im Holz dort Gedörre sammelten; sanft und zahm ging er mit ihnen in einen Stall des nahen Ortes Marbach. Später führten Jäger den willig folgenden Hirsch nach Marburg in den Dörnberger Hof, wo Wildungen damals wohnte, und viel zahmes Wild frei umherlaufen hatte. Hier verschwand der Hirsch. Kurz darauf ist dann Wildungen verstorben.
Da dieser nun in seinem Forstgarten am Lahnberg – wie er sich ausbedungen – beerdigt wurde in hohler Eiche, von lauter Jägern getragen und begleitet von der ganzen Schar seiner Hunde – sieh, da sprang ein Hase vor dem Sarg einher, hüpfte ins Grab und verschwand darinnen.
Noch heute wagt niemand Holzfrevel in Wildungen altem Forstgarten und Hege, da dessen Geist den Frevlern erscheint und sie verjagt. (189)

An der Lahn

Die Lahn hat gerufen

Die Lahn und die Fulda fordern jedes Jahr ein Menschenopfer. Noch jedesmal, wenn jemand in der Lahn bei Gießen ertrunken ist, hat sie vorher laut gerufen, und das haben die Müller und Bleicher, die an dem Wasser sind, schon oft gehört. Es geschieht jedesmal mittags zwischen elf und zwölf Uhr. Da rauscht die Lahn auf, schlägt starke Wellen, und dann ruft es mit starkem Schrei aus dem so aufgeregten Wasser: »Die Zeit ist da! Die Stund' ist da! Wär' nur der Mensch da!« Nur mit Schaudern hört man dann erzählen: »Die Lahn hat gerufen; es ertrinkt bald wieder jemand!« Und das ist auch allemal eingetroffen; es ist bald darauf wirklich jemand in der Lahn ertrunken. – Bei Neustadt am Heßler ruft oft die Lahn in langen, dumpfen und hohlen Tönen: »Ich will einen Menschen haben, einen Menschen will ich haben!« Dann gehen die Fische haufenweise ins Garn, denn es wird ihnen bange. (190)

Die verschwundene Hostie

Ein Mädchen in Gießen, das zum heiligen Abendmahl ging, ließ aus Versehen die Hostie fallen und konnte sie auf dem Boden auch nicht wieder finden. Seit dem Tag fing aber das Kind an, sich abzuzehren und wurde immer kränker und keine Arznei half. Endlich fragten seine Eltern einen klugen Mann und der ließ sie die Steinplatte in der Kirche aufheben, auf der das Mädchen gestanden hatte, als es die Hostie fallenließ. Das taten die Leute und fanden darunter eine große dicke Kröte und Glotzaugen sitzen, die hielt die Hostie im Maul. Man nahm sie ihr ab und gab sie dem Mädchen zu essen, worauf es von Stund an sich erholte und bald wieder so gesund war wie früher. (191)

Gießen um 1620. Kupferstich (Politisches Schatzkästlein I 1/19, 1625)

Des Fremdlings Fluch

Auf dem sogenannten Trieb bei Gießen, rechts von der Straße nach Grünberg sah man noch vor zwanzig Jahren eine Fläche von vielen Morgen, die mit Eichen bepflanzt war, aber was wunderbar daran war, die Bäume hatten alle keine rechte Kraft, keinen frischen Saft und ihre Gipfel starrten dürr: das kam von einem Fluch, der auf ihnen lag.

Vor vielen hundert Jahren kam nämlich ein fremder Mann einmal nach Gießen, der weinend und wehklagend seine Kinder und sein Weib suchte. Es muß damals ein böser Rat in der Stadt gewesen sein, denn statt dem Mann beizustehn, wurde er beschuldigt, er habe Weib und Kind umgebracht und als er das leugnete und seine Unschuld beteuerte, auf die Folter gespannt. Um der Qual zu entrinnen, gestand er, was er nie getan hatte und wurde sofort auf den Richtplatz hinausgeführt. Bevor ihm dort die Augen verbunden wurden, beteuerte er abermals seine Unschuld, indem er sprach: »Und zum Zeichen dafür werdet ihr diese Eichbäume gipfeldürr werden sehen von heute an; daraus mögt ihr erkennen und mir glauben lernen, daß ihr unschuldiges Blut vergossen habt.« So starb er und wurde unter dem Galgen begraben. Wenige Tage nachher schon bewährte sich des Mannes Unschuld auf eine erschütternde Weise, denn die von ihm gesuchte Frau kam jetzt mit ihren Kindern, um den Vater aufzusuchen. Da war große Trauer in der Stadt. Dem Hingerichteten gab man sogleich ein ehrlich Begräbnis, der Frau und ihren Kindern aber das Bürgerrecht. Damit war die Tat jedoch nicht gesühnt, denn als es Frühling wurde, da schlugen alle Bäume in und um Gießen aus, nur die Eichen kränkelten und manche starben selbst ab, und wieviele man auch nachpflanzte, nicht eine gedieh. So schwer lastete der Fluch auf der Stelle. (192)

Der Dünsberg

Auf dem Gipfel des Dünsbergs bei Gießen hat ehemals ein festes Schloß gestanden. Danach hieß wohl der ganze Berg die Dünsburg. Reste dieses Schlosses sind noch die beiden wohlerhaltenen mächtigen Ringwälle und die Spuren eines dritten Walles, welche den Berggipfel krönen. Unter den Ringwällen liegen noch jetzt große Schätze verborgen. Zu gewissen Zeiten im Jahr öffnet sich der Berg, und wer dann das Zauberwort weiß, der kann in das Innere treten und die dort verborgenen Schätze holen.
In alten Zeiten fand am Dünsberg eine blutige Schlacht zwischen den Römern und Germanen statt. Die Römer standen auf dem Dünsberg, die Germanen auf dem Helfholz, der Höhe zwischen dem Dünsberg und Hohensolms. Auf dem Totmal zwischen Helfholz und Dünsberg wurde die Schlacht geschlagen. Die Deutschen unterlagen und wußten sich nicht zu retten. In dieser Not fielen sie auf die Knie nieder und flehten zu ihrem höchsten Gott um Beistand. Und alsbald kam ihnen über das Helfholz die erbetene Hilfe. Davon haben das Helfholz und das Totmal ihre Namen. Im Frankenbacher Feld, nordwestlich vom Dünsberg, ist ein tiefes Tal, das Hungertal, und westlich davon zieht sich der Hungerberg oder der Hungerrück hin. In diesem Tal wurden die Römer von den Deutschen eingeschlossen, und sie fanden darin größtenteils den Hungertod. (193)

Leihgestern

Ein Dorf namens Hainchen hat früher an der Stelle des heutigen Leihgestern, aber etwas weiter südlich gelegen (daher heute noch der Namen Hainbrunnen). Hainchen wurde aber von Kriegshorden niedergebrannt und zwar so vollständig, daß ein Reiter, der es tags vorher gesehen hatte, keine Spur mehr von ihm fand, als er am anderen Tag wieder vorbeiritt, verwundert nach der Gegend, wo es gestanden, hindeutete und zu seinem Begleiter sagte: »Da lag's gestern.« (194)

Die Nonne von Lich

In Lich, einem Städtchen unfern Gießen, ward schon gar oft eine gespenstische Nonne gesehn.

In dem nahen Nonnenkloster war einst eine blutjunge und sehr schöne Schwester, die sich einer verbotenen Liebe hingab. Als sie nun nächtlicherweile ein Kind gebar, trug sie es in ihrer Angst hinab nach Lich und warf es in einen tiefen Ziehbrunnen. Noch jetzt hat sie deshalb keine Ruhe; sie muß jede Mitternacht an dem Brunnen stehen und sich so lang hinunterlehnen und in die Tiefe schauen, bis das tote Kind unten auf dem Wasser schwimmt. Dann winkt sie hinunter und streckt die Arme vergebens danach aus, bis sie mit dem Glockenschlag eins wieder verschwindet. (195)

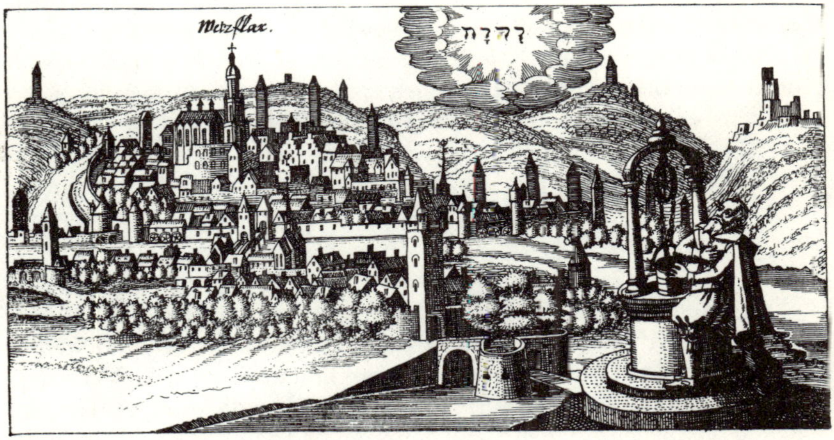

Wetzlar um 1620. Kupferstich (Politisches Schatzkästlein I 3/48, 1625)

Der falsche Kaiser Friedrich zu Wetzlar

Zur Zeit des Königs Rudolf von Habsburg hat sich in den rheinischen Landen ein falscher Kaiser aufgeworfen, der ganz dreist vorgab, er sei Kaiser Friedrich der Zweite (welcher damals doch schon über dreißig Jahre tot war).

Er ist dem verstorbenen Kaiser Friedrich an Gestalt, Worten und Gebärden sehr ähnlich gewesen, hat auch um viele geheime Dinge des Reiches und die Sitten des kaiserlichen Hofes gute Kenntnis gehabt, und vorgegeben, er habe sich aus Überdruß an den Welthändeln mit Vorwissen einiger weniger vom Hof entfernt, sei dreißig Jahre lang in der Gestalt eines geringen Pilgers durch die Welt gereist und habe in Sonderheit auch eine Wallfahrt nach dem gelobten Land und Heiligen Grab getan, sei aber dort in die Gefangenschaft der Türken geraten und habe darum nicht eher wieder ins Reich kommen können. Er hat sich auch gerühmt, magische Künste und Wissenschaft zu besitzen. Und es ist ihm gelungen, verschiedene Vornehme, Fürsten und Städte an sich zu ziehen. Eine Zeitlang soll er auch auf dem Kalsmunt, einer Burg bei Wetzlar, Hof gehalten haben. Wie er aber sich erkühnte, an den Kaiser Rudolf selbst zu schreiben, daß er die Krone niederlegen und ihm huldigen sollte, zog Rudolf vor die Stadt Wetzlar, wo sich der angebliche Kaiser Friedrich zu der Zeit aufhielt. Nachdem sich die Bürger anfänglich geweigert, den Mann auszuliefern, hat Rudolf ihn zuletzt doch, indem er mit Sturm drohte, in seine Gewalt gebracht und bei der Stadt verbrennen lassen an einem Ort, welcher danach den Namen Kaisersgrund behielt. (196)

Den Namen entfernen

Im Kreis Wetzlar und auch noch andrerorts findet sich der Glaube: Wenn der Tote auf der Bahre liegt, so müsse man den ins Bahrtuch und Sterbehemd eingestickten Namen entfernen, sonst holt der Tote einen Verwandten nach. Und wenn er begraben sei, so müsse man die ererbten Tiere im Stall und die Bienen auf dem Stand berühren und damit in Besitz nehmen. Sonst sterben die Tiere ihrem Herrn nach. Auch den Wein, Essig und dergleichen muß man etwas schütteln, sonst steht er ab. (197)

Braunfels

Als Graf Heinrich von Gleiberg einst in Unfrieden von seinem Bruder geschieden war, ritt er über Land, eine Stätte für eine neue Burg zu suchen. Da kam er an einem Schäfer vorbei, der mit seiner Herde unter einem gros-

Schloß Braunfels. Kupferstich (Politisches Schatzkästlein II 2/4, 1628)

sen Baume lagerte. Der Graf hielt sein Pferd an und sprach: »Sage mir, Mann, wo soll ich hier wohnen?« Der Schäfer sagte: »Dort auf dem braunen Felsen schlagt Eure Burg auf!« Der Graf tat nach dem Rate des Schäfers, und so entstand Braunfels. (198)

Die Entdeckung von Laimbach

Wer hat in alten Zeiten etwas von Laimbach gewußt! Noch vor 200 Jahren war das Dörfchen ein unbekannter Ort. Als der Fürst von Weilburg einmal am Tiergarten auf der Jagd war, fand sein Hofnarr Lumpri am Schießen kein Vergnügen, gab die Flinte ab und erging sich in den umliegenden Wäldern. Auf einmal kam er zurück und rief: »Durchlaucht, ein Dörfchen entdeckt!« – »Ei, wo?« fragte der Fürst, und war höchst erstaunt und die ganze Jagdgesellschaft mit ihm. »Kommt und seht!« sprach Lumpri, und sie folgten ihm an Ort und Stelle. Vor ihnen lag Laimbach, allen neu und unbekannt. Da lobte der Fürst seinen Hofnarren und sagte: »Das Dörfchen ist dein samt allen Zehnten und Steuern!«
Lumpri nahm feierlich Besitz vom Dörfchen, ließ sich huldigen, lichtete die Wälder umher, pflanzte Nuß- und Pflaumenbäume und setzte Steuern und Abgaben fest. Er richtete sich eine Kanzlei ein, und man nannte das Dörfchen deshalb Lumpris Kanzlei. Wer noch heutigen Tages nach Laimbach geht, pflegt zu sagen: »Ich will auf die Kanzlei!« Aus jenen

Weilburg um 1620. Kupferstich (Politisches Schatzkästlein II 2/50, 1628)

Kanzleizeiten stammt auch der weithin berühmte Laimbacher Pflaumenmarkt, der auf den 13. September fällt, sowie die Sitte, daß beim Begräbnis eines Reichen mit allen Glocken geläutet wird, beim Begräbnis eines Armen aber nur mit einer. – Das Schönste aber war: Nach Lumpris Tod ging Laimbach abermals verloren und war lange Zeit verschollen, bis es ein Kesseler zum zweitenmal entdeckte. (199)

Der Hund zu Weilburg

Am Schloß zu Weilburg sieht man an einem Gesims das Bild eines kleinen Hundes in Stein ausgehauen. Ein Fürst von Nassau-Weilburg, der in dem Schloß wohnte, hatte einst ein Hündchen, das er sehr liebte und das ihm nie von der Seite wich. Einmal aber war er doch ausgeritten, ohne es mitzunehmen, das Tier war vergessen worden und in einem Zimmer oben im Schloß eingeschlossen. Niemand hörte es und ließ es heraus. Es lief von der Tür zum Fenster und vom Fenster zur Tür, alles war umsonst. Da sah es auf einmal durch das offene Fenster seinen Herrn im Tal auf der anderen Seite der Lahn daherreiten, und es war ihm, als ob sein Herr riefe, es sprang hoch vom Schloß herab in den Fluß, schwamm bis ans Ufer, lief auf den Fürsten zu, bellte und wedelte mit dem Schwanz. Aber kaum hatte sein Herr es gestreichelt, da sank es von der übergroßen Anstrengung tot

Schloß Weilburg. Kupferstich (Politisches Schatzkästlein II 8/48, 1631)

vor ihm nieder. Dem Fürsten ging der Tod des treuen Tieres sehr nahe, und zur Erinnerung ließ er das Bild des Hündchens an jenem Platz aufstellen, wo sich das Tier vom Fenster herab auf das Gesims geschwungen hatte. (200)

Der Runkeler Rote

Einst veranstaltete der Ritter von Runkel ein Fest, zu dem er die befreundete Ritterschaft der Umgegend einlud. Während der Tafel kam die Rede auf den Roten, von dem ein Limburger Herr ein Faß zu kaufen wünschte. Doch der Gastgeber schlug es rundweg aus und meinte: »Trinken könnt ihr davon, soviel ihr wollt, das Gastrecht will ich ehren; aber verkaufen werde ich die köstliche Gottesgabe um schnöden Goldes willen nicht.« Die Rede ging hin und her, bis schließlich eine Wette gemacht wurde und der Runkeler Ritter sagte, er schenkte demjenigen ein volles Ohmfaß, der ein solches schwebend zum Munde führen und austrinken könnte.
Nun fing eine köstliche Unterhaltung an; jeder gedachte, sich das Faß zu verdienen, aber keiner bestand die Probe, und der Runkeler spottete ihrer. Schließlich meinte ein Limburger, man sollte nur den Stadthauptmann Hattstein holen, der würde das Faß heben und daraus trinken, als ob es ein Glas wäre.

Der Runkeler war einverstanden, und als der Hattsteiner kam, hob er das Faß freischwebend auf, setzte es an den Mund und schlürfte in vollen Zügen so lange, bis das Faß leer getrunken war. Der Runkeler Gastgeber mußte wohl oder übel gute Miene zum bösen Spiel machen, löste sein Wort ein und ließ für den wackeren Hattsteiner ein Ohm Wein nach Limburg bringen. (201)

Der Reitersprung am Bodenstein

Nach dem Treffen bei Wetzlar wurde ein versprenger französischer Reiter von österreichischen Husaren verfolgt. Es war schon dunkel, da kam er auf den Bodenstein, einen Felsen zwischen Vilmar und Runkel, der auf dem linken Ufer mehr als haushoch steil aus der Lahn aufsteigt. Am Rand des Felsens blieb sein Pferd stehen. Die Österreicher riefen dem Franzosen zu, sie wollten ihm Pardon geben. Aber er gab seinem Pferd die Sporen, rief zurück: »Kein Pardon!« Und sprengte in die Lahn hinab. Die Österreicher dachten, mit dem wäre es aus, und der brave Kerl tat ihnen schon leid, da sahen sie ihn unten mit seinem Pferd ans Ufer schwimmen, von dort winkte er ihnen noch einmal zu und jagte fort. (202)

Der Wiener Schmied zu Limburg

In Limburg in einem alten großen Schloßgebäude (Walderdorferhof) hatte einst ein Schmied seine Werkstätte, der verstand sein Handwerk, und war weit und breit bekannt. In Mannesgröße hatte er den Schutzpatron aller Schmiede über der Tür am Giebel des Hauses in einer Nische stehen, der den Ein- und Ausgang aller bewachen sollte. Nun hatte der Schmied einen Sohn, der ging schon in jungen Jahren in die Fremde, kam auch nach Wien und arbeitete dort lange Jahre. Als er glaubte, genug gelernt zu haben, kam er heim. Er war ein Schmied geworden, wie sonst keiner mehr, wollte aber auch alles besser wissen als der Vater, dadurch entstand bald Unfrieden zwischen den beiden. Und durch den Ärger, sowie durch böse Gesellen und Neider wurde der junge Schmied zu Spiel und Trunk verleitet, sein Geschäft ging zurück, so daß ihm kein Wirt mehr etwas pumpen wollte. Da beschwor er des Nachts auf dem Heimweg vom Wirtshaus den Teufel, und schloß einen Vertrag mit ihm. Und richtig, am folgenden Morgen, als es eben dämmerte, kam der Teufel in die Werkstätte zu dem Schmied schon vor der festgesetzten Stunde, mit einem ganzen Sack voll Geld. Als der »Wiener Schmied« das Geld sah, schmunzelte er und sagte: »Nun, Meister Satan, bleibt es bei unserer Abrede? Errätst du, was ich hier schmiede, so ist meine Seele dein, doch triffst du fehl, so bleibt das Geld mir, du aber kannst meine Seele nicht bekommen!« Der Teufel grinste und sprach: »Es bleibt dabei!« Da zog der Wiener ein glühendes Eisen aus dem Feuer, mit drei Zinken, rief: »Was gibt dies? Jetzt schnell, damit ich losschlagen kann, ehe es kalt ist!« – »Eine Heugabel!« schrie der Teufel und machte einen Freudensprung. Der Schmied aber legte die Gabel auf die Amboßkante und schlug die Zinken krumm: »Ein Karst ist's!« rief er, »wie jeder sehen kann«, und hielt ihn dem Satan vor die Augen. Da ließ der Teufel sein Geld zurück und entwich mit großem Gepolter, der Schmied aber freute sich und wurde wieder fleißig und sparsam. (203)

Limburg um 1620. Kupferstich (Politisches Schatzkästlein II 1/31, 1627)

Schinderhannes im Limburgischen

Bei Kirberg (im Kreise Limburg) vor dem Tor stand früher ein Haus, darin wohnte ein Bauer, bei dem soll Schinderhannes sein Absteigequartier gehabt haben. Und der Bauer hat für ihn herumvigiliert und -baldowert, so daß Schinderhannes immer gewußt hat, wer sich in den Gasthöfen der Umgegend aufhielt. Ebenso stand er mit einem Bauern in dem benachbarten Heringen. – Auch in der Tiefenbach, einer Schlucht zwischen Lollar und Sichertshausen, die von der Landstraße Gießen-Marburg durchschnitten wird, hat der Schinderhannes oft gesessen. Es ist da auch noch heute nicht geheuer, der Ort ist wie gemacht zu Überfällen, es sind auch schon solche vorgekommen, und gern lagern Zigeuner dort.

Einmal haben Bauern in der Schenke zusammengesessen und sich vom Schinderhannes erzählt. Ein Kurzwarenkrämer, den der Wirt den Krämerjakob nannte, setzte sich zu ihnen und hörte zu. Da sagt ein Kirchendiener, der auch unter den Gästen sitzt: Sein Pfarrer möchte gar zu gern mal Bekanntschaft mit dem Schinderhannes machen. Heute sei der hochwürdige Herr zur Kindtaufe in ein Nachbardorf geritten, und da hätte er ihn beim Abschied verwarnt: »Hochwürden, geben Sie auf Ihren Braunen acht, der Schinderhannes ist ein Freund von Pferden.« Kurze Zeit darauf steht der Krämerjakob auf und bezahlt seine Zeche und verläßt das Wirtshaus. Er geht stracks auf den nahen Waldweg, den der Pfarrer benutzen muß und kauft einem Bettler unterwegs seine Krücken ab. Die hängt er auf einen Baum, setzt sich drunter und verbindet sich seinen Fuß, als wenn er ein Krüppel sei. Nicht lange wartet er, da kommt der Pfarrer auf seinem prächtigen Pferd des Wegs daher. »Ach, hochwürdiger Herr«, ächzt da der Schinderhannes (denn das war der Krämerjakob), »wollen Sie nicht einem armen Mann in der Not helfen? Böse Buben haben mir meine Krükken abgenommen und sie an den Baum gehängt.« Dabei machte er ein solch jämmerliches Gesicht, daß der gute Pfarrer voller Mitleid war. Er stieg vom Pferde, versuchte den Baum hinaufzuklettern, und nach einigem vergeblichen Turnen gelang es ihm auch. Doch kaum ist er oben, da schwingt sich der Krüppel mit einem plötzlichen Ruck aufs Pferd und ruft dem Pfarrer, der ganz entgeistert im Baum sitzt, zu: »So, Herr Pfarrer, jetzt wissen Sie auch, wie der Schinderhannes aussieht«, und in der nächsten Minute war er mit dem Pferd verschwunden. Nach den einen soll das dem Pfarrer von Dierdorf passiert sein, und zwar an der »Glückseiche« Richtung Anhausen; nach andern war es der Pfarrer von Rennerod.

Schinderhannes ist dann auch einst in das »Werbehaus« zu Limburg an der Lahn gekommen (auf der Rütsche Nr. 5), das manche Limburger für das älteste der Stadt halten. Es hat seinen Namen daher, daß zu nassauischen Zeiten hier die Soldaten angeworben wurden. Hier hat sich auch der Schinderhannes einmal anwerben lassen. Er wollte zu den Kaiserlichen, um nicht von den Franzosen eingezogen zu werden; denn in deren Hände,

auf das linke Rheinufer, wollte er um keinen Preis kommen; rechtsrheinisch dagegen hatte er nichts begangen, worauf Todesstrafe stand. Er hatte sich auch schon vom Werbekommando einen Heiratkonsens erteilen lassen, hatte sein Julchen kommen lassen, sie wollten Mann und Frau werden und ein ordentliches bürgerliches Leben anfangen; wer weiß, vielleicht hätte es der Hannes im kaiserlichen Dienst noch zum General gebracht. Er wurde aber im Werbehause von einem Limburger Bürger erkannt. Es soll dies Peter Führer gewesen sein, den man den schwarzen Peter oder auch Spunde nannte. Der hatte es dem Hauptmann gesagt, der dort kommandierte. – Andere erzählen: Schinderhannes hätte sich eine ganze Zeit vorher in der »langen Hecke« aufgehalten, einem Wald, der als Schlupfwinkel von allerlei Gesindel verrufen war. Und ein Mann namens Zervas, der bei der langen Hecke wohnte und die Räuber dort gesehen, der hätte es dem kurtrierischen Amtsverwalter in Limburg entdeckt, der Fremde, der sich unter dem Namen Jakob Schweichard unter die Rekruten hätte einreihen lassen, das wäre der Schinderhannes.
Der Amtsverwalter und der Hauptmann ließen sich aber nichts merken, und so marschierten die angeworbenen Leute ab. Als sie zu der Stelle kamen, wo die Wege nach Frankfurt und Wiesbaden sich kreuzen, am Pallo-

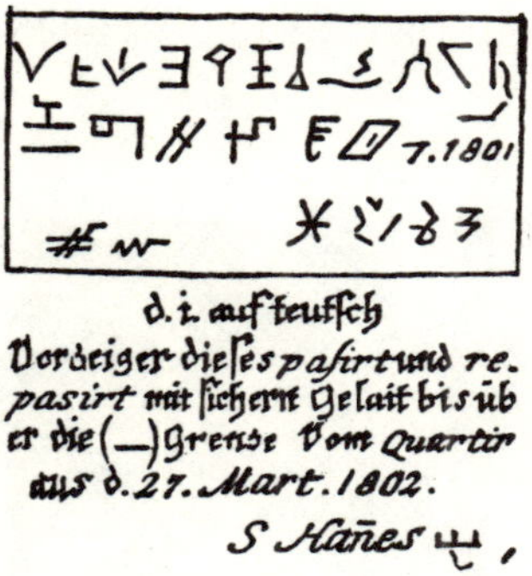

Schinderhannes um 1800; ein von ihm ausgestellter Passierschein. Kupferstich

tinerbau in Limburg, und nun der Marsch auf Linter zu, also nach Wiesbaden weiterging, da sagte Schinderhannes: »O weh, ich bin verraten!« Er hatte nämlich mit seinen Kumpanen ausgemacht, daß sie die Angeworbenen auf der Straße nach Frankfurt bei der Glashütte überfallen und ihnen das Werbegeld abnehmen sollten. (204)

Woher die Elzer Musikanten stammen

Ein armer Bursche aus Elz ist einmal in den Türkenkrieg gelaufen und hat sein Mädchen zu Hause sitzen lassen. Fünf Jahre hat sie auf ihn gewartet, da kam eines Tages ein Stelzfuß die Dorfstraße daher, mit einer Drehorgel auf dem Rücken. Das war ihr Schatz. Wie er zu ihr hereinkam, machte er ein sehr trauriges Gesicht und sagte, jetzt könnten sie nicht mehr heiraten, er wäre ein Krüppel und hätte keinen Pfennig Geld. Aber die Braut sagte, sie wollte nur ihn und keinen anderen. Und da lachte er mit einem Male über das ganze Gesicht und erzählte ihr, daß er sich ein gut Stück Geld auf der Heimreise verdient und erspart habe. Im Türkenkriege hatte er den rechten Fuß verloren, und wie er einigermaßen kuriert war, hatte er sich von dem Rest der Kriegsbeute eine Drehorgel gekauft und sich durch ganz Österreich und Deutschland durchgeorgelt bis nach Elz. Nun kauften sie Haus und Hof und heirateten, und die Kinder wurden wieder Musikanten usw. und von denen stammen die Musikanten in Elz ab. (205)

Diez an der Lahn. Kupferstich (Politisches Schatzkästlein II 1/12, 1627)

Die festgebannten Obstdiebe

Ein Bauernbursche zu Hahnstätten, der immer kerngesund und lustig gewesen war und auf keinem Tanzboden fehlte, wurde einmal nachts beim Äpfelstrenzen weit draußen am Hinterwald auf der Hofgemarkung festgebannt, und hat mit dem Sack Äpfel auf dem Buckel stehen müssen bis Sonnenaufgang. Da hat ihn erst der Bauer losgesprochen, weil aber schon die Sonne auf den Gebannten geschienen hatte, war er dem langsamen Sterben verfallen.
Besser erging es drei andern Burschen, die bei Mudershausen Walnüsse geschüttelt hatten, und auch dabei festgebannt wurden. Da fiel zum Glück dem einen von ihnen ein, daß man sich helfen könnte, wenn man die Kleider auszöge und auf ihnen aus dem Bannkreis herausrutschte. Das haben sie denn auch getan und sind für dieses Mal davongekommen. – Und ein Schwälmer Junge, der im Nachbarsgarten auf den Birnbaum gestiegen war und da festsaß, so daß ihn seine Kameraden nicht loskriegten, den hat seine Mutter mit dem Besen hintendrauf gehauen, da ging er wieder ab. (206)

Adolf von Nassau

In den letzten Jahren des Königs Rudolf von Habsburg entstand am Niederrhein eine Fehde, in die fast der gesamte Adel des Rheinlandes und Westfalens hineingezogen wurde. Bei Worringen wurde sie ausgefochten und man hat noch jahrhundertelang von dieser Schlacht gesprochen. Reinald von Geldern und der Erzbischof von Köln mit vielen Herren von ihrem Anhang gerieten in Gefangenschaft, darunter auch Graf Adolf von Nassau. Als dieser mit anderen Gefangenen vor dem siegreichen Herzog Johann von Brabant stand, fragte ihn der: »Wer seid Ihr, teurer Degen, der mir an diesem Tag so große Feindschaft erwies?« Adolf erwiderte: »Ich bin der Graf von Nassau, nicht Herr von großen Landen. Wer aber seid Ihr?« – »Ich bin der Herzog von Brabant, den Ihr in der Schlacht unablässig verfolgt habt.« – »Fünfmal, meine ich«, erwiderte Adolf, »einen Herzog erschlagen zu haben, der gleiches Wappen und gleiche Rüstung trug wie Ihr. Es wundert mich, daß Ihr noch lebt.« Die freimütige Antwort des Grafen gefiel dem Herzog so wohl, daß er ihn reich beschenkte und ihm ohne Lösung die Freiheit wiedergab. Das war wenige Jahre, bevor Adolf zum König gewählt wurde. (207)

Nassau an der Lahn. Kupferstich (Politisches Schatzkästlein II 2/33, 1628)

Räderberg

Ein Metzger von Nassau ging aus, um einzukaufen. Auf der Landstraße stößt er bald auf eine dahinfahrende Kutsche und geht ihr nach, den Gleisen in Gedanken folgend. Mit einmal hält sie an und vor einem schönen großen Landhaus, mitten auf der Heerstraße, das er aber sonst noch niemals erblickt, so oft er auch dieses Wegs gekommen. Drei Mönche steigen aus dem Wagen und der erstaunte Metzger folgt ihnen unbemerkt in das hellerleuchtete Haus. Erst gehen sie in ein Zimmer, einem die Kommunion zu reichen, und nachher in einen Saal, wo große Gesellschaft um einen Tisch sitzt, in lautem Lärmen und Schreien ein Mahl verzehrend. Plötzlich bemerkt der Obensitzende den fremden Metzger und sogleich ist alles still und verstummt. Da steht der Oberste auf und bringt dem Metzger einen Weinbecher mit den Worten: »Noch einen Tag!« Der Metzger erschauert und will nicht trinken. Bald hernach erhebt sich ein Zweiter, tritt zum Metzger mit einem Becher und spricht wieder: »Noch ein Tag!« Er schlägt ihn wieder aus. Nachdem kommt ein Dritter mit dem Becher und denselben Worten: »Noch ein Tag!« Nunmehr trinkt der Metzger. Aber kurz darauf nähert sich demselben ein Vierter aus der Gesellschaft, den Wein nochmals darbietend. Der Metzger erschrickt heftig, und als er ein Kreuz vor sich gemacht, verschwindet auf einmal die ganze Erscheinung und er befindet sich in dichter Dunkelheit. Wie endlich der

Morgen anbricht, sieht sich der Metzger auf dem Räderberg, weit weg von der Landstraße, geht einen steinigten, mühsamen Weg zurück in seine Vaterstadt, entdeckt dem Pfarrer die Begebenheit und stirbt genau in drei Tagen.

Die Sage war schon lang verbreitet, daß auf jenem Berg ein Kloster gestanden, dessen Trümmer noch jetzt zu sehen sind, dessen Orden aber ausgestorben wäre. (208)

Fulda und Rhön

Das goldne Rad im Dom zu Fulda

Unter den Tausenden, welche Bonifatius, der Apostel der Deutschen, dem Christentum zuführte, war auch eine vornehme Frau aus England, die vordem einen goldnen Stern als ihren Gott anbetete. Aus Dankbarkeit und zum ewigen Denkmal ihrer Bekehrung ließ die neue Christin in der von Bonifatius erbauten Kirche zu Fulda einen goldnen Stern, mit zahllosen Glöckchen versehen, aufhängen, der bei feierlichen Anlässen in Bewegung gesetzt wurde und das zarte reine Spiel seiner Glöckchen harmonisch mit dem mächtigen Klang der Kirchenglocken vermischte. Der goldne Stern ist schon lange nicht mehr vorhanden und der eiserne, der an seine Stelle trat, stürzte am Pfingsttag des Jahres 1781 von der Decke des Doms herab und wurde nicht wieder aufgehängt. (209)

St. Bonifatius' Grab

In dem schönen Dom zu Fulda liegt der heilige Bonifatius begraben, der die Hessen zu Christen bekehrt und in Fulda ein Kloster gestiftet hat. Zum Dank dafür ernannte ihn der Papst zum Erzbischof von Mainz. Als vierundsiebzigjähriger Greis zog Bonifatius noch einmal zu den Friesen, um auch sie gänzlich zu bekehren. Viele glaubten. Als er aber die Gläubigen taufen wollte, kamen heidnische Friesen und ermordeten ihn. Sein Leichnam schwamm den Rhein hinauf nach Mainz. Der fromme Mann hatte im Leben den Wunsch ausgesprochen, er wolle einst zu Fulda bestattet werden. Der Bischof von Mainz aber beschloß, seinen Leichnam im Dom zu Mainz zu begraben und ließ ihn feierlich in die dortige Gruft hinabsenken. Allein am nächsten Morgen stand der Sarg oben in der Kirche neben der Gruft, in welche man ihn hinabgelassen hatte. Und doch hatte keines Menschen Hand ihn berührt. Da merkte der Bischof, daß der Heilige hier nicht ruhen wolle. Man setzte also den Leichenschrein auf einen

Wagen, spannte zwei Kühe davor und ließ dieselben ziehen, wohin sie wollten. Die Kühe lenkten aber den Wagen dem Rhein zu, gingen in das Wasser hinein und schwammen mit ihrem kostbaren Gut unversehrt hindurch bis ans andere Ufer. Dort hielten sie sich aber nicht auf, sondern richteten ihre Schritte gen Fulda, und nachdem sie Tag und Nacht ohne Unterbrechung gefahren waren, langten sie endlich hier an. Und als sie hier an heiliger Stelle ankamen, da erklangen die Glocken von selbst, ohne daß sie jemand in Bewegung gesetzt hätte, und der heilige Leichnam sank hinab in das selbstgewählte Grab, wo er noch ist. (210)

Bau der Stadt Fulda. Federzeichnung 1493 (Gerstenbergsche Chronik)

Der weiße Teufel im Dom zu Fulda

Als der Teufel sah, wie sich der Dom zu Fulda so schön erhob und all der Seelen gedachte, welche er durch diesen Bau verlieren werde, verlor er vor Ärger die Farbe und wurde kreideweiß. So sieht man ihn noch heute in der Kuppel des Doms, wo ihn St. Michael bewacht; und er ist ein Wahrzeichen der Stadt. (211)

Abt Fingerhut

Im Jahre 1270 residierte zu Fulda ein wackrer Abt, Bertho II., des Geschlechts von Leipolz, der erst ein Spott und später ein Schrecken der die ganze Gegend der Rhön bedrückenden und unsicher machenden Raubritter war. Wegen seiner kurzen Gestalt nannten diese den Abt nur schimpfsweise Abt Fingerhut, und trieben ihr zügelloses Wesen ohne Scheu. Der Abt, der gern seinen Untertanen Ruhe vor den Bedrückungen der Raubritter verschaffen wollte, wandte sich bittend an den Bischof von Würzburg um Hilfe, die er jedoch nicht zu gewinnen vermochte. Da sammelte er seine Dienstmannen, und weil ihm verkundschaftet wurde, daß diese Ritter zum Teil unter sich selbst uneins, und gegen den Ritter Hermann von Ebersberg verbunden, sich in Bischofsheim versammelt hielten, von wo aus, als einem sichern, ummauerten Ort sie ihre Raubzüge in die Gegend und auch in das Fuldische Gebiet unternahmen, so rückte er rasch vor Bischofsheim, eroberte das Städtchen und nahm die Schnapphähne samt und sonders gefangen. Er ließ die Gedemütigten zwar am Leben, prägte ihnen aber mehr Respekt vor dem Besitztum anderer und vor seiner zwar kleinen, aber tapfern und mutigen Person ein, so daß sie gelobten, fortan vor dem Abt Fingerhut alle mögliche Scheu zu tragen, allein nichts weniger taten als ihrem Versprechen nachzukommen. Dieser tapfere Abt zerstörte die Bergschlösser Niederschleiz, Frankenstein bei Salzungen, Wartenburg in Franken, Schwarzenfels, Eisenbach, Rockenstuhl bei Geisa, wo er zugleich Geisa dem Stift Fulda gewann, und Blankenwald. Die Burg Hasselstein erkaufte er, und andere Burgen befestigte er mit Gräben und Umwallungen. (212)

Der Brunnen zu Steinau

Im Jahr 1271 waren dem Abt Bertold zu Fulda seine eignen Untertanen feind und verschworen sich wider sein Leben. Als er einmal in der St. Jacobs-Kapelle Messe las, überfielen ihn die Herrn von Steinau, von Eberstein, Albrecht von Brandau, Ebert von Spala und Ritter Conrad und erschlugen ihn. Bald hernach wurden diese Räuber selbdreißig, mit zwanzig Pferden, zu Hasselstein auf dem Kirchenraub betrappt, mit dem Schwert hingerichtet und ihre Wohnungen zerbrochen. Dieser Tat halben haben die Herrn von Steinau in ihrem Wappen hernach drei Räder mit drei Schermessern führen müssen, und an der Stätte, da sie das Verbündnis über den Abt gemacht, nämlich bei Steinau (an der Straße im Hanauischen) an einem Brunnen auf einem Rasen wächst noch zur Zeit kein Gras. (213)

Die Ritter von Steinau

Die Burg Steinau, wo sich nach glaubhaftester Sage an einem Brunnen die Ritter zum Morde des Abtes Bertho II. verschwuren, lag im buchonischen Gefilde und sah in ihren Mauern viel des Verderblichen und Blutigen. Gyso von Steinau war es, den das Los traf, Mörder des Abtes zu werden, doch gelobten alle Verbündeten ihre blutige Hilfe. Am 15. April 1271 kamen die Ritter nach Fulda und traten, unter dem Schein beten zu wollen, in die Kapelle des heiligen Jacob, welche der Abt Bertho kurz zuvor erst hatte erbauen lassen, und in welcher er soeben das Hochamt hielt. Auf ein Zeichen Gysos von Steinau wurde der Abt überfallen, ein Schwert nach dem andern bohrte sich in seinen Leib, und von sechsundzwanzig Stichen getroffen, verblutete er am Altar. Eilend warfen die Mörder sich auf ihre zur Flucht bereitstehenden Rosse und entritten gen Steinau, wo sie Schutz fanden, doch nicht lange, denn rasch hatte in seiner Bedrängnis der Convent zu Fulda einen neuen Abt gewählt, Bertho III., von Mackenzell, der mit gewaffneter Hand sich aufmachte, das Blut seines Vorfahren an den Mördern zu rächen. Diese vermochten sich nicht in Burg Steinau zu halten, sondern entflohen nach Hasel und Haselstein, wo ihr Schicksal sie ereilte. Blieb nun auch Burg Steinau in diesem Kampf unzerstört, weil einige seiner Besitzer, namentlich Gysos Bruder, Herrmann der Lange, keinen Anteil an dem Abtsmord genommen, so erwachte doch in Herrmann

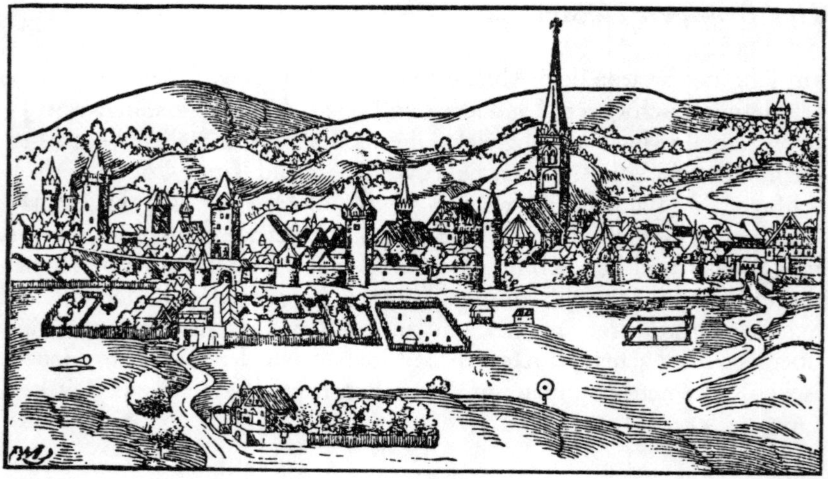

»Die Stadt Fulda in der Buchen / auch das Fürstlich Closter / ziehmlicher massen

das Gefühl der Rache für seinen grausam hingerichteten Bruder; er begann Fehde gegen Fulda, in deren Folge sein Anteil an der Burg seiner Väter zerstört wurde. Noch steht in dürftigen Resten in Teil dieser ritterlichen Feste, von armen Ansiedlern bewohnt, und die Sage will, daß die Stube des einen Bauern die ehemalige Burgkapelle gewesen. Unter einem Eckstein des Hauses, etwa vier Fuß über der Erde, welcher das rätselhafte Zeichen 80M (achtzigtausend) trägt, soll ein Schatz von soviel Gulden Wert vergraben liegen, dazu bestimmt, das alte Schloß neu aufzubauen. Immer auch noch wird der Brunnen gezeigt, um welchen kein Gras wächst. (214)

Severi-Kapelle zu Fulda

Am Wollenwebersgraben in Fulda steht die Severikapelle, die einzige Kirche der Stadt, in welcher zur Reformationszeit katholischer Gottesdienst gehalten wurde und worin nie Geistliche anderer Bekenntnisse predigten. Oft sieht man um Mitternacht die Fenster des Kirchleins erhellt und hört Orgel und Chorgesang. Das ist eine Geistermesse, welche von Priestern gelesen wird, die im Leben ihren Glauben treu- und eidbrüchig verließen. (215)

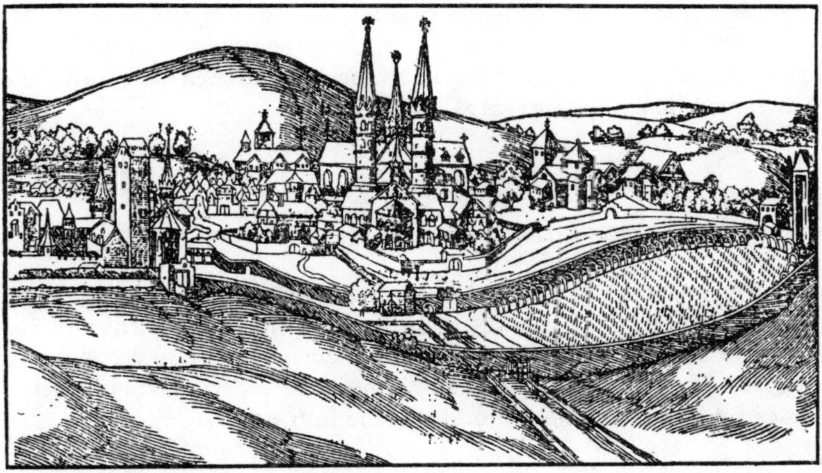

kontrafehret / aber nicht in grund gelegt.« Holzschnitt aus Münster, Cosmographia

Der lange Hannes

Vom Beginn der Fasten an bis Ostern kommt jede Nacht ein Geist vom Petersberg bei Fulda bis an die St. Nikolauskirche gegangen; da dreht er sich um und geht denselben Weg wieder zurück. Das ist der lange Hannes. Der war einst Diener bei einem Probst auf dem Petersberg und unterschlug und vergrub alles Geld, welches er von diesem für die Armen und Kranken der Gegend erhielt. Zur Strafe dafür muß er also umwandern. Er geht aber bis an die Nikolauskirche, weil da das Armenhaus liegt und wahrscheinlich will er sehen, ob sein Schatz gefunden und den Armen gegeben worden sei. (216)

Die Rathaustreppe

Am Rathausbrunnen in Fulda halten die Mägde ihre Klatschereien und bis abends spät sind ihre bösen Zungen dort in Tätigkeit. Diejenigen aber, welche ihre Verleumdungen nicht widerrufen, müssen nach ihrem Tod mit ihrer Zunge fleißig die Rathaustreppe fegen, wozu der Teufel ihnen dann leuchtet.

Ums aber recht sauber zu machen, nehmen sie zuvor am Brunnen das Maul voll Wasser. Daher kommt es auch, daß oft morgens die Treppe ganz feucht aussieht und dies gilt stets als ein sicheres Zeichen, daß wieder ein Waschmaul büßen mußte. (217)

Der umwandernde Bär

Ein Bürgermeister von Fulda, der oft ungerecht handelte und namentlich die Braulose sehr nach Gunst und nicht nach Pflicht verteilte, muß zur Strafe dafür umgehn, und zwar in Gestalt eines Bären und verfolgt und umgeben von Hunden, Katzen, Schweinen und anderm Getier, welches heulend und schreiend mit ihm durch die Luft daherzieht. (218)

Das Marienbild unter dem Schultor

Unterm Schultor zu Fulda hängt ein altes Bild der schmerzhaften Mutter Maria, wie sie ihres Sohnes Leiche auf dem Schoß hält. In Kriegszeiten geschah es einst, daß ein roher Reiter um Mitternacht an das Tor kam und tobend Einlaß begehrte. Als ihm der Pförtner nicht gleich öffnete, schlug er mit dem Säbel nach dem Bild und schoß eine Pistole auf dasselbe ab. Doch er empfing zur selben Stunde die Strafe für den Frevel, denn sein Roß bäumte sich und warf ihn ab, daß er tot an der Erde lag. Seitdem sieht man ihn jede Mitternacht in schwarzer Rüstung auf schwarzem Roß zum Tor sprengen, aber er vermag nicht in die Stadt zu dringen, denn sobald er an das Bild kommt, scheucht es ihn zurück und er muß wieder seines Weges heim zu Grabe. (219)

Feierabend

Als einmal die Brunnenherrenzeche in Fulda recht lustig im Gange war, da überhörten alle den Schlag der Mitternacht. Doch nicht lange, da erschien eine fremde geisterhafte Gestalt im Saal, welche einen der Gäste packte und im Wirbel mit sich herumriß. Das war der Geist eines Brunnenherrn, der liederlich und schlecht gelebt hatte und, als er eines Abends betrunken nach Hause gehen wollte, in die Ohm fiel und ertrank. Seitdem macht man bei der Brunnenzeche Feierabend, ehe die Mitternacht kommt. (220)

Bestrafung böser Weiber

Wenn in Fulda bekannt wurde, daß ein Mann von seiner Frau mit Schlägen traktiert worden war, so nahm das fürstliche Hofmarschallamt die Sache vor, untersuchte dieselbe und erkannte, wenn die Tat erwiesen wurde, Bestrafung. Diese aber bestand darin, daß die sämtliche Hofdienerschaft sich zu dem Haus des Ehepaares verfügte und das Dach abdeckte. Eine solche Exekution fand noch zur Zeit des siebenjährigen Krieges statt und ein Zuschauer erzählt dieselbe folgendermaßen: »Den Exekutionszug führte der Hoffourier, auf diesen folgte der jüngste Hoflakai mit einer Fahne, auf welcher die Hauptszene des Trauerspiels abgebildet war. Man sah nämlich, wie der Mann unter den Tisch zu kriechen bemüht war, während die Frau mit dem Bierkrug seinem Kopf in rührigster Tätigkeit zusprach. Hinter dem Fahnenträger folgte dann die übrige Dienerschaft. Schon auf halbem Weg kam die Frau dem Zug mit Wein und Branntwein entgegen, um sich damit von der Strafe zu lösen. Auch war dieses nicht ganz ohne Erfolg, indem es wenigstens eine Milderung bewirkte. Sobald der Zug bei dem Haus angelangt war, wurde sofort mit der Abnahme des Daches begonnen. Zahlreiche Hände waren in Tätigkeit, doch nur einige hundert Ziegel wurden zerbrochen, die übrigen aber auf den Boden niedergelegt. Während dieser Arbeit wurden Mann und Frau, welche beide wie arme Sünder flehend um Schonung baten, reichlich mit Hohn und Spott überschüttet. In fünf Minuten war die Exekution vollendet und der Zug schritt in derselben Ordnung wie er gekommen wieder zum Schloß des Bischofs zurück. (221)

Der versunkene Hof

Bei Eichenzell unweit Fulda liegt ein großer schilfbewachsener Sumpf von hohen Tannen umgeben, still und düster. Oft sollen Trunkene hineingefallen, Pferde darin versunken sein, und manche schauerliche Sage läuft

darüber in der Gegend um. Verwegene Bauern, welche einmal den schlammigen Rand des Sumpfes mit Brettern belegt hatten und nach der Mitte vordrangen, fingen dort Hechte und Karpfen, welche aber alle schwarz von Farbe waren.
In alter Zeit soll hier ein schöner Hof gestanden haben. Der Herr desselben war aber ein reicher Prasser, welcher täglich in Saus und Braus lebte und alle Schlemmer der Umgegend anzog. Wie der Herr, so auch die Knechte; sie trieben gottlosen Frevel mit dem lieben Brot und fütterten die Pferde damit. Eines Tages aber, als die Frau vom Hause gerade irgendeinen Schmutz mit Brot abwischte, versank Haus und Hof mit Mann und Maus in die Tiefe, und ein Sumpf trat an die Stelle. Kein Mensch aus dem Hof ist jemals wieder gesehen worden, zu nächtlicher Stunde aber kommen die Geister der Versunkenen als Lichter zum Vorschein und tanzen zischend auf dem Sumpf umher. (222)

Burg und Dorf Poppenhausen

Poppenhausen liegt dicht am Fuß des Ebersberges; dort bauten die Herren von Ebersberg in Verbindung mit denen von Steinau, als ihre Burgen zerstört und verlassen waren, eine neue Burgfeste, die sie auf alle Weise stark und unangreifbar machten, obwohl sie nicht auf einer Berghöhe lag. Die Ritter, welche sich in diesem Burgbau hielten, vergaßen die blutigen Niederlagen und schimpflichen Demütigungen, welche ihren Ahnherren widerfahren waren und trieben gleich jenen Straßenräuberei und hochgefährliche Schädigung im Fuldaischen wie im Franken- und Thüringerland. Das Schloß zu Poppenhausen war so fest, daß es der zur Unterdrückung der Raubritter mit dem Landgrafen Balthaser von Thüringen vereinigte Bischof Gerhard von Würzburg und Abt Konrad von Fulda nicht zu überwältigen vermochten, obschon sie es lange fruchtlos belagert hielten. Erst im Jahre 1459 gelang es dem Abt Reinhard, Sieger der Raubritter zu werden und auch ihr Schloß in Poppenhausen zu erobern und zu brechen. Späterhin hat sich der genannte Ort zu gutem Wohlstand erhoben und heißt heutzutage, ob seiner vielen Wirtshäuser und sonstiger Qualitäten in der ganzen Umgegend nicht mehr Poppenhausen, sondern Poppenlustig. (223)

Der Sterbenden Fluch

Zwischen Lütter und Schmalnau im Riedergrund stand vor Zeiten ein Hochgericht, jetzt sieht man jede Nacht dort einen Wagen, der von zwölf bis eins umfährt und dann verschwindet. Darin sitzt ein Herr von Weyers. Dieser hatte nämlich ein armes Mädchen aus der Gegend durch süße Worte zu verführen gewußt, sie alsdann aber verlassen und nicht mehr angesehn. Nach einiger Zeit genas die Unglückliche eines Kindes, und wie die Sünde immer wieder Sünden gebiert, so auch hier: sie wollte ihre Schande vor der Welt verbergen und tötete heimlich das Kind. Das aber blieb nicht verborgen, es kam an den Tag und sie wurde zum Tod durch das Schwert verurteilt. Als nun der Wagen sie an das Hochgericht trug und das Volk sich in Massen hinzudrängte und die Arme beklagte, da rollte plötzlich ein Wagen daher, darin saß niemand anders als ihr Verführer, der Herr von Weyers, der seine Schändlichkeit so weit trieb, dem Tod des Opfers seiner Lust beiwohnen zu wollen. Da sprach die arme Sünderin einen schweren Fluch aus und verwünschte ihn, er solle keine Ruhe im Grab haben und jede Nacht in seinem Wagen an das Hochgericht zurückkehren. Sterbender Wort aber wiegt gar schwer und Sterbender Fluch erfüllt sich immer: das erfuhr der Herr von Weyers seitdem bis auf diese Stunde. (224)

Das Schloß des Riesen Mils

Da wo jetzt die Liebfrauenkapelle auf der Milseburg steht, erhob sich vor Zeiten das Schloß des Riesen Mils, der ein arger Heide und ein geschworner Feind alles Christlichen war. Als er sah, wie sich die ganze Gegend zum Kreuz wandte und von den Göttern abfiel, erboste er so sehr, daß er tot am Fuß seiner Burg hinfiel. Der Teufel begrub ihn unter den Trümmern seiner Burg und gab dem Berg Gestalt und Form eines Sarges. Später errichteten die Christen zuerst ein Kreuz, dann die Muttergotteskapelle auf seinem Gipfel. (225)

Die Milseburg

Die Milsburg oder Milseburg ist ein mächtiger Klingsteinberg der Rhön, den man in weiter Ferne mit seiner eigentümlichen Form über seine Nachbarberge emporragen sieht. Diese Form gleicht einem der hochgetürmten Heuwagen, welche im Juni so zahlreich von den grasreichen Flächen des Hochgebirges in die näheren und ferneren Talorte fahren und heißt deshalb das Heufuder. Er gleicht aber auch einem Sarg und wird darum vom Volk die Totenlade genannt. Gleich andern Hochgipfeln dient der Berg den Umwohnern als Wetterprophet, und diese sagen stets richtig Regenwetter voraus, wenn die Milseburg raucht, oder nach dem Ausdruck des gemeinen Mannes: Klöße kocht. Viele Heilkräuter und sonstige seltene Pflanzen wachsen auf diesem Berg und viele Sagen gehen von ihm im Mund des Volkes um. Da der heilige Gangolf diesen Berg zum Lieblingsaufenthalt erwählt haben soll, so heißt er auch der Gangolfsberg, und es wurde die auf seiner Höhe stehende kleine Wallfahrtskapelle, welche im Jahre 1493 erbaut sein soll, diesem Heiligen geweiht. Vor langen Zeiten stand auf der Höhe des Berges eine Ritterburg, bewohnt von wilden Raubgesellen, die auf dem von der Natur durch fast unersteigliche Klippen geschirmten Felsenhorst lange ungestraft ihre Untaten zum Schrecken der ganzen Gegend verübten. Wer diese Burg erbaute, und wann sie zuerst erbaut wurde, weiß niemand zu sagen; sie war aber eine der ältesten Burgen des Gaus, denn schon im Jahr 980 geschieht ihrer in einer Urkunde des Kaisers Otto II. Erwähnung. Zu Anfang des zwölften Jahrhunderts war sie ein Besitztum des Landgrafen Ludwig von Thüringen. Dieser fing im Jahr 1114, als die Wartburg von Kaiser Heinrich V. hart belagert wurde, den im Gefolge des Kaisers mitgezogenen Abt Wolfhelm von Fulda und hielt ihn drei Jahre lang auf der Milseburg verstrickt. Später gewann ein tapferer Abt namens Erlof mit gewappneter Hand diese und noch eine andere dem Hochstift entrissene Burg und besetzte beide mit treuen Mannen, so wie er sie von neuem befestigte. Als aber später die Milseburg wieder in Feindes Hände gekommen war, so wurde sie nochmals belagert, die Besatzung, die sich nicht ergab, ausgehungert und hierauf, als kein Verteidiger mehr am Leben war, die Burg so zerstört und der Erde gleich gemacht, daß davon keine Spur mehr zu sehen ist und nichts von ihr blieb als der Schall des Namens, Echo des Rufes der Vergangenheit. (226)

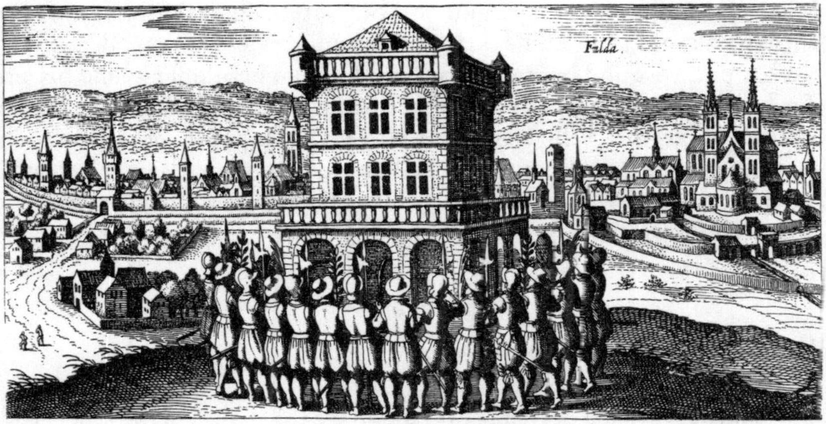

Fulda um 1620. Kupferstich (Politisches Schatzkästlein I 2/20, 1625)

Der Brunnen des heiligen Gangolf

Der heilige Gangolf hatte die Milseburg zum Lieblingsort seiner Verehrung ausersehen, und es war sein Wunsch und Wille, daß viele Menschen auf den geheiligten Berggipfel wallfahrten sollten; daher schien es nötig, daß zur Labe der frommen Pilger und Bittgänger mindestens ein Brunnen am Berg fließe. Da kam nun eines Tages der Heilige nach Fulda und sah da im Garten eines Bürgers einen überaus frischen und klaren Brunnquell springen, den er für geeignet hielt, auf der Milseburg zu fließen. So trat er denn zu dem Eigentümer des Gartens und redete ihn an mit der Frage, was der Brunnen kosten solle? Der Bürger zu Fulda war ein Schalk; er lachte innerlich über diese Frage und dachte bei sich selbst: den Brunnen willst du ihm wohl verkaufen, aber nicht den Platz; forderte daher einen leidlichen Preis für den Brunnen, und der gute Heilige zahlte was jener forderte und sprach: »Nun ist der Brunnen mein!« – »Ja, der Brunnen ist dein«, antwortete der Bürger höhnisch, »aber der Platz, darauf er quillt, ist mein und bleibt mein, den habe ich dir nicht mit verkauft.« Meinte Wunder, wie er den Gangolf angeführt habe. Doch der heilige Mann ging hin und kaufte sich einen Kasten von Holz, den ließ er voll von dem Wasser des Brunnens laufen, und sowie der Kasten voll Wasser war, so hörte der Brunnen auf zu fließen, zu des Bürgers großem Schrecken. Ohne diesen weiter eines Wortes zu würdigen, trug der Heilige seinen Kasten auf die

Milseburg und goß ihn eine gute Strecke unterhalb des Gipfels aus. Da entstand alsbald jener kühle, klare und erquickende Brunnen, der unversiegbar und weit und breit in der ganzen Gegend berühmt ist, und bis auf den heutigen Tag der Gangolfsbrunnen heißt. Er wird als ein Heilbrunnen vom Volke verehrt, sein Wasser soll sich wohl verstopft, jahrelang frisch und gut erhalten, und besonders heilsam für die Augen sein, aber auch noch die Eigenschaft haben, unfruchtbaren Frauen zu Kindersegen zu verhelfen. (227)

Der heilige Gangolf und sein Weib

Von dem bösen Weib des heiligen Gangolf erzählt man in der Rhöngegend noch eine derbe Geschichte: Als er vor ihrem unaufhörlichen Schimpfen und Zanken auch nicht eine Minute mehr Ruhe hatte, warf er sich auf die Knie und bat den lieben Gott inständig um Abhilfe, damit er doch wenigstens einen Tag in der Woche ungestört sein Gebet tun und seinen sonstigen Gottesdienst verrichten könne. Und der liebe Herrgott erhörte ihn und versprach, dem Schmähen und Zanken seiner Frau jeden Freitag Einhalt zu tun. Schon am nächsten Freitag, als das böse Weib, wie gewöhnlich, mit Zanken und Schimpfen über den armen Heiligen herfallen wollte, begann ihr Breitteil eine so heftige und laute Kanonade, daß sie vor dem Krachen und Donnern der Windbüchse ihr eigenes Geschrei und Gekeife nicht mehr vernahm und sich wütend vor Scham und Verdruß zurückziehen mußte. Am nächsten und den darauffolgenden Freitagen ging es wieder so. Da sah denn das böse Weib ein, daß es für sie am besten sei, wenn sie an diesem Tag ihren Mann gänzlich mied. So bekam der Heilige endlich wenigstens am Freitag Ruhe. (228)

Der Milsehans

Auf der Milseburg lebte vor langen Jahren ein frommer Einsiedel, mit Namen Johannes. Das Volk, das häufig zu ihm auf den Berg kam, um seinen Segen wie seinen guten Rat und heilsame Kräuter von ihm zu empfangen, nannte ihn nur den Milsehans. Er war es, der zuerst auf dem einsamen Gipfel des Berges aus rauhen Steinen und Felstrümmern eine kleine Kapelle baute. Mühsam trug er die schweren Steine zusammen und rief dabei oft den Beistand des heiligen Gangolf an. Wenn ein Block ihm zu schwer war, dann rief er munter: »Hopp! Gangolf! Hopp!« Und dann hoppte und hüpfte der Stein von selbst empor. Nahe am Brunnen des heiligen Gangolfs hatte der Eremit seine Zelle erbaut. Als die kleine Steinkapelle fertig war, beschloß der Einsiedler, auch ein mächtig hohes Kreuz auf der Milseburg zu errichten, ließ das in Fulda zimmern und den steilen Berg hinauffahren. Vierundzwanzig Stiere zogen den Wagen mit dem schweren Kruzifix. Als dieses auf der Höhe ankam, offenbarte sich ein großes Wunder. Schon am Fuß der Milseburg war, ohne daß es von jemand bemerkt worden wäre, der Felgnagel verlorengegangen, und erst oben wurde man gewahr, daß er fehlte. Und dennoch hatte der Wagen mit dem schweren Kreuz auf den Berg gefahren werden können. Dieses Wunder tat der heilige Gangolf dem frommen Waldbruder zu Liebe und Dank, damit das Kruzifix durch den Fall nicht Schaden leide und unversehrt von der geweihten Höhe als ein Gnadenzeichen emporrage. Und als die Kapelle fertig und das Kreuz errichtet war, ist der fromme Einsiedel auf dem Berg gestorben. Niemand weiß sein Grab. (229)

Die Tanzwiese

Am Fuß der Milseburg liegt eine Wiese, auf welcher einst in gewissen Nächten die Hexen ihre Tänze und ihre Mahle hielten. Ein Ritter von einer nahen Burg wurde von ihnen zu dem Tanz verlockt und er fand so große Wonne daran, daß es seitdem ihn jeden Abend zu ihnen zog, wo er sich dann ganz der Lust überließ. Seiner Frau fielen bald diese heimlichen Gänge auf, sie schlich ihm nach und kam mit ihm zugleich an. Als sie sich mit im Tanz drehte, trat er zu ihr, ohne daß er sie erkannt hätte, faßte sie und raste in tollem Wirbel mit ihr umher. Dann sprach er seufzend: »Wieviel wollte ich darum geben, wenn ich dich, Schönste, für immer besitzen könnte!« Da sprach sie mit fröhlichem Blick: »So schau mich doch recht an; hast du mich nicht für immer und bin ich nicht ganz dein eigen?« Da wurde des Ritters Auge klar und er sah voll Beschämung sein Weib vor sich. Seitdem ging er nie mehr zum Tanz der Hexen und blieb ihr treu bis in den Tod. (230)

Hünfeld und Haune

In der Umgegend von Hünfeld wohnten ehemals Riesen oder Hünen. Davon hat die Stadt ihren Namen erhalten. Die Hünen hatten dort einen gewaltigen Kampf mit ihren Feinden. Sie stritten drei Tage und drei Nächte miteinander bis auch kein Feind mehr übrigblieb. Das Blut floß in Strömen, und von dem vielen Blut entstand ein Fluß, der noch heute da ist. Jetzt hat er zwar klares Gebirgswasser. Aber von den vielen blutigen Wunden, die einst dort gehauen sind, wird der Fluß noch immer die Haune genannt. (231)

Die Kapelle auf dem Bettelstein

Südwestlich von Hünfeld erhebt sich am Rande des Wiesentales eine hohe steile Felswand, der Bettelstein. In diesem Felsen befindet sich gerade über der dicht daran vorüberfließenden Haun eine schmucklose Kapelle, deren Inneres einen kleinen Altar mit einem altertümlichen aus Holz geschnitzten Muttergottesbild enthält. Über die Entstehung dieses Kapellchens wird folgendes erzählt: Im Dreißigjährigen Krieg wurde ein Tillyscher Reiter von einer Anzahl Schweden verfolgt und floh von dem Dorf Sargenzell in der Richtung auf Hünfeld. Plötzlich stand er vor einem jähen Abgrund und sah sich in größter Gefahr: vor sich den steilen Bergabhang und hinter sich die Feinde. In seiner Herzensangst gelobte er, am Abhang eine Kapelle erbauen zu lassen, wenn er die steile Felswand unversehrt hinunterkäme. Im letzten Augenblick gab er dem Pferd die Sporen und setzte mit einem gewaltigen Sprung den Berg hinab bis über die Haun. Pferd und Reiter kamen glücklich im Tal an. Der Mann hielt sein Versprechen und ließ die Kapelle in den Felsen einbauen. (232)

Kirmes, Tanz und Kindtaufe

In Oberkalbach, Elben und an andern Orten haben sie die Kirmes verschmissen, d. h. sie haben dermaßen Schmeißereien und Exzesse getrieben, daß ihnen die Kirmes auf immer untersagt wurde. Bei Kürzell auf dem Feld liegen neun merkwürdige Steine, da liegen ebenso viele Kirmesburschen begraben. Sie waren auf der Kirmes zu Datterode gewesen; da hatten sie die dortigen Burschen so gereizt, daß sie diese hinaustrieben, verfolgten und endlich bei erneutem Kampf auf jenem Feld totschlugen. In den Kreuzbergsdörfern auf der Rhön (so sagten früher die Nachbarn), da ist solche Armut, da tanzen sie in hölzernen Schuhen. Darum brauchen sie für zwei Wirtshäuser nur eine Musik. Denn wenn der Tanz im Gange ist, hört man vor Holzschuhgeklapper von der Musik nichts mehr, und dann geht die in das andere Wirtshaus und bringt da den Tanz in Gang. Ein Rhönbauer brachte einmal zur Winterszeit Zwillinge nach Weid zur Taufe, und zwar im »Büchseranze«. Als er im Pfarrhaus angekommen war, stellte er ihn nieder und sagte: »Da hun ech äbbes Kenn ze taife« (ein paar Kinder zu taufen). Wie er sie aber hervorholte, war das eine erfroren. »Da, no eß des ei a'gestanne«, brummte er. (233)

Spuk am Oechsenberg

Der »Sünner Kurt« wurde einmal von seinem Bruder auf dem Luttershof zum Schlachtkraut eingeladen und machte sich gegen Abend über den Oechsenberg dorthin auf den Weg. Als er zum Hansmöllersborn kam, fiel er in einen Graben. Da fluchte er ganz mortalisch und im Augenblick bekam er so derbe Ohrfeigen, daß er nicht wußte, wo ihm der Kopf stand. »Wart', das wöll ich dei schun intränk!« rief er, raffte sich auf und lief einer Laterne nach, die er jetzt dicht vor sich erblickte. So mochte er sie lange verfolgt haben, auf einmal war sie verschwunden. Mutterseelenallein stand er nun in finstrer Nacht da und wußte nicht, wo er war. Als der Tag aber zu grauen begann, sah er sich wieder jenseits hoch oben auf der Spitze des Ulsterberges. (234)

Die Moorjungfern

Auf der Rhön ist ein Sumpf, genannt das rote Moor. Nach der Volkssage stand daselbst vorzeiten ein Dorf, namens Poppenrode, das ist nunmehr versunken. Auf der Moorfläche bei Nacht schweben Lichtchen, das sind Moorjungfern. An einem andern Ort ebendaselbst liegt auch das schwarze Moor, schon in alten Urkunden so genannt, und die Sage weiß auch hier von einem versunkenen Dorf, von welchem noch ein Pflaster übrig ist, namens: die steinerne Brücke. (235)

Die versunkenen Dörfer

Auf dem Rücken der hohen Rhön, da wo jetzt das rote und das schwarze Moor ihre weiten und grundlosen Sumpfstrecken breiten, standen vor alten Zeiten zwei Dörfer; das auf dem roten Moor hieß Poppenrode und versank infolge lasterhaften Lebens seiner Bewohner oder eines über diese ausgesprochenen Fluches. Das auf dem schwarzen Moor hieß Moor, ging auf ähnliche Weise unter und nichts ist mehr davon übrig als eine Art basaltischen Pflasters, das die Rhönbewohner unter dem Namen der steinernen Brücke kennen, und die altermorsche Moorlinde, die man als die Dorflinde des versunkenen Dorfes betrachtet. Früher häufiger als jetzt zeigten sich auf beiden Mooren die Moorjungfrauen des Nachts in Gestalt glänzender Lichterscheinungen; sie schweben und flattern über die Stätte ihres ehemaligen Wohnplatzes. Oft kamen auch ihrer zwei oder drei nach Wüstensachsen und mischten sich unter die Kirchweihtänze, sangen auch wohl gar lieblich, blieben aber nie über die zwölfte Stunde, sondern wenn die Zeit ihres Bleibens herum war, so kam jedesmal eine weiße Taube geflogen, der sie folgten; sie wandelten singend zum nächsten Berg hinein und entschwanden so den Augen der Nachblickenden oder neugierig Nachfolgenden. Auch ist das rote Moor der Gegend ein Wetterprophet. Wenn in der Frühe ein kleiner Dunst darüber schwebt, so gibt es keinen schönen Tag; ist der Dunst stärker, so wird schlechtes Wetter, raucht gar das Moor, so kommen Regen, Schlossen und Gewitter; tobt es aber und werfen die schlammigen Moorwässer Wellen, dann sind Stürme, Orkane und sogar Erdbeben zu fürchten. (236)

Der Wetzstein zu Kaltenwestheim

Kaltenwestheim liegt zwischen Kaltennordheim und Oberweid westwärts und ist ein ansehnliches Dorf, weit und breit berühmt ob seines Weiber-Wetzsteins. Von diesem schreibt ein Hennebergischer Historiker folgendes:

Wenn man oben zu dem Dorf hineinreitet, so steht linker Hand der Straße ein Sandstein wie eine viereckige Säule gehauen, etwa drei Ellen hoch, welcher vor wenig Jahren neu aufgerichtet worden, weil ein Schalk nachts den vorigen heimlich weggetragen hatte.

Und das ist der Wetzstein, an welchem aber niemand zum Schabernack oder raillerie wetzen darf. Denn wo einer dieses tut, und man wird dessen inne, so kommt von Stund an die ganze Schar der Weiber im Dorf, denen eine Frau als Oberhaupt commandiret, die Stein-Schulzin genannt, welche ausdrücklich zu diesem Amt erwählt wird, herbeigelaufen mit ihrem Gewehr, wie sie es nennen, von Holz gemacht, darunter eine große lange Beißzange, Gabeln und dergleichen militairische Werkzeuge; diese verfolgen nun den Täter so lange, bis sie ihn erhaschen, da er denn mit der Zange angefaßt, zum Wasser geführt und gebadet wird, er mag nun wollen oder nicht; wehrt er sich, so bekommt er noch Stöße dazu und muß doch hernach diese vexirerey mit einer Gelddiscretion ablösen. Ihm wird überdies ein Strohkranz aufgesetzt und ein Bund Heu vorgelegt; und mit solchen Possen legitimieren die Weiber ihr vermeindliches Privilegium bei mutwillig veranlaßter Gelegenheit, welches der gemeinen Rede nach sie daher erlangt, weil zu der Zeit, da Fürst Henrich von Henneberg mit seinen Vettern in Unfriede gelebt, diese aber einst das Schloß zu Kaltennortheim belagert, unter andern auch die Weiber von Kaltenwestheim dasselbige dermaßen wohl defendieret, daß die Feinde unverrichteter Sachen abziehen müssen. Dahero als Fürst Henrich ihnen eine Gnade zu tun angeboten, sie nichts mehr als dieses seltsame Privilegium verlanget und auch erhalten. Der Brief selbst aber, sagt man, wäre im Dreißigjährigen Krieg verloren worden. Einmal ist gewiß, daß es niemand wagen darf, an den Stein zu wetzen, will er sich nicht gezwungen sehen, wenn man es gewahr wird, sich der obbeschriebenen Vexation zu unterwerfen, immaßen denn, wie mir von glaubwürdigen Augenzeugen versichert worden, des Höchstseel. Herzogs zu Sachsen Eisenach Herrn Johann Georgen Hochfürstl. Durchl. zu seiner wiederholten Ergötzung mit einem oder andern von seinem Gefolge angestellt hat. Nebstdem hat der Wetzstein auch dieses an sich, daß ihn niemand weder loben noch schelten darf, solange man im Dorf ist; denn wer das tut, der hat ein gleichmäßiges Tractament zu erwarten. Daher sagt man im Sprichwort: Man muß ihn nur gehen lassen, wie den Kaltenwestheimer Wetzstein, das ist weder loben noch schelten. Auch sagt man von einem wunderlichen und morosen Menschen, dem es niemand recht machen kann: Bist du doch wie der Wetzstein zu Kaltenwestheim, den man nicht krumm ansehen, viel weniger loben oder schelten darf. (237)

Teufelskirche

Auf der Rhön stehen oben Basaltfelsen getürmt. Der Teufel, als man im Tal eine Kirche bauen wollte, zürnte und trug alle Bausteine hin auf den Berg, wo er sie nebeneinander aufstellte und kein Mensch sie wieder heruntertragen konnte.
Man erzählt, da wo der Teufel seinen Stein einmal hingelegt habe, könne man ihn nicht wegbringen, denn so oft man ihn auch wegnähme, lege der Teufel einen andern oder denselben wieder eben dahin. (238)

Der Teufelsstein und die Teufelswand

Viele wunderbare Basalt- und Phonolitfelsenbildungen zeigen die Gipfel des Rhöngebirges, deren Entstehung dem Teufel von der volkstümlichen Überlieferung zugeschrieben wird, so, ganz nahe der Milseburg, der Teufelsstein, ähnlich den Ruinen einer alten Burg mit einer aufragenden Turmpyramide. Als der Teufel sah, daß man auf der Milseburg eine Kirche baute, verhieß er einem Bewohner der Gegend, auf einem Nachbarberg ein Wirtshaus zu erbauen, und dieser gelobte ihm sich und seine Seele, wenn er das Wirtshaus nur einen Tag eher vollende als die anderen die Kirche. Da aber beim Bau des Milseburgkirchleins der heilige Gangolf selbst behilflich war, und auf dessen Gebet die Steine sich schneller fügten wie auf des Teufels Flüche, so wurde das Kirchlein fertig, eben als der Teufel mit dem letzten Stein durch die Lüfte geflogen kam. Kaum sah er, daß er seine Wette und obendrein eine Seele verloren hatte, so schleuderte er den mächtigen Felsstein auf das Wirtshaus herab und zertrümmerte seinen ganzen Bau, der noch also zu sehen ist. Die Felsen liegen übereinander wie gespaltene Eichstämme in einem Holzhaufen.
Der Teufelswand, auch Steinwand, wird ähnlicher Ursprung zugeschrieben. An ihr stehen Säulen von Basalt achtzig bis neunzig Fuß hoch senkrecht empor, und sie gleicht einer großen alten Mauer. Dort finden sich auch die Teufelskanzel und die Milchkammer, Felsenbildungen eigentümlicher Form; und ungeheure Trümmermassen, mit basaltischem Gerölle durchmischt, verkündigen die unheimliche Einöde, in deren Schoß die Tradition gern den Bösen heimisch sein läßt.
In der Nähe der Steinwand ragt ein Berg empor, der Eselsborn geheißen, darauf spukt Luzifer in Gestalt eines dreibeinigen Esels. (239)

Habgier findet ihre Strafe

Die Gemeinde Dietges war einmal lange in Streit wegen des Holzmaßes und jeder glaubte, es gehe nicht recht zu, der andere bekomme mehr. Der Schulz entschied endlich, es solle nach Manneslänge gemessen werden, und er selbst wolle sich auf jeden Baum legen und seine Länge solle das Maß sein. Das ging ganz vortrefflich; sobald er da lag, schlug der Zimmermann dicht über seinem Kopf einen Keil ein und alle Bauern waren ganz zufrieden mit dem Ausweg. Als jeder seinen Teil von dem Holz hatte, kam auch die Reihe an den Schulzen. Er legte sich auf einen Baum und der Zimmermann hob schon das Beil, als es dem klugen Schulzen einfiel, wenn er sich recht strecke, dann werde sein Anteil größer als der der andern. Er stemmte darum die Füße fest auf und streckte sich so, daß er grade um einen ganzen Kopf länger wurde, aber in demselben Augenblick fiel des Zimmermanns Beil und er war ein für allemal um einen Kopf kürzer, was ihm in der andern Welt nicht sonderlich mag gefallen haben. (240)

Die Hennenburg

Von der Erbauung der Burg Henneberg ist folgendes in einer alten Handschrift zu lesen:
»Da die Wenden in Rom lagen und Roma und Italien fast verstört und verderbt hatten, das war nach Christi Geburt vierhundert und achtundfünfzig Jahre, da zog ein reicher Römer aus Rom um Unfriedens willen, das war einer von der Säule geheißen, de columna, von dem großen Geschlecht, kam also in den Wald, da jetzo Henneberg liegt, mit seinen Dienern. Da behaget ihn, den Berg zu bauen. Da fand er ein Wildhuhn mit seinen Küchen an derselben Statt, darum nennt er das Schloß Henneberg.«
Fast das gleiche wurde auch gefunden in einer Chronik, wo es von einem Römer aus dem erwähnten Geschlecht heißt: »er zog in diese Lande und kam an das End und Berg, da jetzt Henneberg liegt, und schlug sich allda nieder, da gefiel ihm die Gegend und der Ort so wohl, daß er anfing, ein Schloß darauf zu bauen, und als er das anfing aufzuschlagen, und das Schloß zu bauen, da fand er an derselbigen Stadt eine wilde Henne mit ihren jungen Hühnlein, davon gab er demselbigen Schloß den Namen Henneberg und führte davon die Henne in seinem Wappen, er und alle seine Nachkommen, und nennet sich der von Henneberg. Also sind sie herkommen.« (241)

Die armen Sünder

Nach dem Bauernaufruhr erging über die rebellischen Bauern, welche gefangen waren, ein furchtbares Strafgericht, fast in allen hennebergischen Orten. Viele wurden zu Dreißigacker oder zu Maßfeld hingerichtet. Im Dorf Sulzfeld blieben von der gesamten Bauernschaft nur zwei Männer am Leben. Als diese beiden zur Richtstatt geführt wurden, sah man den einen weinen und den andern lachen. Beide waren Ziegelbrenner, und da man den Weinenden nach der Ursache fragte, weshalb er weine, so sagte er: »Nicht um meinen Tod weine ich, sondern um die Gebäude der hohen Herrschaft, die ich allezeit mit dauerhaften und guten Ziegeln versehen habe. Keiner wird sie wieder so gut versorgen.« Darauf wurde ihm das Leben geschenkt, und nun befragte man den andern, der ein kleiner dicker Mann war, was er denn lache? Der antwortete keck: »Es lächert mich, daß mir soll der Kopf abgeschlagen werden; wo soll ich denn hernach meinen Hut hinsetzen?« – Und mit diesen Possen hat auch er Gnade erlangt. (242)

Der Vogelsberg

Der Auszug des wilden Jägers

Zog der wilde Jäger vor Zeiten aus, so kam er immer vom Vogelsberg das Tal herab über die Wadenhäuser Mühle und fuhr mit seinem ganzen Heer in den Lauberg hinein, der über Solms-Ilsdorf liegt. Dies geschah regelmäßig im Spätherbst bis gegen die Christtage hin, immer nach dem Abendgeläute, und ein langer feuriger Streifen am Himmel zeigte dann allemal seinen Weg an. In demselben Augenblick gab's im Wald ein abscheuliches Wesen mit Räderknarren, Geiselplatzen, Trompetenblasen; man hörte alle Tier-, Vögel- und Menschenstimmen durcheinander, und dabei ward der ganze Wald so licht, daß man jedes Blättchen an den Bäumen hätte erkennen können.

Wenn die Ilsdörfer Weibsleute, die in den jungen Tagen dazumal noch dick in den Brechscheuern saßen, dies alles sahen und hörten, dann ließen sie die Arbeit liegen, hielten die Ohren zu und flohen so hurtig sie konnten ins Haus. Draußen traute sich's niemand auszuhalten und den Herzhaftesten entfiel der Mut.

Auch erzählt man, daß bei solch einer Gelegenheit, als der wilde Jäger einmal sehr geschwind fuhr, ein Rad von seinem Wagen losgegangen und vom Himmel mit einem großen Rumpel wie bei einem rechten Donnerwetter auf die Erde gefallen sei. (243)

Der Reiter im Lauberg

Bei sternheller Nacht, in der Zeit der Zwölften, ging ein Ilsdorfer Mann in den Lauberg (La-berg im Mund des Volkes), der hart über dem Dorf liegt, und in welchem der wilde Jäger fast alljährlich sonst bei seinem Auszug sich spüren ließ. Es war gar bitter kalt und dem Mann fehlte es an Holz, so wollte er sich hehlingerweise einen Baum umhauen. Kaum aber hatte er nach seiner Ankunft sich einen solchen ausgesucht und die Säge angesetzt, als es ganz lebendig im Wald wurde. Eine grausame Windsbraut fuhr in die Wipfel und schlug sie gegeneinander, daß man hätte meinen sollen, sie wären eitel Strohhalme, dann gab's ein Geächze und Gekrach ringsum, als würden alle Stämme umgehauen und fielen wirr auf einen Haufen zusammen. Der Mann sprang auf und wußte nicht, was er anfangen sollte. Indem sprengt aus dem Berg heraus ein übermenschlich großer Reiter, der sitzt auf einem schnaubenden weißen Gaul und hat keinen Kopf. Als er den erblickte, raffte der Mann eilig sein Holzmachergeschirr auf und rannte, als ob der Teufel ihn ritte, heulend davon. Tags darauf sah er nach auf dem Platz. Da war kein Baum beschädigt, auch keine Hufspur zu sehen. (244)

Braundosten und Baldrian

Am »Gekräutertag«, wie man im Vogelsberg den Tag der Himmelfahrt Christi nennt, geht man hinaus, um heilkräftige Pflanzen zu suchen, denn dann ist der Segen Gottes über alles Wachstum ausgegossen. Besonders sucht man Braundosten und Baldrian, zwei Pflanzen, die man in die Stube und über die Stalltüre hängt, zum Schutz gegen Zauberei. Eine Magd kam einmal mit einer Last Gras aus dem Wald und begegnete einem Hexenmeister. Der rief ihr ganz giftig zu:

> »Wann de näit bei dir häst Braudoste und Baldrio,
> Wott eich dir bahld das Halsgenick ogerisse ho.«

Ohne daß sie es wußte, hatte nämlich die Magd diese beiden Wunderkräuter bei sich gehabt, und das war gut, sonst wäre sie nicht so heiler Haut davongekommen. (245)

Kröten verwandelt

Im Oberwald sind viele Orte, wo man Gold und Silber finden könnte unter der Erde. Auch ist schon dick danach gesucht worden. Drei Männer in Michelbach kannten solch eine Stelle, wo ein »Schatz geblüht« hatte und beschlossen, denselben zu heben. Weil aber einer von ihnen, ein armer

Flickschuster, eine dringende Abhaltung hatte, so gingen die zwei andern allein hinauf. Doch statt Geld zu finden, krochen an dem Platz viele scheußliche Kröten umher, eine dicker und glotzäugiger als die andere. Ihr Ärger war nicht gering, zudem sie noch Säcke mitgebracht hatten, in der Hoffnung, recht viel zu finden. Da gerieten sie auf den Einfall, die Kröten in die Säcke zu raffen, so viel ihrer hineingingen und sie dem Schuster hehlingerweise durch sein Ährnloch ins Haus zu lassen, nachher wollten sie kommen und sich auslachen, wenn er darüber recht fudern und wettern würde. Gesagt, getan. Am andern Morgen gingen sie hin und riefen durchs Fenster: »Schuster, wie gefällt dir das, was dir gestern durchs Ährnloch beschert worden ist?« – »Über die Maßen«, antwortete der, »geht schnell herein, daß ich es euch zeige!« Wie sie eintraten, führte er sie in seine Kammer, da lag auf einem Tisch ein ganzer Haufen Goldstücke, wie man sie schöner nicht malen konnte. Das waren die Kröten gewesen, die sie mitgenommen hatten. Sie teilten nun brüderlich miteinander, wie sich's gebührt. Man sieht: »Wenn etwas am unwertesten ist, ist's am wertesten.« Das soll man sich merken. (246)

Vom Heillug

Auf der Höhe des Waldes von Schotten ist ein Platz, der heißt Heillug (Heilluck). Er hat seinen Namen von einem Götzen, der Lug hieß und dessen sechzig Ellen hohes Bildnis einst hier stand. Der oberste Teil des Bildes war ein sehr großer kupferner Ochsenkopf, der inwendig hohl war und nachts glühte, so daß man ihn weit und breit sehen konnte. Dieser Lug soll ein Landgott gewesen sein, und unsere Vorfahren haben ihn verehrt. (247)

Der Wildfrauborn bei Einartshausen

Zwischen Stornfels und Einartshausen springt der wilden Frau Born. In ihm wohnt die wilde Frau, die ist aber nicht so böse, wie man nach ihrem Namen denken sollte, sondern meint es gar gut mit den Menschen, absonderlich mit den Weibern. Denn wenn eine Frau gern ein Kind hätte, so braucht sie nur unbekust (stillschweigend) vor Sonnenaufgang dreimal aus dem Born zu trinken, so battet's (hilft's) ihr gewiß. Neben dem Born braucht man nur das Tuch aufzuspannen und etwas in einer neuen Schüssel zu essen dabeizustellen. Dann kann man unbesorgt fortgehen an seine Geschäfte. Es kommt darauf die wilde Frau in der Mittagszeit, begießt das Tuch und bleicht es so weiß, wie es die Menschen nicht können; die Speisen aber nimmt sie mit fort in ihre Wohnung. (248)

Verzaubertes Heu

Der alte Weidmüller, er ruht jetzt schon lange auf dem Kirchhof, hatte bei der Pfarrvakanz in Eschenrod die große schöne Pfarrwiese gepachtet, welche unter dem Bilstein auf dem »Baalsacker« liegt. Im stillen, wie das so geht, beneidete ihn darum ein Mann und sprach zu einem Freund des Müllers: »Du, der Weidmüller mag einmal achtgeben, was geschieht, wenn sein Vieh das Futter frißt.« Aber der hatte keinen Glauben daran und schlug sich das Gerede mit Lachen aus dem Sinn. Doch er sollte es gewahr werden.

Mitten im Winter als man dem Vieh wie sonst die Raufen vollgesteckt hatte, war auf einmal alles Vieh los von der Kette, fraß nichts, kannte seinen Herrn nicht und tobte und sprang im Stall wütend umher, wie eine Herde böser Brüllochsen. Was war zu machen? Helfen konnte kein natürliches Mittel, denn hier war Zauberei im Spiel – es war das Heu von dem Baalsacker.

Also suchten die Leute in ihrer Drangsal Rat bei einem klugen Bauern in Eschenrod, der kam, sprang unter das Vieh, schlug dreimal jedem Tier auf die Nase und mit der flachen Hand dreimal kreuzweise über den Rücken, und Stück für Stück war wieder zahm und lammfromm wie vorher. Zu gleicher Zeit gab er auch, denn er war ein ganzer Viehdoktor und ausbündig gescheit, heilkräftiges Gekräut fürs Vieh, das mußten sie ihm geben, die Reste dagegen sorgfältig über der Stalltür verbergen. So wurde der Zauber über das Heu aufgehoben und dem armen Vieh geholfen, ohne Schaden seines Herrn. (249)

Werwolf in Sichenhausen

Noch jetzt, wenn eins beim Essen einen Faden spinnt, der kein Ende hat, sagt man spottweise: »Der hat einen Hunger wie ein Werwolf.« Arme Leute in Sichenhausen hatten einmal Brot gebacken und Mann und Frau trugen ihr Gebäck nach Hause. Sechs halbe Kuchen waren dabei gewesen; wie sie aber daheim ankamen, fehlten ihrer vier, und noch dazu die schönsten. Die Frau tat darüber gar unsinnig. Da sagte ein Nachbarskind: »Wißt Ihr, wer Euch das getan hat? Ich hab's wohl gesehen. Ein Ding, so groß wie ein Kalb, lief Euch nach und hat die Kuchen in seinem Maul aus dem Backtrog fortgetragen.« An jenem Tag fehlte im Nachbarhaus eine Magd, der man schon lange nichts Gutes zutraute, die wurde der Sache als Werwolf geziehen und von ihrer Herrschaft kurzer Hand fortgejagt. (250)

Altenburg. Kupferstich (Politisches Schatzkästlein I 8/2, 1626)

Die Spinnerin auf der Altenburg

In Kaulstos war ein armer Mann, ich hab ihn noch recht gut gekannt, man hieß ihn nur den Katzenhannes, der ging nach Seemen zu einem Juden und wollte ihn um Frist bitten, weil er kein Geld zum Bezahlen hatte. Also schlägt er den gewöhnlichen Weg dahin über die Altenburg ein. Hart vor dem Seemerwald sieht er eine ihm unbekannte uralte Spinnerin sitzen, die trällert Wolle auf einem hübschen braunen Rädchen, und es liegt vor ihr ein Knottentuch mit Frucht, als wäre die gewaschen und sollte in der Sonne getrocknet werden. Die Alte hatte eine weiße Hülle auf dem Kopf und sah ihn an ohne ein Wort zu verlieren, deutete aber mit der Hand immer auf die Frucht. Im Vorbeigehen griff der Katzenhannes auch danach und steckte ein paar Körner, die ihm wie Weizen vorkamen, in die Tasche, darauf ging er seines Wegs. In Seemen sagte er zu dem Juden: »Schmul«, sagte er, »wenn ich soviel Gold hätte als Körner auf dem Tuch lagen, das ich auf der Altenburg sah, dann wäre meine Schuld längst berichtigt.« »Gottes Wunder«, antwortete der Jude, »was hast du gesehen?« Da erzählte ihm der Katzenhannes umständlich die Begebenheit, aber der Jude wollt's nicht glauben und hielt's für einen »Aufbrand«. Da langte der andere in seine Tasche und sprach: »Nun sieh einmal, was das für schöner Weizen gewesen ist!« Aber es war das purlautere, funkelneue Gold, was er hervorzog. Jetzt hätten die beiden keine zehn Gäule gehalten, sie liefen in einer Hast nach der Altenburg und suchten und suchten nach der wunderbaren Frau, doch umsonst. Sie hatten das Nachsehen und die schöne Gelegenheit war für immer verpaßt. (251)

Der blaue Gickel bringt's Essen

Es wohnte vor Zeiten in Gelnhaar ein Assessor, der hatte eine Frau, welcher man nicht recht trauen konnte. Das Essen, welches sie den Dienstboten gab, schmeckte stets sonderbar. Sie hatte wohl eine Köchin, doch überließ sie ihr nie die Küche, sondern schickte sie immer unter irgendeinem Vorwand weg, wenn vormittags die Zeit heranrückte, wo das Essen gekocht werden sollte. Das hatten sich die Dienstboten gemerkt und waren neugierig geworden, gaben von da an auf alles genau acht, was zu der Zeit um das Haus herum vorging. So standen sie eines Abends am Brunnen und da sahen sie, wie der Teufel in Gestalt eines feurigen Wiesbaums durch die Luft daherzog und als blauer Gickel auf das Dach niedersaß, worauf er durch den Schornstein in das Haus hinabfuhr. Sie bohrten heimlich ein Loch in die Wand der Speisekammer und als der Teufel in der andern Nacht wiederkam, legten sie sich an das Loch und sahen Butter und frische Käsematten in Schüsseln auf dem Tisch stehen, welche der Teufel eben gebracht hatte. Sie hätten nun der Assessorin einen argen Streich spielen können, denn wenn sie vier Klumpen Teig genommen und

»Das Blut Jesu Christi« darauf geschrieben hätten, dann würde der Teufel nicht aus dem Haus weg gekonnt haben, ohne das Dach mitzunehmen; aber das taten sie nicht, sondern nahmen kurz und gut alle ihren Abschied und wollten nicht länger im Haus dienen. (252)

Das wilde Weibsbild bei Birstein

Eine Waldhöhle zwischen Birstein und Neuenschmitten heißt man »Am wilden Weibsbild«. Riesengroße Felsplatten liegen da so künstlich übereinandergeschichtet, daß es wie eine haushohe Mauer aussieht. Das soll der Überrest von dem Schloß sein, worin das »wilde Weibsbild« wohnte, und wäre von ihm selbst gebaut worden, so stark wäre dasselbe gewesen. Das ganze Land ringsherum gehörte ihm zum Eigentum und war ihm zehntbar. Das war aber so gekommen: das wilde Weibsbild hatte gesagt, es wolle nur soviel Land haben als es mit einer Kuhhaut bedecken könnte. Als man ihm das erlaubte, schnitt es die Haut in ganz klimperkleine dünne Riemen und erlangte so die Herrschaft über die ganze damit umspannte Gegend. Ehemals hat man das wilde Weibsbild auch gesehen. In der Adventszeit ging es um, weiß vom Kopf bis zum Fuß, und zwar um Mittag wie gegen Abend. Aber das ist schon lange her. Jetzt hört man nicht mehr viel von den alten Geschichten. (253)

Sotzbacher Kunststücke

In Sotzbach bei Birstein gab es früher Leute, die konnten bannen und sich unsichtbar machen. Wer sie hören will, dem wollen wir davon zwei Stücklein erzählen.

Ein Sotzbacher Mann ging nach Büdingen unter die Steinhauer, und weil er ein großer und stattlicher Kerl war, stach er den preußischen Werbern merkwürdig in die Augen, die damals stark im Reich streiften. Es war aber ein Lüftling, der recht fein und lustig tun konnte. Als er sich hatte anwerben lassen, brachte er den Wachtmeister dazu, daß er zum Spaß ihm seine goldene Sack-Uhr mit der schweren silbernen Kette anhing und seine silberbeschlagene Meerschaumpfeife zum Rauchen ins Maul steckte. Schnell ging er mit alledem an den Tisch, trank ein Glas Bier aus, stellte das Glas verkehrt, und – gesehen hatten sie ihn!

Ein anderer, der Kreders Klas, hatte Wild geknappt und sah den Jäger kommen. Also verwandelt er sich in einen Baumstamm, und richtig, mein Jäger geht hin, setzt sich darauf und klopft sich auch dran die Pfeife aus. Als er weg war, schrieb er demselben einen Brief, wenn er wieder einmal seine Pfeife ausräumen wollte, sollte er sie nicht an seinem Kopf ausklopfen. Nun hat der Jäger ganz verzweifelt im Wald den Stumpf gesucht, konnte ihn aber nirgends finden. Das sind alles grundwahre Geschichten und ist alles geradeso passiert. Wenn ihn kein Mensch sehen sollte, war er gleich weg. Der Förster suchte ihn einmal im Wirtshaus. Da hieß es: »Drin am Tisch sitzt er.« Am Tisch aber standen die Kaffeeschälchen, die waren noch naß, und alles ringsherum war vollgetröpfelt, er aber nicht da. Als der Förster auf der Straße stand, machte er das Fenster auf, zog ein Spottmaul und sagte: »Gelt, du scheeler Drach, jetzt hast du mich doch nicht gesehen!« (254)

Der Taufstein

Der Taufstein hat seinen Namen daher, daß der heilige Bonifatius auf demselben die ersten Christen taufte. Es waren aber viele Heiden in der Gegend, welche sie verfolgten. Wenn dieselben einen Christen fingen, stürzten sie ihn vom Bilstein herab. (255)

Geprellter Teufel zu Herchenhain

Ein armer Schmied im Vogelsberg hatte seine Seele dem Teufel verschrieben. Dafür sollte der ihm drei Jahre lang als Schmiedgeselle umsonst dienen und seinen Meister reich machen. Ausbedungen war auch noch, daß zu Ende der Gesellenzeit der Teufel ein Meisterstück liefern oder drei Fragen beantworten müßte. Nun, die drei Jahre gingen allmählich herum; und dem Schmied sank mehr und mehr das Herz in die Kniekehlen.

Da er eines Tages kleinmütig und trübetrostig durch die Felder schlenderte, begegnete ihm ein altes Weib, dem klagte er seine Not, da sie ihn um seine Trauer ansprach.

Wenn es weiter nichts wäre, sagte die Alte, so dürfte er sich noch lange nicht fürchten; er sollte beim Probestück nur tun wie sie ihn hieße.

Zuerst, sagte sie, gibst du dem Teufel eine Handvoll von deinen krausen Haaren; die solle er geradeschmieden.
Zweitens mußt du ihm ein Ding vorschmieden, das sich zu zweierlei gebrauchen läßt, z. B. wo man eine Feuerschippe oder eine Krauthacke daraus machen kann. Hierauf fragst du den Teufel, was das geben solle; was er auch antworte, du läßt ihn dann falsch raten.
Drittens läßt du deine Ehefrau sich nackend erst im Backtrog, dann aber in einem Federbett herumwälzen. So muß sie sich auf einen Baum setzen, und der Teufel soll raten, was das für ein Vogel sei.
So geschah es dann auch. Je länger der Teufel die Haare auf dem Amboß hämmerte, desto krauser wurden sie. Und wie der Teufel bei zweiter Probe auf eine Schippe riet, schlug der Schmied das Eisen mit zwei Hieben krumm, und die Krauthacke war fertig. Den seltsamen Vogel hat der dumme Teufel aber gar nicht erraten und ist zur Hölle abgefahren. (256)

Die Luft als Bote

Mehrere Soldaten, darunter ein Trompeter, wurden im Dreißigjährigen Krieg von Herbstein aus, wo das Regiment im Quartier lag, durch den Oberwald geschickt, warum weiß man nicht mehr, die fielen den Schnapphähnen in die Hände, welche sich dahin geflüchtet hatten. Es kam zu einem erbitterten Kampf der paar Leute gegen die große Übermacht, und alle Soldaten bis auf einen lagen bald sterbewund auf dem Rasen. Dieser eine war der Trompeter. Der kletterte in seiner Todesangst auf einen Buchbaum und setzte die Trompete ans Maul und fing an, so laut er konnte das Lied zu blasen: »Wenn wir in höchsten Nöten sein«. Da erreichten ihn aber die Kugeln der Mörder und er schlug leblos durch die Zweige herunter mit zerschmettertem Leib. Aber die Lüfte wurden Boten der Freveltat und trugen den Schall des Liedes so schnell weiter, daß im selben Augenblick alle seine Kameraden in Herbstein das klägliche Lied hörten und ganz genau die Gegend erfuhren, wo das Gefecht stattgefunden hatte. Alsbald saß eine Kompagnie auf und streifte durch den Oberwald. Sie fanden auch die hingemordeten und schmählich ausgezogenen Soldaten und nahmen sie mit zu ehrlichem Begräbnis, das Raubgesindel aber hatte sich in seine Schlupfwinkel verborgen und entging für diesesmal der gerechten Strafe. (257)

Mühlstein um 1620. Kupferstich (Politisches Schatzkästlein I 4/34, 1625)

Werwolf in der Schalksbach

Zwischen Herbstein und Hopfmannsfeld liegt ein Grund, da soll's nie ganz richtig gewesen sein, man heißt ihn die Schalksbach. Dahin trug eine Frau aus Hopfmannsfeld die Mittagssuppe, denn ihr Mann war früh von Haus weg mähen gegangen. Kaum war sie am Platz angelangt, so sah sie ihren Mann auf die Wiese bei dem Herbsteiner Wäldchen gehen. Kurz danach lief aus demselben der Werwolf auf sie zu, stürzte sie zu Boden, schleifte die Jammernde im Angesicht der Leute auf der ganzen Wiese herum und zerriß ihr endlich den roten Moltonrock, den sie anhatte. Darauf ließ er sie gehen und lief schnurgerade in den Tannenwald zurück. Bald kam er nun in Menschengestalt als ihr Mann wieder an und ging zu ihr, legte auch den Kopf auf ihren Schoß, um auszuruhen. Aber es staken ihm noch rote Fasern in den Zähnen. Da sagte die Frau: »Ei, du hast ja von meinem roten Rock in deinen Zähnen.« – »Ach, Frau«, antwortete er, »ich wollte nur einmal mit dir spielen.« – »So ein Spielwerk will ich aber nicht haben!« rief die Frau in ihrer Bosheit, zog, eh er sich's versah, ihr Sackmesser heraus und schnitt ihm die Kehle durch. So fand er seinen Lohn und starb eines bösen schnellen Todes. Zum Gedächtnis dieser Mordgeschichte ward an dem Platz ein Stein gesetzt, der hat noch lange da gestanden, darauf war alles beschrieben. (258)

Ulrichstein um 1620. Kupferstich (Politisches Schatzkästlein II 2/49, 1628)

De weiß Jungfer von Eichelhain

In Beckersch Hob is aa als e wäiß Jungfer geweast. Wann se de Morge in de Stall koame, do woarn die Gäil ganz naß. Do hon se en schwoarze Hetzebock in de Stall gestaalt, do hatte die Gäil Ruh, oawer de Hetzebock hot müsse herhaaln. (259)

Ulrichstein

Das Schloß Ulrichstein wird vom Volk Mühlstein (früher Molesstein) genannt. Die Sage erzählt, daß ein Graf, der weit von hier seinen Sitz gehabt habe, der Begründer von Ulrichstein gewesen. Um das zum Bau nötige Geld von seiner Mutter zu erhalten, überredete er dieselbe, daß er eine Kirche erbauen wollte. Aber die Mutter hatte Verdacht in seinen Versicherungen gefunden und faßte den Entschluß, sich durch den Augenschein zu überzeugen. So kam sie heimlich, den Sohn überraschend, hier an und fand außer der Kirche ein beinahe vollendetes Schloß. Als sie nun der Graf umherführte, ihr seine Bauten zu zeigen, rief sie voll Verwunderung: »O Ullrich, was Steine!« und der Sohn antwortete: »Moles Stein!«

Davon hat das Schloß seine zweifache Benennung erhalten. Später trieben die Besitzer Räubereien und legten den Pferden die Hufeisen verkehrt auf, um die Verfolger zu trügen. Da zog aber der Landgraf von Hessen gegen sie aus, verjagte sie aus dem Bergschloß und zerstörte es; noch heute ist seine Ruine zu sehen. (260)

Geister auf Ulrichstein

Ehedem sah man oft am hellen Tage einen großen weißen Mann auf Ulrichstein umhergehen, der trug ein Bund Schlüssel in der Hand, welches er den Leuten hinreichte; doch wagte keiner, dasselbe anzunehmen. Noch soll es nachts im Schloß umgehen und viele wollen das Wimmern eines Kindes gehört haben. (261)

Der Ranzen des Zauberers

Ins Betzenröder Wirtshaus kam im vorigen Jahrhundert einmal der Wasenmeister von Grünberg und bestellte sich bei der Wirtin eine gute Mahlzeit. Seinen ledernen Ranzen, der wie es schien ganz leer war, hing er an einen Nagel an der Wand auf. Zugleich sagte er der Wirtin, bis das Essen fertig sei, wolle er vorher noch einmal ins Dorf gehen; denn er habe da viele Geschäfte. »Um Leib und Leben aber rührt mir den Ranzen nicht an«, sprach er bei zwanzigmal zu der Frau. »Ja doch«, antwortete die, »geht nur.«

Kaum aber hatte er den Rücken gewendet und die Tür war ins Schloß gefallen, so lief die neugierige Alte, wie eben die Weiber sind, die gerne hinter alles kommen wollen, herzu und tupfte nur so ein klein wenig an den Ranzen. Gerechter Gott! Gleich fing der an aufzuschwellen, wurde dicker und dicker und zuletzt so unförmig, daß ihr himmelangst wurde und sie heulend in die Kammer sprang.

Ungerufen und wie der Blitz kam nun aber auch der Wasenmeister zur Stubentür hereingesaust und schrie im höchsten Schrecken: »Was habt Ihr mir gemacht! Wer weiß, ob ich über das Ding noch Herr werde!« Mit Gewalt riß er den Ranzen herab, hing ihn sich um und schlug mit einem Prügel wütend auf ihn los.

Unter diesem Schlagen machte er sich davon und ließ auch die bestellte Mahlzeit im Stich. Die Wirtin aber konnte von Glück sagen, denn das war ein böser Geist, den er in den Ranzen gebannt hatte, und wäre der herausgekommen, so hätte er nachher für immer in ihrem Haus gespukt. (262)

Die Laubacher Totenschar

Vor ungefähr 150 Jahren ging ein Bauer zur Zeit der Grummeternte mit seinen Ochsen zum Pflügen. Sein Knecht war krank, und bei der mondhellen Nacht wollte er bis um zehn Uhr draußen bleiben, bis nämlich die Tore geschlossen wurden. Das aus Schnitzsuppe und Pfannkuchen bestehende Abendessen brachte ihm seine Frau aufs Feld. Nun wurde er aber bis zum Torschluß nicht mit der Arbeit fertig, scheute auch den Kreuzer für das Öffnen des Tores und beschloß, mit seinem Gespann draußen zu übernachten. Im Schutz des beim Friedhof stehenden Siechenhauses setzte er sich nieder und schlief ein, erwachte aber um Mitternacht und sah, wie sich alle Gräber öffneten und die weiße Schar der Toten nach der langen Wiese zog, vernahm auch deutlich, wie sie »Ehre sei Gott in der Höhe« sangen. Aber auf den Schlag zwölf war alles mit großem Gepolter vorbei. Ein Schauder überlief den Mann, nach der Öffnung des Tores am frühen Morgen eilte er nach Hause, erzählte seiner Frau von dem Gesicht, legte sich und sagte: »Ich muß sterben.« Nach acht Tagen war er tot. Vor

Laubach um 1620. Kupferstich (Politisches Schatzkästlein I 7/29, 1626)

seinem Tod riet er seiner Frau, sie sollte nicht wieder heiraten, sondern einen Knecht nehmen, bis das einzige Töchterchen herangewachsen wäre und mit dessen Verheiratung wieder ein Mann ins Haus käme, ja er nannte auch den Mann, den sie als Knecht dingen sollte. Dieser diente jahrelang treu und bekam jedes Jahr zu seinem Lohn einen Gulden zugelegt und als er sich verheiratete die beste Kuh aus dem Stall als Hochzeitsgeschenk. (263)

Das Kind im Merlauer Schloß

Als das Schloß zu Merlau noch stand, welches ein stolzes Fürstenhaus war wie kein anderes im Hessenland, sintemal es soviel Fenster hatte wie Tage im Jahr und eine solche Anzahl Gemächer und Kammern, daß man darin irregehen konnte, war's in einer Stube nicht ganz richtig. Auf einen bestimmten Tag im Jahr hörte man da immer ein junges Kind jämmerlich schreien, als ob es am Spieß stäke, das war von seiner Rabenmutter, die es in Unpflichten geboren, hehlingerweise ermordet worden. Auch befand sich darin eine doppelte Giebelöffnung, die vermochte man mit nichts zuzumachen. Dadurch soll der Teufel seinen freien Paß ins Schloß gehabt haben. Nur Erbsenstroh war dasjenige, womit man sie verstopfen durfte. (264)

Schloß Merlau um 1620. Kupferstich (Politisches Schatzkästlein II 2/30, 1628)

Die Hasen des wilden Jägers

Bei Merlau ist ein Wald, »das Linnes« genannt, da zieht der wilde Jäger immer durch, wenn er um Advent sein bekanntes Wesen anhebt. Dann war früher des Morgens ein großes Wunder zu erschauen. An den höchsten Wipfeln der Waldbäume hingen erlegte Hasen, die hatte er darangehängt, und man konnte an ihnen ordentlich die Richtung verfolgen, die das wilde Heer genommen haben mußte. (265)

Die ledernen Hosen

Immer zu der Jahreszeit, wenn der wilde Jäger durch »das Linnes« zog, geschah es, daß einzelne Leute, die auf dem Pfad von Lehnheim nach Nieder-Ohmen durch den Wald gingen, an einem gewissen Baum daselbst ein paar ungeheuer große lederne Reithosen hängen sahen, die aber jedesmal über und über mit Schmutz bedeckt waren. Kamen sie näher hinzu, so rief aus ihnen heraus eine überlaute Stimme: »Putzt mich! Putzt mich!« Wer nun nicht faul war und sich an das angeforderte Geschäft alsbald begab und nach Vollbringung desselben in die Hosentasche griff, der fand jedesmal darin einen ganz alten schweren Silbertaler, mehr aber auch nicht. Den durfte er unbeschrien mitnehmen und behalten – es war der Lohn des wilden Jägers –, dann aber sah man die Hose nicht mehr. Überhaupt nur solche, die als güldene Sonntagskinder oder mit einer Westerhaube jung geworden waren, empfingen diesen sehnlich begehrten Glückstaler. Die anderen aber, die auf den Ruf auch herzueilten, mußten wie mit den Füßen angewurzelt eine Weile vor der Hose stehenbleiben und konnten erst nach ihrem Verschwinden wieder den gewohnten Weg ungefährdet fortsetzen. (266)

Wie einer Hexe gelohnt wurde

In Frischborn, einem Kirchdorf bei Lauterbach, lebten Leute, die waren ehedem blutarm gewesen und wurden zusehends reich; man wußte in aller Welt nicht, wie das Ding zuging.

Zu ihnen kam eines Abends eine fremde Frau mit einem Kind an der Hand und bat sie, um der Barmherzigkeit Gottes willen, um eine Nachtherberge. Der junge Mann im Haus, seines Zeichens ein Zimmermann, willigte aus angeborner Gutmütigkeit auch sogleich ein und bot der Frau an, sie solle auf der Oberläube (der Oberstube) bei seiner alten Mutter im Bett schlafen.

Dagegen wandte sich diese aber aus Leibeskräften und brachte es durch ihre Gegenreden richtig auch dahin, daß der Sohn den Gästen eine Streu auf dem Fußboden neben ihrem Bett zurechtmachte. Darauf streckte die müde Fremde sich hin, nachdem sie, wie es rechtschaffenen Christen zukommt, gläubig ihren Abendsegen gebetet und sich mit dem heiligen Kreuz bezeichnet hatte.

Währenddessen saß die Alte mit einem Motzgesicht am Tisch und trällerte auf ihrem Spinnrad, tat aber sonst kein Maul auf und betrachtete mitunter mit ganz eigenartigem Blick die zwei auf der Streu Liegenden. Diesen war es von vornherein in ihrer Gesellschaft nicht ganz wohl ums Herz gewesen, und so stellten sie sich nur an, als ob sie schliefen, in Wahrheit aber merkten sie auf, was es geben würde. Überdem schlug es zehn und elf Uhr und noch immer machte die Alte keinen Feierabend.

Als es jedoch stark auf die Mitternacht losging, sprang ohne das mindeste Geräusch die Tür weit auf und ein verdächtig aussehender Grünrock mit einem großen Beutel voll Geld in der Hand trat herein. »Schaff mir eine Seele«, rief er, »ich will dir's gut bezahlen« und deutete mit einem entsetzlichen Blick auf die anscheinend Schlafenden.

»An die auf dem Stroh kann ich nicht«, antwortete die Alte, »denn die haben einen Kreis um sich gezogen. Aber wart, jetzt fällt mir was ein«, fuhr sie fort, »mein Sohn ist ein Zimmermann und geht frühmorgens an sein Tagewerk, da ruft ihn immer ein unschuldig Mädchen, die noch nicht gebetet und noch nichts gegessen hat, zum Morgenimbiß. Das Mädchen will ich dir schaffen; ich verwandle mich zuvor in eine große schwarze Muck, lauf unter die Herde und mache mich an das dumme Ding; laß mich nur gewähren!« Der Grünrock war zufrieden, gab ihr den Beutel mit Geld und verschwand.

Kurz danach legte sich die saubere Person, als ob nichts vorgefallen wäre, ins Bett und schlief ein. Die fremde Frau aber konnte kein Auge zutun und erwartete mit Todesangst das Morgengrauen, denn kein Wort des Gesprächs war ihr entgangen. Als die Alte fest schnarchte, stand sie leise auf, erzählte sobald sie konnte dem Sohn den schändlichen Plan und ermahnte ihn, recht auf der Hut zu sein, ob es nicht bei Tagesanbruch etwas Verdächtiges geben würde; dann schied sie unter Danksagen mit ihrem Kind.

Und wirklich, als der Hirt ausfuhr, war auf einmal eine böse schwarze Muck unter der Herde – man wußte nicht, woher sie gekommen war –, die rannte stracks auf das Mädchen zu und suchte dasselbe in einem fort am Kleid zu fassen und festzuhalten.
Aber nun sprang auch der Zimmermann mit seinem Richtscheid auf die Unholdin zu und traf sie damit so hart, daß sie wie tot hinstürzte, und er dachte: sie hat ihr Teil; dann begab er sich nach Hause.
Siehe, da lag seine Mutter oben im Bett, war grün und blau geschlagen und konnte weder ein Glied regen noch ein Auge auftun. Er, als er dies sah, sprach voll Zorn: »So, ich glaubte, der Reichtum käme von unserem Herrgott; so kommt er also vom Teufel, nun so sollst du alter Drache auch des Teufels Dank dafür haben!«
Damit ergriff er einen herzhaften Prügel, riß die zeternde Alte mit Gewalt herum und wamsete sie so gründlich noch einmal durch, daß kein Hund ein Stück Brot mehr von ihr nahm und sie den Himmel für eine Baßgeige ansah. So hatte sie ihr Recht und das hat ihr bis heute noch kein Mensch mißgönnt. Ob sie aber deswegen das Hexen gelassen hat, davon ist nichts unter die Leute gekommen. Denn wer einmal das Hexen kann, der verlernt's nicht! (267)

Rutscherzins

Zu Lauterbach wurde jährlich auf heiligen Dreikönigstag ein ungebotten und ungehegtes Gericht gehalten, welchem der Kämmerer von Fulda vorsaß. Die Hübner des Gerichts hatten jedesmal ein Schwein, »Geldforch« genannt, so rein als ob es mit Milch aufgezogen sei, dem Gericht zur Mahlzeit zu liefern. Zu dieser Mahlzeit hatte der Kämmerer zu laden die Müller aus der Großmühle zu Angersbach und aus der Klink- und Ziegelmühle zu Lauterbach. Die Müller durften ihre Weiber mitbringen, welche ihre besten Kleider antun und ein Wachsopfer geben oder stattdessen 30 Kr. zahlen mußten. Dieser Zins hieß Rutscherzins und mußte am Gerichtstage zwischen elf und zwölf Uhr mittags bezahlt sein, widrigenfalls er von Stunde zu Stunde jedesmal um das Doppelte wuchs. (268)

Das Irrkraut

Es gibt ein Kräutchen, das sieht der nicht, der drauf tappt, man heißt's das Irrkraut. Sobald es der Fuß berührt, verliert man alle Richtung des Weges und geht blindlings fort, ohne jemand zu kennen, wie wenn man im Traum wandelte. So kam einmal ein Rixfelder Mann in der Schalksbach zu seinem Bruder. Er war in Lauterbach gewesen, sein Bruder kam aus dem Dorf. Also sagte er: »Guter Freund, könnt Ihr mir nicht den Weg nach Rixfeld zeigen? Ich gehe und gehe und kann's nicht finden.« – »Ei, Jobik«, sprach der andere, »ei, kennst du denn deinen leiblichen Bruder nicht mehr? Und siehst du nicht, daß das die Krautgärten von Rixfeld sind?« Da sperrte jener die Augen weit auf, starrte eine Zeitlang verwundert um sich und hörte auf »sinnverlissig« zu sein. Das war einer, der hatte auf das Irrkraut getappt.
Ähnlich erging es einem Mann aus Freienseen. Der verirrte sich im Wald und lief und lief und kam nimmer zurecht. Also setzte er sich auf den Boden, zog die Schuhe aus und fuhr mit dem rechten Fuß in den linken hinein. Wie er das tat, hörte die Macht des Irrkrauts auf, er kannte die Gegend wieder und wurde gewahr, daß er gerade vor dem Oberseenerhof stand. (269)

Die Silberwäscherin zu Unterschlitz

Am linken Fuldaufer liegt zwischen Schlitz und Hutzdorf die Schlitzer Burg. Jetzt gewahrt man kaum mehr eine Spur von ihr, denn schon um 1261 wurde sie von dem tapfern Abt Bertho II. von Leibolds zerstört, demselben, den man gewöhnlich den Abt Fingerhut nannte. Auf der Stelle, wo sie sich einst erhob, geht es um und noch heut hört man um Mitternacht die Silberwäscherin, welche zahllose silberne Teller aufeinandertürmt, bis der Schlag Eins sie von ihrer Arbeit erlöst.
Einer andern Sage zufolge schlich sich eines Abends ein Weib in die Kirche und stahl dort die heiligen Gefäße. Manche davon hatte sie schon verkauft, manche auch vergraben, als der Tod sie ereilte. Jetzt muß sie zur Strafe jede Nacht das vergrabene Gerät hervorholen und in der Fulda waschen. (270)

Der Sattelstein

Der Sattelstein im Gräflich Goertzschen Wald ist eine dreieckige Sandsteinplatte mit drei Hufeisenzeichen. Einst würfelte der Teufel auf diesem Stein mit einem frommen Mönch um eine Menschenseele. Ersterer warf an und erhielt die höchste Punktzahl, nämlich achtzehn. Der Mönch würfelte auch, und siehe, es waren neunzehn Punkte; denn aus dem einen Würfel war das Plättchen mit dem Einer herausgesprungen. Und so hatte der Mönch doch gewonnen. Vor Wut und Ärger schwang sich der Teufel, der auf einem dreibeinigen Maultier hergeritten war, auf sein Tier, das mit einem gewaltigen Satz in die Luft sprang und dabei die Spuren seiner Hufe in den Stein eindrückte. (271)

Die Müllerin im Schlitzerland

Im Schlitzerland lag vor langer Zeit eine Mühle, deren Besitzerin von den anliegenden Nachbarn nicht gut gelitten war; denn es ging in der Umgegend das Gerücht, die Müllerin stände mit dem Bösen im Bund, der ihr für manche Gefälligkeit Reichtum und Wohlstand verschaffte. Deshalb war es auch kein Wunder, wenn sich trotzdem gern Knechte und Mägde in jene Mühle verdingten, wo es sehr gutes Essen und Trinken gab. Als eines Tages ein Knecht auf dem nahen Acker beschäftigt war, trat auf einmal ein altes Mütterchen auf ihn zu. Sie begann sogleich mit ihm eine Unterhaltung und fragte ihn auch, ob es ihm bei seiner Herrschaft gefiele. In der Mühle ginge es nicht mit rechten Dingen zu, ja, seine Herrin machte mit dem Teufel gemeinsame Sache, und alle Speisen, die in der Mühle aufgetragen würden, schaffte der Böse selbst herbei. Sie wollte ihn, weil er noch ein junger unerfahrener Mensch wäre, vor Gefahren warnen und verriet ihm, auf welche Weise er leicht hinter die Zauberei kommen könnte. Der Knecht bewahrte das ihm anvertraute Geheimnis wohl ein paar Tage für sich. Als die Dienstleute aber wieder einmal mit ihrer Herrin am Tisch saßen und das Essen auf den Tisch gebracht wurde, warf der Knecht, scheinbar ohne Absicht, Messer und Gabel kreuzweis über das Gericht, und anstelle der Klöße und des Bratens lagen auf dem Teller plötzlich Pferdeäpfel, an denen Roßkäfer umherkrochen. Als das die Müllerin merkte, erblaßte sie vor Schrecken und mußte totkrank zu Bett getragen werden. Das Gesinde, dem nun der Knecht jene Unterredung mit dem alten Mütterchen erzählte, verließ sogleich den Dienst und fortan wurde die Mühle von Knechten und Mägden gemieden. Die Besitzerin aber starb bald darauf; die Mühle, die keinen Käufer mehr fand, zerfiel mit den Jahren und keine Spur ist von dem ehemaligen stolzen Besitztum mehr zu entdecken. (272)

Was damals die Äcker gegolten haben

In den Hungerzeiten des Dreißigjährigen Krieges sind viele Äcker, wie man zu sagen pflegt, um ein Butterbrot weggeben worden, und manche erinnern noch durch ihren Namen daran. Die »Klößäcker« im Schlitzerland wurden um einen Klees (Knödel) verkauft, ein Acker im »Schmeergrunde« für eine Seite Schmer (Schweineschmalz), die Brotwiese in der Gemarkung Bernshausen um einen Laib Brot, und die Dreilaibbrotswiese in der Gemarkung Sandlofs, die dem Türmer von Schlitz gehörte und deshalb bis heute auch die Türmerwiese heißt, für drei Laib Brot. Die Hutzdorfer Pfarrchronik erzählt, daß in der Kriegsnot dort ein Acker für einen Butterweck und in Queck ein Haus mit daranliegendem Rain für zwei Laib Brot weggeben wurde. Im Stadtgraben von Schlitz soll man damals Leute verhungert gefunden haben mit Brennesseln im Mund. (273)

Von der Wetterau zum Spessart

Der wilde Jäger zieht durchs Niddatal

Mit erschrecklichem Lärmen zog ehemals von dem Vogelsberg her der wilde Jäger durch das Tal der Nidda an den Bergen her. Da kam jedesmal aus dem Turm in der alten Burgmauer zu Staden, auf der Seite nach dem Wingertsberg zu, eine lange, lange Stange heraus und an deren Spitze hing eine Leuchte, die wie ein Klumpen Feuer aussah. Die leuchtete dem wilden Jäger, während er vorbeizog. (274)

Nidda

Zu Zeiten Friedrich Rotbarts war Bertold, Graf zu Nidda, ein Raubritter, hatte seinen Pferden die Hufeisen umkehren lassen, um die Wandersleute sicher zu berücken, und durch sein Umschweifen in Land und Straßen großen Schaden getan. Da zog des Kaisers Heer vor Altenburg, seine

Nidda um 1620. Kupferstich (Politisches Schatzkästlein II 7/36, 1631)

Raubfeste, und drängte ihn hart; allein Bertold wollte sich nicht ergeben. In der Not unterhandelte die Gräfin auf freien Abzug aus der Burg und erlangte endlich vom Heerführer, daß sie mit ihrem beladenen Maulesel und dem, was sie auf ihren Schultern tragen könnte, frei herausgelassen werde; mit der ausdrücklichen Bedingung, daß sie nur ihre beste Sache trüge, auch der Graf selbst nicht auf dem Maulesel ritte. Hierauf nahm sie ihre drei Söhne, setzte sie zusammen auf das Tier, ihren Herrn aber hing sie über den Rücken und trug ihn den Berg hinab. So rettete sie ihn, allein bald ermatteten ihre Kräfte, daß sie nicht weiter konnte, und auch der Esel blieb im Sumpf stecken. An der Stelle baute hernach die Gräfin drei Häuser ihren drei Söhnen auf, wo jetzt Nidda steht. (275)

Die Blume

Eine gute Viertelstunde von dem Dorf Dauernheim liegt ein Berg, der zwar nicht hoch, aber nach Süden zu ziemlich steil ist und die Altenburg heißt. Auf dem soll in uralten Zeiten ein Schloß gestanden haben und im Innern des Berges noch ein Schatz vergraben liegen.

Vor mehr als hundert Jahren lebte zu Dauernheim ein Bauer, namens Röser, der ging einst nach der Altenburg und da er dort eine sehr schöne und seltene Blume fand, so steckte er sie auf seinen Hut. Bald fühlte er an ihm eine besondere Schwere: er nahm ihn deswegen ab und fand, daß sich die Blume in einen großen Schlüssel verwandelt habe. Zugleich bemerkte Röser eine bis dahin nie gesehene Tür, welche in den Berg ging. Er steckte den Schlüssel in das Schloß, öffnete die Tür und trat in den Berg. Da kam er bald an ein Gemach, darin lagen Schätze aller Art. Er füllte sich die Taschen mit denselben und war eben im Begriff fortzugehen, als eine Stimme rief: »Vergiß das Beste nicht!« Röser bezog das nicht auf den Schlüssel, den er in der Freude über die Schätze nebenhingelegt hatte, sondern auf die Schätze selbst, die noch da lagen und stopfte darum noch mehr in die Taschen. Da rief es zum zweiten Mal: »Vergiß das Beste nicht!« und er packte weiter ein, was er nur konnte. Als es aber zum dritten Mal noch vernehmlicher erscholl: »Vergiß das Beste nicht!«, da bemächtigte sich seiner eine solche Angst, daß er hastig nach der Öffnung zulief, durch welche er hereingekommen war. Indem er durch diese eilte, fiel die Tür so heftig hinter ihm zu, daß sie ihm die beiden Fersen an den Füßen abschlug, wovon er in der Folge lahm wurde. Das mitgebrachte Gold, dessen be-

greiflicherweise nicht wenig war, tröstete ihn jedoch über seine Wunden und half ihm, die Schmerzen ertragen. Als er aber geheilt war, fühlte er sich unglücklicher als zuvor, denn jetzt erkannte er, was jene Stimme mit dem Besten gemeint hatte, und daß er nur durch seine Habgier und Verblendung um den Schlüssel und die Möglichkeit gekommen sei, sich noch weitere Schätze zu holen.
Später wanderte er zwar noch oft nach der Altenburg und sah sich dort überall um, aber er fand weder die schöne Blume noch die Tür wieder, welche zu den Schätzen führt. (276)

Der wilden Frau Gestühl

Im Wald auf dem Hohenberg bei Dauernheim ist »der wilden Frau Gestühl«. Man nennt so eine auf der östlichen Bergseite befindliche Stelle mit einem hervorstehenden Felsblock, an welche sich mehrere abwärts umherliegende kleinere Steine ungefähr in einer Rundung anschließen. Jenes große Felsstück hat auf der obern Fläche drei Vertiefungen zu drei Sitzen für drei Menschen und neben jedem dieser Sitze bemerkt man Eindrücke von den Ballen der Hände, dann unten an dem Felsstück Eindrücke, welche so aussehen, als ob sie von Fersen herrührten. Die kleinen Steine scheinen ebenfalls zu Sitzen gedient zu haben und heißen der Feuerherd. Die Leute sagen, mitten in der Rundung zwischen den kleinern Steinen und dem großen Felsstück habe früher ein steinerner, aus einem Stück bestehender Tisch gestanden, welcher aber schon vor langer Zeit nach Bingenheim unter die Linden vor dem Rathaus gebracht worden sei, wo man um ihn unter freiem Himmel Gericht gehalten habe. Von der wilden Frau Gestühl geht die Sage, es hätten sich hier in alter Zeit drei wilde in Felle gekleidete Menschen aufgehalten, ein Mann, eine Frau und ein Kind, und die drei Sitze auf dem großen Felsstück seien noch Eindrücke, wo sie gesessen. Die Einwohner Dauernheims hätten aber Jagd auf diese Wilden gemacht. Der Mann sei entkommen, aber Frau und Kind seien gefangen worden. Was indessen aus diesen beiden geworden, hat die Sage nicht weiter aufbewahrt. Nach einer Mitteilung des Pfarrers M. Joh. Draudt zu Dauernheim vom Jahr 1653 wären im Sommer 1604 mehrmals bei hellem Tag an der wilden Frau Gestühl drei weiße Gestalten gesehen worden. (277)

Arnsburg

Wenn man die ehrwürdigen Trümmer der alten Klosterkirche zu Arnsburg genauer betrachtet, so wird man die Reste einer geheimen Tür finden, die einzige, die auf einen Teil des Kirchenbodens führte. Dahin hatte sich im Dreißigjährigen Krieg ein einziger Klosterbruder geflüchtet und lange versteckt gehalten. Nur dann und wann wagte er sich hervor, um von menschenfreundlichen Bewohnern der Gegend sich Lebensmittel zu holen. Es ging nämlich eine alte Sage, daß das Kloster nicht untergehen werde, so lange sich noch ein Klosterbruder dort aufhalte. Und so geschah es auch, denn als der Krieg vorüber war, stellte sich nach und nach der Abt mit den übrigen Brüdern wieder ein und das Kloster wurde, soweit es die Umstände erlaubten, wiederhergestellt. (278)

Vetter Metz

In der Nähe des Ehlborns zu Gambach liegt der Pahr- oder Pahrdsgarten, neben diesem das Alstädter Feld, welches zu dem ausgegangenen Dorf Alstadt gehörte. Von dieser Gegend hat sich folgende Sage erhalten. Wenn in früherer Zeit junge ledige Burschen auf dem Alstädter Feld geackert hatten und vier Uhr hielten, setzten sie sich an den Ehlborn und tranken daraus. Wenn sie dann riefen »Vetter Metz, bring mir 'n Plätz!« dann erschien in den Wiesen ein schön und fein gekleidetes Mädchen mit einem Plätz, trug ihn, über Wiesen und Felder im Gehen hinschwebend, zu einem Pflug und legte ihn auf die Rehhörner desselben. Dann schwebte es schnell nach den Wiesen zurück, brachte wieder einen Plätz und legte ihn auf die Rehhörner eines andern Pfluges und so ging es, bis auf jedem Pflug ein Plätz lag. Dann verschwand es und ließ sich an dem Tag nicht wieder sehen. Die Burschen blieben aber mäuschenstill sitzen, bis die Metz fertig war, dann gingen sie zu den Pflügen und ließen sich die Plätze recht gut schmecken. Konnte jedoch einer nicht warten, bis sie fertig war und holte sich früher seinen Plätz, so kam sie nicht wieder und die Rehhörner der andern Pflüge blieben für diesmal leer. (279)

Butzbach um 1620. Kupferstich (Politisches Schatzkästlein I 5/8, 1625)

Die Spitalkirche zu Butzbach

In einem Kloster starb ein Mönch, der nirgends liegen blieb, wohin man ihn auch begrub. Da beschlossen seine Genossen, einen goldenen Wagen zu machen, Ochsen davorzuspannen und diese laufen zu lassen, soweit sie könnten. Wo sie stehen blieben, wollten die Mönche die Leiche begraben. Bei Butzbach fiel dem Wagen ein Rad aus. Die Ochsen konnten also nicht weiter, und man begrub dort den Toten. Über seinem Grab wurde später die Spitalkirche erbaut. (280)

Friedberg

Friedberg war einst eine so große Stadt, daß sie bis zum Galgenberg hinreichte. Es entstand aber ein gewaltiger Brand, der die ganze Stadt zerstörte.

Von dem Augustinerkloster führt ein unterirdischer Gang nach der Stadtkirche, in dem die aus reinem Silber gearbeiteten Apostel aufbewahrt sind. In früheren Zeiten waren schon manche Leute lüstern danach, konnten sie aber nicht finden.

Burg Friedberg um 1620. Kupferstich (Politisches Schatzkästlein I 5/15, 1625)

Einst ging ein Mann von Fauerbach nach Friedberg. Da trat ein wohlgekleideter Fremder zu ihm und versprach ihm, er wolle ihn reich machen, wenn er mit seinem Blut seinen Namen in das große Buch schreibe, das der Fremde bei sich trug. Der Mann weigerte sich, da er am Fuß den Teufel erkannte, schnitt sich schließlich in der Verzweiflung in den Finger und schrieb mit Blut in das Buch: Jesus Christus! Da der Fremde das aber sah, verschwand er und ließ das Buch mit einem gräulichen Gestank zurück. Der Mann fand in dem Buch viele Namen und trug es nach Friedberg auf die Kanzlei. Aber man hat nichts weiter davon gehört, denn es sollen die Namen vieler Großen darin gestanden haben. (281)

Schtare ean d'r Wearreraa

Ean d'r Wearreraa (Wetterau) lair e Schtädtche uff 'm gar schiine Blätzi on d'r Näid (Nidda), das haaßt Schtare, das war firr aalersch e gruuß Schtahdt, sai eaß arrer ean de Krije zoamm grißte Daal innergange. Eatzt von dem Schtädtche verzehlt m'r allerlaa. Wann 'r druff Baß hunn wollt, suu will aich uch e pahr Schteackilcher verzehn.

Wammer se Schtare d'm Innerdoar erausgiiht eann iwwe de Broil, se kimmt m'r iwwig (über) 'n Schteahk ean die Oosgaß; wammer noun wairer giiht de Muckschter Weahk d'r Nahchtwaad enuff iwwe de Meattilgrawe ean de klaane Bruch, se kimmt m'r deleatzt ean de Wisse uff Lenner, däi sain de Schtearer (Stadener), säi laie arrer e Virtelschtonn von Schtare, eann m'r haaßt se de Aanhoob (Einhof). Doo, saan die Leut, doo hätt firr aalersch e Kluuster geschtanne. M'r maant arrer näit, aß miilich (möglich) wäär', dann wann's Wasser wiist (wächst) eann gruuß wird, doo eaß sealt (dort) alles iwwer eann diwwer. No genunk! vom Amthaus ean Schtare, das oon d'r Breacke lait, wuu m'r ean's aalt Schloaß giiht, doo giihr e Gank innig d'r Eare, der, saan se, geang biß ean de Aanhoob, eann wammer d's Nahchts die Nahchtwaad eann de klaane Bruch enuffer giiht, se giihr alls e groo Mennche mearr aam. Just (geheuer) eaß näit; eatzt hiirt nuurts oon! 'S war emool, doo gräiwe se eam Aanhoob, eann doo gräib aach e Maad d's Schteack von irer Herrschaft. Was geschicht? Wäi se suu griibt, eann aan Scheappe voll Eare nooch d'r annern erimmer wirft, doo blait 'r uff aanmol die Scheappe heanke, eann säi doocht ean irem Seann, säi wäär' doo innig e Rais oarrer innig e Baamworzin geroore. Noun heahbt säi eann heahbt, aß müßt 'r d'r Herzbeannil (Herzbändel) krache, 's giihr aach e Bissi ean di Hih, awwer 's war kaan Gedanke, aß säi ir Scheappe eraußer breecht. Eatzt hott säi gedoocht: No, de mußt doach emolche geseahn, was doo fir

Älteste Ansicht der Burg Friedberg. Zeichnung 1514

e Ungleacksdeank innig d'r Eare lait. Wäi säi arrer guckt, se mächt säi e Pahr Aage, wäi e Boack wann's kissilt; dann doo honk ir Scheappe von 'm Heankil von 'm gruuße gruuße Keassil, der war gestreache voll Geald. Wann säi eatzet bibichemäusicheschteall geschweeje hätt eann hätt alls ean ir Schirrduch enean (hinein) geschärrt eann gerafft, se hätt se ir Leawedahk genunk hunn konne; suu hott se arrer gemaant, säi müßt den Keassil eruff heawe eann kräit wirrer ir Scheappe eann daht geheawe, aß se kreast (daß sie krächzt). Säi broocht 'n awwer kaan bissi miin eruff, eann doo kreasch se ohne Iwwerlejes annern zou, däi sealt erimm gräiwe: »Ir Leut, healft!« Doo daht's uff aanmol 'n Rappil, eann d'r Keassil meattsammt d'm Geald war innergesunke eann se horr 'n ir Leabbte naut miin geseahn; nuurts d'r Heankil war doo gebleawwe, den hatt säi oon d'r Scheappe heanke. (282)

Windeck

Die letzten Sprossen der Familie, welche sich nach diesem Schloß nannte, waren zwei Brüder, welche aber aus Geiz nicht heirateten und auf jede Freude geselligen Lebens verzichteten. Die einzige Freude und Gesellschaft, welche sie sich erlaubten, war eine Meise, doch wurde das arme Tier so sparsam gehalten, daß es jeden Tag nur eine Nuß bekam. Da berechneten die Brüder aber eines Tages, daß da das Jahr dreihundertfünfundsechzig Tage habe, die Meise sie ebensoviel Nüsse koste, und das schien ihnen eine so schwere Ausgabe, daß sie erschrocken über diese arge Verschwendung den Käfig und das Fenster öffneten und die Meise fliegen ließen.
Am grünen Donnerstag soll auf der Burg ein Koch umgehen, der mit Steinen wirft und andere Neckerein treibt. (283)

Die Frauen von der Glauburg

Soviel uns aus alten Sagen kund ist, wurde die Glauburg vor langer Zeit nach einer langwierigen Belagerung durch List und Betrug eingenommen. Da die Feinde nämlich mit Gewalt nicht zu ihrem Ziel kommen konnten, so befestigten sie wächserne Kerzen auf den Rücken von Krebsen, zündeten sie an und ließen die Tiere auf die Mauern zu kriechen. Als nun die erschrockenen Wächter all ihre Macht und Waffen auf dieser Seite der Burg sammelten, erstiegen die Feinde auf der andern Seite die Mauern. Darauf kam man vergleichsweise überein, daß die Frau mit ihren Kindern und dem, was sie auf dem Rücken tragen könne, unangefochten die Burg verlassen dürfe. Da nahm sie ihren durch Krankheit und die lange Belagerung schwachen Mann statt allen Gerätes auf den Rücken und ihre Söhne und Töchter an die Hand und ging also aus der Burg. Die Feinde wollten dies in bezug auf ihren Mann nicht gelten lassen, da sie sagten, daß man nicht so übereingekommen sei. Da wanderte die Frau mit ihren Kindern und ihrem Mann zum Hof des Kaisers, welcher damals in Frankfurt war, und flehte dessen Hilfe und Schutz an und er gewährte ihnen eine Zuflucht und Wohnung in der Stadt. Von ihnen aber stammt die adlige Familie derer von Glauburg ab, welche in Frankfurt stets eine der berühmtesten war. (284)

Die zwei Herren von der Glauburg

Am Tag der Kirchweih fanden sich vor alters jährlich in Stockheim zwei fremde Herrn, welche niemand kannte, in unbekannter Tracht, aber sehr stattlich gekleidet ein. Sie scherzten mit den Mädchen, tanzten viel und schön, und waren überhaupt recht lustig. Dabei betrugen sie sich aber so anständig, daß man wohl sah, sie seien was Rechtes. Auch waren sie bei allen Kirchweihgästen recht beliebt, denn sie gaben viel zum besten. Sie kamen stets miteinander und immer zur nämlichen Stunde gegen Abend beim Fest an; sie waren immer plötzlich beim Tanz da, und niemand sah sie je von der Straße her und zur Tür hereinkommen. Länger aber als eine halbe Stunde vor Mitternacht blieben sie nicht und niemand sah sie weggehen; so unbemerkt sie hereingekommen, so unbemerkt verschwanden sie wieder. Das reizte die Neugierde vieler. Als sie eines Jahres wieder am Kirchweihfest beim Tanz waren, bot sich ihnen ein Bursche aus Stockheim zum Begleiter auf ihrem Heimweg an, was sie auch annahmen. Sie gingen mit ihm nach der Glauburg zu und erstiegen mit ihm den Berg. Als sie oben angekommen, standen sie vor einem breiten viereckigen Loch im Boden, durch welches sie hinab in eine ungeheuere Tiefe sahen, auf deren Grund ein kristallheller Teich sich spiegelte. Da stürzten sich die beiden Fremden in jenes Loch hinab in den Teich, daß der Bursche sie nicht mehr sah. Der Bursche hatte aber den einen, als er sich zum Sturz in die Tiefe anschickte, an der Hand gefaßt, um ihn zurückzuhalten, was ihm jedoch nicht gelang, denn der Fremde riß sich los und ließ ihm nur seinen Handschuh in der Hand, den er noch vom Tanz her anhatte. Da lief der Bursche in großer Angst zurück nach Stockheim zum Tanz, wo er den Handschuh vorzeigte und erzählte, was er gesehen. Die Fremden sind aber nimmer zur Kirchweih gekommen und nimmer gesehen worden. (285)

Vom grooe Mennche bei Büdingen

Die aalt Jule eann den Willem sei Äller Annliß, sei Voatter, sei Motter, de Lipp eann sei Bette, dei genge emoll eanns Groas eann eanns Holz. Es woar noach Muudschei, eann de Förschter loag schunn eam Bett. Oam Koanoal säht die Jule: »Gumoll do, e gruß Katz!« Eann, woaß Goatt, die annern sehn se aach vebeigieh – es woar e gruß schwoarz Katz.
»Doas bedeut Ungleak«, säht die Jule, »mer wolle heimgieh.« De Lipp hott sich oawwer nait gefächt eann säht: »Als zoan gegange, mir sei hoa zoau sechste, 's wärd sich näit gefächt!«
Wäi se oawwer owe oo di drei Kealler komme, deut die Jule nooch de Aaleboogg, eann, woaas Goatt, woaß sehn se doo? E grizze groo Mennche

Büdingen um 1620. Kupferstich (Politisches Schatzkästlein I 3/6, 1625)

gieht neawe oom Beakh her. »Aich fächte mich«, säht do die Annliß, »aich gieh heim.« »Ach!« säht die Bette, »s' gieht hoa vebei, mer hu hoa doach koaa Foauder deheim.« Se genge also eann Woaald. Oawer mer soll näit ungläuwig sei eann die Goatthoat näit vesuche! Wäi se eam Graoasrobbe eann de Lipp dörr Holz blöckt, do doauts uff oaamoll en Krach eann en Plomps eann dem Willem sei Voatter laicht onne wäi duut. (Dem Willem sei Voatter woar vo'm Booam gefoann.) Se harre ihr Last meerem böß e wirrer eann die Woaweling koam. Die Jule oawwer, däi saaht: »Aich gieh mei Leabdoagk niät wirrer die Noacht eanns Groas.« – Eann aich glaawe, daß do nor die schwoarz Katz eann's groo Mennche Schold dro woarn. (286)

Der Wassermann

Im Wittgenbörner Teich wohnt ein Wassermann, von dem wäre viel zu erzählen. Unten im Wasser hat er seine köstliche Wohnung, darin haust er zusammen mit seiner Magd. An schönen lichten Tagen kommt er aus der nassen Tiefe herauf, und man hat ihn dann oft gesehen, wie er auf dem Wasser saß mit seinen grünen Haaren und sich seine zerrissenen Hosen flickte. (287)

Der Steintisch zu Bingenheim

In dem hessischen Ort Bingenheim in der Wetterau wurden ehmals vor dem Rathaus unter der Linde jährlich drei Zentgerichte gehalten, wozu sich viel vornehmer Adel, der in der fuldischen Mark angesessen war, leiblich einfand. Unter der Linde stand ein steinerner Tisch, von dem erzählt wurde: er sei aus dem hohen Berg, einem gegen Staden hin gelegenen Walde, dahin gebracht worden. In diesem Wald hätten früher wilde Leute gehaust, deren Handgriffe man noch in den Steinen sähe und von denen sich noch drei ausgehöhlte Steinsitze vorfänden. Im Jahr 1604 bei Sommerszeit habe man in gedachtem Wald an hellem Tag drei Leute in weißer Gestalt umwandern sehen. (288)

Die wilden Leute

In jenen alten Zeiten, als die Kinzig noch nicht zum Main hinunterfloß, sondern da, wo jetzt Schlüchtern steht, in einem großen Sumpf sich verlor, kam eines Tages ein graues Männchen in diese Gegend und flehte in einigen Hütten um ein wenig Brot und Obdach für die Nacht. Aber die Leute prügelten das Männchen und jagten es unbarmherzig von ihren Türen. Da wendete es sich der Wildnis zu, kletterte über Berg und Stein und gelangte endlich, als eben die Sonne unterging, zu andern Hütten im Wald, worin riesengroße Männer mit ihren ebenso großen Weibern wohnten, welche Kinder hatten, so groß wie jetzt der größte Mann. Der kleine Fremdling fürchtete sich vor ihnen und wollte fliehen, doch die Riesen riefen ihn freundlich zurück, erquickten ihn mit Speise und Trank und machten ihm auch ein weiches Lager zurecht von Waldmoos und dergleichen. Die Nacht verging und als der Morgen anbrach, machte das graue Männchen sich bereit, seine Wanderung fortzusetzen, dankte seinen Wirten und sprach: »Weil ihr wohltätig gegen mich gewesen seid, so tut einen Wunsch; wenn ich zu meinem Herrn komme, will ich ihn bitten, daß er euch den Wunsch gewähre.« Und der älteste von den Männern sagte: »Wir bitten, daß wir nie sterben, sondern immer in diesem Wald unser Wesen treiben dürfen.« Da sprach das Männchen: »Wohl, ich kann euch sagen, daß euer Wunsch euch gewährt wird, und solange ihr diesen Berg nicht verlaßt, werdet ihr leben und nicht sterben.«

So leben denn die »wilden Leute« noch immer in dem Bernhardswald bei Schlüchtern, am linken Kinzigufer, und haben ihre Häuser dort oben, wo gewaltige Steinmassen herniederstarren; die werden die »wilden Häuser« genannt. Da essen die »wilden Männer« täglich am »wilden Tisch«, und ihre großen, schönen Frauen steigen in den Mondnächten auf in die Lüfte; ihre Kinder schützen die Kinder der Menschen, wenn sie Beeren suchen im Wald. Die »wilden Männer« sind am vergnügtesten, wenn der Sturmwind tobt und der Blitz aus den Wolken fährt, dann gehen sie hoch oben über die Berge und rütteln an den Wipfeln der Bäume. Aber sie freuen sich auch, wenn die Aronspflanze gedeihlich emporwächst und wenn sie zwischen den Schachtelhalmen dahergehen können; sie unterstützen gern die, welche ihnen begegnen und Heilung gegen Krankheit suchen in dem Erkennen nützlicher Kräuter, und sind überhaupt nur gegen böse Menschen feindlich gesinnt, die zuweilen mit Ohrfeigen von ihnen begrüßt werden. (289)

Frau Schuckel

Ein anderes, den wilden Leuten vielleicht nahverwandtes Wesen, die Frau Schuckel, bewohnt mit ihnen ein und dieselbe Gegend. Die Frau Schuckel ist als eine ebenso mächtige als gutmütige Zauberin bekannt und wird vom Volk geliebt und in Ehren gehalten. Auch sie hat, gleich den wilden Leuten im Bernhardswald, nur solange ewiges Leben, als sie ein bestimmtes Gebiet nicht verläßt, nämlich den mittleren Abhang der zwischen Schlüchtern und Steinau sich ausdehnenden Spessart-Hügellandschaft, oder mit andern Worten die Gegend zwischen dem Ahlersbacher Weinberge, dem Weiperzer Gipfel und der Stadt Steinau. Mehrere wunderbare Höhlen in diesen Bergen dienen ihr den Winter über zum Aufenthalt; es sollen sich Zauberbücher darin befinden, auch reiche Schatzkammern, gefüllt mit Gold und edlen Steinen. Unzugänglich sind diese Höhlen für jedermann, wer aber das Schloß Nama findet und den Schlüssel Tata, und mit diesem Schlüssel das Schloß öffnet, zu dem kommen dienstbare Geister, die Kinder der Frau Schuckel, und führen ihn zu ihrer Mutter. Im Frühling und zwar am letzten März, verläßt Frau Schuckel die unterirdische Welt und schwebt als holde Jugenderscheinung über blumige Wiesen und Wälder bis höher hinauf zu den Sternen, bis Advent sie wieder nach unten ruft. Das Cypripedium nennen dort die Leute ihr zu Ehren »Frauschuckelblume«. Nur im Mai ist es gestattet, diese Blume, die ihr als Symbol der Kindheit und Unschuld gewidmet ist, zu pflücken; wer sie früher oder später bricht, den haßt Frau Schuckel und sie zieht ihre Hand von ihm ab, wenn böswillige Berggeister ihn packen. (290)

Der Nicus

Bei Schlüchtern liegt eine waldige Höhe, der Nickes oder Nicus genannt, der seinen Namen von den Nixen haben soll, die darin in einem See wohnen. Ihrer erwähnt folgende Sage:
In Schlüchtern, als da noch wenige Häuser erst standen, in der Nähe des Klosters, lebte ein reicher und mächtiger Ritter, der aber an all seinen Schätzen nicht genug hatte und einst von Habsucht getrieben einen reichen, redlichen Mann ermordete. Doch kaum war die blutige Tat vollbracht, als der Himmel sich verfinsterte und durch die Luft ein hohes Weib daherschritt, das dem Ritter zurief: »Weil du solchen Frevel began-

gen hast, sollst du deinen Kopf verlieren und erst dann ihn wiederbekommen, wenn die rote Blume des Elmaberges in ein Kind verwandelt wird!« Und somit hieb das Weib dem Ritter den Kopf ab. Ein Mönch im Kloster, der beste Freund des Ritters, sah den Kopf daherrollen, fing ihn auf, erkannte ihn und weinte sehr, und begrub dann den Kopf neben dem Haus des Ritters, das sofort versank samt all seinen Schätzen. Allnächtlich sieht man Flammen und Gestalten an der Stätte tanzen. – Der Ritter, nachdem er seinen Kopf verloren, schwang sich auf seinen Rappen und jagte hinaus in die Weite; der Mönch gesellte sich zu ihm, um ihn zu trösten und beide ritten darauf nach dem Nicus, wo die Nixen ihrem See entstiegen und einen Kreis um sie schlossen. Unter den Nixen ist auch des Ritters Tochter, die aus Schmerz sich zu ihnen gesellt hat. – Nachts um zwölf Uhr, wenn der Vollmond scheint, kann, wer ohne Furcht ist, den Ritter in der Schlüchterner Sackgasse kommen sehen; ohne Kopf sitzt er auf seinem Roß; oft sieht er aus wie ein feuriger Heubaum; der Mönch reitet neben ihm. So geht's dahin durch die Nacht. Wer schnellen Fußes ist, kann ihnen nachfolgen bis in den Nicus und zu den Nixen; aber immer hinter den grauenhaften Reitern muß er bleiben, käme er vor sie, so wäre er augenblicklich ein Kind des Todes. (291)

Den Mörder verraten die Disteln

Bei Hohenzell, einem Dorf in der Nähe der Stadt Schlüchtern, liegt ein Acker, der »das Beinert« heißt. Dieser Acker liefert zwar auch Getreide, aber heute noch wie von jeher zugleich eine Menge Disteln, die durchaus nicht auszurotten sind. Die Bauern von Hohenzell erzählen sich darüber folgendes: Als einmal in alter Zeit ein vermögender Bauer sich auf dem Acker befand, der ihm gehörte, kam ein Krämer dahergegangen, welcher ein Kästchen mit Geld trug. Der Bauer sah sich überall um und als er weit und breit keinen Menschen sah, griff er den Krämer an und obgleich dieser beweglich um sein Leben bat, so achtete der Bauer doch nicht darauf, sondern sagte zu ihm: »Du mußt sterben!« Der Krämer entgegnete: »Wenn du mich tötest, so werden die Disteln auf deinem Acker dich einst verraten.« Der Bauer sagte lachend: »Das ist sehr dumm gesprochen; Disteln haben keinen Mund.« Und er ermordete den Krämer, verscharrte ihn auf dem Acker und nahm das Geldkästchen mit sich. Aber der Mörder wurde seit dieser Zeit tiefsinnig; wenn er auf den Acker kam, schienen ihm die

Disteln darauf immer größer und drohender zu werden und wenn sie im Abendwind schwankten, meinte er zu hören, wie sie ihm zuzischten: »Du bist ein Mörder!« So waren schon mehrere Jahre vergangen; der Bauer hatte Weizen auf diesem Acker aufgebunden und einige Nachbarn, die ihm arbeiten halfen, betrachteten ihn kopfschüttelnd, weil er verstört und nachsinnend auf einer Garbe saß. »Warum schwatzest du denn nicht, Hannes?« riefen sie ihm zu. Er war sehr in Gedanken und versetzte: »Das darf ich nicht sagen, und die Disteln, Gott sei Dank! können nicht sprechen, sonst würden sie mich verraten.« Die Bauern erwiderten ihm: »Was würden sie denn verraten?« Er war noch mehr in Gedanken als vorher und antwortete: »Ei, daß ich den Krämer hier ermordet und eingescharrt habe.« Sogleich ergriffen die Bauern den Mörder und überlieferten ihn der Obrigkeit, die ihn auf der Stelle hinrichten ließ, wo der Krämer sein Leben hatte lassen müssen. Der Acker aber heißt seitdem das Beinert, wegen der Gebeine des Krämers, die dort ausgegraben wurden. (292)

Schlüchtern um 1620. Kupferstich (Politisches Schatzkästlein I 7/40, 1626)

Die Kobolde im Steckelberg

Auf dem Steckelberg unweit Schlüchtern, auf welchem im Jahr 1488 Ulrich von Hutten geboren wurde, lebte einst ein tapferer junger Ritter, der gern den Unglücklichen beistand und die Wahrheit überall in Schutz nahm. Ihm waren zahllose Weinfässer als Erbe zugefallen, und der Wein darin hatte die Kraft, den zu verjüngen, welcher ihn trank. Doch der Jüngling sprach: »Was nützt mir jetzt der Wein? Wenn ich dereinst alt bin, soll er mir munden und mir die Jugend wiederbringen.« Auch hatte er viel Geld, aber er sprach zu sich selbst: »Das Geld brauche ich jetzt nicht, es mag da liegen bis ich ein Weib habe.« So wohnten damals auch drei schöne Mädchen auf der Steckelburg, die liebten alle drei den Jüngling und sprachen: »Wenn er eine von uns erwählt, sollen auch die andern beiden bei ihm bleiben als Dienerinnen seines Hauses.« Doch der junge Ritter dachte: »Zum Heiraten habe ich noch lange Zeit.«

Und er reiste tatendurstig durch allerlei Länder, aber Bösewichter verfolgten ihn und lauerten ihm auf, und er kam ums Leben, ehe er seine Heimat wiedersah. Da traten die Kobolde zusammen und sagten: »Den Wein und das Geld des Steckelbergs nehmen wir zu uns; niemand kann mehr das Geld recht anwenden.« Und die Kisten und Kasten voll Gold und Silber rollten hinab in die Tiefe des Steckelbergs, wo auch der Wein »in seiner eignen Haut« liegt, von einem schwarzen Hund mit glühenden Augen bewacht. – Oft kamen geldgierige Leute an den Berg und gruben heimlich nach; aber sie fanden nur Katzengold und Katzensilber.

Die drei Mädchen starben vor Liebeskummer sehr jung. Treu Liebende können sie in hellen Mondnächten sehen, wie sie am Ufer einer Kinzigquelle, unten am Fuß des Steckelberges, auf und niederwandeln und unter leisem Gesang ihr Brautgewand weben. (293)

Der lange Stan von Udenem

Voor Anno Tuwack humm se Udenem orre Schornsem umol drei Schwästere gewohnt, die waren arig reich. Weil se Engscht harren, 's dhet üwwerlafe, hunn se angefang, Kärche su baue. Do debei wärren se schunn aach gedenkt hunn, unser Herrgott dhet se wirre defor belohne.

Die an devunn hott uff die Udenemer Höh gebaut. De Deiwel hott vunn dem große Bau gehört, der do gebaut wärre soll, unn hott gemahnt, des geb e Wärtshaus; zu dem wollt er aach ebbes beisteire. 'N riesig große Stan nimmt er uff die Schüllere unn eißt dann uff die Gäend los, wo gebaut wärre soll. Zu dem Wärtshaus, denkt er halt, mußt de aach ebbes dezu gäwwe, sunst host de späre kan Dhal dran. Wie er awwer schunn de Platz gesiehn hott – er war velleicht noch e verrtel Stunn devunn – unn hott sich

königlich gefreit, daß er ball deham wär, muß er häre, des geb e Gotteshaus, e Kärch. »Aach noch des«, horre jetzt vorr Wut gebrummt, »do gibtste nix dezu, dann dort wärschte doch blos erunner gekanzelt!« unn hott den Koloß uff de Borrem geworf, daß er siwe Klooster dief in die Erd gefahr ist.
So stehre dort heit noch »de lang Stan« unn hott sogar schunn e paar Neidschärige dot geschlah, wo emol gucke wollten, ob de Deiwel net aach veleicht Geld drunner geleht hett. Domols horren de Staat wirre ufstelle loß, weil's erre gibt, die sahn, de lang Stan wär e Grenzstan zwischen de Franke unn Allemanne gewäst, wo do gewohnt herren. (294)

Die Frauen in Salmünster

Im Dreißigjährigen Krieg lag ein Haufen Schweden vor Salmünster. Schon oft waren sie von den Bürgern zurückgeschlagen worden und konnten die Stadt nicht gewinnen. Da nahmen sie zu einer List ihre Zuflucht. Sie taten, als ob sie die Belagerung müde wären und zogen fort. Die Bürger jubelten, feierten und legten sich dann zur Ruhe nieder. So hatten es die Feinde erwartet. Um Mitternacht kehrten sie daher unbemerkt zurück, legten die Leitern an die Mauern und wollten die Stadt stürmen. Ein Turmwächter hatte sie jedoch noch rechtzeitig bemerkt und stieß ins Horn. Die erschreckten Bürger sprangen aus den Betten, ergriffen die Waffen und eilten, nur halb angekleidet, auf den Wall. Doch die Feinde drangen immer heftiger auf sie ein, und die Stadt schien verloren zu sein. Da eilten in der größten Not die Frauen ihren Männern zu Hilfe. Jede trug einen Bienenkorb herbei und warf ihn von der Mauer hinab unter die Feinde. Die Bienen schwärmten wild um diese herum, stachen sie heftig und brachten sie in Verwirrung. Nun stürzten die Bürger mutig zum Tor hinaus. Sie erschlugen viele Schweden und jagten die übrigen in die Flucht. So wurde die Stadt durch Klugheit der Frauen gerettet. (295)

Kaiser Friedrich I. und Gela

Ehe Friedrich Barbarossa Kaiser wurde, lebte er eine Zeitlang auf einer väterlichen Burg im schönen Kinzigtal. Er war damals erst dreiundzwanzig Jahre alt. Einer seiner Burgmänner hatte eine Tochter, Gela mit Namen.

Die war sehr schön und Friedrich liebte sie. Als er eines Tages aus der Burgkapelle kam, begegnete sie ihm, und er offenbarte ihr seine Liebe. Doch von der Stunde an suchte Gela dem jungen Ritter nicht mehr zu begegnen. Darüber wurde er ganz trübsinnig und fast menschenscheu.
Einmal begegneten sich Friedrich und Gela im Wald. Gela suchte Kräuter zu einem Trank für ihre kranke Schwester. Friedrich grüßte sie ehrerbietig und wurde sehr traurig, als sie vorübergehen wollte. Da ging Gela auf ihn zu, reichte ihm die Hand und sagte: »Morgen eine Stunde vor Sonnenaufgang findet Ihr mich in der Burgkapelle.« Friedrich konnte die ganze Nacht nicht schlafen und stellte sich am andern Morgen frühzeitig in der Kapelle ein. Gela erschien zur bestimmten Stunde. Beide setzten sich auf eine Bank vor dem Altar und Gela sprach: »Herr Graf, Ihr liebt mich, und ich liebe Euch auch. Aber ich kann Eure Gattin nicht werden. Ihr müßt Euch eine Hausfrau wählen aus den Töchtern der Grafen und Herzöge. Wenn Ihr es wünscht, will ich Euch jeden Tag zu dieser Stunde hier sehen, aber sonst nirgendwo ohne Zeugen. Unsere Liebe muß rein bleiben, und ich will sie einst mitnehmen ins Grab.«
Die beiden Liebenden sahen sich nun täglich in der Kapelle. Das dauerte ein Jahr. Da zog Kaiser Konrad mit einem großen Heer nach dem Land Kanaan, um es den Türken zu entreißen. Auch Friedrich zog mit. »Unsere Liebe ist ewig!« sagte er, als er von Gela Abschied nahm. »Ja, ewig!« antwortete sie und sank an seine Brust.
Friedrich zog nach dem gelobten Land, verrichtete manche Heldentat und kehrte ruhmreich zurück. Unterdessen war sein Vater gestorben, und an seiner Stelle wurde Friedrich Herzog von Schwaben. Er eilte nach der Burg an der Kinzig, um Gela aufzusuchen. Aber sie war nicht zu finden. Sie hatte den Schleier genommen (war ins Kloster gegangen). Friedrich fand nur einen Brief von ihr vor, darin stand geschrieben: »Du bist Herzog und mußt dir eine Gattin wählen. Ich habe ein glückliches Jahr mit dir verlebt, und dies reicht aus für mein übriges Leben. Unsere Liebe ist ewig.«
Da gelobte Friedrich, ihr treu zu bleiben. Er heiratete zwar nach einigen Jahren eine reiche Prinzessin, doch dachte er auch oft an seine Gela. Wo er seine Geliebte im Wald gefunden hatte, fing er an, eine Stadt zu bauen und nannte sie Gelahausen. Das ist die Stadt Gelnhausen. Von der Burg Friedrichs sind noch schöne Mauerreste vorhanden. (296)

Gelnhausen um 1620. Kupferstich (Politisches Schatzkästlein I 1/18, 1625)

Das Gelnhäuser Wappen

Einmal, da Kaiser Friedrich zu Gelnhausen auf seiner Pfalz verweilte und gerade mit seiner Gemahlin kosend am Fenster stand, erschien der Stadtrat vor ihm und bat, daß er die Stadt mit einem Wappen begnadigen möchte. Der Kaiser sagte, sie möchten sich umsehen und wählen, was sich zuerst ihren Blicken zeigte. Da nahm der Stadtrat das Bild, wie der Kaiser mit seiner Gemahlin am Fenster stand, zum Wappen. (297)

Der Förster und die Schelme

Auch Kaiser Friedrich hatte seine Feinde in Deutschland, und mächtige Feinde, die einst, als er über den Spessart nach Würzburg reisen wollte, einen Anschlag auf sein Leben verabredeten. Als der Kaiser zu Gelnhausen auf seiner Pfalz anlangte, ließen sich drei Männer bei ihm anmelden und dringend um Audienz bitten. Friedrich ließ sie vor sich bringen und sie entdeckten ihm, daß ihnen durch Zufall von einem Mordanschlag gegen ihn Kunde geworden sei und baten ihn als treue Untertanen, nicht weiterzureisen. Da sandte der Kaiser seinen Wagen aus und setzte eine vermummte Gestalt hinein auf seinen Platz, und als der Wagen durch den dunklen schattigen Wald fuhr, stürzten die Bösewichte aus ihrem Hinterhalt darüber her. Aber die Getreuen des Kaisers waren von fern nachge-

folgt, umzingelten die freche Rotte und brachten sie gefangen nach Gelnhausen.
Der Kaiser ließ die drei Männer wieder vor sich kommen, dankte ihnen erfreut für ihre Anhänglichkeit und Treue und schlug sie in Gegenwart seines ganzen Hofstaates zu Rittern. – Die drei waren aber: der Gelnhäuser Förster, der sich nun »von Forstmeister zu Gelnhausen« nannte, der »Schelm (d. i. Scharfrichter) von Bergen«, der diesen Namen beibehielt, und sein Genosse, der sich fortan »von Schleifras« schrieb und zur Erinnerung an sein bisheriges blutiges Handwerk Schinderbeil und Schleife zu seinem Wappen wählte. (298)

Die Kaiserpfalz in Gelnhausen. Kupferstich um 1830

Kaiser Friedrich und der Schelm von Bergen

Wie die Schelme von Bergen zu ihrem Adel gekommen, erzählen noch andere Sagen. Friedrich der Rotbart war einmal auf der Schweinshatz und wurde von einer wildgemachten Bestie gewaltig in die Enge getrieben. Von seinem Gefolge getrennt, doch ein guter Jäger, ließ er die Sau anlaufen und versetzte ihr einen tötlichen Stoß. Als er sich hierauf, froh der überstandenen Gefahr, erhob und den Schweiß von der Stirn wischte, sah er hinter sich einen Mann stehen: »Wer bist du und warum halfst du mir nicht, da du meine Not sahst?« zürnte der Kaiser ihn an. »Gnädigster Kaiser«, erwiderte der Mann, »ich bin der Schelm von Bergen und hab derweil auch nicht müßig gestanden.« Damit deutete er auf eine zweite Sau, die am Boden lag und sich in ihrem Blut wälzte, und die dem Kaiser, als er die erste abfing, unfehlbar in den Rücken gefallen wäre, hätte nicht der Schelm ihr den Weg verlegt. Da dankte der Barbarossa gerührt dem biedern Mann, ließ sich von ihm zu seinem Gefolge begleiten und schlug ihn zum Ritter. (299)

Der Schelm und die Kaiserin

Eine dritte Sage erzählt, die Kaiserin habe einmal auf einem Hofball mit einem unbekannten Ritter getanzt, der durch seine Anmut und edle Haltung aller Augen auf sich gezogen. Der Kaiser fragt ihn endlich nach seinem Namen und Herkommen, denn niemand hatte ihm sagen können, wer der fremde Ritter war. Da erhält er die schreckliche Antwort, daß er der Schelm von Bergen sei. Mit Entsetzen weichen alle Umstehenden zurück vor ihm, der es gewagt hatte, durch seine entehrende Berührung die allverehrte Kaiserin zu beflecken und der ergrimmte Kaiser zürnt ihm sein Todesurteil zu; aber der Schelm trat unbetroffen vor ihn hin und sagte: »Gnädigster Kaiser, mein Tod macht das Geschehene nicht ungeschehen; wollt Ihr den Schaden kurieren, so macht aus mir, was Eure Höflinge sind!« Und der Rotbart lächelte wieder gnädig: »Du bist ein Schelm mit Rat und Tat und magst's denn auch bleiben; drum knie nieder, Ritter Schelm von Bergen!« So empfing der Schelm den Ritterschlag. (300)

Der Wassergeist in der Kinzig

Bei Hanau ist ein Arm der Kinzig, der keinen Abfluß hat. Er wird darum die tote Kinzig genannt. Aus ihrem Grund wachsen große Blätter hervor, die auf der Oberfläche des Wassers schwimmen, und dazwischen große gelbe Blumen. Es ist die gelbe Teichrose oder das Nixenkraut. Es heißt, man zähle so viel Blätter als die Kinzig schon Opfer gefordert hat. Denn in jedem Jahr müsse ein Mensch darin ertrinken oder aber das Wasser müsse einen Laib Brot und ein Mäßchen Salz erhalten. Damit versöhne man den Geist, der in dem Wasser wohnt. Wird die Gabe unterlassen, so ruft es zu Ende des Jahres aus dem Fluß: »Die Zeit ist um, der Mensch ist noch nicht da!« Und bald darauf ertrinkt jemand in der Kinzig. (301)

Schloß Hanau um 1620. Kupferstich (Politisches Schatzkästlein I 8/21, 1626)

Der Martinswein in Hanau

Während der Minderjährigkeit des Grafen Ulrich V. von Hanau hatte der Erzbischof Johann von Mainz, als dessen Vormund, die Städte Hanau und Babenhausen mit mainzischen Söldnern besetzt, und weigerte sich nachmals unter nichtigen Vorwänden beide Städte herauszugeben. Als aber im Jahre 1419 Vormund und Mündel zugleich starben und des letzteren Nachfolger, Graf Reinhard III., vergeblich die Zurückziehung der mainzischen Besatzungen verlangte, entschlossen sich die Bürger von Hanau, diese mit Gewalt zu vertreiben und so dem Grafen zu seinem Recht zu verhelfen. Die mainzischen Beamten in Hanau erhielten jedoch Kunde von diesem Vorhaben und ließen insgeheim Unterstützungstruppen von Mainz kommen, welche die Weisung erhielten, nachdem sie in Steinheim angekommen, hier zu verweilen, bis sie das gewöhnliche 9-Uhr-Läuten in

Hanau hörten; auf dies Zeichen sollten sie anrücken und in die Stadt eingelassen werden. Die Bürger von Hanau waren aber sehr auf ihrer Hut; sie erhielten sowohl von dem Anschlag der mainzischen Beamten als von der Ankunft der Truppen in Steinheim Kenntnis und ließen dem Grafen von allem Nachricht geben, mit der Aufforderung, sich auf diesen Abend – es war just Martinsabend – ebenfalls bereit zu halten. Das 9-Uhr-Läuten wurde unterlassen, um die mainzischen Söldner in Steinheim irrezuführen; die ganze Besatzung mit den Beamten des Erzstifts wurden zur Stadt hinausgetrieben und in derselben Nacht der Graf Reinhard mit Jubel empfangen und bis in das Schloß begleitet.
Der Graf belohnte nachmals die Treue seiner Bürger mit gebührendem Dank und verordnete, daß zur ewigen Erinnerung an diese Begebenheit alljährlich am Martinsabend jedem Bürger ein Maß Wein aus dem Schloßkeller gereicht werden sollte. Der Martinswein wurde noch im vorigen Jahrhundert an die Bürger der Altstadt ausgeteilt. Die Neustadt ist erst lange nach jenem Ereignis angelegt worden und hatte keinen Anspruch auf den Wein. Auch unterblieb jedesmal am Martinsabend das 9-Uhr-Läuten. (302)

Reuiger Geist

Die Urheberin der Schnepfischen Stiftung zu Hanau hatte zur Erbschaft ihre nächsten Anverwandten in drückender Armut gelassen; nur um der lutherischen Kirche ein großes Vermächtnis zu gründen.
Ihren Geist quälte nun die Reue. Oft sah man das Weib auf der obersten Bühne in der Kirche wandeln, also daß niemand droben seiner Andacht noch pflegen mochte. Ein Pfarrer fragte sie endlich nach ihrem Anliegen; da sprach sie: »Vermacht euere Sachen an rechte Erben, so möget ihr selig sterben!« Mit diesen Worten, als mit abgelegtem Bekenntnis, fand sie Ruhe und ist seitdem nicht mehr gesehen. (303)

Der Bachtanz

Nordöstlich von Hanau liegt der kurfürstlich hessische Flecken Langenselbold am Gründaubach; im fünfzehnten Jahrhundert hat er auch schon da gelegen und gehörte zu der Herrschaft Isenburg, und der damals regierende Graf Diether von Isenburg wußte das wohl; denn sonst hätt' er den Langenselboldern keine neuen Steuern auferlegt, als er einmal sehr notwendig Geld brauchte. Die Langenselbolder aber hatten keine Lust, zu zahlen, und ließen dem Herrn Grafen vermelden, gleich weiland Leonidas: »Steuern willst du – komm und hole sie!«

Das ließ sich Graf Diether nicht zweimal sagen. Er sammelte seine Reisigen und rückte im Sturmschritt vor das widerspenstige Langenselbold. Aber die da drinnen hatten schon lange Sturm geläutet und sich auf den Angriff vorbereitet. Mit Dreschflegeln und Schippen, Heu- und Mistgabeln, einigen alten Spießen und Keulen bewaffnet, erwarteten die Männer das feindliche Heer; Weiber und Kinder hatten sich in gehöriger Zahl mit Steinen gerüstet.

Graf Diether staunte anfangs ein wenig ob solch ungastfreundschaftlichen Empfangs und hatte schier Lust, wieder abzuziehen und die Zuchtgeißel zu gelegenerer Zeit über Langenselbold zu schwingen.

Aber der aufgeregte gewappnete Volkshaufe höhnte ihn und seine Krieger, so daß er aus Scham und Zorn dennoch zum Angriff blasen ließ. Ein Steinhagel empfing die Reisigenschar, und die Dreschflegel und Mistgabeln übten eine solche schlagende und eindringliche Gewalt auf die schwergepanzerten gräflich-isenburgischen Kriegshelden aus, daß nach einigen Verwundungen und Tötungen der Herr Graf mit seinem Heer eiligst Heil in der Flucht suchte.

Wie aber jubelten nun die siegestrunkenen Langenselbolder. Ihre Waffen wegwerfend, fingen sie an, auf der Straße zu hüpfen und zu tanzen, tanzten durchs Dorf, kamen an den Gründaubach, und – »Fort! Vorwärts! Durch!« – tanzten in übermütigem Taumel paarweise durch den Bach, der gerade nicht sehr tief war und ziemlich ebenen Sandboden hatte.

Darauf neuer Jubel ob des gelungenen Bachtanzes – und Graf Diether konnte froh sein, daß er nicht dabei war. Bald aber wurde ihm die Kunde davon überbracht von einigen Leuten, wie es deren allerorts gibt. »Wie! Was! Mir zum Hohn! Bachtanz! Wart, den Bauern soll ihr Mütchen gekühlt werden! Ich will sie tanzen lehren!«

Während nun die Langenselbolder schon lange wieder friedlich ihrer Arbeit nachgingen und schier das Bachtanzlustspiel vergessen hatten, sam-

Hanau um 1620. Kupferstich (Politisches Schatzkästlein II 1/21, 1627

melte Graf Diether seine sämtlichen Vasallen und rückte eines schönen Morgens abermals vor den rebellischen Ort.

War es nun, daß Diethers Heer jetzt wirklich etwas respekteinflößender auftrat oder war den Langenselboldern sonst ein Skrupel in die Quere gekommen – kurz, sie sandten den Schultheißen und den Pfarrer hinaus und ließen um Frieden und einige Gnade bitten.

Das gefiel dem Herrn Grafen etwas besser, und da er auch nicht gerade böser und allzu rachsüchtiger Natur war, so versprach er, ihnen jede weitere Züchtigung zu erlassen, wenn sie – die neuen Steuern bezahlten und eine herzhafte Geldbuße dazu. Und damit ihnen der Bachtanz im rechten Angedenken bleibe, so verordne und befehle er hiermit, daß auf ewige Zeiten am Langenselbolder Kirchweihfest durch den Bach getanzt werden müsse – zu Straf' und guter Lehr'. Und bei dem Kirchweihgottesdienst solle der Pfarrer jedesmal die Gemeinde ermahnen zum Gehorsam der Untertanen gegen den Landesherrn, der da allein zu gebieten habe, ob und wann durch einen Bach getanzt werden dürfe.

Seit dieser Zeit wurde denn auch auf allen Langenselbolder Kirchweihen durch den Gründaubach getanzt, auch als Graf Diether schon lange bei seinen Ahnen schlummerte.

Aber aus der Strafe wurde eine Lust und ein Vergnügen und bei dem fröhlichen Volksfest dachte bald niemand mehr an Graf Diethers Befehl. (304)

Offenbach um 1620. Kupferstich (Politisches Schatzkästlein II 8/30, 1631)

Graf Isenburg

Ehe Kaiser Friedrich Barbarossa mit einem Kreuzheer ins gelobte Land zog, eilte er noch einmal durch die Gefilde, um den Hirsch zu jagen. Unter denen, die ihm das Geleit gaben, befand sich ein ihm unbekannter Mann. Als der Kaiser nach ihm fragte, trat er vor und sagte: »Graf Isenburg ist mein Name. Meinen Vater hast du besser gekannt; denn er hat bei Legnano unter dir gestritten, und wenn dir meine Dienste angenehm sind, so bin auch ich bereit, für dich zu kämpfen und sollte es mein Tod sein!« Der Kaiser freute sich darüber, und man zog weiter durch Wald und Gehege, ohne auf den Weg zu achten. Plötzlich hemmte ein gewaltiger Stein die Schritte des Zuges. Da sprang der Isenburger auf, ergriff den Stein und trug ihn eine Strecke zur Seite. Der Kaiser wunderte sich über die Kraft des Mannes und in heiterer Laune rief er aus: »Nimm den Stein noch einmal auf deine Schulter, und so weit du ihn tragen kannst, soll das Geviert des Gebietes gehen, das ich dir für deine Tat schenke!« Das ließ sich der Isenburger nicht zweimal sagen. Er hob das Felsstück noch einmal auf seine Schulter und trug es ein großes Stück Weges, bis ein Bergeshang seine Schritte hemmte. Durch seine kräftige Tat hatte sich der Isenburger ein weites Stück Land erworben.
Der Stein steht heute noch östlich von Langenselbold an der Leipziger Straße an der dem Kinzigtal zugelegenen Seite nächst der Abtshecke. (305)

Das Offenbacher Schloß

Eine halbe Meile oberhalb Frankfurts hat Graf Reinhard im Jahr 1556 am Main aus einem altverfallenen Schloß von Grund auf ein schönes Schloß, Offenbach genannt, zur gräflichen Wohnung aufgebaut. Es ist aber im Jahr 1564 durch einen plötzlichen Brand ganz eingeäschert, und eine große Menge Wein und Speck ist dabei verbrannt.

Darauf begann Graf Reinhard, wegen des lustigen bequemen Lagers sofort das Haus wiederaufzubauen; nach seinem Absterben hat sein Bruder Graf Ludwig den Bau vollendet. (306)

Frankfurt am Main

Frankfurts Gründung

Karl der Große hat dreißig Jahre mit den heidnischen Sachsen Krieg geführt, um sie zu unterwerfen und zum Christentum zu bekehren. Einmal wurde er von den Sachsen geschlagen und von ihnen bis zu den Ufern des Mains zurückgetrieben. Hier geriet er in große Not; denn weder Brücke

Die älteste Ansicht der Stadt Frankfurt. Holzschnitt aus: Die güldin bulle und künigclich reformacion. Straßburg 1485

noch Schiffe waren vorhanden, um über den Main zu gelangen. Auch konnte er vor Nebel keinen Durchgang finden. In dieser Not rief er zu Gott um Hilfe. Und siehe, da teilte sich der Nebel, und Karl sah eine Hirschkuh ihre Jungen durch den Strom führen. Die Franken folgten den Tieren und gelangten glücklich ans andere Ufer. Als nun die Sachsen kamen, konnten sie die Franken nicht weiter verfolgen; denn sie kannten die Furt nicht und konnten sie in dem herrschenden Nebel auch nicht finden. Bald darauf kehrte Karl mit neuer Heeresmacht an den Main zurück, besiegte und unterwarf die Sachsen. An der Stelle, wo er mit seinem Heer den Strom durchschritten hatte, gründete er eine Ansiedlung; denn es war eine schöne und fruchtbare Gegend. Er nannte den Ort zum Andenken an seine wunderbare Errettung der Franken Furt oder Frankfurt. Später erbaute er eine kleine Pfalz in Frankfurt und hielt sich gern darin auf. Sein Sohn Ludwig der Fromme errichtete einen neuen Palast, welcher der Saalhof genannt wurde. Davon hat die Saalgasse bis heute ihren Namen. Ludwig der Deutsche, der Sohn Ludwig des Frommen, ist mit seiner Gemahlin im Saalhof gestorben. (307)

Entstehung von Sachsenhausen

In der Chronik der Sassen wird erzählt, die Sachsen hätten, als sie den König Karl bis zum Main verfolgten, da eine Feste gebaut und die Sachsenhausen genannt. Ein hessischer Chronist aber meint, man würde in keinen glaubwürdigen alten Historien finden, daß König Wittekind sich so weit durch das Hessenland und über den Main sollte gewagt haben. Das aber sei glaub- und erweislich, daß Kaiser Karl ein festes Haus gegenüber Frankfurt jenseits des Mains gebaut und viele edle Sachsen oder Westfälinger dahin zu besserer Verwahrung gepflanzt habe. Nämlich solche, die sich seiner Herrschaft nicht beugen wollten und sich immer wieder empörten. Nach einer alten Handschrift ist, wie es in einer Frankfurter Chronik heißt, »Sachsenhausen erbaut worden von den Edelleuten und Grafen, die da haben gewohnt im Rittergarten, und haben die Edelleute die Sachsen geheißen«. (308)

Die Sachsenhäuser Brücke

In der Mitte der Sachsenhäuser Brücke sind zwei Bogen oben zum Teil nur mit Holz zugelegt, damit dies in Kriegszeiten weggenommen und die Verbindung leicht, ohne etwas zu sprengen, gehemmt werden kann. Davon gibt es folgende Sage.

Der Baumeister hatte sich verbindlich gemacht, die Brücke bis zu einer bestimmten Zeit zu vollenden. Als diese herannahte, sah er, daß es unmöglich war und wie nur noch zwei Tage übrig waren, rief er in der Angst den Teufel an und bat um seinen Beistand. Der Teufel erschien und erbot sich, die Brücke in der letzten Nacht fertig zu bauen, wenn ihm der Baumeister dafür das erste lebendige Wesen, das darüberging, überliefern wollte. Der Vertrag wurde geschlossen und der Teufel baute in der letzten Nacht, ohne daß ein Menschenauge in der Finsternis sehen konnte, wie es zuging, die Brücke ganz richtig fertig. Als nun der erste Morgen anbrach, kam der Baumeister und trieb einen Hahn über die Brücke vor sich her und überlieferte ihn dem Teufel. Dieser aber hatte eine menschliche Seele gewollt und wie er sich also betrogen sah, packte er zornig den Hahn, zerriß ihn und warf ihn durch die Brücke, wovon die zwei Löcher entstanden sind, die bis auf den heutigen Tag nicht können zugemauert werden, weil alles in der Nacht wieder zusammenfällt, was tags daran gearbeitet ist. Ein

Sachsenhausen um 1620. Kupferstich mit dem Sinnspruch »Dieser Brücken Freiheit vermag / Daß niemand drauf bei Nacht oder Tag / Treib Frevel, Mutwill und Gewalt / Sonst haut man ihm die Hand ab bald.« (Politisches Schatzkästlein II 4/43)

goldner Hahn auf einer Eisenstange steht aber noch jetzt zum Wahrzeichen auf der Brücke.

Von diesem Hahn sagt man auch, allemal, wenn ein Jahrhundert herum sei, so verkünde er das um Mitternacht mit lautem Krähen. – Die beiden großen Löcher auf der Brücke dienten zur Verteidigung; sie wurden erst im Jahre 1840 zugemauert. Bis dahin waren sie mit Balken zugedeckt, und diese wurden in Kriegszeiten weggenommen, damit die Feinde nicht über die Brücke konnten. (309)

Die alte Mainbrücke

Ursprünglich wurde der Verkehr zwischen den beiden Ufern durch Fähren vermittelt. Die untere befand sich, wie es sich aus dem Namen ergibt, am »Fahrtor«, wo bis in die Neuzeit die Sachsenhäuser Schiffer diese Gerechtsame ausübten; von der oberen leitet die Fahrgasse ihren Namen ab. Um den Anforderungen des stärkeren Verkehrs zu genügen, baute man, nach einer Erwähnung Lersners, im Jahr 1035 eine Holzbrücke, die 1192 von einem Hochwasser stark beschädigt wurde. Keine Stelle war wohl für einen Brückenbau günstiger gelegen als dieses oberhalb der Furt befindliche, ziemlich seichte Flußbett mit seinen zahlreichen kleinen Inseln. Diese gaben das erwünschte Festland für die hölzernen Pfeiler, welche man wohl durch eingerammte Eichenpfosten mit Querverbindungen konstruierte, um die anfangs nur für den Fußgängerverkehr berechnete Holzüberbrükkung zu tragen. Der große Eisgang von 1235 trieb diese Holzbrücke samt den Pfeilern weg. König Heinrich VII., welcher den Schaden in Augenschein genommen, überwies laut Urkunde vom 10. Mai 1235 den halben Ertrag seiner Münze zu Frankfurt zum Besten des Brückenbaus und erlaubte, aus den königlichen Forsten das Holz zum Neubau und zur Unterhaltung zu holen. König Richard hat diese von seinem Vorgänger gemachte Stiftung noch einmal voll und ganz bestätigt. Wenige Jahre später begann man infolge neuer Beschädigungen das Bauwerk teilweise in Stein auszuführen, aber auch dieser Bau war von kurzer Dauer. Ein furchtbarer Eisgang mit Hochwasser riß am 1. Februar 1306 die beiden Brückentürme samt den Pfeilern nieder, eine Anzahl Menschen, die sich von der Brücke den Kampf der Gewässer betrachten wollten, büßten ihre Neugierde mit dem Tod in den Fluten. (310)

Der Schwedenschuß

Im August 1635 kam es auf der alten Mainbrücke zwischen Frankfurtern und Schweden zu heftigen Kämpfen. Der Schwedische Oberst Vitztum hatte Sachsenhausen besetztgehalten und verhandelte nunmehr mit der Stadt, welche durch den Prager Separatfrieden von der schwedischen Sache abgefallen, um freien Abzug. Vitztum stellte unannehmbare Bedingungen, ließ in der Nacht des zweiten August das Affentor aufsprengen, verstärkte seine Stellung mit 500 Mann Kriegsvolk der Hanauer Garnison, trieb die Frankfurter Wachen zurück und besetzte die Türme Sachsenhausens. Am fünften August kam es zu offenen Feindseligkeiten. Die Schweden hatten die Brücke in der Mitte mit Schanzkörben versperrt und nun sollte Gewalt mit Gewalt vertrieben werden. Am Morgen beschossen die Frankfurter die Stellung mit Geschütz und gingen am Mittag zum Sturm vor. Es kam zu einem heftigen Gefecht, die Schweden mußten weichen. Ein alter schwedischer Wachtmeister, der für seinen König zahllose Gefechte mitgemacht hatte, sah mit zu, wie seine Leute vor einer Handvoll Frankfurter zurück mußten. Er kannte keinen anderen Grund als die Hilfe des Himmels, welcher die Frankfurter unterstützte. In seiner Wut legte er die Pistole auf das Christusbild an und schrie: »Wenn du denen da drüben helfen willst, dann komm herunter von deinem Kreuz, du Betrüger!« Er drückte ab, ein Blitz, ein Knall, das Eisen gab einen klingenden Ton, der Schwede greift krampfhaft nach seiner Brust und stürzte tot nieder. Die Kugel war an dem Kreuz abgeprallt und hatte ihn mitten ins Herz getroffen. (311)

Die Turmkrone

Zu derselben Zeit wie die Sachsenhäuser Brücke wurde der Dom gebaut. Da wettete der Meister vom Dom mit dem, der die Brücke baute, wer zuerst fertig würde. Der Dombaumeister war seiner Sache sehr sicher; das Geld, worum sie wetteten, hätte er gar nicht bezahlen können. Aber als an dem Pfarrturme immer noch die Spitze fehlte, war die Brücke bereits fertig. Da stürzte sich der Dombaumeister aus Verzweiflung und Scham vom Dom herunter. Und so hat der Pfarrturm unvollendet stehenbleiben müssen. Denn keinem späteren Meister gelang es, den Turm bis zur Spitze auszubauen. Und er bekam dann nur die runde Kappe als Abschluß.

Frankfurt um 1620. Kupferstich (Politisches Schatzkästlein I 1/15, 1625)

Doch erklären sich manche diese Turmkuppel auch noch anders. Als der Turmbau so weit war, daß nur noch die schlanke Spitze aufgesetzt werden mußte, hat man mit dem Bau eingehalten, weil man vorahnte, wozu diese Kirche bestimmt sei. Weil sie einmal eine Krönungskirche sein sollte, so sollte sie auch gekrönt werden. Und so hat man dem mächtigen Turm die Kaiserkappe des Heiligen Römischen Reiches aufgesetzt. Ganz oben im Turm hing das Gimperlein oder Lärmglöckchen, das wog vier Zentner, soll aus purem Silber gewesen sein und wurde geläutet, wenn Feinde im Anzug waren.

Im Jahre 1848 wurde dann auf die Turmhaube noch eine gläserne Laterne gesetzt, die war so groß, daß mehrere Menschen darin Platz hatten; damit sollten bei Aufruhr und ähnlichen Notfällen Feuersignale gegeben werden. Die Frankfurter tauften dies Ding »Reichslaterne«. (312)

Der Römer Berg in Franckfort am Mayn. Kupferstich von Johann Andreas Graff um 1700

Einhard und Imma

Einhard, der Erzkaplan und Geheimschreiber Karls des Großen, wurde wegen seiner großen Verdienste von allen geliebt, am meisten aber von des Kaisers Tochter, die Imma hieß und mit dem König der Griechen verlobt war; ihre gegenseitige Liebe wuchs von Tag zu Tag, aber die Furcht vor dem Zorn des Königs hielt sie lange ab, die Gefahr einer Zusammenkunft zu wagen. Endlich schlich er sich nächtlicherweile heimlich in das Gemach des Mädchens, klopfte leise an und wurde eingelassen, weil er sagte, er hätte eine Botschaft vom König an die Jungfrau zu bestellen. Sobald Einhard aber mit Imma allein war, wechselten sie trauliche Reden, küßten sich und folgten dem Drang ihrer Liebe.

Als Einhard nun vor Anbruch des Tages wieder zurückkehren wollte, merkte er, daß inzwischen ein starker Schnee gefallen war und wagte nun nicht fortzugehen, weil er fürchtete, durch Fußstapfen verraten zu werden. Da kam das schöne, durch die Liebe kühn gemachte Mädchen auf den Einfall, ihn auf ihrem Rücken in seine Wohnung zu tragen und dann in ihren eigenen Fußstapfen wieder zurückzukehren.

Der Kaiser hatte die Nacht schlaflos zugebracht. Als er in der ersten Dämmerung aufstand und aus seinem Palast schaute, sah er, wie seine Tochter unter der Last einherschwankte, kurze Zeit darauf aber schnellen

Schrittes zurückkehrte. Er sagte nichts von dem, was er gesehen hatte. Dem Einhard aber schlug das Gewissen und er wurde sich bewußt, daß der nächtliche Besuch nicht verborgen bleiben konnte. In seiner Not trat er vor den Kaiser und bat ihn kniefällig um seine Entlassung, indem er verwirrt erklärte, seine vielen und großen Verdienste würden nicht so belohnt wie es sein müßte. Auch jetzt hielt der Kaiser mit jeder Anklage zurück und versicherte nur, er würde seiner Bitte bald entsprechen.

Kurze Zeit darauf ließ er alle Räte und Großen des Reiches zu sich entbieten und sagte, er wäre in seiner kaiserlichen Würde sehr beschimpft und mißachtet worden; denn einer seiner Schreiber hätte eine unwürdige Verbindung mit seiner Tochter angeknüpft. Als er die Räte aufforderte, ihm ihre Meinung darüber kundzutun und zu sagen, was er tun sollte, meinten einige, es müßte eine harte Strafe erfolgen, andere waren der Ansicht, der Verführer sollte in die Verbannung geschickt werden, wieder andere wollten so gegen ihn verfahren wissen, wie es den Kaiser gut dünkte. Nur wenige hatten ein mildes Herz und baten den König inständig, doch die Sache genau zu prüfen und dann erst eine Entscheidung zu treffen. Da sagte der Kaiser, er wollte wegen der betrübenden Tat über seinen Schreiber keine Strafe verhängen; denn dadurch würde die Schande seiner Tochter eher vergrößert als verringert, er wollte vielmehr beide durch rechtmäßige Ehe miteinander verbinden und so eine schimpfliche Sache mit dem Schleier der Ehrbarkeit verdecken.

Über diesen Spruch entstand große Freude, und die Größe seiner Seele und seine Milde wurden laut gepriesen. Inzwischen wurde Einhard herbeigerufen. Als er eintrat, begrüßte ihn der König unerwartet freundlich und sprach mit heiterem Gesicht zu ihm: »Schon neulich ist deine Klage zu mir gekommen, daß du nicht belohnt würdest wie du es verdientest. Aber um dir die Wahrheit zu sagen, fällt die Hauptschuld auf deine eigene Nachlässigkeit; denn hätte ich etwas von deinem Wunsche erfahren, würde ich deine Verdienste gebührend geehrt haben. Doch um nicht viel Worte zu machen, will ich deiner Beschwerde durch das köstlichste Geschenk abhelfen, das ich dir bieten kann, und dir meine Tochter zum Weibe geben, deine Trägerin nämlich, die sich schon neulich willfährig genug zeigte, dein Joch auf sich zu nehmen.«

Dann wurde die Tochter herbeigeführt und aus der Hand des Vaters in die Hand Einhards gegeben, mitsamt einer reichen Aussteuer mehrerer Landgüter, zahlloser goldener und silberner Geschenke und vieler anderer kostbarer Gerätschaften. Dem allen fügte der fromme Kaiser Ludwig nach dem Tod seines Vaters die Besitzungen in Seligenstadt hinzu.

Seligenstadt um 1620. Kupferstich (Politisches Schatzkästlein I 7/42, 1626)

Erst nach dem zwölften Jahrhundert setzten die Mönchen von Seligenstadt dem berühmten Stifter ihres Klosters eine Grabschrift, in der es heißt: Einhard war ich, im Leben berühmt durch der Könige Liebe, und vom mächtigen Karl hatt' ich die Tochter zum Weibe. (313)

Der Ring der Fastrada

Karls des Großen vierte Gemahlin, Fastrada, Tochter eines thüringischen Grafen, war verhaßt wegen ihrer Grausamkeit. Man sagte, daß sie den gütigen und gerechten Herrscher mit Zauberkräften so im Bann halte, daß er ihre Taten nicht sehe und bei ihrem Unrecht schweige.
Im Jahre 794 starb die schlimme Fastrada zu Frankfurt eines plötzlichen Todes. Alles atmete erleichtert auf, als das stolze Weib verschieden, das auf den Kaiser einen unheilvollen Einfluß ausgeübt hatte; nur Karl war untröstlich und glaubte nicht, daß Fastrada tot sei. Er hielt den Leichnam liebkosend in den Armen und wollte ihn nicht hergeben, so daß man ernstlich um des Kaisers Verstand fürchtete; er meinte, sein Weib schlafe nur, denn solange er lebe, könne ihn Fastrada nicht verlassen.
Da betete eines Nachts Erzbischof Turpin inbrünstig um einen Fingerzeig des Himmels, um den Kaiser aus dem Bann zu erlösen, der den Tod der Kaiserin zu überdauern schien. Im Traum erschien ihm ein Engel und befahl ihm, von der Hand der Leiche einen Ring zu ziehen, der übernatürli-

che Kräfte besitze. Einst soll sie diesen Ring am Hörselberg, dem Wohnsitz böser Geister, von einer unbekannten Frau geschenkt bekommen haben, jene Unbekannte soll aber Frau Holle gewesen sein, die in dem Berg ihr Wesen trieb und durch Geschenke an Menschenkinder Unheil anrichtete. Der Bischof machte sich auf, schlich sich zu der Leiche und zog ihr unbemerkt den Ring von dem kalten Finger. Da erwachte der Kaiser plötzlich aus dem Bann, betrachtete erschrocken das blasse, tote Weib und konnte nicht begreifen, was ihn so lange an die Bahre fesseln konnte. Mit großen Ehren wurde der Leichnam Fastradas nach Mainz gebracht und dort zu Sankt Alban beigesetzt. Aber der Ring sollte seinem neuen Besitzer kein Glück bringen, denn jetzt verfolgte der Kaiser den Erzbischof, so daß dieser vor seinen Liebkosungen sich kaum zu retten wußte, denn des Ringes Zauberkraft hatte sich übertragen. Da beschloß Turpin, sich des Kleinods da zu entledigen, wo es keines Menschen Auge mehr erblicken sollte. Bei einem Aufenthalt auf des Kaisers Jagdschloß zu Aachen schleuderte er den Ring bei stürmischer Nacht in einen Teich und meinte, damit den Zauber gebrochen zu haben. Aber den Kaiser überkam von jetzt ab stets eine geheime Sehnsucht nach den stillen Gewässern. Stundenlang saß er oft am Ufer und dachte an Fastrada und das Trugglück, mit dem sie ihn umgab. Dann kam es ihm vor, als tauche aus dem Teich ihr geliebtes Antlitz und lächele ihn verführerisch an. Glückselig verließ dann der Kaiser diese Stätte, denn er glaubte, Fastrade lebe unsichtbar um ihn her. Auch seine Heirat mit der schönen Luitgard von Schwaben im folgenden Jahr konnte daran nichts ändern, er konnte Fastrada nicht vergessen.
Auf die Gruft Fastradas zu Sankt Alban ließ der Kaiser einen kostbaren Grabstein setzen. Stift und Kirche wurden am 23. August 1552 bei dem Raubzug des Markgrafen Achilles von Brandenburg eingeäschert, der Stein wurde später in den Dom gebracht. (314)

Dreieichenhain

Kaiser Karl der Große weilte gern und oft in »des Heiligen Römischen Reichs Hundestall«, in Dreieichenhain oder besser zu Hain in der Dreieich. Auch jagte er mit Vorliebe in dem dortigen gewaltigen Bannforst. Das kam, weil seine Gemahlin Fastrada den Kaiser durch die Zauberkraft eines in den Burgteich versenkten Ringes an den Ort zu fesseln verstanden hatte.

Als Kaiser Heinrich der Vierte im Jahre 1075 die wegen der Abgaben des Zehnten unruhigen Sachsen bekriegte, führte er nach dem blutigen Sieg bei Neustadt an der Unstrut mehrere Geiseln weg. Unter diesen auch die beiden Prinzen der Markgrafen Uto und Dedi. Er vertraute sie einem Hofbeamten namens Eberhard an. Dieser aber hielt sie nicht in sehr strenger Haft, sondern erlaubte ihnen, zuweilen in dem Wald, der sein Schloß umgab, zu jagen. Das benutzten die beiden zu ihrer Befreiung. Sie sprengten schnell durch den Wald, erreichten das Ufer des Mains, setzten sich auf einen Fischerkahn und fuhren nach Mainz. Sobald Eberhard ihre Flucht merkte, setzte er ihnen nach, fand sie aber erst in Mainz. Er versuchte, sie mit Gewalt zurückzuführen, allein der Bischof von Mainz nahm sich ihrer an und lieferte sie ihren Verwandten wieder aus. Dieser Eberhard aber war der Eberhard von Hagen, und die Begebenheit spielte zu Hain in der Dreieich. (315)

Bernhard von Clairvaux kommt nach Frankfurt

Konrad der Dritte, der Hohenstaufe, bekam 1135 nach dem sächsischen Lothar, dem Dänenbezwinger, die deutsche Kaiserkrone. Mit ihm begann die vielbesungene Glanzepoche dieser schwäbischen Kaiser. Konrad hielt 1142 zu Frankfurt einen denkwürdigen Reichstag ab. Die Großen schwelgten bei den köstlichen Banketten eines Beilagers des Markgrafen Heinrich, eines Stiefbruders des Kaisers mit Gertrud, der Witwe Heinrich des Stolzen, vormals Herzog in Sachsen und Bayern. Nach diesen Festlichkeiten traten die Fürsten zusammen und beratschlagten über einen Feldzug gegen die Wenden, welche den Osten des Reichs bedrohten.
Zu diesem Tag war auch der heilige Bernhard, Abt zu Clairvaux in Frankfurt angelangt, um Konrad zu einem Kreuzzug zu überreden. Es sei die Zeit gekommen, verkündete der Abt, wo alle Völker in das Reich Gottes kommen und Israel selig werden sollte.
Auch in Frankfurt legte der heilige Bernhard mit seinen Wundern Ehre ein. Weit und breit wurden Sieche und Gebrechliche herbeigetragen, um sie der wunderkräftigen Heilung teilhaftig werden zu lassen. Ungestüm drängte sich das begeisterte Volk zu dem Heiligen, um den Saum seines Kleides zu küssen oder ihn zu berühren. Plötzlich sah sich der Abt so eingekeilt, daß er weder vorwärts noch rückwärts konnte. Da warf Konrad den königlichen Mantel ab und bahnte sich einen Weg durch die Menge.

Römerberg mit Justitiabrunnen. Kupferstich von Salomon Kleiner 1728

Mit starken Armen hob er den Heiligen auf und trug ihn aus der Kirche. Unter den Kranken war auch ein gichtbrüchiger Greis. Bernhard reichte ihm nach einer kurzen Anrede die Hand hin und stellte ihn so gesund und frisch dahin, daß man glaubte, einen neuen Mann zu erblicken. Als die Diener das Bett aufheben wollten, rief Hugo, Archidiakonus von Toul unter Anspielung auf den Gichtbrüchigen im Evangelium: »Nimm dein Bett und gehe!« Zum Erstaunen des Volkes nahm der Genesene sein Bett und trug es nach Haus. Zur gleichen Zeit heilte Bernhard noch einen Taubstummen und ein gliederlahmes Weib.
Am Ort dieser Wundertaten kauften die Mönche des Klosters Haina den Platz sowie den benachbarten Hof und errichteten darauf zum ewigen Angedenken an diese Ereignisse die Bernhardskapelle. (316)

Günther von Schwarzenburg

Als im Jahr 1347 Kaiser Ludwig der Bayer starb, wurden von den Kurfürsten zwei römische Könige gekoren. Ein Teil wollte den Sohn des blinden Königs Johannes von Böhmen haben, der andere einen Grafen Günther von Schwarzburg aus Thüringerland. Diesem fielen alle zu, die es zuvor mit dem Kaiser Ludwig gehalten gegen den Papst und den Sohn des böhmischen Königs. Als man nun vor Frankfurt liegen sollte nach Gewohnheit des heiligen Reiches, und der König Günther in die Stadt einziehen wollte, verweigerten es ihm die Bürger und verschlossen ihm die Stadttore. Sie beriefen sich auf verbrieftes Recht, daß sie nicht schuldig seien, einem Kaiser, der in Zwiespalt erwählt, die Tore zu öffnen, er hätte denn seinen Widerpart überwunden oder sich mit ihm gütlich verglichen oder sechs Wochen und drei Tage im Feld gelegen, ohne von ihm überwunden zu sein. Die Kurfürsten wußten jedoch die Bürger zu bereden, so daß sie nach sieben Tagen Günther einließen und als römischen Kaiser empfingen. Sein Widersacher, Karl von Mähren, aber gab das Spiel noch nicht verloren, tat freilich mehr mit List und Ränken als mit Waffen. Ehe der Streit im Feld zum Austrag kam, erkrankte Günther auf den Tod. Man sagte, er sei vergiftet worden, und viele haben geglaubt, es sei auf Anstiften Karls geschehen. Ein Arzt aus Frankfurt sollte es getan haben mit Namen Freidank (Lersner sagt, er sei des Königs Leibmedikus gewesen). Der sollte dafür das Bistum zu Speyer haben. Als er aber dem König den Trank, den er ihm reichte, zu sehr lobte, traute ihm Günther nicht und hieß ihn, selber anzutrinken. Und als er ihn getrunken hatte, ist er nach drei Tagen Todes verfahren. So ist auch König Günther von dem Rest, den er getrunken, gestorben. (317)

Die Zünfte fordern ihr Recht

Die nach Abgang der Hohenstaufen öfter vorgenommenen Kaiserwahlen zogen Volk und Geld aus allen Gegenden Deutschlands in die Ringmauern von Frankfurt; Kunstfleiß, Schiffahrt und Handel erhielten dadurch neues Leben. Der Handwerker hatte in seiner Werkstätte, der Künstler in seiner Kunstkammer und der Handelsmann in seinem Warenlager häufige Bestellung, Arbeit und Verdienst. Der Aufenthalt so vieler Fürsten und Kaiser machte eine Erweiterung der Stadt nötig. Plätze und Häuser wurden verschönert; die Mauern über einem Teil des Fischer- und Klapperfeldes, über den Roßmarkt und Hirschgraben ausgedehnt, und mit neuen Türmen, Gräben und Toren umgeben. Mit dieser Vergrößerung der Stadt wollten nun auch die Bürger ihre Freiheiten vergrößert sehen. Bei einer jeden Kaiserwahl erhielt die Bürgerschaft von dem Gewählten neue Freiheiten, neue Vorrechte, neue Handelsbegünstigungen. Stolz auf diesen Wohlstand und ihre Reichtümer strebten jetzt die Gemeinen nach einer gleichen Teilnahme an der Regierung der Stadt. Als nämlich im Jahre 1355 Kaiser Karl IV. nach Italien gezogen war, traten aus einer jeden der vierzehn Zünfte die drei ältesten und noch andere Zünftige vor den Rat und forderten, wie sie sagten, ihre alten Rechte wieder. Auf solche unerwarteten Ansinnen nicht gefaßt, kam der Rat in eine große Verlegenheit. Diese wollten die Kaufleute (Gadenleute) benutzen und boten ihm ihre Hilfe an, wenn er gebieten würde, daß außer den Messen nirgends als unter den Gaden Gewand ausgeschnitten werden sollte. Der Rat glaubte dem Ansinnen beider Teile ausweichen zu müssen, und schickte den Bürgermeister Lutz von Holzhausen nebst den zwei Schöffen Konrad Löwenstein und Hartwig Weiß in die Zünfte, um mit ihnen zu verhandeln. Diese erklärten nun ihre Wünsche dahin, daß sie acht rechtliche Männer aus ihrer Mitte wählen wollten, welche bei allen Ämtern beisitzen sollten, um aufzusehen, wohin die Stadtgelder verwendet würden. Hierauf erwiderte der Rat: »Es würde das öffentliche Geld ehrlich und rechtlich verwaltet, wie diejenigen bezeugen könnten, die von der Zünfte wegen zu Rat gingen.« Diese Vorstellung fand keinen Anklang; die Zünfte bestanden auf ihrer Forderung.

Die Ratsmänner suchten vor der Hand Zeit zu gewinnen und wandten sich zuerst an den Landvogt in der Wetterau, Herrn Ulrich von Hanau, dann an den Kaiser selbst, um diesen verworrenen Handel zu schlichten. Der Landvogt schien die Forderungen der Zünfte nicht unbillig zu finden. Er machte zwischen ihnen und dem Rat einen Vertrag, kraft welchem die zünftige Gemeinde jährlich zwölf Biedermänner dem Rat vorschlagen sollte, woraus er sich sechs wählen könnte, um namens der Stadt seinen Verhandlungen beizuwohnen; mit dem ausdrücklichen Beisatz, daß diese des Rats Heimlichkeiten verbergen müßten. Den Schöffen wurde darin das Recht vorbehalten, sich selbst durch freie Wahl zu ergänzen. Dieser Vertrag wurde zwei Jahre später auf Zutun der Zünfte noch dahin abgeändert, daß auch sie die sechs, welche dem Rat beisitzen, wählen könnten. Nur sollten es biedere unbescholtene Leute sein.
Nachdem die Zünfte diese ihre Forderung erhalten hatten, wurden sie von Heinze von dem Saale, einem Patrizier aus dem Geschlecht der Spangenberg, und Andres Heilegeist, einem reichen Weber, welcher schon dreimal Bürgermeister war, nebst andern angesehenen Bürgern aus den Zünften beredet, ihre Gewalt gegen die Alten und den Rat so zu erweitern und festzugründen, daß unter den Bürgern aller beleidigende Unterschied wegfallen würde und nur das zünftige Bürgerrecht sowohl bei Wahlen als Ämterverteilungen Ansprüche darauf geben könnte. Die Zünfte folgten diesen Ratschlägen der Anführer, und ihr Übermut ging bald so weit, daß sie alle die vom Rat, welche sich ihnen widersetzten, mißhandelten und unter Anführung eines Metzgers mit Namen Henne Wirbel den Schöffen Siegfried von Marburg, genannt zum Paradies, gewalttätig anfielen, weil er die Rechte des Rats verteidigt hatte.
In dieser Not entfloh dieser hartnäckige Patrizier und suchte die Hilfe des Kaisers, dessen Rat und Freund er war. Er wußte die Sache als einen förmlichen Aufruhr des Pöbels gegen die rechtmäßige Obrigkeit zu schildern und da es ihm nicht an Mitteln fehlte, den Kaiser zu gewinnen, so wurde dem Erzbischof und Kurfürsten von Mainz aufgetragen, den Handel zu schlichten und diejenigen Bürger zu strafen, welche sich in diesem Streit gegen Kaiser und Reich vergangen hätten. Der Erzbischof unterzog sich des Auftrags mit Erfolg, weil er dadurch Gelegenheit hatte, den Bürgern von Frankfurt nicht nur seine geistliche, sondern auch seine weltliche Gewalt fühlbar zu machen. Am Tag vor St. Pauli Bekehrung traf er selbst ein, und richtete die Sache so, daß den alten Geschlechtern ihre Vorrechte verblieben und die Anführer der Zünfte entweder an Geld gestraft wurden oder die Stadt verlassen mußten. (318)

Halsgericht zu Frankfurt. Holzschnitt 1549 (Fliegendes Blatt zu dem Schwank »Adel und Kaufmann« von Hans Sachs)

Der Messerschmiede Wappen

War ein Messerschmiedsgesell, namens Georg Springenblech. Ist nicht recht klar zu erweisen, ob er ein Frankfurter Kind war oder nicht. Tut auch nichts zur Sache. Aber die Fechtkunst hatte er erlernt, war ein Meister des langen Schwertes und ein mutiger Mensch. Der bekam Lust, sich in den Krieg zu begeben und das tat er auch.
Dies war in den Jahren 1410–1437, also zur Zeit Kaiser Siegismunds. Dieser wurde damals von den Türken heftig bedrängt und in einer Schlacht auch in die Flucht geschlagen. Viele seiner Krieger waren von den Feinden schon erlegt und viele gefangen, so daß es schien, die ganze Schlacht sei verloren.
Aber wenn die Not am größten ist, sind die Messerschmiede am nächsten. Denn im kaiserlichen Heer war auch jener mannliche Kriegsmann, der löbliche Ritter Georg Springenblech, seines Zeichens ein Messerschmied. Als dieser sah, daß sein Leben in den Händen der Feinde war, trat er her-

vor, zog sein Hemd aus, tunkte es in Blut, steckte es auf eine lange Pieke und fing an zu rufen und sich zu gebärden, als ob noch ein Hinterhalt von kaiserlichen Truppen vorhanden sei, die herbeikommen sollten.
Und wirklich kamen auch einige, die sich aus Furcht verborgen gehabt und machten sich auf zu dem Messerschmied. Die Türken aber wichen zurück, worauf der streitbare Ritter Georg mit dem blutigen Hemd ernsten Muts ihnen nachdrang. Dieses sahen andere Kaiserliche und scharten sich ebenfalls zu den Verfolgern; die Türken wurden geschlagen und der Sieg war errungen. Ein Gottes-Triumph-Fest wurde gefeiert – und der durchlauchtigste, großmächtigste Kaiser begehrte den tapfern Helden Georg zu sehen, der ihm auch alsbald vorgestellt wurde.
Und der Kaiser verehrte ihm als Siegeszeichen eine Krone, schlug ihn vor allen Fürsten und Herren zum Ritter, begabte ihn mit Schild und Helm und begehrte von ihm, er möge noch eine Bitte tun: wofern es möglich wäre, solle sie ihm gewährt werden.
Auf solche allergnädigste Anerbietung bedachte sich Ritter Georg kurz und dieweil er keine Leibeserben hatte, begehrte er nichts weiter, als daß ihm Ihro Kaiserliche Majestät möchte zulassen, daß er und nach seinem Tod alle Messerschmiede und deren Kinder ein adeliges Wappen führen möchten, nämlich die kaiserliche Krone, durch welche drei Schwerter gehen, nebst offenem Schild und Helm wie auch zur Seite zwei Greise – welches ihm der römische Kaiser nicht allein vergünstigt, sondern ihm und seinen Nachkommen auch kräftige Briefe und Siegel gegeben hat – welches noch vorhanden, wird auch solches noch im Petschaft dieses löblichen Handwerks der Messerschmiede geführt. (319)

Peter Lump

Im Jahre 1471 wurde auf dem Römerberg zu Frankfurt am Main ein Turnier gehalten, dem gar hohe Herrschaften und viele schöne Jungfrauen von den Balkonen aus zusahen.
Die Ritter alle stolzierten heran in reichster Pracht und buntestem Schmuck und ihre blanken Harnische glänzten und funkelten hell im Sonnenschein. Gleich den Fräulein droben, hatte es jeder dem andern zuvorzutun gesucht, in höchster äußerer Pracht zu erscheinen, vielleicht um damit zu ersetzen, was ihnen an Tapferkeit abging.
Nur einer von allen hatte einen ganz unscheinbaren Harnisch, rostig und

Kaiserkrönung auf dem Römer. Kupferstich um 1700

schmucklos. Aber kämpfen konnt er, wie kein anderer, und seine Lanze rannte die Gegner alle zu Boden. Beifallssturm begrüßte den Tapferen; er aber hörte es kaum und blieb so gleichgültig dabei, als verstünde sich das alles so von selbst. Ruhig und sicher legte er immer wieder frisch seine Lanze ein und blieb Sieger über alle die glänzenden Herren – er war der Held des Tages.

Der Pfalzgraf, der das Turnier angeordnet hatte, ärgerte sich, daß ein solch schwarzer Unbekannter vor all seinen Rittern und Edlen den Preis und Dank allein davontrug, und fragte: »Wer ist nur der Lump, der also tapfer ficht und sticht?« – »Peter Marpurg zum Paradies!« war die Antwort. Und der rostige Ritter, der des Pfalzgrafen Wort gehört, grüßte höflich zum Balkon hinauf, als danke er für die ganz besondere Auszeichnung und nannte sich fernerhin: Ritter Peter, der Lump – welchen Zunamen auch sein Sohn beibehielt. (320)

Der Rattenpfennig

Zu Ende des 15. Jahrhunderts muß es in Frankfurt a. M. außerordentlich viele Ratten und Mäuse gegeben haben, so daß es einer nur einigermaßen ihres Berufs kundigen Katze nicht schwer werden konnte, eine solide Staatsanstellung zu erhalten. So schreibt Lersner:

1498. Hat man geben Carl von Hensperg Burgermeister 50 fl. davon zu lohnen und zu bestellen einen, der Tags Nachmittag auf der Brücken um 2 Uhr sei, und warte, wer eine tote oder lebendige Ratt hie zu Frankfurt gefangen hätte, bringen würde, dem soll man von jeder Ratten ein alten Frankfurter Heller geben, und soll man jedem Tier seinen Schwanz abhauen und in den Main werfen, und solches tun so lang dem Rat eben ist, und soll dem Rattenmeister zu Lohn geben alle Tag 3 Heller. – – In einem Jahr sind 8640 Ratten gefangen und in den Main getragen worden, auf ein Zeit aber sind in einem Tag und Nacht 200 hingericht worden. – – Im Jahr 1553 ist ein getaufter Jud zu solchem Amt verordnet worden: das Ratten-Häuslein auf der Brücken hat man 1569 denen Bürgern, so mit Pulver gehandelt, eingegeben.

Der Rattenpfennig ist also »keine absonderliche Münz gewesen, sondern in einem bloßen Pfenig bestanden« und wurde bezahlt aus der Strafkasse der Juden. (321)

Krönungsmahl für die Abgeordneten der Reichsstädte bei der Krönung Karls VII., Frankfurt 1742. Zeitgenössischer Kupferstich von Franz Michael Regenfues

Der letzte Krönungsbeutel

Die Krönung des letzten deutschen Kaisers fand statt am 14. Juli 1792. Als nun die Münzen unter die sich darum balgende und raufende Menge ausgestreut waren, flog auch zuletzt der Beutel, worin sie enthalten gewesen, durch die Luft zwischen die Menschenköpfe und gerade einem Bäckergesellen auf die Brust.

Und so entstand denn ein grimmiger Kampf, in welchem dem Bäckergesellen der Beutel entrissen werden sollte; aber der Beutelbesitzer war stark und suchte seine herrliche Beute mannhaft zu behaupten. So wälzte sich der um den Beutel kämpfende Haufe über den Römerberg in eine andere Gasse, wo ein Bürger Wache stand. Dieser, als ein Schützer der Ruhe und Ordnung, wußte nicht, um welchen Kampfpreis es sich hier handle, glaubte vielleicht mit ganz gemeinen Verbrechern und Ruhestörern hier zu tun zu haben, schlug blindlings mit dem Gewehrkolben in den Menschenknäuel und traf gerade den immer noch den Beutel besitzenden Bäckergesellen auf den Kopf. Schwer verwundet und bewußtlos sank der Arme nieder und wurde ins Spital gebracht.

Den Beutel hatten sie ihm weggerissen und sich gegenseitig aus den Händen gezerrt, bis schließlich einer die Beutelbeute davontrug. Aber das ehrsame Bäckerhandwerk ließ es nicht dabei. Durch richterlichen Beschluß wurde ihm der Beutel zuerkannt und da man wußte, wer ihn hatte, so bekamen sie ihn auch.
Als kostbares Besitztum wurde er nun in der Gesellenlade aufbewahrt; bei Gesellengeboten und wenn ein Geselle zum Meister gemacht wurde, legte man den Beutel auf den Deckel der aufgeschlagenen Lade, gleich einem Heiligtum, das an den Ernst und die Feierlichkeit des Augenblicks mahnt. Der Bäckergeselle wurde bald wieder gesund und scherzweise genannt »das Krönungsköpchen«. Dieser Krönungsbeutel befindet sich jetzt in der städtischen Altertumssammlung. (322)

Cüstines Leibwache

Im Jahr 1792 brach der erste französische Revolutionskrieg aus, und der französische General brach ein in Deutschland und eroberte ohne weiteres Speyer, Worms, Mainz und Frankfurt am Main, als gehörte es dazu – zu Frankreich nämlich.
In Frankfurt schlug Cüstine sein Quartier auf im »roten Haus« auf der Zeil. Die Frankfurter Bürger umlagerten ängstlich dieses Haus und blickten bang an ihm hinauf; denn sie befürchteten jeden Augenblick, daß der General das Zeichen zum Plündern geben werde.
Dicht an dem Tor des Gasthofs standen fortwährend ungefähr vierzig junge starke Metzger, ihr Schlachtmesser an der Seite und neben jedem seine riesenhafte, löwenartige Dogge. Ritt nun Cüstine mit seinen Offizieren aus, so zog ihm die Metzgerschar mit den Doggen nach, Schritt vor Schritt, bis wieder zurück vors rote Haus, an dessen Tor sie stehenblieben. So ging es von morgens bis abends. Und da die Metzger nichts verlauten ließen, so wußte man lange nicht, was ihre Absicht war.
Erst als Cüstine und der Frankfurter Magistrat sich verständigt hatten, zogen die Metzger mit ihren Hunden nach Haus und standen ferner nicht mehr Leibwache.
Als man sie später fragte, als Cüstine schon längst das Feld geräumt hatte, weshalb sie das getan, sagten sie: »Sobald der General das Zeichen zum Plündern gegeben hätte, hätten wir unsere Doggen auf ihn und seine Offiziere gehetzt! Der wäre nicht davongekommen! Wir vielleicht auch nicht! Aber plündern hätten wir die Stadt nicht lassen!« (323)

Die letzte Kaisernische

An den langen Seitenwänden des Kaisersaales im Römer sind Nischen, die nach oben in Spitzbögen zulaufen; darin kann man alle deutschen Kaiser der Reihe nach sehen, welche das Reich seit Karl dem Großen gehabt hat; schon vor Jahrhunderten hatte man mit diesen Bildern angefangen und jedesmal, wenn ein neuer Kaiser in Frankfurt gewählt wurde, fügte man sein Bild hinzu. Als die Nischen im fünfzehnten Jahrhundert gebaut wurden, dachte man sicher nicht daran, ob es mehr deutsche Kaiser oder mehr Nischen geben würde. Als sich aber immer mehr Nischen mit Kaiserbildern füllten, mochte sich doch wohl mancher gute Deutsche Gedanken darüber

Friedrich Barbarossa und Karl der Große. Holzschnitte nach den Gemälden im Römer. Aus: Die Geschichte der deutschen Kaiser. Ein Volksbuch für Jung und Alt. Stuttgart 1850

machen, wo man denn mit den Kaiserbildern hin solle, wenn alle Nischen besetzt seien. Endlich blieb nur noch eine einzige leer. Das war, als der Kaiser Franz zur Regierung kam; im Jahre 1806 legte er die deutsche Kaiserkrone nieder, er war der letzte Kaiser im alten Reich, sein Bild kam in die letzte Nische. Obwohl nun kein Platz mehr für ein neues Kaiserbild war, wollten im Jahre 1849 die Deutschen zu Frankfurt doch einem Kaiser wählen und wählten auch einen. Als aber bei der Verkündigung der Wahl alle Glocken in der Stadt geläutet wurden, da soll die Karolusglocke auf dem Pfarrturm, die zu Ehren Karls des Großen so heißt, einen gewaltigen Sprung bekommen haben. (324)

Der vorwitzige Bürger

1698, am 30. Mai, kommt ein bekannter Bürger und Schneider in den Römer und beteiligt sich aus bloßem Vorwitz an der Audienz, um die bürgermeisterliche Rede anzuhören. Da ihm nun ein Satz, der ihn jedoch nichts angegangen, mißfallen hat, hat er den damaligen regierenden Bürgermeister öffentlich und höhnisch deswegen getadelt, worauf ihm Schweigen auferlegt wurde. Aber sein böses Maul war nicht zu zähmen, so daß sich auch der Herr Bürgermeister gezwungen sah, den Richtern Befehl zu erteilen, diesen Bürger in Arrest zu nehmen. Als die Richter ihn ergreifen wollen, wirft er seinen Mantel auf den Boden, stellt sich darauf, bietet allen Trotz, die ihn auf seinem Hab und Gut angreifen würden – aber der Anblick der Soldaten machte, daß er mit seinem Gut davonlief. Man holte ihn wieder ein und führte ihn auf den Bornheimer Turm, wo er dann bis nach Pfingsten residierte. (325)

Der kluge Reucker

Lersner erzählt in seiner Chronik von einem sonderbaren Prozeß, der hier in freier Übersetzung mitgeteilt sei.
In der Nähe von Frankfurt lebte ein gewisser Reucker, der mit seiner Mutter nicht gut auszukommen schien. Einst setzte er in seinem Übermut die alte Frau auf einen Pfahl und trug sie zum Hohn und Spott bei den Nachbarn herum. Die freche Tat wurde aber bald ruchbar, und der Sohn wanderte ins Gefängnis. Erst konnten die Richter sich über das Urteil nicht einigen, da ihnen der Fall noch nicht vorgekommen war, doch entschied

man zum Schluß für die Todesstrafe mit der Bedingung, daß Reucker die Art der Strafvollziehung sich selbst auswählen solle. Reucker legte nun seinen Richtern folgende seltsame Bedingung vor: »Da es mir vergönnt ist, meine Todesart selbst zu wählen und es keinen anderen Ausweg gibt, bitte ich, daß meine Kleider auf eine Stange gesteckt und vor mir her nach Frankfurt getragen werden. Dort auf der Sachsenhäuser Brücke soll ein Herold dem versammelten Volk, das die Neugier zusammentreibt, laut mein Verbrechen vorlesen, um dessentwillen ich den Tod verdient habe. Wenn nun das Volk meine traurige Geschichte nicht wie gewöhnlich mit derben Späßen aufnimmt, sondern Abscheu und Traurigkeit ob meines Verbrechens zeigt, so sollen erst meine Kleider und dann ich in den Strom geworfen werden. Wenn sie aber meine Tat und euer Urteil des Belachens wert erklärt haben, so will ich frei und ledig sein.« Die gestrengen Richter konnten sich bei dem Verlangen der Heiterkeit nicht erwehren und gaben ihre Einwilligung.
Am andern Morgen sollte die Exekution vor sich gehen. In feierlichem Zug wird Reucker zur Richtstätte geführt. Voran wurden von Knechten auf einer langen Stange, auf der einst seine Mutter saß, seine Kleider wie kostbare Siegeszeichen getragen. Dann kommt er selbst halbnackt, von dem rot gekleideten Scharfrichter geführt, als armer Sünder hinterher. Es folgen mit ernster Miene seine schwarz gekleideten Richter und eine Menge Volk, das über den sonderbaren Aufzug Witze reißt, die schärfer sind als schlesischer Landwein, der bekanntlich alten Essig noch übertreffen soll. An dem alten Kreuz der Richtstätte macht der Zug halt. Der Herold tritt vor und verkündet mit lauter Stimme das Verbrechen des Verurteilten und seine selbstgewählte Todesart, wobei Reucker die jämmerlichsten Gesichter macht. Da bricht Gelächter los, in das sogar die Richter einstimmen. Reucker hört Bemerkungen und Späße, an die er Zeit seines Lebens nicht gedacht hätte. Man begnügte sich daher, seine Kleider nebst dem Pfahl in den Main zu werfen und davonschwimmen zu lassen; Reukker selbst wurde aber frei und ledig entlassen.
Zum Gedächtnis daran zogen aus dem Frankfurter Dorf Bornheim die Leute auf Mariä Lichtmeß mit allerlei Gebräuchen an den Main und warfen ein altes Kleid in das Wasser, wobei die Kinder den Reim sangen:

»Reucker Uder / Schlug seine Mutter
Schlug ihr Arm und Bein entzwei / Daß sie Mordio schrei.«

Durch den Bornheimer Pfarrer Sondershausen wurde um das Jahr 1670 der alte Brauch abgeschafft. (326)

Die erste und zweite Judenschlacht

Schon im Jahre 1240 war in Frankfurt eine Judenverfolgung, die man die erste Judenschlacht nannte. Der Sohn eines Juden wollte Christ werden, wurde jedoch von seinen Verwandten und Freunden daran verhindert. Darüber entstand Streit zwischen den Christen und Juden, wobei einige Christen getötet wurden. Und nun kam es zu einem gräßlichen Blutbad, wobei 180 Juden ums Leben kamen. In der Verzweiflung zündeten die Juden ihre Häuser an, weil sie lieber sich und ihre Habseligkeiten im Feuer umkommen sehen wollten als in der Feinde Hände fallen. Während nun die Christen sich rasender Mordlust überließen, griff das Feuer immer weiter um sich und verzehrte fast den halben Teil der Stadt. Die noch übrigen Juden, etwa 24, worunter auch ihr Rabbiner, ließen sich darauf in der Todesangst taufen.

Noch schlimmer ging es zu ihm Jahre 1349, bei der sogenannten zweiten Judenschlacht. Der Haß gegen die Juden und die Lust nach ihren Geldsäckeln erfanden die Sage, die Juden hätten die Brunnen vergiftet und sie seien schuld an der Pest, die Deutschland verwüstete. Nun waren gerade die Geißler in Frankfurt, die das Volk, das ohnehin schon erbittert gegen die Juden war, noch mehr gegen dieselben anreizten. Damals war das Judenquartier noch in der Nähe des Doms, wo auch das Rathaus stand. Als nun die auf Raub ausgehenden Geißler nicht anders zu den Geldkasten der Juden gelangen konnten, legten sie Feuer in der Judengasse an und vollführten ein Geschrei, als seien sie von den Juden angetastet worden. Ehe es aber zu tätlichen Angriffen kam, sah man mit Schrecken aus den hölzernen, schindelbedeckten Häusern die Flammen emporschlagen, die rasch um sich griffen und einen großen Teil der südlichen Stadt nach dem Main zu in ein Feuermeer verwandelten. Nun flohen die Geißler mit Geheul durch die Straßen und verbreiteten die Sage: ein reicher Jude, namens Storck, der dem Rathaus gegenüber gewohnt, habe einen feurigen Pfeil in das Rathaus abgeschossen, wodurch der Brand entstanden sei.

Man griff wohl zu Lösch- und Rettungsgeräten, aber auch zu den Waffen. Der Anblick der brennenden Häuser und der jammernden Juden trieb die Wut aufs äußerste. Ohne Mitleid wurden diese, Männer, Weiber und Kinder, niedergestoßen, in die Flammen gejagt – oder stürzten sie sich auch selbst hinein. Die Geißler aber benutzten die allgemeine Verwirrung und plünderten. (327)

Plünderung der Judengasse im Fettmilch-Aufstand. Kupfer von Georg Keller

Der große Judenbrand

Von all den Unglücksschlägen, die Frankfurt in mehr als einem Jahrtausend seiner Geschichte heimgesucht haben, ist der große Judenbrand vor etwa zweihundert Jahren einer der furchtbarsten gewesen, und darum glaubten die Leute damals und später auch, es wäre dabei nicht mit rechten Dingen zugegangen. Am 14. Juni 1711 brach in der alten Judengasse, der heutigen Börnestraße, ein gewaltiger Brand aus, der fast die ganze Gasse verheerte. Das Feuer soll auf eigenartige Weise in dem Haus eines angesehenen jüdischen Gelehrten, des Rabbiners Naphthali, entstanden sein. Dieser Rabbiner, so erzählt die Sage, war ein Mann, der über verborgene Kräfte verfügte. Eines Tages wollte er seine Schüler in die heimlichen Lehren einweihen und zündete einen großen Haufen Holz mitten in seiner Stube auf dem Bretterboden an, um ihnen zu zeigen, daß er mit seinen Sprüchen selbst über die Gewalt des Feuers Macht hätte. In der Beschwörung der Geister aber wurde er irre und forderte die Feuergeister heraus, anstatt die Wassergeister anzurufen. Da griff das Feuer mit so unheimlicher Gewalt und Schnelligkeit um sich, daß jeglicher Rettungsversuch vergeblich blieb. Alle jüdischen Häuser der Gegend wurden ein Raub der Flammen, während merkwürdigerweise kein einziges der Christen zerstört wurde. Von dem Feuer hat man sich noch lange, lange erzählt. (328)

Plünderung der Judengasse zu Frankfurt 1614. Kupferstich von Matthaeus Merian aus: Gottfried, Chronica. Frankfurt a. M. 1632

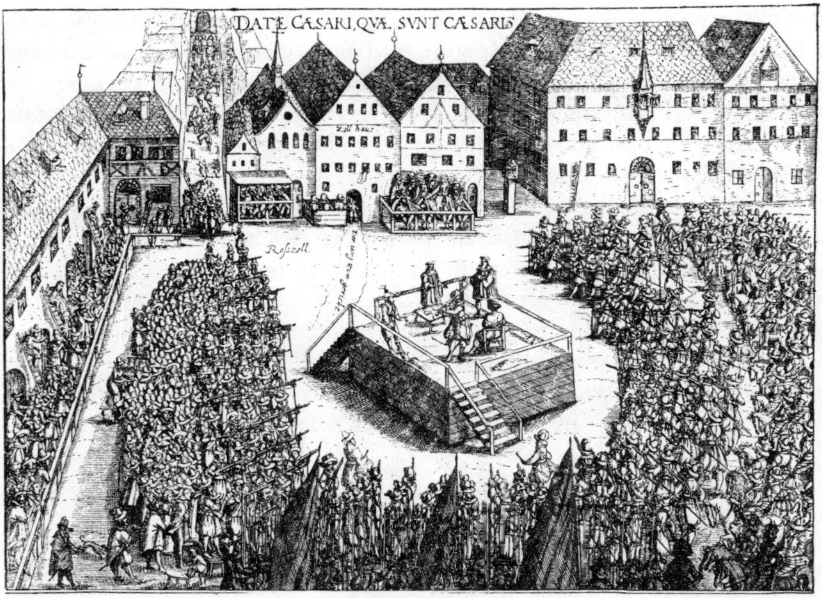

Hinrichtung der Anführer des Fettmilch-Aufstandes (gegen die Juden), Frankfurt 1616. Zeitgenössischer Kupferstich

Das Fettmilchplätzchen

Als nach den bürgerlichen Unruhen in den Jahren 1612 bis 1614 die Rädelsführer des Aufruhrs zur Strafe gezogen werden sollten, wurde auch der Lebküchler Vincenz Fettmilch, der Hauptanführer, verhaftet. Stets mit Pistolen und Dolchen bewaffnet, setzte er sich heftig zu Wehr, wurde aber niedergeworfen und mit Stricken gebunden »in Turn« geführt. Er rief seinen Anhängern zu: »Laßt mich nicht stecken!« und diese stürmten unter großem Tumult den Turm und führten Fettmilch im Triumph nach seiner Behausung, die auf einem Plätzchen in der Töngesgasse stand. Fettmilch verschanzte sich in seinem Haus, befestigte es in allen drei Stockwerken bis unter das Dach, stellte an den Fenstern mehrere seiner Anhänger mit Musketen auf und an den Eingang seines Hauses vor der Stiege einen Mörser, mit Pulver und Kugeln gefüllt. Auch ging die Sage, er habe zwei Tonnen Pulver im Haus.

Am nächsten Morgen (den 28. Nov. 1614) wurden die Stadttore geschlossen, in allen Gassen Ketten gespannt, und die bewaffnete Mannschaft aller Quartiere kam nebst den Stadtsoldaten vor Fettmilchs Haus gezogen. Er wurde wiederholt aufgefordert sich zu ergeben, was er jedoch nicht tat. Da wurden die Zimmerleute beordert, die Hauptpfosten des Hauses einzuschlagen, und bei längerer Weigerung Fettmilchs sollte das Haus mit Kanonen zusammengeschossen werden. Fettmilch, wohlgerüstet, ließ sich mehrmals an der Haustür sehen; aber erst, nachdem der Sturm schon anbefohlen und schon mehrere Schüsse von seiten der Bürgerschaft auf das Haus geschehen, ergab er sich nebst seinen Anhängern gutwillig.
Sein Haus wurde niedergerissen und nie mehr sollte auf diesen Platz wieder ein Haus gebaut werden dürfen; auf dem Platz wurde eine steinerne Schandsäule errichtet, die dort stand, bis sie 1719 nach einer großen Feuersbrunst durch Einsturz einer Mauer zertrümmert wurde. (329)

Des Spritzenmeisters Tod

Im Jahre 1719 war in Frankfurt am Main der große Christenbrand. Man nennt diese gräßliche Feuersbrunst nur deshalb so, weil eine frühere (1711) den Namen Judenbrand erhalten hatte. Über vierhundert Häuser brannten ab und viele Menschenleben gingen zugrunde.
Aus allen umliegenden Orten waren Helfer gekommen, auch von Hanau. Als nun der Hanauer Spritzenmeister sich stark abgearbeitet hatte und mit seiner Spritze eben an der Bornheimer Pforte stand, da fing er an zu fluchen und schrie: »Bier her! Bier her! Ich will löschen!«
Aber in demselben Augenblick fiel von dem Türmlein der Bornheimer Pforte der glühende Glockenschwengel herunter und schlug ihn tot. Sein Kamerad, der dicht bei ihm stand, aber nicht geflucht hatte, wurde wohl auch verwundet, kam aber mit dem Leben davon. (330)

Teures Salz

Mehrere Kaufleute kamen auf die Frankfurter Messe, kehrten in einem Wirtshaus ein und ließen sich die Mahlzeit wohlschmecken. Der Wirt aber hatte aus Versehen kein Salz auf den Tisch gestellt, und deshalb wollten die Kaufleute, nach altem Gebrauch, nichts bezahlen als sie fortgingen. Der Wirt ließ es auch geschehen und war noch besonders höflich dabei, indem

Brandkatastrophe 1719, der »große Christenbrand« genannt. Kupferstich von G. Chr. Kilian 1719

er ihnen sein Gasthaus für die Zukunft empfahl. Wirklich kehrten dieselben Kaufleute später wieder in demselben Wirtshaus ein; der Wirt aber stellte bei der Mahlzeit nun jedem von ihnen ein absonderlich Salzfaß vor, und jeder der Esser mußte einen Taler bezahlen – viel Geld für ein Mittagessen im 17. Jahrhundert. (331)

Bücher aus allen Ecken der Welt

Dieweil auch in den Messen viele fremde Buchführer sich dort versammeln und der Gelahrten Bücher in allen Fakultäten und Disziplinen aus allen Ecken der Welt zusammenbringen und durcheinander verhandeln, so wird es Frankfurter Athen genannt. – Das berichtet Winkelmann in seiner Chronik 1697. (332)

Kaufmann mit Reisigen auf dem Weg zur Frankfurter Messe. Holzschnitt 1533

Das Hexenplätzchen

In der Alten Mainzer Gasse liegt ein malerisches Eckchen, das Hexenplätzchen, das auf folgende Weise zu seinem Namen gekommen sein soll. In der furchtbaren Kriegszeit, als schwedische, französische und wer weiß was für Völker unser Vaterland dreißig Jahre lang kreuz und quer durchzogen und verwüsteten, raubten und plünderten, wo sie nur konnten, lebte in einem Haus am Hexenplätzchen eine alte Frau, die von der Last der Jahre wie der harten Arbeit gebeugt war. Sie lebte sehr zurückgezogen und fand nur Vergnügen an ihren Kätzchen, von denen sie eine ganze Anzahl als Hausgenossen beherbergte. Noch größere Freude hatte sie an ihrer Tochter, dem schönsten Mädchen weit und breit, das aber ebenso wie ihre Mutter die Einsamkeit liebte.

Weil die beiden ein abgeschlossenes Leben führten, sagten die Leute, sie hätten es mit dem Bösen und wollten darum mit den Menschen keinerlei Gemeinschaft haben. Aber die beiden machten sich bald nichts mehr aus dem Gerede und verbrachten ihre Tage still und abgeschieden wie früher. Eines Tages kamen schwedische Kriegsvölker in die Stadt, und einer der Soldaten fand den Weg in das einsam gelegene Häuschen am Hexenplätz-

chen. Die Leute ärgerten sich darüber, daß die beiden Frauen einem Fremden Einlaß gewährten, was ihnen doch versagt war, und ihr Haß gegen Mutter und Tochter wurde größer. Bald beschuldigte man beide offen der Hexerei, und als der schwedische Soldat einmal mit seinen Kameraden irgendwo in der Ferne weilte und eine Streife unternahm, rotteten sich viele Leute zusammen, zogen vor das Haus der vermeintlichen Hexen und wollten beide, Mutter und Tochter, mit Gewalt herausholen und sie dem Feuertod überliefern; auf dem Platz vor dem Haus hatten sie schon den Scheiterhaufen aufgeschichtet.
In der höchsten Not kam eine Rotte Reiter über die alte Brücke dahergesprengt, fast wie eine Geisterschar, wie die wilde Jagd. Die Soldaten ritten auf das Hexenplätzchen zu, bahnten sich mit ihren Schwertstreichen schnell und leicht einen Weg durch die Menge, drangen ins Haus, ergriffen Mutter und Tochter, setzten sie auf die Pferde und sprengten spornstreichs davon, so schnell wie sie gekommen waren. Seit dem Tag waren Mutter und Tochter verschwunden, und die Ecke in der Alten Mainzer Gasse, in der das Haus stand, hieß von Stund an das Hexenplätzchen. (333)

Der Eschenheimer Turm

Wenn man früher einen Handwerksburschen prüfen wollte, ob er Frankfurt kenne und über die Wahrzeichen der Stadt Bescheid wisse, dann fragte man ihn: es hat fünf Spitzen und sticht doch nicht, was ist das? Das ist nämlich der Eschenheimer Turm mit seinen fünf Turmspitzen. Am Turm wächst auch ein alter Efeustock, der klettert immer höher und höher hinauf. Der Turm sollte schon oft abgerissen werden; es geht aber die Sage, es könne nicht eher ein Stein von ihm weggenommen werden, als bis die Efeuranken die Wetterfahne auf dem größeren Mitteltürmchen erreicht hätten. (334)

Der Neuner in der Wetterfahne

In dem Eschenheimer Turm hat einmal Hans Winkelsee gefangen gesessen, der Meisterschütze. Das war zu der Zeit, als dem Frankfurter Rat die Wilddiebe im Stadtwald viel zu schaffen machten. Der gefährlichste unter ihnen ist Hans Winkelsee gewesen; er soll sogar einen Förster erschossen oder nach ihm geschossen haben. Aber er ließ sich lange Zeit nicht fangen,

Eschenheimer Turm und Tor (das 1807 größtenteils abgebrochen wurde). Kupferstich um 1800

soviel auch die Häscher Jagd auf ihn machten. Endlich aber faßten sie ihn doch. Und er wurde in den hohen Eschenheimer Turm gesperrt, ganz oben in eine Kammer unter dem Dach, und von da sollte er nur wieder herauskommen, um an den Galgen gehängt zu werden. Das war ihm hart und ungewohnt, daß er da festsaß und nicht mehr hingehen konnte wo er wollte. Und daß man ihn erst lange zappeln ließ, ehe man ein Ende mit ihm machte, das kam ihm erst recht grausam vor; so hatte er's mit dem Wild nie gemacht, da war es immer schnell gegangen. Neun Tage und neun Nächte mußte er da oben sitzen, und die rostige Wetterfahne über ihm auf dem Dach hat immer so gekreischt und geknarrt, daß er kein Auge hat zutun können. Da hat er sich in den schlaflosen Nächten was ausgedacht, wie er den Frankfurtern zeigen wollte, mit wem sie es zu tun hätten, und wie er in der Wetterfahne ein Wahrzeichen hinterlassen und sich selber vielleicht davon helfen könnte. Und er hat dem Kerkermeister gesagt, wenn sie ihn losließen, so wollte er mit neun Kugeln einen Neuner in die Wetterfahne schießen, zum Andenken an die neun schlimmen Nächte, die er im Turm zugebracht habe.

Der Kerkermeister hat es gleich dem Rat gemeldet und die Ratsherren waren es zufrieden, sie dachten, vielleicht würden sie den Winkelsee so auf gute Art los, denn sie trauten ihm nicht recht; vielleicht stand er mit dem Bösen im Bund und konnte der Stadt gefährlich werden. Aber dem Gefangenen ließen sie sagen, wenn auch nur eine einzige Kugel fehlginge, so müsse er doch noch an den Galgen.
Hans Winkelsee wurde aus dem Turm herausgeführt, und als er seine Büchse wieder in die Hand bekommen, da hat er sie geküßt vor Freude und weil er gewußt hat, jetzt gilt es. Hat sie fest und sicher gefaßt, angelegt und geschossen – da war ein rundes Löchlein in der Fahne. Und wieder geschossen – ein zweiter Treffer dicht neben dem ersten. Dann ein dritter, ein vierter und so fort, und alle neun Schüsse saßen und gaben den schönsten Neuner; die Ratsherren und all die vielen Bürgersleute, die zuschauten, sahen es ganz deutlich. Alles jubelte ihm zu. Mancher aber auch dachte im stillen nun erst recht, daß der Wilderer mit dem Teufel im Bund sei. Die Ratsherren aber sprachen nun Hans Winkelsee nicht nur los, sie erboten sich sogar, ihn zum Stadtschützenhauptmann zu machen. Das war ganz klug gedacht; aber Hans schlug es aus, ihm war die Freiheit in den Wäldern lieber. Er warf seine Büchse über die Schulter und ging zum Tor hinaus.
Am Eschenheimer Turm ist am Schlußstein des spitzen Torbogens nach der Stadtseite zu ein kleiner Menschenkopf ausgehauen. Man sagt, er sei plötzlich einmal dagewesen, ohne daß man wußte, wo er hergekommen war. Das soll aber Hans Winkelsee sein. (335)

Der Erfinder des Äppelwoi

Ein Sachsenhäuser geht mit seinem Sohn über die Mainbrücke, auf welcher das Denkmal Karls des Großen steht.
In der rechten Hand hat Karl ein Schwert und in der linken den Reichsapfel.
Des Sachsenhäusers Sohn beguckt den steinernen Mann rechts und links und fragt endlich den Vater: »Warum steht denn der Mann da?«
Der Vater antwortet: »Dumm Oos, waaßt de dann des net! Siehst de net, daß er en Abbel in der Hand hot! Des ist der Erfinner vom Äppelwoi!«
(Karl der Große war übrigens wirklich der Verbreiter der Ciders oder Apfelmostes in deutschen Landen). (336)

Schiffsverkehr mit Sachsenhausen. Kupferstich (Ausschnitt) von M. Merian 1646

Die polnische Mutter

Mit dem Schwedenheer kam auch eine Marketenderin, wohlbeleibt, mit feistem Angesicht und kupferiger Nase, in die Gegend von Frankfurt am Main. Lange schon war sie mit ihrem Wäglein dem Heer gefolgt und hatte wie eine Mutter für die durstigen Krieger gesorgt. Und da sie aus Polen stammte, hatte sie den zärtlichen Namen erhalten: polnische Mutter.
Dieser Frau nun, die dem Schwedenkönig auf seinem Zug so lange gefolgt war, gefiel es in dem Dörfchen Niederrad so wohl und der dortige Äpfelwein schmeckte ihr so gut, daß sie ihren Abschied vom Heer nahm, um ihre alten Tage in dem Dorf am Main in Ruhe zu verleben.
Sie fing eine Wirtschaft an und hatte immer den besten Äpfelwein. Und die Frankfurter, die nach Niederrad kamen, kehrten allemal bei der polnischen Mutter ein, welcher Name ihr bis an ihr Lebensende verblieb.
Zankten nun die Frankfurter Weiber ihre Männer, wenn diese Sonntagabend zu spät nach Hause kamen und warfen ihnen vor, daß sie so lange im Wirtshause säßen, so war allemal die Entschuldigung: Wir waren bei der polnischen Mutter, die hat uns ihre Fahrten erzählt. (337)

Der Schuster im Backofen

Denkwürdiges passierte einem Schuster zu Nieder-Ursel, einem Dorf, das zur einen Hälfte dem Grafen von Solms, zur anderen Hälfte der Stadt Frankfurt gehörte. Dort befand sich am Ende ein Wirtshaus, das mit der Hofreite auf Frankfurter Gebiet lag, und ein angebauter alter Backofen stand auf gräflich solmsischem Territorium, weil es so der Zufall wollte. Nun hatte eines Abends ein solmsischer Untertan, seines Zeichens ein Schuster, auf der Wirtsbank ein gewaltiges Mundwerk über den Rat und die Bürger der freien Reichsstadt Frankfurt. Der Gemeindediener hörte des Schusters böse Worte und ging hinein, um Feierabend zu bieten, aber da wurde Meister Knieriem erst recht wild, so daß er hart angefaßt und ins Spritzenhaus gesperrt werden sollte. Im Hof riß er sich los und schlupfte in den zerfallenen Backofen, aber der Gemeindediener hatte ihn bei den Beinen gefaßt, so daß der Schuster halb im Solmsischen, halb im Frankfurtischen lag. Da erhob er ein gewaltig Geschrei, der Ofen stände auf des Grafen Grund und Eigentum und ein Frankfurter dürfe ihn nicht halten, sonst gehe er zum Amtmann. Aber der Gemeindediener ließ sich durch dergleichen Drohungen nicht irremachen, sondern meinte: »Du hast da ganz recht, du bist auf Solmser Grund, soweit du im Backofen bist, aber der Teil der auf meiner Herren Boden ist, soll wegen deiner Lästerrede seine Strafe haben.« Dabei nahm er seinen Stecken und zählte dem Schuster fünfundzwanzig auf den Hosenboden, daß nur so die Funken blitzten und dieser Hilfe und Mordio schrie, dann ließ er ihn los. Seit dieser Zeit führte der Schuster im Frankfurter Gebiet keine Reden mehr und wenn er den Gemeindediener sah, zog er vor ihm die Kappe ab und ging ihm aus dem Weg. (338)

Das Brombacher Kästchen in der Homburger Judengasse

Ein Mann aus Brombach fand beim Laubscharren im Walde ein verschlossenes Kästchen. Er nahm es mit nach Hause und wollte es öffnen; aber es paßte kein Schlüssel dazu. Er versuchte, es mit der Axt aufzubrechen, da sagte seine Frau: »Hör auf, du zerbrichst damit unser Glück!« Was aber machen? »Stell's aufs Brett!« Er stellte es aufs Brett; aber es machte ihm Gedanken, Unruhe und Angst. Er trug es wieder in den Wald und verscharrte es im Laub; aber es ging ihm fortwährend im Kopf herum, daß er

Bad Homburg vor der Höhe, um 1620. Kupferstich (Politisches Schatzkästlein II 5/22, 1630)

fast ein Narr wurde. Er holte es wieder und warf es in die Weil; da deuchte ihn, er selbst stände bis ans Herz im Wasser, er fischte es heraus und warf es ins Feuer; aber es verbrannte nicht, und es deuchte ihn, als stände er selbst im Feuer.
Da kam eines Tages der Homburger Lumpenhändler ins Dorf. Der geplagte Mann hörte das, und schnell wickelte und nähte er das Kästchen in ein Paar alte Hosen und steckte sie dem Juden mit noch anderen Lumpen in den Sack. So kam das Kästchen in die Homburger Judengasse, und seitdem ist dort keine Ruhe mehr. (338a)

Die Kronberger bedrängen Höchst

»Im Jahre 1396«, schreibt der Limburger Chronist, »ward Höchst auf dem Main, gelegen zwischen Mainz und Frankfurt, ein säuberlich Städtlein, das gehört in den Stift von Mainz, erstiegen und gewonnen und zumal verbrannt. Das taten die von Kronberg und gewannen darinnen reisiger gesattelter Pferde mehr denn sechzig. Der Bischof von Mainz, genannt Herr Konrad, war geboren von Weinsberg, und stund ihm baß ein Röcklein denn ein Panzer.« Ihm folgte im Bistum Johann von Nassau, ein junger, rascher und anschlägiger Herr, der begann die Burg in Höchst wiederaufzubauen »mit solchem Fleiß, daß er die Stein, Kalk und dergleichen auf seinen Schultern zugetragen, und mit solchem Exempel auch seine Edelleute und Freiherren zu dem Werk angetrieben hat«. (339)

Die versenkte Glocke

Die raublustigen Scharen Tillys zogen sich um Höchst zusammen und brandschatzten die umliegenden Dörfer. Pfarrer und Einwohner von Eschersheim fürchteten für ihre Kirchenglocke. Denn manche Glocke war schon während des großen Krieges eingeschmolzen worden, um aus dem Metall Rohre für Feldschlangen zu fertigen. Drum beschloß man in Eschersheim, die Glocke in der Nidda zu versenken. In der Nacht wurde sie mit vieler Mühe vom Glockenstuhl heruntergeholt, zum Niddaufer gefahren und im Wasser an der tiefsten Stelle versenkt. Nur der Pfarrer und drei Eschersheimer kannten den Ort. Im nächsten Jahr starben mehr als die Hälfte der Dorfbewohner an der Pest, und unter den Überlebenden war keiner, der wußte, wo man die Glocke geborgen hatte. Heute noch liegt sie auf dem Grund der Nidda. In sternklaren, stillen Nächten tönt es oft aus den Wassern herauf wie entferntes, verhallendes Geläut. (340)

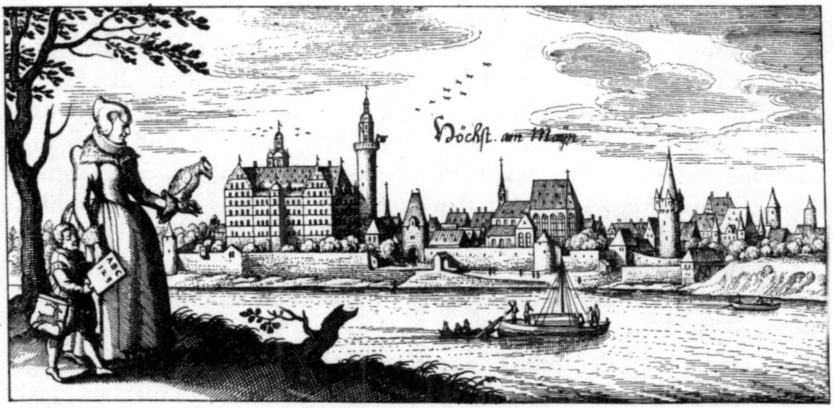

Höchst um 1620. Kupferstich (Politisches Schatzkästlein I 5/21, 1625)

Taunus, Wiesbaden, Rheingau

Der Brunhildenstein

Der höchste Berg des Taunusgebirgs ist der große Feldberg. Sein Gipfel ist sechs Stunden von Frankfurt am Main entfernt und 2721 Fuß über der Meeresfläche. Auf der nordöstlichen Seite seiner kahlen, fast nur mit kümmerlichem Heidekraut bewachsenen flachen Kuppe erhebt sich ein zerklüfteter Quarzfels, welcher zwölf bis vierzehn Fuß hoch ist und achtzig Fuß im Umfang hat. Er heißt Brunhildenstein (auch Teufelskanzel) und wurde in früheren Zeiten auch wohl Agrippinentempel und Venusstein genannt.

Brunhilde (nicht zu verwechseln mit der Brunhilde des Nibelungenliedes, der Feindin Kriemhilds) war die Gemahlin Siegberts, König von Austrasien, eine schöne, kluge und kühne, aber auch grausame, herrschsüchtige, furchtbare Frau, die des Mordes von zehn Personen aus dem königlichen Haus beschuldigt, in ihrem achtzigsten Jahr eines gräßlichen Todes starb. Sie wurde drei Tage lang gefoltert, dann auf ein Kamel gebunden und dem Heer zur Schau im Lager herumgeführt, endlich noch an den Schweif eines wilden Rosses gebunden und zu Tode geschleift. Geschehen im Jahre 613. – Winkelmann beschreibt das schreckliche Ende der westgotischen Königstochter so: Darauf die Reichsstände sie mit Urteil und Recht vom Leben zum Tode verdammten, daß sie zuerst durchs ganze Lager zum Schauspiel herumgeführt, danach ihr eine Hand und ein Fuß abgehauen und dann mit ihrem Haar und beiden Armen einem wilden, ungezäumten Pferde an den Schwanz gebunden und über Stock und Stein geschleift werden sollte, bis sie den Geist aufgäbe. Und damit ihre Strafe desto mehr Ansehen haben und den Nachkommenden ein größerer Abscheu sein möchte, wurde sie letztlich zu Pulver verbrannt und mußte des gemeinen Begräbnisses beraubet bleiben. –

Diese Dame nun, der man auch schon die Gründung Frankfurts zugeschrieben, soll oft den Gipfel des Feldbergs bestiegen und manche Nacht dort oben auf dem Felsen zugebracht haben, um im Strahl der aufgehenden Sonne ihr weites, schönes Reich zu überschauen. Auch soll sie auf den

Hinrichtung der Frankenkönigin Brunhild durch Vierteilen. Kupferstich 15. Jh.

Feldberg geflüchtet sein, um in den umliegenden Gauen sich nach Hilfe umzuschauen, soll sich auch ein Schloß dort gebaut haben, das sie ihr Bett nannte, und soll endlich auch unter jenem Fels begraben liegen.
Die Stellen aber, die ihr zu Sitz und Bett gedient haben, zeigt man in jenem Felsenklumpen noch und nennt diesen deshalb auch den Bettstein, das Bett der Brunhilde. (341)

Burg Falkenstein

Die Burg Falkenstein war in alter Zeit fast unzugänglich, nur ein einziger schmaler steiler Fußpfad führte hinauf. Einst warb ein Ritter von Sayn um die Tochter des Burgherrn. Der aber wollte ihn nicht zum Tochtermann haben, führte ihn an eines der Fenster, wies auf den schmalen Bergpfad und sagte: »Ich will Euch meine Tochter geben, wenn Ihr mir einen Weg in den Felsen hauen laßt, daß man künftig zur Burg heraufreiten kann. Aber in einer Nacht muß die Arbeit getan sein.« Nun besaß der Ritter von Sayn selbst ein Bergwerk, und wie er nach Hause zurückgekehrt war, ließ er sogleich seinen alten Obersteiger kommen und stellte ihm die Sache vor. Allein der sprach, das sei rein unmöglich. Wenn auch alle seine Bergleute Hand anlegten. Da ging der Ritter traurig wieder aus dem Schacht heraus und setzte sich in schweren Gedanken auf einen Stein davor. Auf einmal stand ein altes Männchen vor ihm und sprach: »Ritter von Sayn, ich habe alles gehört, was du mit deinem Steiger gesprochen hast; wir wollen dir helfen, aber du mußt uns dafür etwas versprechen!« Der Ritter, ohne sich zu besinnen, rief, er wolle alles tun, was er von ihm verlange. Da sagte das Erdmännchen: »Laß deinen Schacht hier nicht weitertreiben, wir müssen sonst den Berg verlassen. Ich will dir aber eine Rute geben, damit du andere Gänge findest. Die streichen von Abend in den Morgen. Wir Berggeister aber wohnen überall in die Mitternacht hinein.« Das Fräulein von Falkenstein saß indessen ganz traurig zu Hause, sie wußte um die Werbung des Ritters und die Antwort ihres Vaters, und sie war dem Ritter sehr zugetan. Da hörte sie um Mitternacht, wie sie noch keinen Schlaf fand, vom Schloßberg herauf ein Hämmern und Brechen. Und als sie noch verwundert und halb furchtsam darauf hinhörte, trat ihr Vater in das Zimmer und schalt auf den Ritter von Sayn, der wohl närrisch geworden sei und ihm seinen Burgweg zuschanden haue. Doch als er zum Fenster hinaussehen wollte, erhob sich plötzlich ein Wirbelwind, daß das Fenster zersprang. Als es eben Tag wurde, hielt schon der Ritter von Sayn zu Roß vor der Zugbrücke und begehrte Einlaß. Und als er vor dem Burgherrn stand, erinnerte er ihn an sein Versprechen, und der Burgherr mußte ihm nun seine Tochter zur Frau geben. Ebenso treulich hielt der Ritter von Sayn den Erdmännlein sein Wort und ließ die Schächte, die gegen Mitternacht lagen, eingehen. (342)

Rirrer Kuno vun Falkestahn

Vor veile hunnert Johr hot uf der Borg, dei selwig Mol noch dei Mauern un Term un was sunst noch dezu gehehrt hot, im gourre Zoustand hatt, a ahler Rirrer (Ritter) geleibt, namens Kuno. Zum Trust in seine ahle Tok wor em sein anzig Dohter Beate. Weil der Ahl stahnreich un sein Dohter a hibsch Madche wor, so hunn sech nateerlich veil Freier eingefunne, dei de gonze Tok, wie se's dann moche, gout gefresse, gesoffe un tornehrt hunn. Awwer ahner, un des wor der vun Eschborn, der hot se all mininzigenanner aus em Sottel gehowe, derowehe sollt der ach die Braut hahmfihrn. Doch des ging net so geschwinn. Dann Beate hatt unnerdesse än Ag uf den Rirrer vun Siehe (Siegen) geworfe, un se hunn sech alle bad so gout gefalle, daß se sech hahmlich mitenanner versproche huhn. E Zeitlang ging des su passowel, doch ennlich is es dem vun Eschborn ze lang worn un er wollt sein Braut hahmfihrn. Do wor gruß Iommer un Nut bei der, haptsächlich, wie se's ehrm Leibhower, dem vun Siehe, melle sollt. Uf ahn Mol is er ä gourrer Gedanke üwer'sch Zwergfeld erüwer kumme. Se hot nemlich e ganz Partie Falke gehatt, dei se gewihnlich mit uf die Jogd genomme hot un dei er dei klane Vichel hawe fange misse. Den griste devon, den er der vun Siehe hot geschenkt gehatt, hot se uf der Stell noch Siehe zu fleihe losse. Der is richtig dort onkumme, un der Rirrer, der sech gleich gedocht hot, 's mißt ebbes passiert sein, setzt sech uf sein Gaul un bringt en so schnell wei miglich noch Falkestahn zerück. Dort hot em dann dei Frähle gesaht, wie die Sache stihn. Jetz hunn se sech lang zesamme berohre, was se donn selle. Ennlich sein se ans worn, daß se alle bad zum ahle Kuno gihn wollte, um dem dei ganz Sach ze offrirn. Gesaht, getaan. Wie sei hin zu em kohmte un dei ganz Leibschaft ufgedeckt hatte, do saht er, es wär em freilich vill leiwer gewest, ihn als sein Schwiehersuhn ze sihn als den vun Eschborn, er hätt awwer dem schun sein Wort druf gewe und des derft er net zurücknomme. Doch wollt er em zwa Bedinginge stelle, wann er die erfille tät, dann wollt er em sei Dohter gewe, er tät awwer voraussetze, daß der vun Eschborn ach druf ahnging. Se hawe's alsu dem ach gesaht un der worsch zefrirre, dann der docht hahmlich bei sech, des bringt der sein Lewetag net fertig. Der vun Siehe nemlich sollt drei Johr in Krieg gehe die Terke zeihe, wann er uf de Tok un Stunn wirrekimmt, dann mißt er mit Roß un Wahn (Wagen) der ahne Seit vom Beerk, ehr wißt jo, sell (dort) an der Kapell enuf, wo's fast ganz grod enufgiht, in die Borg eninfohrn. Des wor freilich e schlimmer Trust, awwer der Rirrer hot sich bahl gefaßt gehatt un saht zu seiner Harzallerleibste: »Sei rouhig un flenn net su veil,

veilleicht gelengt mersch, heit üwer drei Johr kumm eich werre un dann hunn eich deich fer ewig.« Beim Abschedd saht er: »No, wann ich werrekumm, an was erkennst de meich dann?« Do hot se en Ring vum Finger gezuge un eme gewe mit dene Worte: »Den trah immer bei der, un wann de den anseihst, dann erinnere deich an mich.« Dann is er fort.
In ahm Galopp is er noch Siehe gesprengt, hot sell sein Leit gerüst un is nocher Regenspurg, wu sich de ganz Armee versammelt hot, um von do noch Jerusalem ins heilig Land ze zeihe. Bahl sein se ufgebroche noch Asie. Do ginge awwer die Schlachte on, sell is ach der Kaiser imkumme. Ennlich noch viller Meih un Erwet sein se vor e gruß befestigt Stodt kumme, dei hunn se belogert. Dobei is uns Rirrer in Gefongenschaft kumme un er hot solang in em miserobele Loch leihe misse, uf eme bise verfaulte Struh, bis die Christe dei Stodt eingenumme huhn. Do hot er die Freiheit wirreerlangt. Wie er sech nu wirre gehörig verpflegt un Gouts getaan hot gehatt, is er mit dem erschte beste Schiff noch Europa obgesehelt. Glecklich sein se ze Vendig onkumme. Wie der Rirrer emol do wor, do hot er sech gefraht un er hot sech noch miehn geeilt, hahm ze kumme. 'S wor awwer ach huch Zeit. So is er lustig un gourrer Dinge mit seim Gaul vorwärts getrabbt, im Gedanke, noch ze reechter Zeit hahm zu kumme. Awwer och! unnerwegs hot er sech in eme mechtig dicke Wahld vererrt, un es wor kahn Week un kahn Steek um eraus ze kumme. Sein Brud is em ausgange un seit zwiehn Tok hot er kahn Schluck miehn getrunke, ennlich, ums Unglück voll ze moche, dann mer seht, 's kimmt kahn Übel ellahn, so is sein treier Gaul zusammengesunke un kahn Schritt miehn weirre gange. Su is er dann ellahn noch e poor Stunn zu Fouß gange, do kunnt er ach net mehr fort un is ohnmächtig unnerem Bahm nirregefalle. Wei lang er su gelehe hot, waas mer net. Wei er uf ahnmol ufwacht, steht e weltfremmer Mann bei em, der em ze Esse un ze Trinke ohnbeit. Der Rirre hot sech net lang besunne, sunnern wacker zugegriffe, der docht, wann mer Appetit hot, derf mer sech net schenirn, sunnern muß teichtig zufresse. Als er soot wor, saht der fremm Mann, das der lewennig Gottseib'uns wor: »Ihr wollt geweiß noch weit?« – »Jo«, saht der Rirrer. »Wuhin dann?« froht der en wirre. »Noch Falkestahn.« – »Do giht's heit Owend lustig her«, saht der Bies, »do hält der vun Eschborn mit der Beate Huhzet.« – »Was?« kreischt der Rirrer un springt uf, »dou leihst.« – »Jo, 's wär gout for auch, wann eich leihe tät«, saht der Schworz; »awwer ihr kennt doh noch hin kumme, wann ihr mer gewe wollt, was eich fordere.« – »Eraus, wos?« froht der Rirrer. »Verschreibt mer nor eier Seel«, saht do der Deuwel. Do merkt erscht der Rirrer, wen er ver hatt. »Gih weck!« saht er, »mit deir will eich nicks ze doun

Burg Falkenstein um 1620. Kupferstich (Politisches Schatzkästlein I 8/16, 1626)

hawe, leiwer will eich hei elennlich imkumme, als sell üwe ewig in der Hell ze sitze.« No, der Deuwel hot em awwer kahn Rouh net gelosse un hot em su lang schihn Zeug vorgeschwetzt, bis der Rirrer uf die Bedinging sech verstanne hot. Der Deuwel wollt en jetz gleich dorch dei Luft noch Falkestahn bringe. Tät der Rirrer unnerwegs einschlofe, dann wär er em verfalle, wo net, su kennt er frei devunzeihe. – Wie der Rirrer des zefrirre wor, fluggs hot en der Deuwel ongepackt un is mit em in dei Luft geflohe. Kaam worn se drowe, hot der Rirre en außerordentlihe Schlof krieht, daß er sech net mehr ze helfe wußt, un wei org er ach getaan hot, er is – eingeschlofe. Jetz worn se üwer Falkestahn un der Rirrer wär rein verlohrn gewest, wann net uf ahn Mol zu seim gourre Glück zwa Falke kumme wärn. Dei sein als um en erim geflohe un hawe em in ahm Stück fort an de Agedeckel gepickt un gepickt, bis er woch wor; wei er dei Age ufgeschlahe hot, leiht Falkestahn ver em un gleich druf hot en der Deuwel uf die Erd obgesetzt. Do soh der Bies, daß der Rirrer woch un er betrohe wor, un mit eme schreckliche Schlok is er verschwonne un hot en ferchterliche Gestank zerückgelosse. – Der Rirrer awwer wor fruh, daß er dem Deuwel su engange wor, un er hot sech ufgemocht un is noch Falkestahn enufgestiehe. Schun vun weitem hot der Rirrer die Musik gehihrt, un wei er ennlich eninkom, do fräht er ahn von dene Deiner, was dann des gruß Getötz ze bedehre hätt. »Ei«, saht der, wißt ihr dann net, daß heit, in ä poor Stunn, uns Herrn sein Dohter kopulert werd.« – »Naan«, saht der Rirrer, »des waas eich net; dann eich sein ä frimmer Pilgerschmann un komme alleweil aus em heilige Land. Eich kennt aurer Herrin e gout Botschaft vom Rirrer vun

Siehe bringe. Doch eich sein ganz marore vun dem lange Week un wär gor ze fruh, wann eich ä poor Schluck Wein kinnt kriehn. Giht un saht des der Braut un saht er ach, eich tät se um en Trunk Wein, aus ehrm achene Becher awwer, birre.« Der Deiner tot su, un bringt em de Becher, vull bis owe hie, eraus. Wei er den getrunke hatt, hot er geschwinn den Ring, den sem bei seiner Abras gewe hot gehatt, eningeworfe un saht zu dem Deiner, er soll er des wirre zurückbringe. Gleich druf kom er wirre zerück un hot den Rirrer einingeruffe. Wei der kimmt, is dei Braut ufgesprunge un em im de Hals gefalle, dann se hot en wirre erkennt un se hunn alle bad geflennt vor Frahd.

Do hätt der awwer den vun Eschborn sihn solle, der is wei toll un narrig im Sool erimgeloffe un hot geschennt un gefuddert. Ennlich saht er zu dem vun Siehe: »Du host se noh net, du must, wei de dich erinnere werscht, ach noh mit Roß un Wahn de Beerk enuffohrn. Douste des, dann will eich der sche obtreihre.« Awwer des wor schier unmiglich. Deretwehe entstann wirre gruß heul un Wihklag unner dene zwiehn. Doch was kennte se moche? 'S ging net annerscht. In schwihrer Traurigkaht is der Rirrer do weck noch Siehe, un dort hot er sech en sein teifst, teifst Kammer unner der Erd gesetzt un drüwer nochgedenkt. Uf ahnmol is dei Kammer ganz hell worn, vun alle Sahte kohme Leichtercher aus der Wand eraus. Grad vor em stann e wunzig klahn Mennche, su gruß wei mein klahner Finger. Des hot den Rirre gefräht, was em dann fehle tät, er soll's sahe, veilleicht kennte sem helfe. Lang hot der Rirrer gezeigert, doch des Mennche hot em Mout zougeredt un su hot er em sein ganz Lad verzehlt. »Ah«, saht der Klahn, »do will eich bahl geholfe huhn. Morge freih kannst de mit Roß un Wahn enuffohrn. Schlof dou nor ganz rouhig dei Noocht.« Domit is alles verschwonne un's wor wirre su dunkel wei vorher ach. Der Rirrer kunnt dei ganz Noocht kahn Ag zoudoun, 's ging em als em Kopp erim, ob des nor e Trahm wor ower net. De Morjent ennlich is er ufgepackt un en ahm Korrjehr noch Falkestahn gejogt. Awwer wei gruß wor sein Schrecke un sein Frahd! hatte der jo die Borggahster währen der Noocht de schihnste Week gebohnt, uns em Storm is er gleich de Beerk enufgefohrn mitte en de Borg, wo se gor net wuste, was se dozu sahe sollte. Nochher worn se awwer all fruh, daß es dem Rirrer gelunge wor, sein Bedinginge ze erfille. Dann im Grund hattesen all vill leiwer als den vun Eschborn. Was awwer erscht Beate for e Frahd gehatt hot, des kennt er eich ehnder denke als eich's verzehle kann. No korzim, den annern Tok hot Beate mit dem vun Siehe e vergneigt Huhzet gehalle, un dobei is es su lustig hergange, daß die Frahd un dei Festlichkeite gor kahn Enn nemme wollte. Der vun Eschborn hot sech awwer net miehn sihn losse. Der Rirrer vun Siehe un sein Frah hawe noch lang geleebt in Fried un Anigkeit un spähre hunn se dei Borg nei ufbaue losse, un do se freiher Nürings gehaaße hot, so hawese se zum Andenke an die gourre Falke »Falkestahn« genennt. – Des wersch. Eich hawes eich verzehlt grod, wei mer sche mein Votter selig gor oft verzehlt hot. Wanns eich all recht gout gefalle hot, dann sein eich fruh. (343)

Königstein um 1600. Kupferstich nach Zeichnung von Wilhelm Dilich

Die Höhle im Altkönig

Es ging eine Frau den Altkönig hinan, die hatte Gras geschnitten, trug's in einem Korb auf dem Kopf und führte ihr Töchterlein an der Hand. Als sie fast oben war, sah sie im Berg eine bis dahin nie gesehene Tür, welche in eine Höhle führte, worin sieben greise Männer mit langen Bärten an einem Tisch saßen; übrigens war die Höhle ganz voll Gold und Silber. Die Frau trat kühn ein, leerte ohne weiteres ihren Korb und füllte ihn mit den Schätzen. Als sie wieder heraustreten wollte, sprach einer der Männer: »Frau vergeßt das Beste nicht!« Sie hörte aber nicht darauf und ging; als sie kaum vor der Tür war, da schloß sich der Berg wieder unter gewaltigem Krachen und schloß das Kind mit ein, welches mit dem roten Gold spielend nicht gesehen hatte, daß die Mutter forging. Da war die Sorge und Angst der Mutter groß. Sie lief jammernd zu einem Geistlichen und erzählte demselben die ganze Sache. Der aber sagte ihr, daß sie ihr Kind nicht vor sieben Jahren wiederbekomme; dann solle sie um dieselbe Stunde auf den Berg gehn. Sie habe aber Unrecht daran getan, den Korb ganz auszuleeren, denn unter dem Gras habe sich auch das Kraut gefunden, welches ihr die Bergeshöhle erschlossen habe. Nach sieben Jahren ging die Frau auf den Berg und siehe, da saß ihr Kind oben und schlief und war noch eben so jung und blühend und frisch, als sie es verlassen hatte. Von der Tür und der Höhle aber war keine Spur mehr zu finden. (344)

Königstein um 1620. Kupferstich (Politisches Schatzkästlein I 8/25, 1626)

Die Adamsbahn

Auf der Höhe des Altkönigs, da, wo seit undenklichen Zeiten die großen Ringwälle liegen, sieht man einen alten Weg, der heißt bei den Leuten dort die Aamsbahn oder die Adamsbahn, und ist auf folgende Art zu seinem Namen gekommen: Früher glaubte man, am Neujahrstag schlafe der Wald, und an diesem Tage dürfe man nichts darin hauen. Einmal ging aber doch ein Bauer am ersten Tag des Jahres in den Wald, denn er glaubte nicht daran, was die andern Leute sagten, und »was geht das mich an«, meinte er, »ob der Wald schläft oder nicht, ich will ihn schon wecken.« Und schlug sich das beste Holz, das er finden konnte; dann band er alles auf seinen Schlitten und wollte hinabfahren. Es war aber so steil an der Stelle, daß er mitsamt seinem Schlitten hinuntersauste und zu Tod stürzte. Dieser Bauer soll Adam geheißen und die Bahn, auf der er zu Tode kam, nach ihm den Namen Adamsbahn erhalten haben. (345)

Die Kronberger Schlacht

Ungefähr drei Stunden von Frankfurt a.M. liegt das jetzt nassauische Städtchen Kronberg und zwar in paradiesischer Gegend. Vor Zeiten lebten in der dortigen Burg die Ritter und Edlen von Kronberg, die mit den Frankfurtern eben nicht im besten Einvernehmen standen. Es war damals überhaupt eine bewegte, unruhige Zeit – die Zeit des Städtekriegs und der Städebündnisse.

Ohne daß man eine rechte Ursache und nächste Veranlassung wüßte, zogen den 12. Mai 1389 am frühen Morgen zweitausend gewappnete Frankfurter zu Fuß und Roß »uff die Herrn von Cronberg«.

Vorher kamen sie in den vor Kronberg liegenden Wald; da sie aber hier den Feind nicht trafen, machten sie ihrem Kampfeseifer einstweilen auf andere Art Luft: sie sengten und brannten Dörfer und Wald, hieben die Bäume ab oder schälten sie. Dann rückten sie weiter gen Kronberg vor. Sobald die Ritter von Kronberg ihrer ansichtig wurden, kamen sie, ebenfalls schwer gewappnet, ihnen entgegen, mußten aber bald der Übermacht weichen. Sie flohen und wurden verfolgt. Die Frankfurter hatten viele gefangen, die sie entwaffneten und hinter ihr Heer brachten.

Dann wurde die Beute geteilt; man lagerte sich, aß und trank und freute sich des glorreichen Sieges. Aber man soll den Tag vor dem Abend nicht loben. Nachmittags wollten die Sieger »mit Frieden wiederum heimfahren« und eilten sich auch nicht allzusehr. Mancher träumte schon von Lorbeerkränzen und Siegesliedern; jedoch sie frohlockten zu früh; sie waren ja noch nicht daheim.

Die Kronberger, deren Burg der Waffenplatz des Wetterauischen Raubadels war, waren mit ihrer Niederlage durchaus nicht zufrieden. Eiligst sammelten sie Helfershelfer aus der ganzen Gegend um sich, und in stürmischer Hast, rachelechzend, eilten sie nun den Frankfurtern nach.

Bei dem Dorf Eschborn wurden die Frankfurter von den grimmigen Feinden ereilt, und ein verzweiflungsvoller Kampf begann. Kein Teil wollte weichen. Zwar waren der Frankfurter wohl viermal so viel als der Gegner; aber jene hatten dafür auch einen sehr schlimmen Stand: die Nachmittagssonne schien ihnen blendend in die Augen, und der Wind blies ihnen mächtige Staubwolken ins Gesicht.

Dennoch hätten sie gewiß mit ihrer Übermacht gesiegt, trotz der Kampfeswut ihrer Feinde; jedoch im entscheidenden Augenblick bekamen diese Zuzug und Hilfe durch den rheinischen Pfalzgrafen. Die Schlacht wurde mit erneuertem Eifer fortgesetzt. Da ging's auch im Rücken der Frankfurter los: es waren die vielen Gefangenen vom Morgen her, die nun mit den eigenen Waffen ihrer Wächter auf diese dreinschlugen.

Verwirrung – Ratlosigkeit – Flucht der Frankfurter, Zerbrechung ihres Banners. Über sechshundert Gefangene, über hundert Tote, sehr viele Verwundete. Ein Glück, daß die Sieger ihren Vorteil nicht verfolgten oder es vielleicht auch, ihrer eigenen Verluste wegen, nicht konnten. Doch die am Morgen gewonnene Schlacht war am Abend gänzlich verloren. »Also schlug der kleine Hauf den großen Haufen nieder, das war nit Wunder, denn der große Haufe floh, und der kleine stritt. O Frankfurt! Frankfurt! gedenke dieser Schlacht.« Das Schlachtfeld heißt heute noch das »Haderfeld.« Für die Auslösung der Gefangenen mußten 73 000 Gulden bezahlt werden – eine ungeheure Summe für damals. Das verlorene Stadtbanner veranlaßte das neue Wappen der Stadt: den weißen Adler in rotem Feld. – In neuerer Zeit erzählte man dann: dem einen der Herren von Kronberg sei in der Schlacht das Pferd von einem Pfeil getroffen worden. Da sei der Ritter abgestiegen und habe das Tier, das ihm lieb gewesen, aus dem Getümmel zum Wald geführt. Es sei nun aber, ehe dies geschehen, ein Bauer mit einem Esel unversehens in die Nähe der Walstatt geraten und alsbald in das Korn geflüchtet, den Esel aber habe er zurückgelassen. Den habe nun der Herr von Kronberg gefunden, ihn bestiegen und sei darauf in die Schlacht zurückgeritten. Die Frankfurter, eines solchen Feindes ungewohnt, hätten gestutzt. Diese Verwirrung aber hätten die Kronberger benutzt, sie mit letzter Kraft angegriffen und in die Flucht geschlagen. Zum Gedächtnis des Sieges, den er mit dem Esel gewonnen, habe der Herr von Kronberg die Eselsohren als Helm und Wappenzier angenommen. (346)

Der Frohnhof

Nicht weit von Frankfurt am Main liegt der Badeort Soden, der früher zu Frankfurt am Main gehörte und dessen Name von Salzsieden herstammt. Dort ist ein Hügel, welcher das Nadelkissen heißt, und auf dem vor alten Zeiten ein Kloster gestanden hat.

In diesem Kloster lebte einst eine heilige Frau, die nicht nur beten, sondern auch waschen konnte.

Ihre Wäsche aber hing sie nicht, gleich andern Waschweibern auf ein Seil zum Trocknen, sondern in die Luft, in die pure, leere Luft.

Die Sodener Luft aber ist sehr gut und sehr gesund, nicht nur für Brustleidende, sondern auch für Weißzeug, das an zu großer Nässe leidet.

Und die Luft heilte auch allemal die Bleichsucht der heiligen Frau und trocknete ihre Wäsche.

Wenn die Sodener dies sahen, dann kamen sie heraus vor die Haustüren und konnten sich nicht satt sehen an dem blauen Wunder.

Auch solls ein Vorzeichen von schönem Wetter gewesen sein.

Endlich aber mußte wohl die heilige Frau nichts mehr zu waschen und zu bleichen haben oder war gar selbst verblichen; denn lange sahen die Sodener nichts mehr in der Luft schweben als blauen Dunst und düstre Wolken. Die Klostermauern aber fingen an, wacklig zu werden und einzustürzen.

Da hieß es denn, die weiße Frau sei erlöst, ohne daß man wußte, wer das Erlösungswerk vollbracht.

Die Bauern wollten nun das Kloster vollständig abreißen und ein neues an die Stelle bauen. Aber so oft sie auch begannen, alles fiel immer wieder ein. Da ward ihnen der Befehl, die verwünschten Steine unentgeltlich nach Frankfurt zu fahren; dort mußten sie den heute noch unvergessenen Frohnhof bauen, von dem die Frohnhofstraße den Namen hat. (347)

Die Rache der Berggeister

Auf einem Felsen in der Nähe von Eppstein hauste vor Zeiten der gewaltige Riese Martinus. Er war schrecklich anzusehen; denn er besaß nur ein Auge, und das stand mitten auf der Stirn. Seine Tage verbrachte er in süssem Nichtstun; er hatte eine ganz ungeheure Eßlust, verschlang am Spieß gebratene Kinder und trank ganze Tonnen voll Wein.

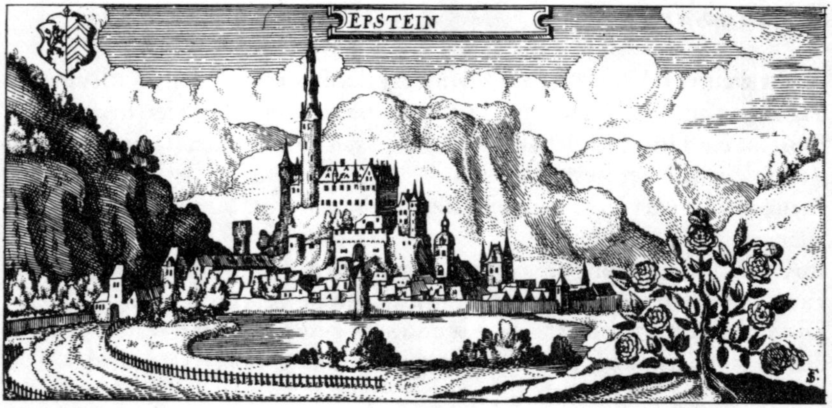

Eppstein um 1620. Kupferstich (Politisches Schatzkästlein II 2/14, 1628)

Auf demselben Felsen und in den Klüften des Berges wohnte auch ein halbes Tausend rühriger Berggeister, kleine Männchen, freundlich und unter den Landesbewohnern gut gelitten. Der Riese Martinus, ihr Herr und Gebieter, behandelte sie grausam und hart. Schon bei Tagesanbruch rief er sie mit gewaltiger Donnerstimme zur Arbeit. Wer nur fünf Minuten zu spät erschien, wurde unbarmherzig die Bergwand hinuntergeschleudert, und mancher der friedlichen Gesellen hatte schon auf diese schreckliche Weise sein Leben eingebüßt.
Die Männlein mußten in dem Berg Goldkörner suchen und jeden Tag eine bestimmte Menge, nämlich hundert Körnchen, abliefern. Falls auch nur eins an der Zahl fehlte, hatten sie harte Strafe zu gewärtigen, und so gruben die armen Männlein, daß ihnen der Schweiß von der Stirn rann.
Die grausame Behandlung und der harte Dienst Tag für Tag erregte in den Herzen der Bergbewohner Zorn und Bitterkeit gegen ihren Herrn. Ganz besonders aber wurden sie aufgebracht, als der Riese einen der ältesten ihrer Genossen in weitem Bogen die Bergwand auf das Leichenfeld hinabschleuderte, wo schon die Knochen so vieler Getöteter bleichten. In ihrem großen Kummer ging die Arbeit an diesem Tag nicht so vonstatten, daß sie ihre Aufgabe erfüllen konnten, und als sie abends heimkamen und dem Riesen nur neunundneunzig Körner auf die Goldwage schütteten, wurde Martinus furchtbar zornig. Da beschlossen sie, sich selbst zu befreien und den Riesen aus dem Weg zu räumen.
Bald bot sich ihnen eine passende Gelegenheit dazu. Der Riese feierte

nämlich seinen 150. Geburtstag, für welchen Tag er allen Berggeistern ihre volle Freiheit versprochen hatte. Es war gerade im wundervollen Rosenmonat und golden leuchtete die Sonne vom blauen Himmel herunter. In festlichem Zug erschienen die Berggeister mit Blumensträußen in der Wohnung ihres Herrn. Als die kleinen Männlein nun noch einen wundervollen Gesang anstimmten, brachten sie den Riesen in die beste Geburtstagslaune, und er lud sie zu Gast ein, ließ eine große Tonne goldenen Rheinwein holen und trank mit ihnen nach Herzenslust, er selbst aus einem mächtigen Büffelhorn und die Männlein aus silbernen Bechern, so groß wie Fingerhüte.

In seiner Freude wußte der Riese kein Maß zu halten und empfand bald das Bedürfnis nach Ruhe. Die schlauen Männlein streuten eine Menge Blumen auf einer freien Fläche des Berges aus und ermahnten den Riesen, an dieser Stelle auszuruhen, wo er auch bald in tiefen Schlaf verfiel. Nun hatten die Männlein aus dem Bast verschiedener Waldgewächse ein Netz geflochten, wunderfest und unzerreißbar. Als der Riese da lag und schnarchte, warfen sie das leichte Netz plötzlich über ihn, befestigten es gehörig und weckten ihn dann mit lauter Stimme. Während er sich wütend erheben wollte, verwickelte er sich derart in die Maschen des Netzes, daß es den Männlein ein leichtes war, ihn zu überwältigen. Ohne Erbarmen schleppten sie den Unhold an die nächste Felswand und stürzten ihn in die gleiche Tiefe, in die der Riese so manchen ihrer Genossen geschleudert hatte.

Idstein um 1620. Kupferstich (Politisches Schatzkästlein I 7/26, 1626)

Die Männlein verschwanden seit der Zeit aus den Klüften des Berges und wurden nicht mehr gesehen. Der Fels aber heißt noch heutigentags die Martinswand. (348)

Ritter Ulrich von Idstein

Der Waldritter Ulrich von Etichostein oder Idstein sah gelegentlich eines Raubzuges auf der Burg Waldmannshausen bei Heuchelheim eine liebreizende Grafentochter und warb um ihre Hand. Doch der besorgte Waldgraf versagte sie und blieb ungerührt ob der Versicherungen, daß Etichostein Mechthilde zuliebe sein wildes Leben aufgeben wollte. Da ergrimmte der abgewiesene Freier und begann zu rüsten. Mit seinen Mannen zog er durch den goldenen Grund hinab zur Lahn und dann durch das Elbtal hinauf zur Burg Waldmannshausen. Durch List erlangten sie zur Nachtzeit Eingang in die Burg, raubten die Tochter und entflohen mit ihr nach der festen Burg Etichostein.
Der erzürnte Vater kam bald mit seinen Scharen heran, doch die starke Feste Ulrichs widerstand lange jedem Sturm, bis es den Angreifern endlich gelang, die Mauern zu ersteigen. Als einer der ersten sank der greise Waldgraf mit durchbohrter Brust zu Boden. Voll Schmerz sahen es seine Genossen. Mit erneutem Ungestüm drangen sie auf Ulrichs Mannen ein, und nichts mehr rettete sie vor dem Schwert der erbitterten Westerwälder. Als alle Hoffnung gesunken war, eilte Ulrich in den Turm der schon brennenden Burg hinauf, die geliebte Mechthilde im Arm und während unten seine letzten Streiter fielen, stürzte er sich mit der Geliebten vom Burgrand in die Tiefe hinab. (349)

Die böse Fee Schwalba

In uralter Zeit wetteiferte das Tal der weltberühmten Badestadt Schwalbach an landschaftlicher Schönheit mit dem benachbarten Rheingau. Doch all die Herrlichkeit schwand plötzlich dahin, als die böse Fee Schwalba hier ihren Wohnsitz nahm, um Ruhe vor solchen höllischen Geistern zu finden, über die ihre Zauberkünste keine Macht hatten. Als diese Geister ihr aber auch hierher folgten und sie quälten, riß sie in ihrem Zorn die Blumen und Reben aus, entwurzelte die Fruchtbäume und vergiftete mit ihrem kalten Hauch den Erdboden, so daß ihm heute noch

Schwalbach um 1620. Kupferstich (Politisches Schatzkästlein I 5/39, 1625)

keine Blumen entsprießen und hier keine edlen Früchte reifen, die einst die Zierde und der Reichtum des Tales waren. Anstatt der lauen Winde und des lieblichen Sonnenscheins nahmen rauhe Stürme, schaurige und heftige Fröste überhand. Wohl wehklagten die Bewohner des Tales; aber sie konnten das Herz Schwalbas nicht rühren und holten einen frommen Einsiedler vom Rhein her, der die Zauberin durch sein kräftiges Gebet zwang, vor ihm zu erscheinen, und der sie für zwei Jahrzehnte in die Einsamkeit verbannte, um Buße zu tun. Nach zwanzig Jahren war Schwalba ein altes, gebrochenes, gramgebeugtes Weib geworden und sagte: »Das Böse ist leichter zu vollbringen, als wieder gut zu machen. Das Unheil, das ich angestiftet habe, wird in seinen Folgen leider noch lange nachwirken; aber ich will weinen über das, was meine Bosheit angerichtet hat. Meine nie versiegenden Tränen sollen sich in Wasser verwandeln, hier auf ewig aus der Erde quellen und den Menschen Gesundheit verleihen.« Darauf sank sie mit dem Klausner betend auf die Knie nieder, während des Gebetes nahm Gott ihre Seelen zu sich. Noch heute quellen Schwalbas Tränen aus der Erde hervor, und viele Leidende suchen und finden hier Jahr für Jahr ihre Gesundheit. Der eine dieser Brunnen heißt Stahlbrunnen, um die Herzenshärte Schwalbas vor ihrer Bekehrung anzudeuten, der andere heißt Weinbrunnen, weil Schwalba sich wie trüber Most in edlen Wein veredelte. Nach dem Namen der Zauberin heißt der Ort noch heute Schwalbach. (350)

Bewehrtes Grab

In der Umgegend von Kemel im Nassauischen sind Hünen-Gräber; von denen heißt es, daß große Schätze in ihrer Tiefe geborgen seien. In alten Zeiten haben öfter Leute danach graben wollen. Dann hat man wohl dumpfes Murren unter den Hügeln gehört. Einmal jedoch, da die Gierigen sich hierdurch nicht abschrecken ließen, da reckte eine Totenhand ein blankes Schwert aus dem Grab hervor. Da entsanken ihnen die Spaten, sie bekreuzten sich und flohen eilends von dannen. (351)

Die Schlangenbader Quellen

Vor nahezu dreihundert Jahren sollen durch einen Zufall die Schlangenbader Quellen entdeckt sein. Ein Hirt hütete in der Gegend eine kleine Herde. Darunter war ein Rind, das gar nicht gedeihen wollte. Eines Tages war es verschwunden, bis es nach Wochen plötzlich wieder ganz verändert zurückkam. Die Rippem mit Fleisch überzogen, hell die Augen, die Haut weich, wie die eines Maulwurfs und die Euter schwer von Milch. Der Hirt wollte nun wissen, wie das gekommen war, und er entdeckte, daß jeden

Hohenstein bei Schwalbach. Kupferstich (Politisches Schatzkästlein II 2/21, 1628)

Abend das Tier in den Wald zu einer Quelle lief, von der bis jetzt niemand etwas gewußt hatte. Dort trank es und lief dann nach dem Tal zurück. Das alles hatte man schon wieder beinahe vergessen. Da wurde ein junges Mädchen in der Nachbarschaft krank und alle Pflege der Eltern und alle Kunst der Ärzte half nichts. Zufällig hörte der Hirt von dem Kummer der guten Leute. Er ging zu ihnen und erzählte von der Quelle. Und die Kranke wurde dahin gebracht, trank davon und wurde gesund. Das sprach sich herum und andere glückliche Kuren folgten. (352)

Der Seeräuber von Wiesbaden

Wo jetzt die Stadt Wiesbaden liegt, ist in alten Zeiten ein großer See gewesen. Damals reichte auch der Rhein bis dicht an den Ort heran. In jener Zeit wurde ein Seeräuber gefangen, dem man das Leben schenkte, weil er versprach, bei Bingen am Rhein die Felsen zu öffnen. Erst nach langer mühevoller Arbeit gelang ihm das schwierige Werk, und er verschaffte dem Strom den freien Lauf, den er noch heute hat. So ist der See bei Wiesbaden trockengelegt und der Rhein von der Stadt abgeleitet worden. (353)

Wiesbaden um 1620. Kupferstich (Politisches Schatzkästlein I 2/50, 1625)

Der Neroberg

Auf dem Neroberg bei Wiesbaden hat man schon vor alter Zeit die Trümmer alten Mauerwerks gefunden. Die sollen mit der Heidenmauer in Wiesbaden in Verbindung gestanden, ja sogar bis Sonnenberg sich hingezogen haben. In einer alten Werbeschrift für Wiesbaden, der »Thermographia paraenetica« (1731) sagt der Inspektor Hellmund: »Ehrsberg oder Nersberg, wie es die meisten aussprechen, mag wohl vor alters Nerosberg nach dem Kaiser Nero geheißen, auch etwas daselbst gestanden haben oder geschehen sein, das diesen Kaiser angegangen hat, als dessen Leute sich in dieser Gegend aufgehalten und dessen alte Kupfermünzen auch noch öfters hier gefunden werden.« Als man nun 1750 hier unter dem Strauchwerk die Reste einer römischen Villa entdeckte, ging im Volk bald die Sage, dies sei ein Jagdschloß der Neronen gewesen und es liege auch ein Nero in goldner Rüstung da begraben. Und das Gemäuer, das bis nach Sonnenberg reichte, sei ein Tiergarten gewesen. So sollte auch nach dem römischen Kaiser das Tal, das sich vom Berg nach Wiesbaden hinzieht, das Nerotal, und der Bach, der hindurchfließt, Neres- oder Nerosbach genannt worden sein. Andere Gelehrte meinen, der Tiergarten, da er in des Königs Sondergau gelegen, könne auch einem fränkischen König gehört haben, und daran möchten auch wohl die Namen Panwald (Bannwald?) für ein nahes Gehölz, und Bärentanz für ein anstoßendes kleines Tal erinnern. Der Neroberg hat in den ältesten Aufzeichnungen, die sich finden (seit 1525), Mersberg, bald danach lange zumeist Ehrsberg geheißen – gelegentlich auch Örsberg oder Arsberg, daneben kommt seit dem siebzehnten Jahrhundert Nersberg vor, im Volksmund noch heute Nerschberg. (354)

Wie der Weinbau zu Rüdesheim entstand

Als Kaiser Karl der Große eines Winters in Ingelheim weilte, der Nordwind so recht schneidend über den Rhein wehte und rings alles in Schnee gehüllt lag, sah er zu seiner Verwunderung, wie die gen Süden gelegenen Bergabhänge bei Rüdesheim im hellen Sonnenschein glänzten und frei von Schnee waren. Und wie sich dies Schauspiel immer wiederholte, dachte Karl: Wie herrlich muß auf jenen Höhen die Rebe gedeihen! Und als es Frühling wurde, schickte er etliche Reitknechte nach Orleans, um von

Sonnenberg bei Wiesbaden. Kupferstich (Politisches Schatzkästlein I 5/40, 1625)

dort Setzreben zu holen, die in den gerodeten Abhang des Rüdesheimer Berges eingesenkt wurden. Sie sprossen lustig empor, und als drei und ein halbes Jahr um waren, reichte man dem Kaiser den ersten Rüdesheimer Most. Sobald der Wein im Faße herangereift war, veranstaltete Karl in Ingelheim eine große Weinprobe. Wohl mundete den Herren der feurige Wein vom Vesuv und aus Griechenland, auch der aus Burgund und von der Mosel, aber den Preis gaben sie schließlich dem Rüdesheimer; denn er war stark wie jene, aber duftreicher als sie alle. Und so ist der echte Rüdesheimer noch heute.

Man sagt aber, wenn ein gutes Weinjahr bevorstände und die Reben blühten, stiege Kaiser Karl aus seiner Gruft zu Aachen, schritte das Rheinufer herauf und herunter und segnete die Reben, weil er sie gepflanzt hätte. (355)

Der heilige Nikolaus und der Schiffer

Vor dem Bild des heiligen Nikolaus in Rüdesheim kniete ein Schiffer und flehte zu dem Heiligen: »Beschirm mein Schiff auf der Fahrt durch das Binger Loch. Zum Dank will ich dir eine Kerze stiften, so dick wie ein Mastbaum.« Frohgemut bestieg er sein Fahrzeug, und die Wellen des Rheins trugen es ungefährdet über die Klippen. Der Schiffer dachte er-

Rüdesheimer Winzerfest. Lithographie aus: Das Festliche Jahr, von O. Frhr. von Reinsberg-Düringsfeld, Leipzig 1863

leichtert: »Vorbei sind Gefahr und Felsen. Weshalb soll ich den Heiligen jetzt noch bereichern! Ihm eine Kerze geben, so dick wie ein Mastbaum? Er hat genug, der Habsüchtige! Nicht das kleinste Wachsstümpfchen erhält er von mir.« Kaum war das letzte Wort gesprochen, so barst der Boden des Kahns, das Fahrzeug versank und die wirbelnden Wasser schlossen sich über dem Schiffer. (356)

Das blaue Ländchen

Wie die Lehre Luthers sich immer weiter ausbreitete, lernten auch die Weber aus Lorch sie kennen, die zu den Messen nach Frankfurt kamen, und wollten sie auch nach ihrer Heimat verpflanzen. Aber die Stadt Lorch ließ nicht von der alten Kirche und dem Papsttum, und zuletzt kam es dahin, daß die ganze Weberzunft, dreihundertundfünfzig Stühle stark, aus der Stadt vertrieben wurde. Sie wandten sich nach der Herrschaft Katzenelnbogen, die damals dem Landgrafen Philipp dem Großmütigen gehörte; der nahm sie auf. Und dort haben die Weber das schöne blaue Tuch gewebt, das dann die Leute in der Gegend trugen, und wonach der Teil von Katzenelnbogen das blaue Ländchen geheißen wurde. (357)

Weinprobe in Eberbach

Große Verdienste um den Rheingau und seinen Weinbau haben auch die Zisterziensermönche in Eberbach gehabt ((bei Hattenheim), die auch den Steinberg angebaut haben. Die Gewölbe unter der Abtei werden noch als Keller benutzt. Zu der Zeit, als noch die Mönche selbst dort wirtschafteten, war unter den großen und kleinen Fässern ein kleines, das machte dem Bruder Kellermeister viel zu schaffen, er nannte es sein Schmerzenskind; es war zwar die feinste Riesling-Auslese vom Steinberg darin und der Wein war nun schon so alt, daß er seine Vollreife haben mußte, aber er hatte einen fatalen Beigeschmack und der wollte nicht weichen. Zwar wenn einmal der Spund gehoben wurde, füllte der Wein mit würzigem Blumenduft den ganzen Keller, »aber«, sagte der Bruder Kellner, »ich bleibe dabei, er schmeckt nach Leder.« Der Bruder Koch aber, der auch eine feine Weinzunge hatte, meinte: »Der Wein schmeckt köstlich; was Ihr nur immer mit Eurem Leder wollt! – Aber ein klein wenig nach Eisen schmeckt er allerdings.« Und die beiden stritten und probten, probten und stritten, und keiner gab nach. Und sie probten so oft und so lange, bis nichts mehr zu proben war. Wie man aber das Fäßchen schwenken wollte, da rappelte es verdächtig auf dem Boden hin und her, und als man nachsah, war es ein kleines Schlüsselchen an einem Lederriemchen. Beide hatten also recht gehabt, aber das Schlüsselchen vergruben sie tief in den Waldesgrund, daß es nie wieder in ein Faß mit dem edlen Steinwein käme. (358)

Von dem Rheingauer, der sich erhängen wollte

Nirgends, sagt Riehl, legt seltener ein Mann Hand an sich selbst als im Rheingau, besonders aber ist es in der ganzen Chronik des Gaues unerhört, daß ein Lebenssatter je die Todesart des Erhängens gewählt hätte. Nur einmal war ein Rheingauer Mann, der sich erhängen wollte. All sein

Hab und Gut war zerronnen, das letzte Hausgerät hatten sie ihm gepfändet. Da ging der Mann auf den Speicher, nahm einen neuen Strick, strich ihn mit Öl, damit er besser rutsche, drehte eine kunstvolle Schlinge und stellte sich unter einen Querbalken. Er wollte eben die verhängnisvolle Reise antreten, als ihm das halbe Zulästchen einfiel, das noch im Keller lag. Nur noch einen einzigen Schluck auf den Weg! Er besann sich lange; aber er schlich hinunter, nahm den Stechheber und steckte ihn zum Spundloch ein, wo man immer den besten Trank, so recht das edelste Herzblut des Fasses herauszieht, und füllte sich einen einzigen Schoppen. Und als er den geleert hatte, fand er, daß der Wein gut sei, und setzte den zweiten darauf. Beim dritten kam ihm der Gedanke, wie es gar töricht wäre, noch einen so großen Rest des guten Weines lachenden Erben zu lassen; darum holte er auch noch den vierten dazu. Als er aber beim siebenten Schoppen angekommen war, lupfte er ganz sacht den Spund, nahm den neuen geölten Strick, warf ihn zum Spundloch hinein und rief: »So ertränk dich selbst, verdammter Strick! Erst will ich das ganze Faß bis auf den Grund leeren, dann wollen wir sehen, ob du noch zu gebrauchen bist.« Als der Mann aber nach einiger Zeit das ganze Faß wirklich ausgetrunken hatte, fand er, daß der Strick nicht mehr zu gebrauchen sei. Das war der einzige Rheingauer Mann, der sich erhängen wollte. (359)

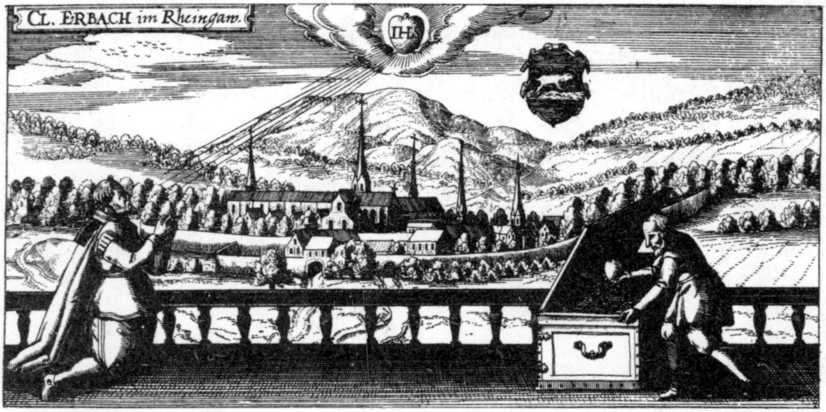

Kloster Erbach im Rheingau. Kupferstich (Politisches Schatzkästlein II 2/15, 1628)

Darmstadt

Beständige Residenz

Woher Darmstadt seinen Namen hat, davon ist eigentlich nichts bekannt; nur daß man beim Abbruch des alten Turms im Jahre 1553 im Gemäuer Kaiser Trajans Münze gefunden hat, so daß schon einige mutmaßen wollen, es habe Trajani-Stadt geheißen. Ohne jeden Zweifel haben die Römer in diesem festen wohlgelegenen Bezirk ihr Lager gegen die Chatten aufgeschlagen gehabt, zumal diese Stadt durchaus auf einem Boden gelegen, der von trefflichen Gehölzen, schönen Tier-, Lust- und anderen Gärten, auch Meierhöfen umgeben ist. Daher wird sie, auch ihrer gesunden Luft halber, von allen Städten des Oberfürstentums Hessen für die geeignetste zu einer beständigen fürstlichen Residenz erachtet. Wie sie längst vordem eine Residenz der Grafen von Katzenelnbogen gewesen, so ist sie auch nach jener Zeit von den Herren Landgrafen zu Hessen (von Landgraf Georg, dem ersten dieses Namens, erwählt) bewohnet worden. (360)

Der Heilbrunnen

Anfang Juni 1671, eben um die Zeit, als die verwitwete Landgräfin zu Hessen, Frau Sophia Eleonora aus kurfürstlich-sächsischem Stamm, diese Zeitlichkeit gesegnet, ist auf ihrer Wiese zwischen Griesheim und Goddelau – unfern der Fürstlichen Residenz Darmstadt – ein Heilbrunnen entsprungen. Oder vielmehr, er ist damals zuerst bemerkt und wegen der verschiedensten Kuren gebrechlicher Leute mehr und mehr bekannt geworden, so daß er großen Zulauf erhielt. Dieser Brunnen ist aus einem Grund gequollen, wie ein fetter weiß und grau-blauer Letten (toniges Gestein) anzusehen, hell, klar, kristallisch, und obwohl er einen schwefelartigen Geruch gehabt, ist er wegen der gelinden Salzschärfe lieblich und schmackhaft gewesen. Auf fürstlichen Befehl wurde er eingefaßt und eine Tafel aufgehängt, die Leute zur Diät zu vermahnen.

Seine innere und äußere Wirkung hat sich bei vielen unterschiedlichen Krankheiten gezeigt, etliche hat er purgiert durch den Stuhlgang, etliche durch den Schweiß, etliche durch den Harn und viele von Taubheit, Geschwüren, Fiebern, Lähmungen, Wunden, Blutflüssen, Augenfehlern und anderen Gebrechen befreit. (361)

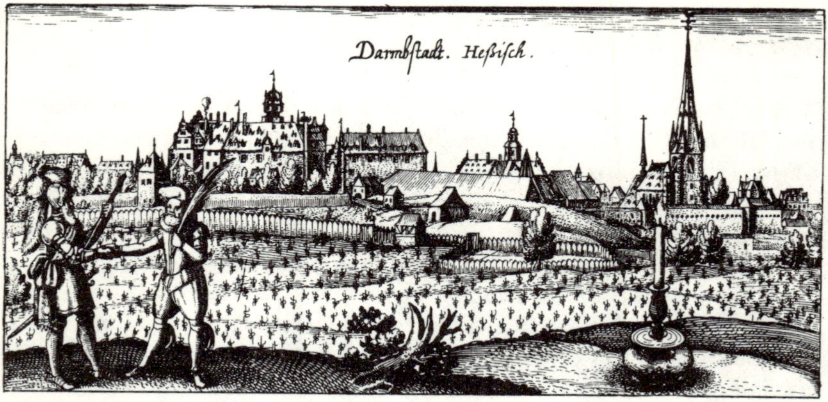

Darmstadt um 1620. Kupferstich (Politisches Schatzkästlein I 7/11, 1626)

Das Turnier zu Darmstadt

Der Wohlstand, welchen Graf Johann seinem Land, und der Glanz, welchen er seinem Fürstensitz zu Darmstadt gegeben hatte, zog die Fürsten und den Adel der ganzen Rheingegend an seinen Hof; denn so sparsam er auch in seiner Verwaltung war, so prächtig zeigte er sich bei Festen und in seinen Gebäuden. Er verschönerte und erweiterte Darmstadt; baute darin eine neue Kirche und sein Schloß, und wollte, als letzteres vollendet und mit Säulen und kostbaren Gerätschaften geschmückt war, auch darin ein stattliches Fest geben. Zu dem Ende lud er im Jahr 1408 den deutschen Adel zu einem Turnier ein, wobei sich mehrere hundert Fürsten, Grafen und Ritter einfanden, um die Feierlichkeit durch männlich ritterliche Übungen zu verherrlichen. Das glänzende Schauspiel wurde aber bald ein blutiges Trauerspiel; denn kurz vorher hatten sich einige Ritter aus Franken und Hessen zu Wertheim entzweit, als sie bei vollen Humpen von ritterlichen Taten und dem Adel ihres Geschlechts sprachen. Berauscht vom guten Wein, kamen sie in dem Wirtshause, wo sie übernachteten, durch

Worte hintereinander. Die Franken warfen den Hessen vor, daß sie nur vom Stegreif lebten; die Hessen aber den Franken, daß sie den Glanz ihres Adels durch Wucher und Kaufmannschaft verdunkelten. In diesem Groll ritten sie zum Turnier nach Darmstadt, und jeder Teil machte den erhaltenen Schimpf zur Sache des ganzen Adels ihrer Länder. Die Franken waren mit hundertundzwanzig, die Hessen mit hundertundvierzig Helmen eingeritten; und diese verwandelten jetzt das Turnier in eine förmliche Schlacht. So sehr sich auch Graf Johann und andere Fürsten bemüht hatten, die aufgebrachten Gemüter zu versöhnen, die Ritter stürmten im Kampf wütend aufeinander ein. Die Streiche und Hiebe gingen auf Leben und Tod, die Arm- und Beinschienen sprangen von den Leibern, die Helme von den Köpfen; die Kampfpferde selbst wurden aufeinander angespornt, Blut und Schaum bedeckte Roß und Reiter. Neun Hessen und siebzehn Franken blieben auf dem Platz, ohne die welche verwundet waren. Unter die Stöße der Trompeten mischte sich jetzt das Geschrei der Zuschauer. Fürsten, Frauen und Fräulein sprangen von ihren Sitzen, sie drangen hier, dort, bittend, drohend, unter die Kämpfenden, um durch harte oder süße Worte die Wütenden auseinander zu bringen. Die Urheber des Streites mußten davonreiten, und die noch übrigen gaben sich Mühe, das Ritterspiel wenigstens mit so viel Anstand zu endigen, daß der gastliche Graf Johann nicht beleidigt werden konnte. (362)

Die böse Hundrede

Von alten Zeiten her wurde es unter deutschen Völkern als schimpflich angesehen, wenn sich ein Mann von seiner Frau schlagen ließ. Ein solches Haus-Majestätsverbrechen wurde in vielen deutschen Ländern öffentlich gerichtet und gerügt; in keinem aber so feierlich wie in dem obern Rheingau. Zu Darmstadt war in Form der ehemaligen Zehntgerichte und unter dem Namen der bösen Hundrede ein Gericht mit Schultheiß und Schöffen angesetzt, das über solche Frevel Recht sprach. War eine Frau schuldig befunden, so mußte sie auf einem Esel durch die Stadt reiten und wurde dem Spott des Pöbels preisgegeben. Die Alten begleiteten sie mit Hohn und Gelächter, die mutwilligen Knaben aber mit Zischen, Pfeifen, auch wohl mit Kot und faulem Obst. Hatte die Verbrecherin ihren Mann hinterlistig, ohne daß er sich wehren konnte, geschlagen, so führte der Frankensteiner Bote das Tier; war sie aber mit ihm im Zank zum Schlagen gekommen, so mußte auch der Mann den Esel selbst führen. Es ist leicht zu denken, daß solche Unarten nur bei ungebildeten Leuten vorkommen konnten. Sie geben uns aber ein Bild der Sitten. Diese böse Hundrede mag zu der Zeit mehr dazu beigetragen haben, den lieben Hausfrieden zu erhalten als die Reichsgerichte den Landfrieden. Man wählte zur Bestrafung vermutlich darum einen Esel, weil ein Eheherr, welcher sich von seiner Frau schlagen läßt, viel Ähnlichkeit mit diesem geduldig tragenden Tier hat. Diese Eselsgerichtsbarkeit war in dem obern Rheingau so wichtig, daß sie unter dem Namen eines Eselslehen auf dem Schloß Frankenstein haftete. (363)

Das Schloß in Darmstadt

Der Erbauer des alten Schlosses in Darmstadt gab – wie er denn ein sehr gütiger und gern vertrauender Herr war, dem Baumeister, der dasselbe aufrichten sollte, einen großen Schatz, um damit alle Kosten des Baus zu bestreiten. Als das Schloß nun so weit fertig war, wie man jetzt sieht, vergrub der Meister den Rest des Schatzes und entfloh, nachdem er noch einen guten Teil davon zu sich gesteckt hatte. Als er später in der Fremde starb, fand er keine Ruhe im Grab; er muß jede Nacht an das Schloß nach Darmstadt, wo er an der Mauer kratzt, dort wo der Schatz liegt. Erst wenn der wiedergefunden ist, wird der Geist Ruhe finden. (364)

Das Darmstädter Schloß, um 1675. Kupferstich aus: Der Darmstädter Antiquarius, von Ph. A. F. Walther. Darmstadt 1857

Das eingemauerte Häuslein

Als das Schloß in Darmstadt gebaut werden sollte, lag ein Häuslein einer armen Wittib im Weg und der Baumeister ging zu ihr, um es ihr abzukaufen. Aber wieviel Geld er ihr auch für die Hütte bot, sie wollte dieselbe nicht hergeben, sprach: »Da sind meine Eltern und Großeltern geboren und gestorben, da bin ich geboren und will ich auch sterben.« Der Baumeister wollte sie mit Gewalt aus dem Häuslein treiben, da wandte sie sich an den Landgrafen und klagte ihm ihr Leid, und der Landgraf gebot sofort, die arme Frau in ihrem Eigentum zu lassen und die Hütte dem Schloß einzubauen. Das geschah und man sieht sie noch heute am Schloß hängen wie ein Nest, das ein Vöglein daran gebaut. (365)

Das Schatzgewölbe

Landgraf Ludwig VIII. lag eines Nachts in seinem Bett, da hörte er ein Geräusch in dem Zimmer und als er um sich schaute, sah er einen geisterhaften Mann, der vor seinem Bett stand und ihm mit der Hand winkte, mit ihm zu gehn. Obgleich nun, wie jedermann weiß, der Landgraf ein Herr war, der keine Furcht kannte, so zögerte er doch und schlug es dem Geist ab.

Am andern Morgen ließ er seinen Hofprediger kommen und erzählte demselben von der Erscheinung, fragte ihn auch, ob er der Aufforderung des Geistes folgen solle? Der Prediger stimmte zu, sofern der Geist kein böses Begehren an ihn stelle; vielleicht sei ja der Landgraf zu dessen Erlösung berufen. Als nun in der folgenden Nacht der Geist sich abermals zeigte, erhob sich der Landgraf, zog sich an, nahm seinen Stock, ein schönes spanisches Rohr, und folgte ihm. Da führte ihn der Geist in die Gewölbe unterm Schloß, die so ausgedehnt sind, daß sich einmal ein Maurer darin verirrt hat und lange nicht herauskommen konnte; auch sagt man, es führe aus ihnen ein unterirdischer Gang bis in die Tanne, nach andern bis an den Herrgottsberg, wo man noch heutzutage die Öffnung eines Ganges sieht. Lange gingen sie in den Gewölben fort, da wurde es lichter um sie, ohne daß der Landgraf unterscheiden konnte, woher das Licht kam. Er stand aber in einem großen, runden Gewölbe und rings an den Wänden sah er große Fässer stehen, welche mit Geld gefüllt waren. Da lehnte er den Stock an die Wand und ging umher, sich die Fässer näher zu beschau-

en. Das dauerte eine Weile, da sprach der Geist: »Siehe, dieser ganze Schatz ist deinem Sohn bestimmt, du genießt nichts davon. Jetzt aber komm, denn meine Zeit ist abgelaufen.« Der Landgraf ging mit dem Geist zurück, vergaß jedoch in der Eile, seinen Stock wieder zu nehmen und kam also in sein Schlafzimmer, wo der Geist verschwand.
Morgens wäre er fast versucht gewesen, die ganze Geschichte für einen Traum zu halten, wenn ihm nicht sein spanisches Rohr gefehlt hätte; das aber war verschwunden und nirgends zu finden. Er ging nun, von mehreren Maurern begleitet in die Gewölbe und suchte, ob er den Weg, den er nächtens gemacht, wiederfinde, doch das war unmöglich. Da hat er denn die ganze Sache zu Protokoll gegeben und dazu gesetzt, er könne sie mit einem Eid bekräftigen.
Sein Sohn und Nachfolger Ludwig IX. war zwar ein vortrefflicher Fürst, hatte aber nicht des Vaters Mut und Entschlossenheit. Weil er nun die Geschichte von dem Geist wußte, hat er nie auch nur eine Nacht in dem Schloß schlafen wollen, sondern meist in Pirmasenz und anderswo gewohnt. (366)

Schloßspuk

Seit alter Zeit weiß man, daß im Schloß die weiße Frau umgeht. Landgraf Ernst Ludwig schlief einst neben seiner Gemahlin, als diese plötzlich erwachte und die weiße Frau im Zimmer erblickte, welche ihr winkte und ihr sagte: »Komm und hebe den Schatz.« Wie es scheint, hat die Landgräfin gezögert, dies zu tun oder sie hat etwas anderes dabei versehen, kurz der Geist verschwand und sie hörte nur noch die Worte: »Jetzt muß ich so lange herumgehen, bis Landgraf Ludwig IX. zur Regierung kommt und den Schatz hebt.«
Ein anderesmal hat Ernst Ludwig den Schatz heben wollen, aber da erschien ihm die weiße Frau und sprach: »Du kannst das nicht. Jetzt sind noch goldene Zeiten, aber einst werden schwere Zeiten kommen und großes Unglück, dann wird das Haus Hessen durch den Schatz gerettet werden.«
Unter der Regierung Ludwigs VIII. hat sich die weiße Frau oft sehen lassen und gesagt: »Wenn der Prinz (Ludwig IX.) an die Regierung kommt, dann wird der Schatz aufgehen, wie der Mond aus den Wolken, aber Zeit und Stunde sind nicht bestimmt.« Auch hat sie sich oft beklagt, sie sei

Das Darmstädter Schloß, um 1680. Kupferstich aus: Der Darmstädter Antiquarius, von Ph. A. F. Walther. Darmstadt 1857

durch böse Geister von ihrem rechten Ruheplatz vertrieben worden und habe nur in der Schloßkirche Ruhe vor denselben; sie sei der Schutzgeist des Schatzes. Einmal sagte sie geradezu: »Ludwig IX. ist mein Erlöser. Amen.« Als man sie fragte, ob sie dieselbe sei wie die weiße Frau im Schloß zu Berlin, sagte sie: »Mit der habe ich nichts zu schaffen.« Als einer sie eines Abends abfragen wollte, sprach sie: »Du sollst mich nicht anreden, sondern nur den linken Fuß vorsetzen, dann will ich selbst schon reden.« Außer ihr ließen sich damals häufig auch drei Frauen sehen, die waren so schön wie Wachsbilder. So erblickte jemand sie im roten Saal; sie kamen hinter dem Ofen hervor, gingen durch den Saal und verschwanden, indem sie die ängstlich ihnen Zuschauenden auslachten. Auch in der Kirche sind sie mit der weißen Frau erschienen, welche einen Schlüssel trug.

An mehreren Orten im Schloß erschien ein weißer Mann, der wie mit hölzernen Schuhabsätzen herumklapperte. Einmal sah man ihn im Kaiserzimmer mit einer goldenen Krone auf dem Haupt unter dem Thronhimmel sitzen.

Besonders oft ließ sich aber ein kleines Männchen sehen, mitunter in Begleitung eines großen geharnischten Mannes. Meistens erschien es im roten und weißen Saal, saß an einem Tischchen und hatte ein Buch vor sich liegen, eine Feder in der Hand. Diese reichte es dreimal jemanden, der es sah, damit er in das Buch schriebe, aber der Mann tat es nicht. Demselben Mann ist es nachgelaufen, ihn zum Schreiben zu nötigen und hat auch ge-

sagt, es sei der Schatzmeister des Schatzes. Damals war es ganz weiß, nur hatte es einen schwarzen Kopf.
Einst führte die weiße Frau einen kühnen Mann, der sie in der Kirche abfragte, unter die Erde in ein dunkles Gewölbe, aus diesem in ein anderes, wo es hell war wie am Tage. Darin stand ein großer goldener Löwe mit diamantnen Augen. Auf einem goldenen Tisch lag ein mit Gold reichgeschmückter Hut, an dem ein Knopf aus einem großen Brillant gemacht blitzte, und an dem Tisch saß das kleine Männchen und trug ein schwarzes Hütchen auf dem Kopf. Außerdem standen goldene Figuren, Hirsche, Becher, Tiere u. a. umher, auch ein halbmannsgroßes Kruzifix.
Der allgemeinen Annahme zufolge liegt der Schatz entweder im Waschhaus, wo man das Holz hinwirft, oder in dem zugemauerten Gewölbe zwischen dem grünen Tor und dem Mönchentreppchen. (367)

Die unheimliche Gräfin

Am 19. Dezember 1731 hatte der Landgraf Ernst Ludwig in seinem Haus auf dem Markt, der späteren Hofapotheke, welches er seit dem großen Schloßbrand zu bewohnen pflegte, eine Abendgesellschaft um sich versammelt, wie es seine Gewohnheit war. Die Gesellschaft war heute ganz besonders zusammengesetzt; sie bestand aus Damen und Herren, welche mit dem Landgrafen mehr oder weniger seine Neigung, sich mit geheimnisvollen und übernatürlichen Dingen zu beschäftigen, teilten. Er war ein großer Freund solcher Beschäftigungen, und so manchem Schwindler gelang es, aus dieser Neigung Nutzen zu ziehen. Besonders war das der Fall bei denen, die sich rühmten, mit Hilfe der Alchemie Gold und Silber machen zu können, und mit denen er in seinem auf dem Schloß ehedem stehenden Laborierhaus zu arbeiten pflegte. Er glaubte wirklich das Geheimnis gefunden zu haben, und im Kabinettsmuseum sind im Reliquienzimmer noch einige Kreuzer zu sehen, die aus dem angeblichen alchemistischen Silber gemacht sind.
An der Spitze der Schwindler, welche den Landgrafen ausbeuteten, stand ein Baron in Homburg, stets bemüht, den greisen Fürsten in seinen Täuschungen zu bestärken. Darum empfahl er häufig Personen hierher, die sich mit Goldmachen und Prophezeiungen und ähnlichen übernatürlichen Dingen befaßten und darin Erfahrungen gemacht zu haben vorgaben.

Der Marktplatz, um 1676. Kupferstich aus: Der Darmstädter Antiquarius, von Ph. A. F. Walther. Darmstadt 1857

Veranlassung zu der heutigen Abendgesellschaft hatte eine von dem Baron hierher empfohlene angebliche Gräfin gegeben, welche als eine in die Geheimnisse der übernatürlichen Welt äußerst Eingeweihte galt. Während des Spiels, womit sich nach dem Abendessen die Gesellschaft unterhielt, dreht sich das Gespräch stets um solche Dinge, die mit Übernatürlichem zusammenhängen und mit denen sich die menschliche Phantasie lebhafter in der Stille der Nacht beschäftigt als am hellen, lichten Tag, an dem man alle Dinge klarer in ihrer Wirklichkeit sieht. Die Stimmung der Gesellschaft war nach und nach infolge solcher Gespräche ganz ernst geworden, und sie wurde geradezu feierlich, als allen noch unerwartet das nahe Glokkenspiel die zwölf Schläge der Mitternacht ertönen ließ. Da erhob sich der Kanzler von Maskowsky, der trotz seiner hohen geistigen Bildung und seines aufgeklärten Denkens ein großer Freund geheimer Wissenschaften war und an den Gesprächen des Abends den lebhaftesten Anteil genommen hatte. Er bedauerte, von dem Landgrafen sich eine Beurlaubung erbitten zu müssen, weil er für eine morgen stattfindende Geheimratssitzung noch einen Vortrag auszuarbeiten habe.
Als der Kanzler den Saal verließ, sah ihm die Gräfin, die bei einem marmorbleichen Gesicht dunkelschwarze Augen hatte, mit einem wehmütigen Blick nach, und kaum hatte er den Saal verlassen, so brach sie in die Worte aus: »Da geht er hin, der gesunde, starke Mann und hat keine Ah-

nung, daß er schon in sehr kurzer Zeit nicht mehr unter den Lebenden sein wird.« Diese Worte durchschauerten begreiflicherweise die ganze zurückbleibende Gesellschaft, veranlaßten aber den Landgrafen zu der Frage, ob sie dessen so gewiß sei, daß er seinen Kanzler so bald verlieren werde. »Ich bin dessen ganz sicher, Euer hochfürstliche Durchlaucht«, war die rasch erfolgende Antwort, und mit wehmütigem Ton fügte dann die Gräfin hinzu: »Beklagen Sie mich, Durchlaucht, daß mir diese Gabe der Vorahnung verliehen ist! Sie hat mich leider schon allzu oft unglücklich gemacht!«

Die Unterhaltung der Gesellschaft hatte durch die Bemühung des tiefergriffenen Landgrafen kaum wieder begonnen, da trat der diensttuende Lakai mit verstörtem Gesicht in den Saal und meldete, daß der Herr Kanzler, als er vor einigen Minuten in sein Arbeitszimmer eingetreten war, vom Schlag getroffen niedergestürzt und an eine Wiederbelebung nicht zu denken sei.

Bestürzt hob der Landgraf die Abendgesellschaft auf, und die bleiche Gräfin fuhr nach ihrer Wohnung in dem »Engel«, welcher zum Logieren von Gästen des Hofs benutzt wurde.

Den nächsten Abend versammelte sich um den Landgrafen dieselbe Gesellschaft mit Ausnahme des Hingeschiedenen. Es war natürlich, daß der Tod des Kanzlers und dessen Vorhersagung durch die Gräfin sogleich ein

Darmstädter Trachten 1675. Kupferstich aus: Der Darmstädter Antiquarius, von Ph. A. F. Walther. Darmstadt 1857

Gegenstand der Unterhaltung wurde. Zum Schrecken der ganzen Gesellschaft, namentlich aber zum Schrecken der so unglücklich begabten Gräfin, richtete der Landgraf auf einmal die Bitte an sie, sie möge ihm, der jeden Tag bereit sei, der Natur den unvermeidlichen Tribut zu zahlen, anzeigen, wann er vor den Richterstuhl des Höchsten werde gerufen werden. »Erlassen Sie mir, Durchlaucht«, rief die Gräfin angsterfüllt aus, »die Antwort in der Form, wie Sie dieselbe wünschen; nehmen Sie aber die Versicherung, daß Sie noch eine Reihe von Jahren zum Segen Ihres Volkes das Zepter führen werden. Gestatten mir Eure Durchlaucht wenigstens, daß ich nicht heute abend den Tag Ihres einstigen Todes bezeichne. Wollen aber Eure Durchlaucht durchaus den unglücklichen Tag vorher wissen, so gestatten Sie mir einen kleinen Aufschub. Solange ich das Glück habe, an Ihrem Hof zu weilen, vermag ich es nicht, die furchtbare Aufgabe zu erfüllen; aber am Abend des Tages, an dem ich den Hof verlasse, werden Sie dort über dem Kamin den Tag niedergeschrieben finden, an dem das Land seinen Fürsten verlieren wird!« Ernst Ludwig gewährte die Bitte der angsterfüllten Gräfin, und eine heiterere Unterhaltung als die, mit der der Abend begonnen hatte, schloß denselben.

Als die Gesellschaft auseinanderging, ließ sich Ernst Ludwig noch einmal das Versprechen wiederholen, daß er von dem Tag seines Todes vorher Kenntnis erhalte. Und als die Gräfin nach einigen Tagen Darmstadt verlassen hatte, fand man über dem Kamin im Saal die Worte niedergeschrieben: »Am 12. September 1739 abends fünf Uhr.«

Und um die fünfte Abendstunde am 12. September 1739 war Ernst Ludwig eine Leiche. (368)

Der Advokat und der Teufel

In Darmstadt lebte einmal ein Advokat, das war ein rechter Leuteschinder, der den armen Bauern das Fell über die Ohren zog, einen Prozeß über den andern auf den Hals jagte, sie von Haus und Hof trieb und Rechnungen machte, daß selbst den reichen Leuten in der Stadt die Augen darob überliefen. Der ging eines Tages mit einem ganzen Sack voll Papiere nach dem Ried zu. Da gesellte sich unterwegs ein Mann zu ihm, der war fast gekleidet wie ein Odenwälder Kaffer; er trug einen breitrandigen Hut, langen blauen Rock und kurze Hosen, hatte aber Beine wie Storchbeine so mager und dürr. Der ließ sich in ein Gespräch mit dem Advokaten ein und

lachte dabei zu allem, was der Advokat sagte, und das Lachen klang so höhnisch und grell, daß es denselben kalt überlief. Er schaute sich den Kaffer genauer an, aber der hatte ein Gesicht wie andre Leute auch. Erst als er ihm zuletzt nach den Füßen guckte, da ging ihm ein Licht auf und er sah, daß er den leibhaftigen Teufel zur Seite hatte. Da wurde es ihm noch schwüler und er überlegte bei sich, was zu machen sei. Er dachte, es sei am Ende das beste, seinen Begleiter merken zu lassen, daß er ihn kenne und sprach darum keck heraus: »Was habt Ihr denn im Ried zu schaffen, gibt's in der Hölle keine Arbeit mehr?« Der Böse lachte und sprach: »Aha, wir kennen uns, ich muß eine Seele da holen, die schon lange für mich reif ist und die die Leute oft zu mir wünschen.« Im Ried, dachte der Advokat und bekam neuen Mut, da bin ich also nicht gemeint, und er unterhielt sich getrosten Herzens mit dem Teufel über seine Schelmereien und Plackereien, rühmte sich ihrer auch und lachte darüber, wobei denn der Teufel jedesmal herzlich mitlachte.
Als sie so ihres Weges dahingingen, kam ein armer Metzger ihnen entgegen, der trieb ein Schwein nach Hause und das Tier schnüffelte und grunzte bald hier, bald dort im Kot herum. Der Metzger war dessen müde und rief: »Der Teufel soll dich holen, wenn du nicht voran gehst!« Sogleich war der Advokat bei der Hand und sagte: »Da greif zu, das Vieh ist dein.« Aber da kam's heraus, daß der Advokat noch schlechter war als selbst der Teufel, denn der Böse sagte: »Das ist nicht so schlimm gemeint, laß dem armen Mann seine Sau, er muß die ganze Woche davon leben.« Der Advokat lachte ihn darüber aus und meinte, der Teufel habe doch ein gar zu weiches Herz und fuhr dann fort, noch viel ärgere Schandtaten von sich zu erzählen.
Als sie in den nächsten Ort kamen, hörten sie ein Kind flennen und die Mutter des Kindes schaute aus ihrem Fenster, ballte eine Faust und schrie: »Willst du dein Maul halten oder der Teufel soll dich holen!« Aber das Kind flennte fort. Da stieß der Advokat wiederum seinen Kameraden an und sprach: »Du, nimm's doch, wenn du kein Esel bist, es gehört ja dein.« Aber der Teufel lachte, ging seines Weges weiter und sprach: »Du hättest es nicht stehenlassen, aber ich nehm's nicht, denn es ist der Mutter einzig Kind und sie würde sich totgrämen, wollte ich zugreifen. Das war so schlimm nicht gemeint.« Jetzt lachte ihn der Advokat noch mehr aus und sprach: »Du bist mir ein schöner Teufel, wenn ich so dächte, dann wäre ich längst am Bettelstab.«
So gingen sie weiter und der Schinder erzählte immer lustiger von seinen Taten, bis sie an den Ort kamen, wo er gerade einem armen Bauern das

Bett unter dem Leib weg verkaufen wollte. Der Bauer stand mit seinen Nachbarn zusammen auf der Gasse vor dem Hause. Als er den Advokaten sah, fiel er und sein Weib demselben zu Füßen und sie baten ihn unter Tränen, sie doch nicht ganz unglücklich zu machen; aber der Advokat lachte und sprach zum Teufel: »Jetzt sollst du einmal sehen, wie ich das mache«, gab dem Bauern einen Fußtritt und sagte: »Fort ihr Kanaillen, alles wird verkauft.« Da erhob sich der Mann in hellem Zorn und schrie: »O du Henkersknecht, dich muß noch der Teufel holen oder Gottes Wort ist gelogen!« Da lachte der Teufel laut auf und sprach: »Siehst du, Kamerad, das ist von Herzen so gemeint.« Faßte den Advokaten und riß ihn durch die Luft mit sich fort, und hat man nie wieder eine Spur von ihm gesehn. Die Darmstädter Advokaten haben sich alle mögliche Mühe gegeben, diese Geschichte zu vertuschen und geheimzuhalten, es hat jedoch nichts geholfen. (369)

Das Neue Tor. Kupferstich aus: Der Darmstädter Antiquarius, von Ph. A. F. Walther. Darmstadt 1857

Der Geist im Großen Woog

Ehe der große Woog angelegt war, stand da, wo später die »Achens Mühle« stand, eine sehr große Mühle mit sieben Gängen, und ihr Besitzer war ein wohlhabender Mann. Durch die Anlage des großen Woogs wurde ihm aber das Wasser abgegraben, und er kam dermaßen in Rückgang, daß er sich am Ende aus Verzweiflung in den Woog stürzte und dabei eine schreckliche Verwünschung ausstieß, in deren Folge nun in jedem Jahr ein Mensch im Woog ertrinken muß. (370)

Die Störche werden gejagt

Man hat nicht gern, wenn sich zuviel Störche zeigen. Das war auch einmal in Griesheim der Fall und darum beschloß der Rat, sie zu vertreiben. Er hieß also den Gemeindediener, sie mit dem Stock zu verfolgen, wo sie sich sehen ließen. Da klagten aber die Bauern bald, ihr Korn werde zertreten, die Ölsaat und der Hanf gingen zugrunde und weiteres mehr. Der Rat versammelte sich und beriet, was zu tun sei, damit der Mann, der die Störche auf den Äckern verfolge, nichts zertrete. Lange sannen sie nach, bis einer rief: »Ich hab's.« Er hieß eine Leiter bringen, darauf wurde der Gemeindediener gesetzt und zwölf Mann mußten ihn tragen. Also zertrat er kein Hälmchen mehr und ganz Griesheim erstaunte über die Weisheit des Rates und lief hinaus, um das Storchtreiben zu sehen. Während der Ortsdiener aber einen Storch vor sich her trieb, ging ein anderer der Leiter nach und klapperte, als ob er ihn verhöhnen wollte. Da rief der Bürgermeister: »Auf ihr Leute, holt noch eine Leiter, ich setze mich darauf, denn meine Pflicht ist, für euer Wohl zu sorgen.« Und von zwölf andern Männern getragen, wehrte er von der Leiter herab den Störchen und hätte einen derselben fast totgeschlagen, wenn er nur ein wenig rascher gewesen wäre. Dieses schöne Beispiel konnte nicht ohne Nachfolge bleiben; bald saßen alle Gemeinderäte auf Leitern und die Griesheimer hatten die freudige Genugtuung, durch diese edle Tat des Ortsvorstandes die Äcker am einen Ende des Orts einen ganzen Tag frei von den Störchen zu sehen. Zwar war alles, wo sie trugen, zertreten, aber dafür hatte man den Störchen die Lehre gegeben, daß man sich nicht ungestraft von ihnen verhöhnen lasse. (371)

Die Frösche ziehen weg

Wenn man von Griesheim nach Eschollbrücken will, kommt man an einen Sumpf, darin viel Frösche wohnen. In der Nähe dieses Sumpfes lag das Schulhaus. Nun kam einmal ein neuer Lehrer nach Griesheim, dem war das Quaken der Frösche so unerträglich, daß er erklärte, er müsse eine andere Wohnung haben oder er gehe weg. Da nun die Griesheimer ihn nicht gern ziehen sahen, wurde der Gemeinderat berufen und man ging hinaus an den Graben, um zu beratschlagen, was zu tun sei. Als die Räte in die Nähe des Sumpfes kamen, hörten sie die Frösche wohl, aber als sie daran standen, schwiegen dieselben. Einer der Gemeinderäte schlug jetzt vor, um dem Übel abzuhelfen, sei nichts zu tun, als den Graben auszufüllen. Dadurch kommt die Gemeinde aber in eine große Schuldenlast, sprach ein anderer. »Aber wir hören doch keine Frösche mehr«, sprach ein Dritter, »es kann nicht so arg sein, wie der Lehrer es macht.« – »Das kommt daher«, sagte der Gescheiteste von ihnen, »weil sie vor uns Respekt haben; laßt uns gütlich mit ihnen verhandeln und ihnen Schweigen gebieten.« Das geschah, aber als die Räte sich, mit dem Erfolg zufrieden, wieder in den Ort zurückbegeben wollten und ein Stück Wegs gegangen waren, schrien die Frösche wieder so lustig wie vorher. »Sie haben noch etwas auf dem Herzen, laßt uns sie hören!« sprach einer der Räte und sie kehrten zu dem Sumpf zurück, aber als sie daran standen, da herrschte wieder tiefes Schweigen. »Recht so«, sprach der Bürgermeister, »sie haben uns nur ihres Gehorsams versichern wollen.« Und er belobte die Frösche im Namen des ganzen Gemeinderates. Abermals ging die achtbare Versammlung in den Ort zurück und abermals schrien die Frösche. »Es ist noch nicht richtig!« sagte der Bürgermeister und sie kehrten wieder um nach dem Sumpf. Da saß nah am Land ein Frosch auf eines andern Rücken. Als das der Bürgermeister sah, konnte er die Tränen der Rührung nicht zurückhalten. »Man kann wohl sagen«, rief er, »daß die vernünftigen Menschen oft von den unvernünftigen Tieren lernen können. Seht, wie sie dem Befehl ihrer Obrigkeit gehorsam sind, sie wollen in die Fremde abmarschieren und da hat einer gar, woran die Kinder sich ein Beispiel nehmen mögen, seinen alten Vater auf dem Rücken.« Und unter allgemeinem Schluchzen kehrte der Gemeinderat zurück und teilte allen Ortseinwohnern diese schönen Taten der Frösche mit, wie wir sie zu Nutz und Frommen aller braven Landsleute hier verzeichnet haben. (372)

Die Umstädter

Umstadt hat früher Dummstadt, Darmstadt aber Armstadt geheißen. Weil aber die Umstädter nicht dumm, die Darmstädter nicht arm sein wollten, haben sie sich an den Landgrafen gewandt und um Änderung ihres Namens gebeten. Der hat dann verfügt, die Dummstädter sollen ihr D an die Armstädter abgeben, und so war beiden geholfen. (373)

Die verschwundene Braut

In Gundernhausen fand einst eine Hochzeit statt und alles ging lustig her, was gibst du, was hast du. Gegen Abend vermißte man plötzlich die Braut, man suchte sie aller Orten und Enden, aber sie war nicht zu finden. Die ganze Umgegend wurde durchforscht und durchfragt. Niemand hatte die junge Frau gehört oder gesehen. Zwei Tage waren ihr Mann, ihre Eltern und Verwandten in der größten Angst und Not um sie und wußten gar nicht, was machen. Da kam ein Bekannter aus einem benachbarten Dorf zu ihnen, nahm den Bräutigam zur Seite und sprach: »Du geh mit mir, heut noch müssen wir erfahren, was aus ihr geworden ist.« So führte der Mann ihn mit sich fort nach Darmstadt zum damaligen Scharfrichter Schönbein, das war ein durchgescheiter Mann, und den zogen sie zu Rate. »Ich muß mit euch an Ort und Stelle«, sagte Schönbein; es wurde rasch ein Wagen angespannt und fort ging's gen Gundernhausen. Da ließ der Scharfrichter einen Kübel Wasser bringen und vor die Haustür stellen; er schaute lange hinein, dann sprach er: »Die arme Seele ist weit von hier, es ist ihr angetan und sie steht eben in Aschaffenburg und schaut in den Main. Eilen wir hin, wir müssen sie nicht weit von da finden.« Sofort machten sich die zwei Männer auf den Weg nach Aschaffenburg, da folgte der Scharfrichter ihrer Spur vom Main nach und sie fanden die Arme im schönen Tal, wo sie wie ganz geistesabwesend herumirrte. Als ihr Bräutigam sie in seiner Freude laut beim Namen rief, kam sie wieder zu sich, stürzte ihm in die Arme und wußte gar nicht, daß sie so weit weg von Hause war.

Später hat es sich herausgestellt, daß ein Mädchen aus dem Ort, welches der junge Bauer vorher geliebt hatte ehe er seine Frau kennenlernte, aus Rache der Braut den Streich gespielt hat. (374)

Der Stan am Streitwoald

Am Streitwoald, unne an do Grenz, leiht 'n Stan, mer haßt en den Schuckstan. Des kimmt doher: Selemol, wie's noch Ritter gewwe hott, woo uf'm Breuberg e schäin Mädche, die worr uff 'm Schlößche im Streitwoald ze Besuch. Des Mädche hott d'r Ritter vum Hering gern gehatt. Er worr aach do un führt des Fräulein spaziern; dobei hoaun se eanner die Eh' v'rsproche. »Gugg«, säigt der Ritter iwwer des Mädche, »soau gewiß als daß ich werrer den Stan tret, soau gewiß doau ich dich haijern.« Er häibt's Ban un tritt werren Stan, un die Trappe vun seine Schuck sieht mer heut noch. Er hott se ewwer doch nit haijern könne. Wie er nämlich ham gerere is, do is 'm der Nalsboacher mit seine Knechte noch un der un der Heringer is bei d'r Noacht in ne Lahmekaute kumme. D'r Lahme is üw'rn gefalle, un soau is er verstickt; spärer haun sen funne. Des Mädche is e Nunn worn un hott in de Roausegoarte e Kloaster baue losse, daß se alle Doag den Stan sehe hott kenne, woau se den Heringer 's letztemol gesehe hott. (375)

Der Lindwurm am Brunnen

Zu Frankenstein, einem alten Schloß anderthalb Stunden weit von Darmstadt, hausten vor alten Zeiten drei Brüder zusammen, deren Grabsteine man noch heutigentags in der Oberbirbacher Kirche sieht. Der eine der Brüder hieß Hans und er ist ausgehauen, wie er auf einem Lindwurm steht. Unten im Dorf fließt ein Brunnen, in dem sich sowohl die Leute aus dem Dorf als aus dem Schloß ihr Wasser holen müssen; dicht neben den Brunnen hatte sich ein gräßlicher Lindwurm gelagert, und die Leute konnten nicht anders Wasser schöpfen als dadurch, daß sie ihm täglich ein Schaf oder ein Rindvieh brachten; so lang der Drache daran fraß, durften die Einwohner zum Brunnen. Um diesen Unfug aufzuheben, beschloß Ritter Hans, den Kampf zu wagen; lange stritt er, endlich gelang es ihm, dem Wurm den Kopf abzuhauen.

Nun wollte er auch den Rumpf des Untiers, der noch zappelte, mit der Lanze durchstechen, da kringelte sich der spitzige Schweif um des Ritters rechtes Bein und stach ihn gerade in die Kniekehle, die einzige Stelle, welche der Panzer nicht deckte. Der ganze Wurm war giftig und Hans von Frankenstein mußte sein Leben lassen. (376)

Der Odenwald

De Bischseranze im Ohrewald

Früher is als e Mann aus'm Ohrewald kumme, der hot bann kenne. Er hot'n groußе Bichseranze bei sich ghatt, do warn die baise Geischda neigebannt. Drunne ins olde Bolezeidienas is er als gewöhnlich ibanocht geblebe. Sou is er a werrer ämol Samstogs abends kume un hot sein Ranze an die Wond g'hangt. Des Sunndogs morje is er mit dene Lait in die Kärch uff Schwane gange. Ehnda as er fort is, hor er zu de Buwe g'soht: Macht ma noa nix an dem Ranze! Die Buwe wahn äwa neischährig und häwe de Ranze uffg'schnallt un neigeguckt. Do es e junga Kickel herausgehuppt und uff die Owestang g'floge. Uff emol woas e baamlanger Kerl, der hot sei Bang herunnaghengt. Jetz häwe die Buwe Angscht krigt. Sie sein uff Schwane geloffe un häwe den Mann g'hollt. Der hot g'soht: »Ja, ja, ich woaß schun, wos lous iß.« Deham horrer sei Buch erausgedoun un hott ougefange. Do hott der baamlang Kerl uff seiner Owestang angfange zu schwitze. Er iß werra zume Gickelche worn un iß mit'm fortnumma an Rhei. Dort horern in dene Weireklauer (Weidengebüsch) laafe losse. (377)

Rodensteins Auszug

Nah an dem zum gräflich Erbachischen Amt Reichenberg gehörigen Dorf Oberkainsbach, unweit dem Odenwald, liegen auf einem Berg die Trümmer des alten Schlosses Schnellerts. Gegenüber, eine Stunde davon, in der Rodsteiner Mark, lebten ehemals die Herrn von Rodenstein, deren männlicher Stamm erloschen ist. Noch sind die Ruinen ihres alten Raubschlosses zu sehen.

Der letzte Besitzer desselben hat sich besonders durch seine Macht, durch die Menge seiner Knechte und des erlangten Reichtums berühmt gemacht; von ihm geht folgende Sage. Wenn ein Krieg bevorsteht, so zieht er von seinem gewöhnlichen Aufenthaltsort Schnellerts bei grauender Nacht aus, begleitet von seinem Hausgesind und schmetternden Trompeten. Er zieht durch Hecken und Gesträuche, durch die Hofreite und Scheune Simon Daum's zu Oberkainsbach bis nach dem Rodenstein, flüchtet gleichsam als wolle er das Seinige in Sicherheit bringen. Man hat das Knarren der Wagen und ein ho! ho! Schreien, die Pferde anzutreiben, ja selbst die einzelnen Worte gehört, die einherziehendem Kriegsvolk vom Anführer zugerufen werden und womit ihm befohlen wird. Zeigen sich Hoffnungen zum Frieden, dann kehrt er in gleichem Zug vom Rodenstein nach dem Schnellerts zurück, doch in ruhiger Stille und man kann dann gewiß sein, daß der Frieden wirklich abgeschlossen wird. Ehe Napoleon im Frühjahr 1815 landete, war bestimmt die Sage, der Rodensteiner sei wieder in die Kriegburg ausgezogen. (378)

Ruine Rodenstein, Kupferstich

Die Doppelehe des Rodensteiners

Einem Herrn von Rodenstein wurde die Zeit zu Hause allzulang, wie das den großen Herren oft geht, er nahm Abschied von seiner Frau und ging auf die Reise nach Jerusalem, wo die Türken das heilige Grab Jesu besitzen. Als er sah, wie diese die armen Pilger plagten, fing er Händel mit ihnen an und forderte mit einigen andern Herren, die gleichen Sinnes wie er waren, sie zum Kampf heraus. Aber der Türken waren zu viel und er wurde gefangen und in Ketten ins Gefängnis geworfen. Da schmachtete er viele Jahre und glaubte schon, er werde bis zu seinem Ende nicht loskommen, als sich ihm plötzlich ein Weg zur Rettung darbot. Die Tochter des Gefangenenwärters, welche ihm alle Tage sein Essen brachte, hatte ihn nach und nach so lieb gewonnen, daß sie eines Tages zu ihm sprach: »Ich kann nicht ohne dich leben; wenn du mich also heiraten willst, dann fliehe ich mit dir in dein Vaterland, willst du das nicht, dann behalte ich dich hier, bringe dir das beste, was ich an Speise auftreiben kann und sorge für dich, so viel in meinen Kräften steht.« Das war eine schwere Wahl für den Rodensteiner, jedoch er entschied sich doch bald, und zwar für die Flucht, denn er meinte nicht anders, als seine Frau sei wohl unterdessen gestorben vor Gram, weil er nicht zurückgekehrt sei; wenn sie aber noch lebe, dann könne sich die Sache vielleicht noch machen, keinesfalls werde sie es ihm übelnehmen, wenn er suche, aus der Gefangenschaft loszukommen. Er versprach ihr die Ehe und sie flohen heimlich aus dem Türkenland und kamen glücklich ins Reich und auf den Rodenstein. Da war aber die Frau des Ritters noch ganz gesund und frisch und der Gram hatte sie nicht sehr mager gemacht. Sie empfing ihren Eheherrn mit großer Freude, aber als sie von der zweiten Frau hörte, da wußte sie doch lange nicht, was sie dazu sagen sollte. Endlich sprach sie, es sei ihr recht, wenn es dem Pfarrer recht sei, denn die Freude, ihren Mann wieder zu haben, war doch zu groß, als daß sie nicht in alles eingewilligt hätte. Der Pfarrer aber sagte, er könne das nicht zugeben ohne Erlaubnis vom Großherzog. Da hat er denn nach Darmstadt geschrieben und alles gemeldet wie es war und der Großherzog hat wieder geschrieben, weil der Fall so sonderlich sei, wolle er es gestatten. Jetzt wurde die Hochzeit unter großem Jubel gehalten und die beiden Frauen sind die besten Freundinnen geworden. Nach ihrem Tod wurden sie zu beiden Seiten ihres Mannes begraben, gerade so, wie sie noch auf dem Denkmal in der Kirche zu Fränkisch-Crumbach zu sehen sind. (379)

Der Rodensteiner ermordet sein Weib

Ein Ritter von Rodenstein, der vor vielen hundert Jahren lebte, war ein wilder Kämpe, der wohl Schlacht und Jagd liebte, aber die Frauen nicht leiden konnte. Einst war er auf einem Turnier und streckte dort nach seiner Gewohnheit alle Ritter in den Sand. Dafür erhielt er den Preis von der Hand eines Edelfräuleins und das war so schön, daß es ihresgleichen nicht gab, und daß selbst des wilden Ritters Herz von ihr gerührt wurde und in Liebe zu ihr entbrannte. Er war nicht gewohnt, lange Umschweife zu machen, sondern gestand ihr noch am selben Tag seine Liebe und da er seiner Tapferkeit wegen hochberühmt und ein stattlicher, schöner Mann war, so ließ sich das Edelfräulein leicht blenden und gab ihm ihre Hand. Da war nun großer Jubel auf Rodenstein und das Tal hallte wider von nie gekanntem Leben.

Der Rodensteiner. Titelkupfer von August Lucas aus: Mainsagen, herausgegeben von Alexander Kaufmann, Aschaffenburg 1853

Einige Zeit ging alles gut und der Ritter schien ein ganz anderer geworden zu sein, man sah ihn kaum mehr bei Turnieren und Jagden. Da wollte es das Unglück, daß er eines Tags mit einem seiner Nachbarn in Fehde geriet. Seine ganze leidenschaftliche Rauflust erwachte in ihm und er war wieder ganz der alte wilde Kämpe. Als er wegziehen wollte, hing sich sein Weib an ihn und konnte sich nicht von ihm trennen, aber rauh wie er war, stieß er sie fluchend von sich und stürzte hinaus. Sie war jedoch grade gesegneten Leibes und der Stoß, den er ihr gegeben, hatte sie auf die Erde geworfen; sie gebar noch am selben Tag ein totes Kind und starb in den Wehen. Der Ritter lag unterdessen vor der Burg seines Feindes. Da sah er in der Nacht eine bleiche, weiße Gestalt von ferne heranschweben, sie kam näher und mit gesträubtem Haar erkannte er seine tote Frau, ihr totes Kind auf dem Arm. Sie sprach: »Du hast Weib und Kind deiner Kampflust geopfert, so fluche ich dir, daß du kämpfend immerdar umziehest und dem Land Krieg und Frieden verkündest.« Und dieser Fluch ging in Erfüllung und so wurde der Ritter der Kriegsbote für das ganze Reich. (380)

Der Rodensteiner im Ersten Weltkrieg

Im großen Weltkrieg wurde die Hoffnung auf baldigen Frieden dadurch gestärkt, daß man des Rodensteiners Rückkehr hörte. Das geschah z. B. am 15. Dezember 1917 mittags zwischen halb zwölf und halb ein Uhr, wo viele Leute ganz unabhängig voneinander das Lärmen des Zuges in der Luft vernahmen. Beschrieben wurde es als »unheimliches Getöse«, als »etwas Donnerähnliches«, bei Sonnenschein, klarem Himmel und Windstille als »Gepolter«, wie es etwa »eine in der Nähe abgefahrene Dreschmaschine« hervorruft, »die auf dem gefrorenem Weg das Gerumpel macht«. Deutlich will man gehört haben, daß die Bewegung und das Geräusch nach dem Rodenstein hin verliefen.
Es mag daran erinnert werden, daß man den Rodensteiner auch einige Tage nach dem Beginn des Weltkrieges, am 10. August 1914, nachmittags um sechs Uhr, vernommen hat. Es hörte sich damals so an, als würde eine Dreschmaschine schnell in des Nachbarn Hofreite eingefahren, oder wie ein unheimlich rollendes Getöse, als ob schwere Wagen in der Luft gingen oder ein Gewitter mit Hagel im Anzug wäre. Andere Leute, die wegen des Lärms herauseilten, sagten, es wären wohl Luftschiffe gewesen. (381)

Der Kornweg

Wenn der Rodensteiner durch die Scheune in der Haal fährt, hört man ein Krachen, als wenn ein junger Eichbaum überm Knie zerbrochen würde. In der Richtung, in welcher der Rodensteiner vom Rodenstein hinüber zum Schnellerts fährt, sieht es auf dem Boden ordentlich wie ein Weg aus, und wo es durch Felder geht, läuft mitten durch das Korn ein Strich; da wächst das Korn viel höher und gedeiht besser als anderswo auf dem Akker. (382)

Vom Schnellerts

Viele, welche den Schnellerts bestiegen, hörten dort einen feinen, lieblichen Gesang, und zwar waren es gewöhnlich Kirchenlieder, die sie vernahmen; diese Töne schienen ihnen aus dem Berg zu kommen, doch ist es nie jemand gelungen, in dessen Inneres zu dringen.
Oft kräht auf dem Gipfel des Bergs, da wo die Ruinen der Burg stehen, der Hahn, und er hat schon manchen sehr erschreckt. So waren vor nicht langer Zeit die Leute einmal droben zu einer Holzversteigerung versammelt und eben bot der Förster einen Stocken aus, als der Hahn krähte. Im Nu war der Platz leer und selbst der Förster hatte nicht Mut zu bleiben. (383)

Der Schnellertsgeist

Ich bin gar kurzatmig und spare die Worte; zudem habe ich nicht weit mehr bis ans Grab, darum spreche ich gern die Wahrheit, und was ich erzähle, das kann mir jeder glauben. Ich habe einmal auf dem Schnellerts gearbeitet und mein Kamerad war nicht weit von mir, so daß wir zusammen plauderten über dies und jenes. Da hörte ich plötzlich, wie es da, wo man jetzt die alten Mauern sieht, raschelte und rauschte, als ob ein Reh in einem Haufen dürrer Blätter herumspränge. Ich werfe rasch die Hacke weg und eile auf die Stelle zu, aber da war nichts zu hören noch zu sehen. »Du«, sagte ich zu dem andern, »es ist nicht richtig hier.« Da kam er und sah selbst nach, und ich sah ihm an, daß es ihm angst wurde, sprach darum: »Laß ihn rascheln, wir wollen wieder an die Arbeit.«

Über eine Weile fährt's daher, wie ein Wagen, aus dem ein Dutzend Kerle kleine Steine würfen, und wir hörten ganz deutlich die Räder über den Boden gehen und die Steine fliegen. »Da ist der Spitzbub schon wieder«, rief ich, als der Lärm vorüber war und mein Kamerad hatte es auch gehört, denn er war totenblaß und sprach kein Wort. Ich aber, ein mutiger junger Bursch, schrie keck, so laut ich konnte: »O du Teufel, so komm auch zum dritten Mal, dreimal ist Bubenrecht!« Da aber fuhr ein Wirbelwind daher, der packte uns, daß wir nicht anders glaubten, als wir würden mit fort in die Luft gerissen und schrien, als stecke uns schon ein Messer in der Kehle. Wir ließen die Hacken und Beile liegen und liefen, was wir konnten, ein Stück Wegs bergunter, wo andere arbeiteten, denen wir alles erzählten. Diese hatten auch alles gehört und es dauerte lange, bis sich wieder einer auf die Spitze des Berges wagte. (384)

Der Mann auf dem Dreimärker

Ein Mann in Oberkainsbach saß eines Abends mit seiner Frau beim Kartoffelschälen, als es plötzlich an sein Fenster klopfte. Anfangs achtete er nicht darauf, doch als es zum zweiten und dritten Mal klopfte, ging er hinaus. Draußen fand er drei Herren in seltsamer Tracht und der eine von ihnen, der ein Jäger zu sein schien, sprach zu dem Bauern, er solle des andern Abends mit einem Sack, den ein Mädchen unter sieben Jahren gesponnen, einer neuen Hacke und einem noch ungebrauchten Grabscheit hinaufgehen auf den Schnellerts und sich auf den droben stehenden Dreimärker setzen, so werde er sein Glück machen. Der Mann willigte ein und die drei verschwanden. Am folgenden Tag verschaffte der Bauer sich die drei erforderlichen Dinge und als es anfing zu dämmern, ging er damit hinauf und setzte sich auf den bezeichneten, unweit der Burgtrümmer befindlichen Stein. Er hatte lange gesessen und wollte schon wieder heimgehen, da kam plötzlich drüben vom Rodenstein etwas herangezogen gleich einer Wolke; es kam näher und näher und ließ sich endlich auf die Ruinen nieder. Da stand plötzlich eine große schöne Burg da, aus dem Tor aber trat jener Jäger und hieß den Bauern aufstehen und mit ihm hineingehen. Sie stiegen eine schöne Schloßtreppe hinan und kamen in einen großen hell erleuchteten Saal, wo an einer mit allerlei Geschirr beladenen Tafel eine Menge fröhlicher Herren in altertümlichen Kleidern und Rüstungen saßen. Sie aßen und tranken und vollführten einen großen Lärm mit Schrei-

en, Reden und Singen. Der Jäger sagte, das wären die Herren von Rodenstein und Schnellerts, sie hielten hier Verspruch zu einem Handstreich; dann setzte er sich mit dem Bauern unten an die Tafel, warnte ihn aber, er solle von Speise und Trank nur ja nichts anrühren.
Als die Herren nach der Tafel noch eine Weile gezecht hatten, standen sie auf und eilten, immer fröhlich lärmend, zum Saal hinaus. Der Jäger sagte zu dem Mann, er solle ihm in den Schloßhof folgen, es gehe jetzt auf die Jagd; er, der Bauer, müsse auch mit hinaus, solle sich nur immer bei ihm halten und ihm folgen, was auch geschehen möge, sich jedoch wohl hüten, ein Wort zu sprechen. Sie gingen hinab und fanden drunten im Hof die ganze Gesellschaft mit dem Jagdgerät und eine Menge von großen, schneeweißen Windspielen, welche mit lautem Gebell um die Herren herumsprangen. Der Jäger wurde von allen willkommen geheißen, zu dem Bauern aber sprach keiner etwas, es war, als sei er gar nicht da. Jetzt ging es lustig zum Tor hinaus und in den mondhellen Wald. Voran sprangen die Hunde und ließen vor Gier die Zunge aus dem Halse hängen. Dicht hinter ihnen folgte der Jäger mit zwei schön gekleideten Prinzen, welche dem Mann schon bei der Tafel aufgefallen waren und von denen er später sagte, es seien wohl dieselben Männer gewesen, die an jenem Abend mit dem Jäger an sein Fenster geklopft hätten. Es ging so schnell, daß dem Bauern fast der Atem stockte, doch hielt er sich immer dicht hinter dem Jäger, welcher beständig die Hunde anfeuerte und hetzte. Plötzlich schlugen sie ein wütendes Gebell an und aus dem Gebüsch drang ein herzzerreißendes Jammergeschrei. »Sie werden doch keinen Menschen angefallen haben!« rief der eine Prinz und wollte hinzueilen, doch der andere hielt ihn zurück, indem er sprach: »Sei's Mensch oder Vieh, das gilt mir alles gleich.« Als sie näherkamen und der Jäger die Hunde auseinandertrieb, lag an der Erde der blutige und zerrissene Leichnam eines Kapuziners in einer braunen Kutte. Nun hob der eine Prinz ein großes Wehklagen an, der andere aber lachte und ließ den Leichnam durch ein paar Jäger forttragen. Die Jagd hatte jetzt ein Ende, der gute Prinz hörte jedoch nicht auf, dem bösen Vorwürfe zu machen. Das tat er auf dem ganzen Heimweg, als er es aber auch im Schloßhof nicht aufgab, wurde der andere wild, zog seinen Hirschfänger, stieß ihm denselben in die Brust und lief dann in den Stall. Einen Augenblick darauf kehrte er wieder zurück, auf einem stolzen Pferd sitzend, dem gab er die Sporen und sprengte mit einem gewaltigen Satz über die Schloßmauer. Da hörte man einen dumpfen Fall, der Jäger aber sprach: »Er hat das Genick gebrochen, jetzt müssen wir fort in das Schloß und den Kapuziner suchen.« Sie gingen nun miteinander in die Burg zu-

rück. Der Jäger schloß ein Zimmer nach dem andern auf und stellte dabei immer ein Licht innen und eins außen an die Tür, aber sie konnten den Kapuziner nicht finden. Endlich kamen sie in einen dunkeln, kalten Keller, da lag die blutige Leiche des armen Mönchs. Nun befahl ihm der Jäger, den Leichnam in den Sack zu stecken; der Bauer griff an und hatte ihn schon mit den Füßen im Sack, da hörte er hinter sich: »Hau, hau! hau!« Er drehte sich rasch um und sah die großen Windhunde, welche die Leiche packen wollten. »Geht ihr los, oder –« rief er und schlug mit dem Grabscheit nach ihnen, doch da war plötzlich alles verschwunden, Jäger, Hunde, Keller und Schloß, und der Mann fand sich im Mondschein allein auf dem Dreimärker.

Das alles hat er zu vielen Malen erzählt und dabei gesagt, so möge es einmal wirklich vorgefallen sein, und wenn er sich nicht durch die Hunde hätte irremachen lassen und die Leiche hinausgetragen und begraben hätte, dann brauchte er jetzt keine Kartoffeln mehr zu essen. (385)

Der Krischer

Johann Peter Kriechbaum, Schultheiß der Ober-kainsbacher Zent, erzählte den 12. März 1753: im Bezirk, genannt die Spreng, halte sich ein Geist oder Gespenst auf, so allerhand Gekreisch, als wie ein Reh, Fuchs, Hirsch, Esel, Hund, Schwein und anderer Tiere, auch gleich allerhand Vögel führe, daher es von den Leuten der Krischer geheißen werde. Es habe schon viele irregeleitet und getraue niemand, besonders die Hirten nicht, sich über Nacht in dasigen Wiesen aufzuhalten. Ihm sei neulich selbst begegnet, als er nachts auf seine Wiese in der Spreng gegangen und das Wasser zum Wässern aufgewendet, da habe ein Schwein in dem Wäldchen auf der Langenbrombacher Seite geschrien, als ob ihm das Messer im Hals steckte. Das Gespenst gehe bis in den Holler Wald, wo man vor sechzehn Jahren habe Kohlen brennen lassen, über welches die Kohlenbrenner damals sehr geklagt, und daß sie vielfältig von ihm geängstigt würden, indem es ihnen in Gestalt eines Esels erschienen. Ein gleiches habe der verstorbene Johann Peter Weber versichert, der in der Nacht Kohlen allda geladen, um sie auf den Michelstädter Hammer zu führen. Heinrich Germann, der alte Zentschultheiß, versicherte, als er einst die Ochsen in seiner Sprengswiese gehütet, wäre ein Fuchs auf ihn zugelaufen gekommen, nach dem er mit der Peitsche geschlagen, worauf er augenblicks verschwunden. (386)

Holzäpfeltanz im Odenwald. Lithographie aus: Das Festliche Jahr, von O. Frhr. von Reinsberg-Düringsfeld, Leipzig 1863

Heilpraktiker

Die wilden Leute wußten um viele geheime Dinge und kannten zumal die Kräfte aller Kräuter. Nicht weit vom Buchteich zwischen Lützelbach und Neunkirchen wohnten vor noch vielleicht hundert Jahren in einer Höhle unter einem großen weithin sichtbaren Felsen zwei wilde Menschen, ein Mann und ein Weib, die haben viele Leute kuriert. Als einmal der Mann gefangen wurde, rief ihm das Weib nach: »Sag alles, sag alles, nur nicht wozu die wilden Selben (Salbei) gut sind!« (387)

Das Bubenried

In der Großbieberauer Gemarkung liegt ein Tal gegen Überau zu, das nennen die Leute das Bubenried und gehen nicht bei nächtlicher Weile dadurch, ohne daß sie die Hühnerhaut ankommt. Vor Zeiten, als Krieg und Hungersnot im Reich war, gingen zwei Bettelbuben von Überau zurück, die hatten sich immer zueinander gehalten und in dem Tal pflegten sie immer ihr Almosen zu teilen. Sie hatten heute nur ein paar Blechpfennige bekommen, aber dem einen hatte der reiche Schulz ein Armenlaibchen geschenkt, »das könne er mit seinem Gesellen teilen«. Wie nun alles andere redlich geteilt war und der Bub das Brot aus dem Schubsack zog, roch es ihm so lieblich in die Nase, daß er's für sich allein behalten und dem andern nichts davon geben wollte. Da nahm der Friede sein Ende, sie zankten sich und von den Worten kam's zum Raufen und Balgen, und als keiner den andern zwingen konnte, riß sich jeder einen Pfahl aus dem Pferch. Der böse Feind führte ihnen die Kolben und jeder Bub schlug den andern tot. Drei Nächte lang nach dem Mord regte sich kein Blatt und sang kein Vogel im Ried, und seitdem ist's da ungeheuer und man hört die Buben wimmern und winseln. (388)

Die Hollen

Die Hollen waren kleine Berggeister, welche vor Zeiten hauptsächlich in dem Klugstein, dem weißen Berg gegenüber unweit Obernburg ihre Wohnsitze hatten. Sie entfernten sich erst von dort, als die Gegend sich mehr und mehr bevölkerte und sie durch den Bergbau in ihren friedlichen Wohnungen gestört wurden. Böse Menschen hatten viel von ihnen zu leiden, gegen gute aber bewiesen sie sich wohltätig und gefällig. Die Spinnerinnen hatten sich stets zu beeilen, ihren Rocken abzuspinnen, sonst kamen die Hollen hinein und verwuschelten alles. Wenn man an manchen Tagen an dem Weißenberg vorbeiging, konnte man an den Felsenritzen den Dampf von ihren Pfannenkuchen riechen. (389)

Das Opfer der Mümmling

Eines Abends gingen ein paar Burschen nicht weit von Michelstadt am Wasser der Mümmling her, da rief eine Stimme unter der Brücke hervor: »Die Stund' ist da, und der Mann noch nicht!« Zu gleicher Zeit kam von dem nahen Berg ein Mann herabgelaufen und wollte ins Wasser hineinspringen. Die Burschen hielten ihn fest und redeten ihm zu, er gab aber keine Antwort. Sie nahmen ihn mit ins Wirtshaus und wollten ihm Wein zu trinken geben, da ließ er seinen Kopf auf den Tisch fallen und war tot. (390)

Das Buwekreiz zwische Kimbach un Vielbrunn

Zwische Kimbach un Vielbrunn leire Staa, uff dem sei drei Kreiz eigemaselt, den haßt me des Buwekreiz. Ann dem Blatz hewwe mol drei Buwe gehüt. Weil se Langeweile kriegt hewwe, hewwe se oangfange se spele. Aner war de Mörder, die zwäi annern hewwen gfange unn hewwen am Strick uffgehenkt. Sie hewwen glei wirrer runne duh wolle. Ewwe do is e Hoas mit drei Baa kumme, dem sinse nochgelaafe, un wiese wirrer kumme sinn, woar der oarm Bub dout. Jetz is dort e Gespenst; wann ans in de Noacht dort vebei gäiht, hobbt em eppes uff de Buckel, unn erscht ann de Krimm werres wirre loaus. (391)

Abwesender zitiert

Es lebte einst ein Graf von Erbach, der einen gar klugen Kanzlei-Direktor hatte. Derselbe vermaß sich eines Tages gegen seinen Herrn, daß er Tote und Lebendige zu zitieren verstehe. Als ihn der Graf aufforderte, ihm eine Probe seiner Kunst abzulegen, sagte er, einen Toten wolle er nicht zitieren, weil das zu schrecklich sei, doch wenn er einen weitentfernten Freund oder Bekannten habe, den er einmal zu sehen wünsche, so wolle er ihn bald zur Stelle geschafft haben. Der Graf ließ alle Türen und Ausgänge des Schlosses besetzen, mit dem strengen Befehl, niemanden einpassieren zu lassen, und teilte dann dem Kanzlei-Direktor mit, daß er seinen ehemaligen Jäger zu sehen wünsche, einen gar treuen, redlichen Menschen, der ihm lange und gut gedient habe und jetzt zweihundert Stunden von hier in Lothringen wohne. Der Kanzlei-Direktor bat den Grafen, sich in einen Kreis zu stellen, den er mit Kohle auf dem Fußboden gezogen hatte, und fing dann an, sein Wesen zu treiben. Plötzlich ging die Tür auf und der Jäger kam herein – nicht mit langsam abgemessenen geisterhaften Schritten, sondern rasch, munter und lebhaft, wie es von jeher seine Art gewesen. Er machte dem Grafen die gebührende Reverenz und sagte, daß er sich gar sehr freue, seinen ehemaligen Herrn einmal wieder zu sehen. Aber gerade diese anscheinend so natürliche Art der Erscheinung erfaßte den Grafen mit eisigem Grauen, er erwiederte nichts und wurde totenbleich. Schnell fing der Kanzlei-Direktor wieder seine Künste an, der Jäger machte wieder seine Reverenz, empfahl sich gehorsamst und machte die Tür mit vielem Geräusch hinter sich zu. Am gleichen Tag noch schrieb der Graf nach Lothringen an seinem Jäger und fragte ihn, wie es ihm in der letzten Zeit gegangen sei? Sehr erfreut darüber, daß sein alter Herr sich seiner noch in Gnaden erinnere, erwiderte er, daß es ihm in der letzten Zeit, wie in jeder Beziehung so auch mit der Gesundheit, recht gut gegangen sei, nur an dem und dem Tag, zu der und der Stunde habe ihn mitten im Wald plötzlich eine so unerklärlich starke Schlafsucht befallen, daß er am Fuß eines Baumes umgesunken sei und dort eine Stunde lang bewußtlos gelegen habe. Wenn man nun weiß, daß der Jäger zehn Minuten lang bei dem Grafen war, so kann man hiernach leicht ausrechnen, wieviel Zeit ein zitierter Geist braucht, um einen Weg von zweihundert Stunden zweimal zurückzulegen. Der Kanzlei-Direktor durfte von der Zeit an dem Grafen nicht mehr ins Schloß kommen. (392)

Der Schlurcher

In dem nicht weit von Erbach gelegnen Roschgacher Hof hatte sich ein Hausgeist, welcher Schlurcher genannt wurde, so eingenistet, daß die Leute im Haus, denen er bei allen Arbeiten mit ungeheurer Behendigkeit half, ganz an ihn gewöhnt waren und auf seine Erscheinung nicht mehr sonderlich acht gaben. Der Schlurcher trug eine graue, durch einen Strick zusammengehaltene Kutte und ein Paar Holzschuhe, in denen er geräuschvoll die Treppen hinauf und hinunter schlappte oder schlurchte, wie die Bauern sich ausdrückten. Es geschah mehrmals, daß die Knechte abends beim Kartenspiel saßen und einer von ihnen sagte: »Wie wär's,

wenn jetzt der Schlurcher käme?« Da saß der Genannte auch gleich mitten unter ihnen und wollte mitspielen. Dann standen die Knechte ruhig auf und ließen ihn sitzen, was ihn nicht wenig ärgerte.
Eines Abends saß ein fremder Bauer allein in der Stube und trank einen Schoppen Wein, da kam der Schlurcher die Bodentreppe herunter in das Zimmer, steckte sich am Ofen seine Pfeife an und setzte sich so recht behaglich dem Fremden gegenüber an den Tisch, der nicht recht wußte, was er aus dem sonderbaren Gast machen solle. Der alte Pächter aber, der in der Kammer neben dem Zimmer im Bett lag und von dort aus Schlurchers Unverschämtheit bemerkte, rief mit drohendem Ton: »Ah! Du glaubst, es säh' dich niemand, weil du dich so breit machst, alter Kerl! Aber marsch hinaus, sonst komm' ich dir!« Da erschrak der arme Schlurcher sehr und klapperte schleunigst die Bodentreppe wieder hinauf. (393)

Die Riesen zu Lichtenberg

Der Lichtenberg ist ein Bergschloß, das man späterhin aus den uralten Trümmern wieder erneuert hat, und in allen Dörfern, die in seiner Nähe liegen, lebt noch die Sage fort, daß es hier vor alten Zeiten Riesen gegeben habe. Unter den Steinen befinden sich manche, die keine Menschenkraft den jähen Berg hinauf hätte tragen können. Ein Riese schleppte einen über achtzig Zentner schweren Block auf seiner Schulter herbei, aber er zerbrach ihn unterwegs und blieb eine Stunde von Lichtenberg auf der Höhe liegen; er wird noch heutzutage Riesenstein genannt. Im Schloß wird ein Knochen, anderthalb Schuh im Umfang haltend und mit einem andern, einen halben Schuh dicken, einen Fuß langen Bein verwachsen, aufbewahrt; auch soll daselbst vor fünfundzwanzig Jahren noch eine ungeheure Bettlade außer den Knochen zu sehen gewesen sein. Es wird auch wiederum erzählt, daß die Riesenfrau einmal weiter als gewöhnlich von dem Lichtenberg weggegangen sei und einen Bauer getroffen habe, der mit Ochsen seinen Acker pflügte. Das hatte sie noch nie gesehn, nahm also Bauer, Pflug und Ochsen zusammen in ihrer Schürze und brachte es ihrem Mann aufs Schloß mit den Worten: »Sieh einmal Mann, was ich für schöne Tierchen gefunden habe.« (394)

Schloß Lichtenberg bei Darmstadt. Kupferstich (Politisches Schatzkästlein II 2/28, 1628)

Weiße Frau im Schloß Lichtenberg

Im Schloß Lichtenberg im Odenwald wandelt jede Nacht ein kleines weißes Frauchen herum. Sie steigt aus dem Keller herauf und durchstreicht die Zimmer, indem sie aus der Wand herauskommt, mitten durch die Stube geht und dann in die gegenüberliegende Wand hineinschlüpft. Darum wollte lange Zeit keine Magd beim Assesor dienen, der im Schloß wohnt. (395)

Das Felsenmeer

Vor Zeiten, als es noch Riesen gab, wohnten ein Paar derselben in der Gegend von Reichenbach, der eine auf dem Felsberg, der andere auf dem Hohenstein. Einst hatten sie Streit miteinander bekommen und warfen sich in ihrer Wut mit ungeheuren Felsblöcken. Dazumal war der Felsberg noch ziemlich kahl, auf dem Hohenstein aber lagen Felsstücke in Menge, so daß der da wohnende Riese gegen seinen Feind im Vorteil war. Er warf auch so heftig auf ihn los, daß der Felsberger in kurzer Zeit unter den Blöcken begraben wurde. Wenn man jetzt noch hart auf den Boden des Felsbergs auftritt, dann brüllt der ungeschlachte Riese drunten.

Daher kommt es, daß es auf dem Hohenstein so kahl ist an Felsblöcken. Das Einzige, was man noch daselbst sieht, ist eine Wand von des Riesen Haus.
Andere wollen dagegen, der Felsberger Riese sei Sieger geblieben und habe von vornherein einen Felsblock herüber geschleudert, dessen Wucht den andern erschlagen habe, und das sei die Felswand mit dem Hohenstein. (396)

Die schlechten Gemeinderäte

Vor hundert Jahren hatten die Gemeinden Reichenbach und Bensheim einen Prozeß über eine schöne Waldung, die mitten zwischen den Gemarkungen beider Orte lag. Nachdem der Streit lange Jahre gedauert hatte, und beide Teile es endlich müde waren, die Advokaten mit ihrem Schweiß zu mästen, kam man dahin überein, daß die Sache auf dem Rathaus zu Bensheim durch den schiedsrichterlichen Spruch von zwölf, von beiden Parteien dazu erwählten Männern geschlichtet werden solle. Von den Reichenbachern wurden sechs Gemeinderäte erwählt, welche das Interesse ihrer Mitbürger aufs beste zu vertreten gelobten. Als aber die Herren zu Bensheim auf dem Rathaus ankamen, hatten die klugen Bensheimer ein Fäßlein ihres besten Weines als Frühstück bereitgestellt und tranken nun ihren Gegnern so lange daraus zu, bis dieselben von dem Recht ihrer Wirte ganz durchdrungen waren und den Wald durch feierlichen Spruch Bensheim zusprachen.
So waren die Reichenbacher schändlich betrogen, die falschen Gemeinderäte aber haben bis auf den heutigen Tag keine Ruhe. Auf Advent steigen sie aus ihren Gräbern heraus und tanzen in dem Wald umher, der durch ihre Schuld jetzt zu der Bensheimer Gemarkung gehört. Oft auch sind sie als sechs Irrwische bis in die Straßen von Reichenbach gekommen, haben vor den Fenstern der Leute herumgetanzt und sich gebalgt, daß die roten Funken gestoben sind. (397)

Die Knodener Kunst

Allbekannt und weltberühmt war die Kunst der Bewohner des Dörfchens Knoden im Odenwald, welche u. a. das Festmachen aus dem Grunde verstanden. Das zeigten sie schon im Dreißigjährigen Krieg an einem Trupp fremden Kriegsvolks, der von ihnen erst festgezaubert und dann Mann für Mann totgeschossen wurde. Einen Offzizier dabei, welcher hieb- und schußfest war, schlugen sie mit Stöcken tot und steckten dann seinen Kopf unter eine Brücke, an der von dem Tag an der Geist des Erschlagenen spukte.

In den jüngsten Kriegszeiten wollte ein Trupp französischer Reiter das Örtchen plündern, da wurden sie von einem Knodener, namens Rettig, so festgebannt, daß sie einen ganzen Tag lang im ärgsten Regen stillehalten mußten und sich nicht regen konnten. Als sie am Abend der Rettig wieder losband, machten sie, daß sie fortkamen. Ein Haupthexenmeister in Knoden war der Bitsch-Nickel. Zu dem sagte eines Tags der Pfarrer: »Hört mich Bitsch-Nickel, ich bitte Euch um Eurer Seele willen, laßt doch ab von Eurem höllischen Treiben!« Der Bitsch-Nickel aber erwiderte, die Zauberei säße in der Maus seiner Hand und wäre nicht mehr herauszuschaffen. Weil er nun ein schöner, großer Bursche war, wurde er von den Preußen um teures Handgeld angeworben und in eine Festung unter die Garnison gesteckt. Als es ihm nicht mehr gefiel, desertierte er eines Abends. Der Kommandant aber, der auch etwas von der Zauberei verstand, tat es ihm an, daß er nicht fort konnte. Nachdem er die ganze Nacht gelaufen, stand er morgens früh wieder vor der Festung. Er verkroch sich den Tag über unter einen Faschinenhaufen. Die zweite Nacht ging es ihm wieder so, in der dritten aber siegte seine Zauberei und er kam nach Knoden. Die Preußen schickten ihm einen Korporal mit sechs Mann nach, die baten den Grafen von Schönberg um die Erlaubnis, den Deserteur einzufangen. Der Graf ließ ihn zu sich kommen, hielt ihm sein Vergehen vor, sagte aber, er wolle die Preußen zurückschicken. »Laßt sie nur kommen, Herr Graf!« sprach der Bitsch-Nickel und als sie den Abend wirklich kamen und ihn aus dem Bett holten, steckte er sich seine Pfeife an und ging mit nach dem Tal hinunter, bis sie an den großen Felsen kamen, den man den Hochstein nennt. Da sagte er ganz ruhig: »So, jetzt hab' ich euch weit genug begleitet, ihr könnt hingehen, wo ihr hergekommen seid, ich aber will wieder heim ins Bett.« Somit kehrte er um, die Preußen aber mußten immerfort marschieren und konnten nicht einmal den Kopf nach ihm umwenden.

Ein anderer Bauersmann zu Knoden hatte ein Buch von der Knodener Kunst in der Stube auf dem Kammbrett liegen. Als er eines Tags im Feld war, kam ein Fremder in das Zimmer, nahm das Buch herunter und fing an darin zu lesen. Da kamen eine große Menge Raben geflogen, einer nach dem andern zum Fenster herein, bis die ganze Stube voll war. Als aber der

Bauer vom Feld aus die vielen Raben nach Hause fliegen sah, sprang er schnell nach Haus und hier sah er nun, was er angerichtet hatte. Rasch eilte er hinauf auf den Speicher, holte einen Kumpf Erbsen herunter und streute sie unter die Vögel. Dann nahm er dem andern das Buch aus der Hand und fing an, alles was derselbe gelesen wieder rückwärts zu lesen; da flog ein Rabe nach dem andern hinaus, bis alle fort waren.
Die Knodener Kunst soll hauptsächlich aus dem 5. und 7. Buch Mosis herstammen. (398)

Hexe gezeichnet

In einem Städtchen im Odenwald hatten einmal ein paar Bauern eine Hexe in einem Sack gefangen. Sie nahmen nun ihre Dreschflegel zur Hand und schlugen so lange darauf, bis der Sack, der anfangs leer zu sein schien, ganz dick und voll wurde. Zuletzt, als man das Gesicht der Hexe mit der Hand fühlen konnte, meinte einer der Bauern, man solle sie doch nicht ungezeichnet entwischen lassen und stach sie mit einer Gabel zwischen Mund und Nase. Als die Bauern den Sack aufmachten, war er auf einmal wieder leer, aber eine Frau im Ort ging lang mit verbundenem Munde herum und war als eine Hexe gezeichnet für ihr Lebtag. (399)

Die Bergstraße

Die Prozession auf der Starkenburg

Einer Frau in Heppenheim träumte, sie sei auf der Starkenburg und sehe das Schloß wieder ganz hergestellt in seiner alten Pracht. Über die Brücke gehend, sah sie im Schloßhof die Kirche und hörte das Glöcklein läuten; zugleich öffnete sich die Tür der Kapelle und es kam ein großer Zug heraus, voran ein Kreuz, dann Kinder mit gefalteten Händen in weißen Kleidern und weißen Schuhen, endlich Jungfrauen und Frauen, die sangen gar fein und lieblich. Unter den Kindern sah sie auch ihr eigenes, aber viel schöner als es wirklich war, das wandte ihr das Köpfchen zu und lächelte sie freundlich an, so daß ihr ganz selig ums Herz wurde. Indem verschwand alles und sie erwachte, doch war es ihr plötzlich recht beklommen und sie machte Licht, um nach dem Kind zu sehen. Das lag allzu schön in seinem Bettchen, als sie es aber küssen wollte, war es kalt und tot. (400)

Der goldene Apfel

Ein Mann aus Heppenheim ging eines Tages gegen Kirschhausen zu. Damals war die Landstraße noch nicht so schön angelegt wie jetzt, der Wald reichte noch herab bis auf den Weg. Da sah er hart an der Straße auf einem Markstein einen Mann sitzen, der hielt einen Apfel in der Hand und winkte ihm, näher zu kommen. Der Heppenheimer trat auf ihn zu und fragte: »Was willst du denn?« – »Laß mich einmal mit dir schnupfen«, sagte der Mann, »ich gebe dir meinen Apfel dafür.« – »Schnupfen laß ich dich, aber den Apfel behalte nur«, sagte der Heppenheimer und zog seine Dose und gab dem andern eine Prise, doch dieser bestand darauf, den Apfel müsse er nehmen. »Wenn du nicht anders willst, her damit!« sprach der Heppenheimer lachend, nahm den Apfel und ging seines Weges fort. In Kirschhausen hatte er Geschäfte, machte sie rasch ab und begab sich auf

Heppenheim mit der Starkenburg, um 1650. Kupferstich von Matthaeus Merian

den Rückweg. Vor dem Ort dachte er an den Apfel, zog ihn heraus, holte sein Messer hervor und wollte den Apfel anschneiden, doch das Messer drang nicht ein und der Apfel wurde immer schwerer und als er genauer zusah, da schimmerte es an der Stelle, wo er hatte schneiden wollen, wie pures Gold. Anfangs wurde es ihm fast unheimlich bei der Entdeckung, aber dann war er doch überglücklich, denn einen solchen Handel hatte er sein ganzes Leben lang noch nicht gemacht. »Das laß ich mir gefallen, für solch einen Apfel gebe ich noch eine Prise Tabak!« rief er und im selben Augenblick sah er den Mann, der noch immer auf dem Stein saß. »Wie hat dir mein Apfel geschmeckt?« rief der ihm entgegen und der Heppenheimer sprach: »Geschmeckt? Nach mehr, denke ich.« – »Das kannst du haben«, sagte der Mann, »geh nur mit mir!« Der Bauer folgte ihm durch den Wald und kaum waren sie, wie er meinte, fünfzig Schritt gegangen, da standen sie schon oben auf dem Berg in den Trümmern der Starkenburg. Da sprach der Mann: »Der Apfel hat wohl seinen Wert, doch das ist gar nichts gegen das Gut und Geld, welches hier vergraben liegt. Das aber ist alles dein wenn du willst.« – »Ei gewiß will ich, ich verlange nichts mehr!« sprach der Bauer. »Gemach, gemach«, sagte der Mann, »so ganz umsonst bekommst du es nicht, etwas mußt du dafür tun, aber es ist nicht schwer und du wagst nichts dabei. Komme die Nacht gegen zwölf Uhr wieder,

dann wirst du drei schöne weiße Damen sehen, deren eine ein großes Bund Schlüssel trägt. Jeder dieser Schlüssel gehört zu einem großen Kasten und jeder Kasten ist voll Gold und Silber. Sie werden aber sogleich wieder verschwinden und in der Gestalt, in die sie verwünscht sind, zurückkommen, nämlich als drei feurige Schlangen. Hast du Mut, diese zu küssen, dann sind sie erlöst, sie stehen vor dir als jene schönen Damen und geben dir die Schlüssel, so daß du alle Schätze dir holen kannst und der reichste Mann im ganzen Land wirst. Furcht brauchst du nicht zu haben, denn es geschieht dir nichts und das Feuer brennt nicht.« – »Dann will ich es schon wagen«, sprach der Bauer und gab dem Mann die Hand drauf.
Als er nach Hause kam, zeigte er den goldnen Apfel seiner Frau und seinen Verwandten, erzählte ihnen auch die ganze Geschichte und das war gefehlt. Denn jetzt bestürmten diese alle ihn so sehr mit Bitten, er solle es doch nicht tun, und machten ihm so sehr Angst vor der Sache, daß er es aufgab und nicht hinging, so daß die drei Jungfrauen unerlöst blieben und jetzt noch droben umwandeln. (401)

Die Zauberpfeife

In der Gegend von Lorsch, da wo jetzt der Seehof steht, lag vor Zeiten ein großer See. Die rings gelegenen Dörfer traf einst eine arge Plage, ein Emsenregen, der so dicht war, daß die Felder von Ameisen wimmelten und in wenigen Tagen kein grünes Hälmchen mehr zu sehen war. Die Bewohner wandten sich in ihrer Not an den Bischof von Worms, daß er durch seinen Segen und sein Gebet die Plage abwende. Der Bischof hieß sie in Prozession die Felder durchwandeln und Gott um Abwendung der Plage anflehen. Dies geschah. Als aber die Prozession in der Nähe des Sees an einem Feldaltar stille hielt, da trat ein Einsiedler in die Reihen und sprach: »Mich schickt der Herr zu euch, und wenn ihr gelobt, zu tun wie ich euch sage, dann sterben die Emsen im nächsten Augenblick. Gebt mir, jedes Dorf, welches die Plage traf, hundert Gulden; ich werde davon dem Herrn eine Kapelle bauen.« Das gelobten alle gern und willig und sogleich zog der Einsiedler ein Pfeifchen aus seiner Kutte und pfiff. Da flogen alle Ameisen herbei, so daß sich der Himmel von ihnen verdunkelte, und bald standen sie wie ein schwarzer Turm vor dem Einsiedler, der sie mit einem letzten Pfiff sämtlich im See versenkte. Als aber der Einsiedler zu den Gemeinden kam und den Gotteslohn verlangte, da schrien sie, er sei ein Zauberer und verdiene eher, verbrannt zu werden. So machten es alle zehn Dörfer, doch das schreckte ihn nicht. Er sagte ihnen kurz, sie würden ihre Strafe schon erhalten. Als er aber am letzten Haus des letzten Dorfes war, zog er sein Pfeifchen aus der Kutte und pfiff und siehe da, die Schweine der ganzen Gegend brachen unwiderstehlich aus Stall und Hof und folgten dem Einsiedler, der so rückwärts die Runde in den zehn Dörfern machte, ohne daß jemand gewagt hätte, ihn zu halten oder auch nur ein Wort an ihn zu richten. So führte er die Herde bis zum Lorscher See, wo er mit ihr verschwand.

Im nächsten Jahr verheerte ein Grillenregen die ganze Gegend. Da sahen die Bauern wohl ein, wie groß ihre Sünde gewesen und sie wandten sich wieder an den Bischof von Worms um Rat und Tat, doch dieser wollte nichts mehr mit ihnen zu schaffen haben und sagte, sie hätten die Strafe wohl verdient. Von neuem gingen sie in Prozession durch die Felder, um durch Gebet den Zorn des Himmels zu versöhnen. Als sie so am Lorscher See anlangten, da kam ein Köhler vom Gebirge daher, neigte sich tief vor dem Venerabile und sprach zu der Menge gewandt: »Die Strafe, die euch getroffen hat, wird alsbald von euch genommen sein, so ihr mir gelobt, daß jedes Dorf mir fünfhundert Gulden zum Bau eines Klosters zahle.« Damit waren die Dörfer gern einverstanden und sie gelobten es feierlich. Zugleich langte der Köhler ein Pfeifchen aus dem Sack und pfiff und überall erhoben sich die Grillen und folgten ihm nach dem Tannenberg, wo bald ein riesiges Feuer sie sämtlich verzehrte. Doch als der Köhler seinen Gotteslohn forderte, erging es ihm in allen zehn Dörfern nicht besser als dem Einsiedler; er erhielt nicht einen roten Heller. »Nun, wie ihr wollt«, sprach er ruhig und setzte sein Pfeifchen wieder an und hinter ihm her zog alles Wollenvieh der ganzen Gegend und die Bauern standen wie gebannt, so daß keiner ein Wort wagte. Er aber zog zum Lorscher See, wo er mit der Herde verschwand.

Das folgende Jahr kam und mit ihm ein solches Heer von Mäusen, als ob sie vom Himmel geregnet wären. Nun wo wieder Not am Mann war, konnten die Bauern auch wieder beten und bereuen und die Felder flehend und klagend durchziehen. Als die Prozession wieder am Lorscher See hielt, stand plötzlich ein Bergmännchen in ihrer Mitte, das sprach: »Ich will die Plage schnell von euch nehmen, aber dafür muß jedes Dorf mir tausend Gulden zahlen. Und wenn ihr denn euer Geld nicht Gott zulieb geben wollt, so gebt es wenigstens für euren eigenen Nutzen. Ich baue euch dafür einen Damm an der Bergstraße von Hendesheim (Handschuhsheim bei Heidelberg) bis Ramstadt, so daß die Gebirgswasser euren

Fluren ferner nicht mehr schaden können.« Wie schnell die Bauern wieder mit ihrem Eide waren! Ebenso schnell griff auch das gelbe Bergmännchen nach dem Pfeifchen und dem Pfiff folgten die Mäuse zu Millionen. So ging's nach dem Tannenberg, der sich öffnete und als er sich wieder schloß, war weder vom Bergmännchen noch von den Mäusen eine Spur zu sehen. Aber Undank ist der Welt Lohn und den erntete das Bergmännchen nicht weniger als der Köhler und der Einsiedler; doch ließ es wie jene die Strafe auch auf dem Fuße folgen, und was war das für eine Strafe! Als es wieder pfiff, da folgten ihm alle Kinder, selbst bis zu den Säuglingen, die sich von der Brust der Mütter losrissen und hinter ihm drein trippelten. Als der Zug am Tannenberg anlangte, öffnete sich ein großes Felsstück, das Bergmännchen trat in den Berg, die Kinder mit ihm und der Felsen schloß sich wieder und nie sah man mehr eine Spur von den Kindern. Da waren die Bauern mürb, sie trugen, um nicht im nächsten Jahr eine neue Züchtigung zu erfahren, schnell das Geld zusammen und schickten es dem Bischof gen Worms. Seitdem erfuhren sie keine derartigen Plagen mehr. (402)

Hinne rum wie die Fra von Bensum

Nach der Nördlinger Schlacht kamen die Franzosen am 23. Dezember 1634 an der Bergstraße an. Der tapfere Johann von Werth war mit seinen Bayern wie ein Wettersturm hinter ihnen her. Eine starke französische Abteilung von Pnysegnes Truppen hatte sich in Bensheim festgesetzt, als die Reiterschar Johanns von Werth herangezogen kam. Die Belagerer wollten die Stadtwälle ersteigen, doch die Abwehr war so mächtig, daß der Überfall von ungenügender Wirkung blieb. Da führte eine alte Bensheimerin die Truppen nach dem Schönberger Tal, wo die Lauter in die Stadt fließt, und die Überrumpelung unmittelbar an der Kirche glückte. Obwohl durch die Strohfackeln bei dem nächtlichen Kampf eine Feuersbrunst entstand, die viele Häuser in Asche legte, hielt man die wackere Führerin in Ehren und sagt heute noch: »Hinne rum, wie die Fra von Bensum.« (403)

Die Frau von Bensheim

Als die Franzosen im Dreißigjährigen Krieg 1644 Bensheim belagerten, hat eine Frau die Stadt verraten. Sie zeigte nämlich den Bayern einen vom Schönbergertal aus durch den Mühlgraben unter einem ziemlich langen Hausgewölbe hindurchführenden, unterirdischen Gang. Durch diesen drangen von hinten die Feinde zur Nachtzeit ins Bensheim ein. Darum sagt man noch jetzt: »Der kommt hinten herum wie die Frau von Bensheim.« (404)

Die Wiesenjungfrau

Ein Bube von Auerbach an der Bergstraße hütete seines Vaters Kühe auf der schmalen Talwiese, von der man das alte Schloß sehen kann. Da schlug ihn auf einmal von hintenher eine weiche Hand sanft an den Backen, daß er sich umdrehte, und siehe, eine wunderschöne Jungfrau stand vor ihm, von Kopf zu den Füßen weiß gekleidet, und wollte eben den Mund auftun, ihn anzureden. Aber der Bub erschrak wie vor dem Teufel selbst und nahm Reißaus ins Dorf hinein. Weil indessen sein Vater bloß die eine Wiese hatte, mußte er die Kühe immer wieder zu derselben Weide treiben, er mochte wollen oder nicht. Es währte lange Zeit, und der Junge hatte die Erscheinung bald vergessen, da raschelte etwas in den Blättern an einem schwülen Sommertag und er sah eine kleine Schlange kriechen, die trug eine blaue Blume in ihrem Mund und fing plötzlich zu sprechen an: »Hör, guter Jung, du könntest mich erlösen, wenn du diese Blume nähmest, die ich trage, und die ein Schlüssel ist zu meinem Kämmerlein droben im Schloß, da würdest du Geld die Fülle finden.« Aber der Hirtenbub erschrak, da er sie reden hörte, und lief wieder nach Haus. Und an einem der letzten Herbsttage hütete er wieder auf der Wiese, da zeigte sie sich zum drittenmal in der Gestalt der ersten weißen Jungfrau und gab ihm wieder einen Backenstreich, bat auch flehentlich, er möchte sie doch erlösen, wozu sie ihm alle Mittel und Wege angab. All ihr Bitten war für nichts und wieder nichts, denn die Furcht überwältigte den Buben, daß er sich kreuzte und segnete und wollte nichts mit dem Gespenst zu tun haben. Da seufzte die Jungfrau tief und sprach: »Weh, daß ich mein Vertrauen auf dich gesetzt habe; nun muß ich neuerdings harren und warten, bis auf der Wiese ein Kirschbaum wachsen und aus des Kirschbaums Holz eine

Wiege gemacht sein wird. Nur das Kind, das in der Wiege zuerst gewiegt werden wird, kann mich dereinst erlösen.« Darauf verschwand sie und der Bub, heißt es, sei nicht gar alt geworden; woran er gestorben, weiß man nicht. (405)

Das Niesen im Wasser

An einem Brücklein, das über die Auerbach geht, hörte jemand etwas im Wasser dreimal niesen, da sprach er dreimal: »Gott helf!« und damit wurde der Geist eines Knaben erlöst, der schon dreißig Jahre auf diese Worte gelauert hatte. Oberhalb derselben Brücke hörte, nach einer anderen Erzählung, ein anderer dreimal aus dem Bach herausniesen. Zweimal sagte er: »Gott helf!« beim drittenmal aber: »Der Teufel hol dich!« Da tat das Wasser einen Wall, wie wenn sich einer mit Gewalt darin umdrehte. (406)

Das Gewölbe im Auerbacher Schloß

Jenseits des Melibokus, wenn man nach Heidelberg fährt, liegen auf einer der schönsten Höhen der Bergstraße die Trümmer des Auerbacher Schlosses. Ein Mann in dem nicht fernen Odenwälder Dorf Reichelsheim, welcher die Kunst verstand, alle Türen ohne Schlüssel zu öffnen, erzählte oft, daß in den Trümmern ein Gewölbe sei, welches er jedes Jahr besuche. Wenn er es durchschritten habe, komme er in einen hohen und weiten Saal, worin zwölf Männer um einen halbrunden Tisch säßen; vor ihnen im Saal lägen große Haufen Geldes. Er dürfe davon jedesmal drei Griffe mit beiden Händen zugleich nehmen und währenddessen fragte einer an der Tafel: »Was sollen wir mit dem da machen?« Die andern sagten stets: »Laß ihn nur gewähren.« So hatte er es schon lange Jahre gehalten und war ein reicher Mann geworden, aber plötzlich war es zu Ende damit und er verarmte jedes Jahr mehr. Da fragte man ihn, wie das komme und warum er kein Geld mehr in Auerbach hole, und er sprach: »Ich hab's mit ihnen verdorben und kann das Gewölbe nicht mehr finden. Als das letzte Mal wiederum einer der zwölf Männer fragte: ›Was sollen wir mit dem da machen?‹ rief ich übermütig, denn ich hatte zuviel getrunken: ›Halt's Maul,

Schloß Auerbach. Lithographie von E. Trier 1840

du alter Narr!«, aber da standen sie alle von ihren Stühlen auf und fielen über mich her, und wie ich herausgekommen bin, das weiß ich selbst nicht. Soviel nur weiß ich, daß ich mich vor dem Gemäuer wiederfand und blaue Mäler am ganzen Körper hatte, ebenso, daß ich seitdem das Gewölbe vergebens gesucht habe.« (407)

Der Riesenstein

Wenn man von Zwingenberg die alte Bergstraße entlang gegen Darmstadt zu geht, kommt man da, wo der Malchesberg (Melibokus) oder Spitzberg sich zur Seite erhebt, an einen Granitfelsen. Die Sage erzählt, ein Riese habe einst auf dem Gipfel des Malchesbergs gestanden, da wo jetzt der Turm steht und sei willens gewesen, einen Felsen in den Rhein zu werfen. Weil er sich aber nicht in acht genommen, sei ihm der Felsen aus der Hand geglitscht und dahin gefallen, wo er jetzt noch liegt. (408)

Zwingenberg an der Bergstraße, um 1620. Kupferstich (Politisches Schatzkästlein I 5/52, 1625)

Konrad von Tannenberg

Vor alten Zeiten lebte in der Burg Tannenberg an der Bergstraße ein Ritter, der hieß Konrad und hatte eine ebenso schöne als fromme Gemahlin, welche Annelse hieß. Als diese einmal sehr bedenklich erkrankte, tat er das Gelübde, wenn sie wieder gesunde, wolle er eine Wallfahrt nach dem heiligen Grab unternehmen und dort gegen die Ungläubigen kämpfen. Und siehe, Annelse genas bald darauf, und nachdem sie vollkommen hergestellt war, machte sich der Ritter bereit, seine Pilgerfahrt anzutreten. Er nahm unter vielen Tränen Abschied von seiner Frau und zog dahin zum Meer, wo er sich mit andern Gefährten, die er unterwegs gefunden hatte, einschiffte. Auf dem Meer wurde das Schiff von Seeräubern angefallen, er nebst seinen Genossen gefangengenommen und an einen vornehmen Türken als Sklave verkauft. Jahr um Jahr verging, ohne daß seine Gemahlin Nachricht von ihm empfing, und da sie reich begütert war, so fehlte es nicht an Heiratsanträgen von den Rittern aus der Nachbarschaft, doch sie ging auf nichts ein und wies alle zurück, was ihr Haß und Feindseligkeit in reichem Maß eintrug.
Da hörte sie eines Tags von einem andern Pilger, welcher aus dem gelobten Land heimkehrte, daß ihr Mann in der Gefangenschaft bei den Türken schmachte und sie beschloß ihn zu retten, koste es was es wolle. Sie legte Männerkleider an, nahm ihre Harfe, welche sie sehr schön zu spielen ver-

stand und reiste über Meer in die Türkei. Glücklich dort angekommen, suchte und forschte sie solange nach ihrem Mann, bis sie seinen Aufenthalt erfuhr. Da trat sie eines Tages vor den Türken, seinen Herrn, und spielte so wunderschöne Weisen auf ihrer Harfe und sang so entzückend dazu, daß der Türke rief, sie solle sich einen Lohn selbst erbitten, und was sie auch immer begehre, er werde es ihr geben. Da sprach sie: »Ich bitte nur um einen Sklaven, der mir diene«, und wählte sich unter den Sklaven einen aus, das war ihr lieber Mann. Sie gab sich ihm jedoch nicht zu erkennen, sondern hielt ihn stets fern von sich, und als sie die Meerfahrt überstanden hatten und wieder auf christlichem Boden standen, da schlich sie sich gar heimlich fort, nachdem sie ihm eine Summe Geldes hinterlassen, und eilte so schnell sie konnte nach Hause zurück.

Nicht lange nachher kam auch Konrad auf dem Tannenberg an und wurde von seiner Gemahlin freudig und festlich empfangen. Alle Ritter aus der Umgegend kamen auf die Burg und beglückwünschten ihn. Bei dem Essen erzählte Ritter Konrad von seinen Abenteuern, wie er gefangengenommen, mißhandelt und so wunderbar gerettet worden sei. Da raunten einige von den Rittern, deren Hand Annelse ausgeschlagen hatte, ihm ins Ohr, seine Frau sei unterdessen in Männerkleidern im Land herumgefahren und habe ein unzüchtiges Leben geführt. Konrad fuhr erzürnt empor, als er dies vernahm, zog sein Schwert und wollte Annelse töten, doch sie floh in ihre Kammer und riegelte die Tür zu, so daß er ihr nichts anhaben konnte. Nicht lange nachher trat sie in den Kleidern, in denen sie Konrad befreit hatte, und mit ihrer Harfe in den Saal, wohin er zurückgekehrt war und spielte eine Weise. Da sprang Ritter Konrad auf, um dem Sänger in die Arme zu stürzen, aber dieser warf die Kleider ab und da stand die treue Annelse da. Wie Konrad da erst glücklich war, ist unnötig zu sagen, ebenso daß sich die Ohrenbläser baldmöglichst aus dem Staub machten und sich nicht weiter sehen ließen, am allerwenigsten, daß das Fest noch ungleich schöner und freudiger endete als es angefangen hatte. (409)

Drei Ritter beschworen

In Stettbach (nicht weit von Jugenheim) wohnte ein Mann, der hieß Struwel und konnte zaubern. Eins der schwersten Stücke, die er gemacht hat, war folgendes.

Eines Abends saßen bei ihm in seiner Stube drei herzhafte junge Burschen, die befragten ihn über ihre Mädchen und über dies und jenes und endlich fragten sie ihn auch, ob er nicht die drei alten Ritter beschwören könnte, die noch droben hausten im Burgverlies des Auerbacher Schlosses. Herschaffen könne er sie wohl, sagte der Struwel, aber wie er sie wieder fortbringen solle, das wisse er nicht; deshalb sollten sie abstehen von ihrem Verlangen. Die Burschen aber ließen ihm keine Ruhe und drangen in ihn, bis er endlich nachgab. Er zog nun mit einer Kohle einen Kreis auf dem Fußboden, nahm eine Weidengerte, die bog er und machte Zeichen damit und ging dabei immer rechts im Kreise herum. Auf einmal blieb er stehen und sagte: »Ihr Burschen, ich rat euch, laßt ab von eurem Verlangen, eben steigen die drei Ritter zum Keller heraus, jetzt kann ich sie noch zurückschicken.« Die Burschen aber sagten: »Laß sie nur kommen, sie sollen nicht umsonst aus dem Keller gestiegen sein.« Da ging der Struwel wieder eine Weile rechts im Kreise herum, dann blieb er wieder stehen und sagte: »Ihr Burschen besinnt euch, solang es noch Zeit ist, eben kommen sie droben aus dem Eichwald herausgegangen.« Die Burschen meinten, wenn sie so weit gekommen wären, sollten sie auch noch weiter kommen. Der Zauberer ging wieder eine Weile rechts im Kreise herum, dann blieb er noch einmal stehen und sprach: »Ihr lieben Leute, ich bitt euch, laßt uns abstehen von unserem törichten Beginnen, denn eben kommen sie zum Ort herein.«

Die Burschen meinten aber, wenn sie so weit gekommen wären, so sollten sie auch noch weiter kommen. Der Struwel ging wieder ein kleines Weilchen rechts im Kreise herum, da tat es mit einem Male einen furchtbaren Schlag an die Haustür. »Jetzt stehen sie im Hof und warten«, sagte der Zauberer und jetzt kam auch den Burschen das Ding auf einmal ganz anders vor. Sie meinten, wenn die Ritter auch nicht gerade hereinzukommen brauchten, sehen könne man sie doch einmal. »Ich will sehen, was sich noch tun läßt«, sagte der Zauberer und indem er noch sprach, sprang krachend die Tür auf und draußen vor der Schwelle standen drei hohe Totengerippe in verrosteten eisernen Rüstungen. Da drehte sich Struwel mit einem Mal auf dem Absatz herum und fing an links im Kreise herumzulaufen, zugleich drehten auch die Ritter sich steif herum, marschierten langsam wieder ab und warfen das Tor zu, daß das ganze Haus in seinen Grundfesten bebte.

Struwel aber lief fort im Kreis herum, endlich sprach er: »Gott sei gelobt, jetzt liegen sie wieder drunten«, und stürzte hin wie tot. Die drei Burschen lagen schon längst da und rührten sich nicht. Es hat sie nicht mehr gelüstet, Geister zu sehen. (410)

Alsbach bei Jugenheim. Kupferstich (Politisches Schatzkästlein II 5/2, 1630)

Die wandernde Laterne

Ein Mann aus Jugenheim kam mit einem zweispännigen Wagen des Weges von Darmstadt über Seeheim daher. Als er in einem Hohlweg zwischen den beiden Dörfern anlangte, wollten die Pferde plötzlich nicht weiter, wie er sie auch streichelte und schlug. Endlich rief er ungeduldig: »Gott weiß, was das sein soll; ich weiß es nicht. Der mag mir helfen, ich kann es nicht.« Da sah er von fern ein Licht wie das einer Laterne, das kam immer näher und näher, sprang endlich mit einem tüchtigen Satz über Pferde und Wagen hinweg und setzte sich hinten auf denselben. Zugleich zogen die Pferde an und der Bauer konnte weiter. Es war ihm aber so unheimlich, daß er in einem fort betete und je mehr er betete, um so lustiger zogen und liefen die Pferde. Als er in seinem Hof anlangte, sprang das Lichtchen wieder vom Wagen weg und durch das Hoftor, worauf es auf der Straße verschwand. (411)

Der Irrwisch

An der Bergstraße zu Hänlein, auch in der Gegend von Lorsch, nennt man die Irrlichter: Heerwische; sie sollen nur in der Adventszeit erscheinen und man hat einen Spottreim auf sie: »Heerwisch, ho ho, brennst wie Haberstroh, schlag mich blitzeblo!« Vor länger als dreißig Jahren, wird erzählt, sah ein Mädchen abends einen Heerwisch und rief ihm den Spottreim entgegen. Aber er lief auf das Mädchen gerade zu und als es floh und in das Haus zu seinen Eltern flüchtete, folgte er ihr auf der Ferse nach, trat mit ihr zugleich ins Zimmer hinein und schlug alle Leute, die darin waren, mit seinen feurigen Flügeln, daß ihnen hören und sehen verging. (412)

Zu den Bildern

Der Quellennachweis findet sich, in aller gebotenen Kürze, jeweils unter dem Bild. Es bleibt zu ergänzen, daß es sich bei dem *Politischen Schatzkästlein* – dem die meisten Bilder entnommen sind – um das berühmte Werk des Daniel Meisner handelt, das in 16 Teilen Frankfurt 1625–1631 erschien. Der Verleger und Kupferstecher Eberhard Kieser beschritt hier, zusammen mit dem Textdichter Meisner, einen neuen Weg, indem er Sinnbilder (Allegorien) und Landschaften aufeinander bezog.
Einige Bilder sind anderen bedeutenden Ansichten-Werken entnommen, so Merians *Topographia Hassiae et regionum vicinarum*, Frankfurt 1646 (zweite erweiterte Auflage 1655), dann der *Beschreibung und Kontrafaktur der vornehmsten Städte der Welt,* die der Kölner Stiftsdechant Georg Braun gemeinsam mit dem Kupferstecher Franz Hogenberg 1572 ff. herausgab; schließlich der *Cosmographei* des Sebastian Münster, Basel 1550.
Ferner sei hingewiesen auf die viel zu wenig bekannten Radierungen des Wilhelm Schäfer, genannt Dilich, die in seiner *Hessischen Chronica* (Kassel 1606) zu finden sind.

Literatur

Bader 1912	Hessische Sagen, 2. Reihe. Zusammengestellt von Karl Bader. (Hessische Volksbücher, Bd. 12). Darmstadt 1912 (H. L. Schlapp, Hof-Buchhandlung)
Bechstein 1842	Ludwig Bechstein, Die Sagen des Rhöngebirges und des Grabfeldes (Der Sagenschatz des Frankenlandes, Erster Theil). Würzburg 1842 (Voigt und Mocker)
Becker 1910	Adolf Becker, Aus Nassaus Sagenschatz. Sagensammlung aus dem Regierungsbezirk Wiesbaden. Idstein 1910 (Georg Grandpierre)
Bertling 1907	Carl Bertling, Frankfurter Sagen- und Geschichten-Buch. Frankfurt a. M. 1907 (Karl Scheller)
Bindewald 1873	Theodor Bindewald, Oberhessisches Sagenbuch. Neue vermehrte Ausgabe. Frankfurt a. M. 1873 (Heyder und Zimmer)
Curtze 1860	Louis Friedrich Christian Curtze, Volksüberlieferungen aus dem Fürstenthum Waldeck. Arolsen 1860 (A. Speyer)
Enslin 1856	Karl Enslin, Frankfurter Sagenbuch. Frankfurt a. M. 1856 (Heinrich Ludwig Brönner)
Firmenich 1846	Johannes Matthias Firmenich, Germaniens Völkerstimmen. Band II. Berlin 1846 (Schlesinger'sche Buch- und Musikhandlung)
Grimm 1816/18	Brüder Grimm, Deutsche Sagen. 2 Bde. Berlin 1816/18 (Nicolai). Nachdruck der 3. Auflage (1891) Darmstadt 1959 (Wissenschaftliche Buchgesellschaft)
Heßler 4 1928	Carl Heßler, Hessischer Sagenkranz – Sagen aus Kurhessen. 4. Aufl. Kassel 1928 (Carl Vietor). – Die 1. Auflage erschien 1894
Hoffmeister 1869	Hessische Volksdichtung in Sagen und Mährchen, Schwänken und Schnurren. Gesammelt von Philipp Hoffmeister. Marburg 1869 (Oscar Ehrhardt's Univ.-Buchhandlung)
Lersner 1706	Der Stadt Franckfurt am Mayn Chronica. Von Achilles Augustin v. Lersner. Frankfurt a. M. 1706
Listmann 1856	Georg Listmann, Sagenbuch der freien Reichsstadt Frankfurt a. M. Frankfurt a. M. 1856 (Franz Benjamin Auffarth)
Lyncker 1854	Karl Lyncker, Deutsche Sagen und Sitten in hessischen Gauen. Kassel 1854 (Oswald Bertram)
Mülhause 1860	Elard Mülhause, Die Urreligion des deutschen Volkes in hessischen Sitten, Sagen, Redensarten, Sprüchwörtern und Namen. Kassel 1860 (Theodor Fischer)

Pfister 1885	Hermann von Pfister, Sagen und Aberglaube aus Hessen und Nassau. Marburg 1885 (N. G. Elwert'sche Verlags-Buchhandlung)
Schneider 1905	Emil Schneider, Hessisches Sagenbüchlein. Marburg 1905 (N. G. Elwert'sche Verlags-Buchhandlung). – Neuausgabe 1958 hrsg. von W. Heun und H. Obermann
Vogt 1817	Niklas Vogt, Rheinische Geschichten und Sagen. Bd. 1–3. Frankfurt a. M. 1817 (Hermann'sche Buchhandlung). – Ein abschließender 4. Bd. erschien 1836
Wehrhan 1922	Karl Wehrhan, Sagen aus Hessen und Nassau. (Eichblatts Deutscher Sagenschatz, Bd. 5). Leipzig-Gohlis 1922 (Hermann Eichblatt)
Wehrhan 1923	Karl Wehrhan, Die schönsten Sagen der alten Reichsstadt Frankfurt am Main. Frankfurt a. M. 1923 (Englert und Schlosser)
Winkelmann 1697	Johann Justus Winkelmann, Beschreibung der Fürstentümer Hessen und Hersfeld. Teil 1–6. Bremen 1697
Wolf 1853	Johann Wilhelm Wolf, Hessische Sagen. Göttingen u. Leipzig 1853 (Dieterich'sche Buchhandlung/Fr. Chr. Wilh. Vogel)
Wucke 1864	Christian Ludwig Wucke, Sagen der mittleren Werra. 2 Bde. in 1 Bd. Salzungen 1864 (L. Scheermesser)
Zaunert 1924	Rheinland Sagen. Bd. 1/2. Gesammelt und herausgegeben von Paul Zaunert. Jena 1924 (Eugen Diederichs)
Zaunert 1929	Hessen-Nassauische Sagen. Gesammelt und herausgegeben von Paul Zaunert. Jena 1929 (Eugen Diederichs)

Quellennachweis

Die vorangestellten Ziffern beziehen sich auf die Texte in ihrer Reihenfolge. Bei dem jeweiligen Sagentext wird die entsprechende Nummer am Schluß (in Klammern) aufgeführt.

1 Winkelmann 1697, Teil 1, S. 9

2 Lyncker 1854, Nr. 2, S. 2 (nach Tacitus, Germania 13, 57). Vgl. Zaunert 1929, S. 64

3 Pfister 1885, S. 124

4 Winkelmann 1697, Teil 1, S. 51

5 Wolf 1853, Nr. 125, S. 84

6 Schneider 1905, S. 126. Vgl. Heßler ^{4}1928, S. 37–42 »Blinde Hessen«. Ihm zufolge läßt sich der Spottname bis in die Mitte des 17. Jahrhunderts zurückverfolgen; schon früher habe es die Bezeichnungen »Hundehessen«, »blinde Hundehessen« und »blinde Hunde« gegeben, vgl. Hans Sachs: »Die Hessen engst (koppelt) man mit den Hunden«. – Siehe auch das Sagenmotiv von der Hundetaufe (Der Pfarrer zu Arnsbach, Nr. 121)

7 Grimm 1816 (Band 1) Nr. 110, S. 168 (nach Winkelmann 1697, S. 59 – der die unten angeführten konkreten Beispiele angibt, welche Grimm ausläßt)

8 Wolf 1853, Nr. 200, S. 129

9 Lyncker 1854, Nr. 65, S. 42. Siehe auch Nr. 66 »Wichtelwohnungen«

10 Winkelmann 1697, Teil 2, S. 241

11 Lyncker 1854, Nr. 279, S. 200. Vgl. Zaunert 1929, S. 100f.

12 Lyncker 1854, Nr. 280, S. 201 (nach Winkelmann 1697). Vgl. Pfister 1885, S. 140f.; Zaunert 1929, S. 100f.

13 Zaunert 1929, S. 102f.

14 Zaunert 1929, S. 103

15 Winkelmann 1697, Teil 2, S. 323. Vgl. Zaunert 1929, S. 104f.

16 Grimm 1818 (Band 2), Nr. 562, S. 353–355. Vgl. Lyncker 1854, Nr. 286, S. 205 f.; Schneider 1905, Nr. 59, S. 52–54; Wehrhan 1922, Nr. 190, S. 129f.; Zaunert 1929, S. 104f. – Landgraf Moritz von Hessen, Ottos Nachfahre, hat um 1600 den Sagenstoff dramatisiert

17 Zaunert 1929, S. 108 f. Vgl. Lyncker 1854, Nr. 289, S. 207–209

18 Zaunert 1929, S. 112f.

19 Winkelmann 1697, Teil 1, S. 505

20 Zaunert 1929, S. 204. Vgl. Pfister 1885, S. 147 f.; Schneider 1905, Nr. 9, S. 10f.; Wehrhan 1922, Nr. 196, S. 134

21 Zaunert 1929, S. 23

22 Hoffmeister 1869, Nr. 45, S. 166

23 Pfister 1885, S. 133

24 Winkelmann 1697, Teil 2, S. 174

25 Lyncker 1854, Nr. 258, S. 184f. Vgl. Schneider 1905, Nr. 61, S. 55

[26] Pfister 1885, S. 66
[27] Pfister 1885, S. 97
[28] Zaunert 1929, S. 200–204
[29] Grimm 1818 (Band 2), Nr. 563, S. 355 f. (nach Winkelmann). Vgl. Schneider 1905,1 Nr. 62, S. 55f.
[30] Schneider 1905, Nr. 63, S. 56
[31] Schneider 1905, Nr. 67, S. 59 f. Vgl. Hoffmeister 1869, Nr. 15, S. 17f.
[32] Lyncker 1854, Nr. 305, S. 223. Vgl. Pfister 1885, S. 154; Zaunert 1929, S. 115f.
[33] Grimm 1818 (Band 2), Nr. 565, S. 357–360. Vgl. Pfister 1885, S. 148–151; Wehrhan 1922, Nr. 192, S. 130–132
[34] Hoffmeister 1869, Nr. 19, S. 23. Vgl. Zaunert 1929, S. 214f.
[35] Hoffmeister 1869, Nr. 70, S. 71f.
[36] Lyncker 1854, Nr. 304, S. 222f. Vgl. Schneider 1905, Nr. 66, S. 59
[37] Hoffmeister 1869, Nr. 68, S. 71
[38] Lyncker 1854, Nr. 200, S. 128f.
[39] Zaunert 1929, S. 238–241
[40] Zaunert 1929, S. 241f.
[41] Hoffmeister 1869, Nr. 76, S. 74f. Vgl. Zaunert 1929, S. 250
[42] Zaunert 1929, S. 250
[43] Zaunert 1929, S. 250f.
[44] Zaunert 1929, S. 265
[45] Pfister 1885, S. 127f.
[46] Winkelmann 1697, Teil 1, S. 315
[47] Lyncker 1854, Nr. 53, S. 36 und Zaunert 1929, S. 126–128. Vgl. Pfister 1885, S. 37; Schneider 1905, Nr. 80, S. 69–71
[48] Hoffmeister 1869, Nr. 64, S. 67f. Vgl. Zaunert 1929, S. 128
[49] Schneider 1905, Nr. 81, S. 71. Vgl. Zaunert 1929, S. 57f.
[50] Schneider 1905, Nr. 82, S. 71–73
[51] Pfister 1885, S. 36f.
[52] Schneider 1905, Nr. 84, S. 75. Vgl. Pfister 1885, S. 132 f.; Heßler[4] 1928, Nr. 71, S. 91f., der den Namen des Reinhardswaldes auf das Dorf Reinersen zurückführt, »das am Ahlberg lag und von wo aus die sog. Königstraße durch den Wald zur Weser führte.« Siehe auch Zaunert 1929, S. 126
[53] Lyncker 1854, Nr. 215, S. 146 (nach Grimm)
[54] Lyncker 1854, Nr. 242, S. 168 f. Vgl. Schneider 1905, Nr. 77, S. 67 f.; Zaunert 1929, S. 168 f.
[55] Lyncker 1854, Nr. 22, S. 155f.
[56] Pfister 1885, S. 126
[57] Zaunert 1929, S. 229
[58] Pfister 1885, S. 125f. Vgl. Schneider 1905, Nr. 83, S. 73; Zaunert 1929, S. 168
[59] Lyncker 1854, Nr. 274, S. 197. Vgl. Schneider 1905, Nr. 86, S. 76; Zaunert 1929, S. 198
[60] Hoffmeister 1869, S. 99. Vgl. Schneider 1905, Nr. 87, S. 76f.
[61] Lyncker 1854, Nr. 217, S. 147

62 Lyncker 1854, Nr. 4, S. 3f. Vgl. Pfister 1885, S. 16f. »Der Quinten-Glaube«; Zaunert 1929, S. 2f.

63 Lyncker 1854, Nr. 5, S. 4f. Vgl. Schneider 1905, Nr. 45, S. 42

64 Lyncker 1854, Nr. 6, S. 5–7. Vgl. Pfister 1885, S. 15 f.; Schneider 1905, Nr. 44, S. 40–42

65 Schneider 1905, Nr. 43, S. 39f. Vgl. Pfister 1885, S. 11–15

66 Wolf 1853, Nr. 151, S. 102

67 Zaunert 1929, S. 10

68 Schneider 1905, Nr. 42, S. 39

69 Winkelmann 1697, Teil 1, S. 399 und Zaunert 1929, S. 72f

70 Pfister 1885, S. 131 f. Vgl. Hoffmeister 1869, Nr. 60, S. 66; Schneider 1905, Nr. 40, S. 37f.

71 Zaunert 1929, S. 97–99 und Hoffmeister 1869, Nr. 61, S. 66

72 Schneider 1905, Nr. 41, S. 38f. Vgl. Zaunert 1929, S. 229f.

73 Pfister 1885, S. 109f.

74 Hoffmeister 1869, Nr. 73, S. 73

75 Lyncker 1854, Nr. 273, S. 196f. Vgl. Schneider 1905, Nr. 55, S. 50f.

76 Lyncker 1854, Nr. 196, S. 126f. Siehe auch Lyncker Nr. 195 »Wein in seiner eignen Haut« – Weinstein, der allmählich eine Kruste um die Flüssigkeit bildet.

77 Lyncker 1854, Nr. 199, S. 128

78 Heßler ^{4}1928, Nr. 14, S. 44f.

79 Lyncker 1854, Nr. 132, S. 83f. Vgl. Schneider 1905, Nr. 34, S. 34; Pfister 1885, S. 76f.

80 Hoffmeister 1869, Nr. 46, S. 56f. Vgl. Schneider 1905, Nr. 33, S. 32f.

81 Hoffmeister 1869, Nr. 19, S. 151

82 Hoffmeister 1869, Nr. 7, S. 11f.

83 Schneider 1905, Nr. 56, S. 51

84 Hoffmeister 1869, Nr. 8, S. 12f.

85 Grimm 1818 (Band 2), Nr. 568, S. 364 (nach Winkelmann 1697)

86 Hoffmeister 1869, Nr. 9, S. 13. Vgl. Heßler ^{4}1928, Nr. 136, S. 151

87 Grimm 1816 (Band 1), Nr. 105, S. 163f. Vgl. Pfister 1885, S. 136; Schneider 1905, Nr. 57, S. 51

88 Lyncker 1854, Nr. 201, S. 130. Vgl. Schneider 1905, Nr. 58, S. 52

89 Lyncker 1854, Nr. 202, S. 131–133. Vgl. Pfister 1885, S. 156; Heßler ^{4}1928, Nr. 133, S. 150

90 Lyncker 1854, Nr. 261, S. 187

91 Hoffmeister 1869, S. 120f.

92 Winkelmann 1697, Teil 1, S. 38

93 Schneider 1905, Nr. 93, S. 81–87. Vgl. Zaunert 1929, S. 25–27

94 Zaunert 1929, S. 16

95 Wehrhan 1922, Nr. 240, S. 159

96 Winkelmann 1697, Teil 1, S. 59, 400, 399

97 Bader 1912, Nr. 150, S. 29. Vgl. Bindewald 1873, S. 20

98 Wolf 1853, Nr. 242, S. 151. Vgl. Lyncker 1854, Nr. 228, S. 156–158; Pfister 1885, S. 128f.; Schneider 1905, Nr. 94, S. 87–89; Heßler ^{4}1928, Nr. 105, S. 122f.

[99] Wolf 1853, Nr. 54, S. 37
[100] Wehrhan 1922, Nr. 219, S. 148
[101] Grimm 1816 (Band 1), Nr. 197, S. 274f. Vgl. Zaunert 1929, S. 291
[102] Heßler [4]1928, Nr. 106, S. 123f. Vgl. Zaunert 1929, S. 24f.
[103] Lyncker 1854, Nr. 290, S. 209. Vgl. Pfister 1885, S. 131
[104] Hoffmeister 1869, Nr. 88, S. 84. Vgl. Schneider 1905, Nr. 97, S. 92
[105] Hoffmeister 1869, Nr. 85, S. 82f. Vgl. Schneider 1905, Nr. 96, S. 90f.
[106] Grimm 1816 (Band 1), Nr. 10, S. 13–15. Siehe auch Hoffmeister 1869, Nr. 84, S. 81f. »Der Burggeist auf der Boyneburg«
[107] Grimm 1816 (Band 1), Nr. 181, S. 262 f. Vgl. Schneider 1905, Nr. 98, S. 92
[108] Hoffmeister 1869, Nr. 33, S. 44. Vgl. Zaunert 1929, S. 200f.
[109] Hoffmeister 1869, Nr. 58, S. 65. Vgl. Schneider 1905, Nr. 99, S. 92–94
[110] Hoffmeister 1869, Nr. 59, S. 65f. Vgl. Schneider 1905, Nr. 100, S. 94–96
[111] Schneider 1905, Nr. 91, S. 80. Vgl. Heßler [4]1928, Nr. 109, S. 125; Zaunert 1929, S. 114f.
[112] Lyncker 1854, Nr. 189, S. 122. Vgl. Wolf 1853, Nr. 94, S. 59f.
[113] Mülhause 1860, S. 177–179. Vgl. Bertling 1907, S. 103f.
[114] Pfister 1885, S. 50f. Vgl. Schneider 1905, Nr. 20, S. 19f.
[115] Pfister 1885, S. 52f.
[116] Lyncker 1854, Nr. 193, S. 124f.
[117] Grimm 1816 (Band 1), Nr. 279, S. 368
[118] Lyncker 1854, Nr. 308, S. 226f. Vgl. Zaunert 1929, S. 71f.
[119] Bindewald 1873, S. 208f. Vgl. Wolf 1853, Nr. 198, S. 128 (auf den Brand des Darmstädter Schlosses im Jahr 1715 bezogen)
[120] Pfister 1885, S. 111f. Vgl. Schneider 1905, Nr. 21, S. 20–22
[121] Hoffmeister 1869, Nr. 62, S. 67. Vgl. Schneider 1905, Nr. 37, S. 36; die »Hunde-Sage« Pfister 1885, S. 139f. und (nicht lokalisiert) »Die Hunde« Lyncker 1854, Nr. 207, 1 S. 137 f.
[122] Schneider 1905, Nr. 38, S. 36f. (nach Grimm). Vgl. Zaunert 1929, S. 37 f.
[123] Heßler [4]1928, Nr. 83, S. 100. Vgl. Pfister 1885, S. 33f.; Schneider 1905, Nr. 22, S. 22–24; Zaunert 1929, S. 134
[124] Hoffmeister 1869, Nr. 3, S. 8f. Vgl. Heßler [4]1928, Nr. 84, S. 100 f.; Zaunert 1929, S. 135f.
[125] Schneider 1905, Nr. 25, S. 26f. Vgl. Zaunert 1929, S. 227 f.
[126] Schneider 1905, Nr. 24, S. 24–26. Vgl. Grimm 1818 (Band 2), Nr. 564, S. 356f.; Wehrhan 1922, Nr. 202, S. 138 f.; Zaunert 1929, S. 205 f.
[127] Heßler [4]1928, Nr. 77, S. 97f. Vgl. Schneider 1905, Nr. 29, S. 29f.
[128] Heßler [4]1928, S. 54–56 (Nr. 3, 6, 8); siehe auch S. 49–53. Vgl. Zaunert 1929, S. 159f.
[129] Lyncker 1854, Nr. 338, S. 255f. Vgl. Hoffmeister 1869, Nr. 65, S. 68f. »Das Walpersmännchen«
[130] Grimm 1816 (Band 1), Nr. 130, S. 200
[131] Zaunert 1929, S. 110–112
[132] Schneider 1905, Nr. 110, S. 102f.
[133] Lyncker 1854, Nr. 64, S. 42

[134] Hoffmeister 1869, Nr. 11, S. 14
[135] Pfister 1885, S. 62f. Vgl. Heßler [4]1928, Nr. 23, S. 49
[136] Lyncker 1854, Nr. 229, S. 158–160
[136a] Lyncker 1854, Nr. 106, S. 68 f.
[137] Schneider 1905, Nr. 104, S. 99. Vgl. Wolf 1853, Nr. 250, S. 155; Wehrhan 1922, Nr. 194, S. 133
[138] Wehrhan 1922, Nr. 195, S. 133
[139] Curtze 1860, Nr. 79, S. 241 f. Vgl. Schneider 1905, Nr. 18, S. 17f.
[140] Curtze 1860, Nr. 119 und Nr. 120, S. 266 f.
[141] Hoffmeister 1869, Nr. 80, S. 76f. Vgl. Zaunert 1929, S. 133f.
[142] Firmenich 1846 (Band 2), S. 117. Vgl. Curtze 1860, Nr. 22, S. 199 f.
[143] Hoffmeister 1869, Nr. 81, S. 77
[144] Curtze 1860, Nr. 122, S. 267f.
[145] Curtze 1860, Nr. 91 und Nr. 92, S. 250
[146] Lyncker 1854, Nr. 216, S. 146f. Vgl. Curtze 1860, Nr. 111, S. 261 f.
[147] Lyncker 1854, Nr. 275, S. 197f.
[148] Lyncker 1854, Nr. 233, S. 162. Vgl. Curtze 1860, Nr. 112, S. 262
[149] Lyncker 1854, Nr. 234, S. 163. Vgl. Curtze 1860, Nr. 113, S. 263; Wolf 1853, Nr. 237, S. 146f.; Schneider 1905, Nr. 69, S. 61f.
[150] Heßler [4]1928, Nr. 54, S. 81f. (nach Lyncker)
[151] Curtze 1860, Nr. 62, S. 232
[152] Curtze 1860, Nr. 107, S. 256–258
[153] Curtze 1860, Nr. 47, S. 224f.
[154] Winkelmann 1697, Teil 1, S. 57 f.
[155] Grimm 1816 (Band 1), Nr. 180, S. 261f. Vgl. Lyncker 1854, Nr. 266, S. 190; Zaunert 1929, S. 72
[156] Lyncker 1854, Nr. 225, S. 152f. Vgl. Grimm 1816 (Band 1), Nr. 91, S. 148–150; Heßler [4]1928, Nr. 88, S. 104–106; Zaunert 1929, S. 70f.
[157] Zaunert 1929, S. 199f.
[158] Lyncker 1854, Nr. 257, S. 183 f.
[159] Lyncker 1854, Nr. 71, S. 45–47
[160] Wolf 1853, Nr. 25, S. 20f.
[161] Lyncker 1854, Nr. 13, S. 12
[162] Lyncker 1854, Nr. 260, S. 186 f. Vgl. Zaunert 1929, S. 220
[163] Schneider 1905, Nr. 12, S. 12f.
[164] Schneider 1905, Nr. 13, S. 13f.
[165] Wehrhan 1922, Nr. 107, S. 79 f. (nach W. Schrupp, Waldgirmes). Vgl. Bindewald 1873, S. 131f.
[166] Wehrhan 1922, Nr. 27, S. 21
[167] Zaunert 1929, S. 206f.
[168] Zaunert 1929, S. 277
[169] Wehrhan 1922, Nr. 252, S. 167
[170] Wehrhan 1922, Nr. 105, S. 78f.

[171] Zaunert 1929, S. 177
[172] Wehrhan 1922, Nr. 140, S. 97
[173] Wehrhan 1922, Nr. 220, S. 148 f.
[174] Winkelmann 1697, Teil 2, S. 216
[175] Zaunert 1929, S. 89f.
[176] Lyncker 1854, Nr. 278, S. 199f. u. Nr. 194, S. 125. Vgl. Pfister 1885, S. 155; Schneider 1905, Nr. 2, S. 2–4; Zaunert 1929, S. 95 f.
[177] Lyncker 1854, Nr. 276, S. 198. Vgl. Schneider 1905, Nr. 1, S. 1f.
[178] Pfister 1885, S. 144
[179] Lyncker 1854, Nr. 113, S. 72 und Winkelmann 1697, Teil 1, S. 56. Vgl. Pfister 1885, S. 50; Zaunert 1929, S. 49
[180] Schneider 1905, Nr. 7, S. 8. Vgl. Pfister 1885, S. 73f. »Jungfrau am Lahnberge«
[181] Zaunert 1929, S. 99
[182] Lyncker 1854, Nr. 152, S. 96
[183] Schneider 1905, Nr. 8, S. 9f.
[184] Pfister 1885, S. 145 f. Vgl. Zaunert 1929, S. 215
[185] Wolf 1853, Nr. 215, S. 135
[186] Winkelmann 1697, Teil 3, S. 375. Vgl. Grimm 1816 (Band 1), Nr. 165, S. 241f.
[187] Lyncker 1854, Nr. 226, S. 154. Vgl. Pfister 1885, S. 142 f.; Schneider 1905, Nr. 4, S. 6
[188] Schneider 1905, Nr. 11, S. 12. Vgl. Pfister 1885, S. 37 f.
[189] Pfister 1885, S. 107f.
[190] Schneider 1905, Nr. 3, S. 4f. Vgl. Winkelmann 1697, Teil 1, S. 56; Lyncker 1854, Nr. 107, S. 69
[191] Wolf 1853, Nr. 195, S. 127
[192] Wolf 1853, Nr. 213, S. 133 f.
[193] Schneider 1905, Nr. 10, S. 11
[194] Wehrhan 1922, Nr. 205, S. 140. Vgl. Zaunert 1929, S. 223
[195] Wolf 1853, Nr. 148, S. 101
[196] Zaunert 1929, S. 174
[197] Zaunert 1929, S. 317
[198] Zaunert 1929, S. 144
[199] Wehrhan 1922, Nr. 217, S. 147. Vgl. Zaunert 1929, S. 164
[200] Zaunert 1929, S. 176
[201] Wehrhan 1922, Nr. 206, S. 140f.
[202] Zaunert 1929, S. 238
[203] Zaunert 1929, S. 298
[204] Zaunert 1929, S. 252–255. Vgl. Wehrhan 1922, Nr. 283, S. 186
[205] Zaunert 1929, S. 163
[206] Zaunert 1929, S. 273f.
[207] Zaunert 1929, S. 119f.
[208] Grimm 1816 (Band 1), Nr. 278, S. 366f.
[209] Lyncker 1854, Nr. 268, S. 191
[210] Schneider 1905, Nr. 114, S. 105–107

[211] Wolf 1853, Nr. 132, S. 90. Vgl. Zaunert 1929, S. 193
[212] Bechstein 1842, Nr. 46, S. 99f. Vgl. Zaunert 1929, S. 141f.
[213] Grimm 1816 (Band 1), Nr. 163, S. 240
[214] Bechstein 1842, Nr. 56, S. 108–110
[215] Wolf 1853, Nr. 169, S. 111
[216] Wolf 1853, Nr. 171, S. 112
[217] Wolf 1853, Nr. 168, S. 111. Vgl. Zaunert 1929, S. 171
[218] Wolf 1853, Nr. 159, S. 107
[219] Wolf 1853, Nr. 276, S. 176f.
[220] Wolf 1853, Nr. 173, S. 113
[221] Lyncker 1854, Nr. 313, S. 231f.
[222] Lyncker 1854, Nr. 206, S. 136f.
[223] Bechstein 1842, Nr. 58, S. 111 f.
[224] Wolf 1853, Nr. 147, S. 100f.
[225] Wolf 1853, Nr. 70, S. 47
[226] Bechstein 1842, Nr. 27, S. 77–79
[227] Bechstein 1842, Nr. 29, S. 80f. Vgl. Wolf 1853, Nr. 208, S. 132. Ähnlich auch »Der Bonifatiusbrunnen bei Horas« Lyncker 1854, Nr. 257, S. 190f.
[228] Zaunert 1929, S. 81
[229] Bechstein 1842, Nr. 32, S. 84f. Vgl. Zaunert 1929, S. 80
[230] Wolf 1853, Nr. 104, S. 68
[231] Schneider 1905, Nr. 113, S. 105. Vgl. Wolf 1853, Nr. 71, S. 47
[232] Wehrhan 1922, Nr. 148, S. 101
[233] Hoffmeister 1869, Nr. 23, S. 25 und Zaunert 1929, S. 156
[234] Wucke 1864, S. 169
[235] Grimm 1816 (Band 1), Nr. 113, S. 170
[236] Bechstein 1842, Nr. 50, S. 103f.
[237] Bechstein 1842, Nr. 23, S. 72f. Vgl. Wucke 1864, S. 117–119
[238] Grimm 1816 (Band 1), Nr. 196, S. 274
[239] Bechstein 1842, Nr. 28, S. 79f. Vgl. Grimm 1816 (Band 1), Nr. 197, S. 274f.; Schneider 1905, Nr. 118, S. 109f.
[240] Wolf 1853, Nr. 228, S. 140 f.
[241] Bechstein 1842, Nr. 154, S. 293f.
[242] Bechstein 1842, Nr. 153, S. 292 f.
[243] Bindewald 1873, S. 33f.
[244] Bindewald 1873, S. 16f.
[245] Bindewald 1873, S. 223
[246] Bindewald 1873, S. 205f.
[247] Bader 1912, Nr. 215, S. 68
[248] Zaunert 1929, S. 18
[249] Bindewald 1873, S. 134 f.
[250] Bindewald 1873, S. 118. Vgl. Zaunert 1929, S. 265f.
[251] Bindewald 1873, S. 23–25

[252] Wolf 1853, Nr. 115, S. 75
[253] Bindewald 1873, S. 23. Vgl. Zaunert 1929, S. 18
[254] Bindewald 1873, S. 126f.
[255] Wolf 1853, Nr. 212, S. 133. Vgl. Bindewald 1873, S. 19; Schneider 1905, Nr. 131, S. 119
[256] Pfister 1885, S. 34 f.
[257] Bindewald 1873, S. 226f.
[258] Bindewald 1873, S. 123f.
[259] Wehrhan 1922, Nr. 50, S. 34
[260] Lyncker 1854, Nr. 241, S. 168. Vgl. Wolf 1853, Nr. 247, S. 153 f.
[261] Wolf 1853, Nr. 64, S. 45
[262] Bindewald 1873, S. 130f.
[263] Wehrhan 1922, Nr. 29, S. 22
[264] Bindewald 1873, S. 176f.
[265] Bindewald 1873, S. 39
[266] Bindewald 1873, S. 38
[267] Bindewald 1873, S. 111–114
[268] Lyncker 1854, Nr. 339, S. 256
[269] Bindewald 1873, S. 221f.
[270] Wolf 1853, Nr. 58, S. 41
[271] Wehrhan 1853, Nr. 157, S. 95
[272] Wehrhan 1922, Nr. 112, S. 82f.
[273] Zaunert 1929, S. 222
[274] Wolf 1853, Nr. 21, S. 16. Vgl. Zaunert 1929, S. 12
[275] Bader 1912, Nr. 205, S. 63. Vgl. Grimm 1818 (Band 2), Nr. 567, S. 362–364; Pfister 1885, S. 146f.
[276] Wolf 1853, Nr. 41, S. 29f.
[277] Wolf 1853, Nr. 83, S. 53f.
[278] Wolf 1853, Nr. 223, S. 138
[279] Wolf 1853, Nr. 55, S. 38
[280] Wehrhan 1922, Nr. 144, S. 99
[281] Wehrhan 1922, Nr. 223, S. 150 und Bader 1912, Nr. 168, S. 42f.
[282] Firmenich 1846 (Band 2), S. 100f.
[283] Wolf 1853, Nr. 240, S. 150
[284] Wolf 1853, Nr. 236, S. 146. Vgl. Enslin 1856, S. 26f.; Zaunert 1929, S. 143 f.
[285] Wolf 1853, Nr. 88, S. 56f. Vgl. Enslin 1856, S. 28 f.; Zaunert 1929, S. 49f.
[286] Wehrhan 1922, Nr. 78, S. 55
[287] Bindewald 1873, S. 95
[288] Grimm 1816 (Band 1), Nr. 166, S. 242 (nach Winkelmann). Vgl. Pfister 1885, S. 39
[289] Lyncker 1854, Nr. 91, S. 58f. Vgl. Schneider 1905, Nr. 127, S. 116f.; Wehrhan 1922, Nr. 87, S. 61f.; Heßler [4]1928, Nr. 162, S. 176f.; Zaunert 1929, S. 21f.
[290] Lyncker 1854, Nr. 95, S. 61f. Vgl. Schneider 1905, Nr. 128, S. 117; Heßler [4]1928, Nr. 158, S. 174
[291] Lyncker 1854, Nr. 114, S. 72f. Vgl. Heßler [4]1928, Nr. 160, S. 175f.

[292] Lyncker 1854, Nr. 173, S. 112f.
[293] Lyncker 1854, Nr. 89, S. 56 f. Vgl. Schneider 1905, Nr. 122, S. 113; Wehrhan 1922, Nr. 11, S. 10f.
[294] Wehrhan 1922, Nr. 135, S. 94f.
[295] Schneider 1905, Nr. 132, S. 119. Vgl. Zaunert 1929, S. 220
[296] Schneider 1905, Nr. 133, S. 120–122
[297] Lyncker 1854, Nr. 221, S. 150. Vgl. Zaunert 1929, S. 88
[298] Lyncker 1854, Nr. 222, S. 150f.
[299] Lyncker 1854, Nr. 223, S. 151f. Vgl. Schneider 1905, Nr. 135, S. 123 f.
[300] Lyncker 1854, Nr. 224, S. 152
[301] Schneider 1905, Nr. 136, S. 124
[302] Lyncker 1854, Nr. 309, S. 227–229
[303] Pfister 1885, S. 104. Vgl. Zaunert 1929, S. 321
[304] Enslin 1856, S. 67–69
[305] Wehrhan 1922, Nr. 198, S. 136
[306] Winkelmann 1697, Teil 1, S. 155
[307] Schneider 1905, Nr. 137, S. 124f. Vgl. Enslin 1856, S. 1f.; Bertling 1907, S. 6–8; Wehrhan 1922, Nr. 242, S. 160
[308] Zaunert 1929, S. 178
[309] Grimm 1816 (Band 1), Nr. 185, S. 267f.und Zaunert 1929, S. 180. Vgl. Enslin 1856, S. 33–35; Pfister 1885, S. 31f.; Schneider 1905, Nr. 138, S. 125 f.
[310] Bertling 1907, S. 63f.
[311] Bertling 1907, S. 74 f. Vgl. Enslin 1856, S. 119; Zaunert 1929, S. 189
[312] Zaunert 1929, S. 180f. Vgl. Enslin 1856, S. 82–84
[313] Wehrhan 1922, Nr. 187, S. 126–128. Vgl. Bertling 1907, S. 8–12; Bader 1912, Nr. 139, S. 21–23
[314] Bertling 1907, S. 12–15. Vgl. Enslin 1856, S. 6f.
[315] Bader 1912, Nr. 125, S. 10f. Vgl. Bertling 1907, S. 125–126; Wehrhan 1923, S. 79–83
[316] Bertling 1907, S. 47–49. Vgl. Enslin 1856, S. 13f.; Wehrhan 1923, S. 43 f.
[317] Zaunert 1929, S. 182. Vgl. Enslin 1856, S. 47–54; Bertling 1907, S. 50–57
[318] Vogt 1817 (Band 2), S. 403–406
[319] Enslin 1856, S. 63 f. Vgl. Bertling 1907, S. 145–147; Wehrhan 1923, S. 32 f.; Zaunert 1929, S. 185 f.
[320] Enslin 1856, S. 71. Vgl. Bertling 1907, S. 98–100; Zaunert 1929, S. 186
[321] Enslin 1856, S. 80–82. Vgl. Zaunert 1929, S. 185–188
[322] Bertling 1907, S. 164f. Vgl. Enslin 1856, S. 155 f.
[323] Enslin 1856, S. 149f.
[324] Zaunert 1929, S. 192. Vgl. Enslin 1856, S. 152–154; Bertling 1907, S. 201–203
[325] Lersner 1706, S. 554
[326] Bertling 1907, S. 141–144
[327] Enslin 1856, S. 45f.
[328] Wehrhan 1923, S. 63. Vgl. Zaunert 1929, S. 191 f.
[329] Enslin 1856, S. 115f.

[330] Enslin 1856, S. 144 f.
[331] Enslin 1856, S. 138
[332] Winkelmann 1697, Teil 1, S. 176
[333] Wehrhan 1923, S. 56f.
[334] Zaunert 1929, S. 189 f.
[335] Zaunert 1929, S. 190 f. Vgl. Wehrhan 1922, Nr. 225, S. 151f.
[336] Enslin 1856, S. 224
[337] Enslin 1856, S. 119 f.
[338] Bertling 1907, S. 162f.
[338a] Wehrhan 1922, Nr. 238, S. 158f.
[339] Zaunert 1929, S. 174. Vgl. Becker 1910, Nr. 39, S. 45 f.
[340] Becker 1910, Nr. 41, S. 47
[341] Enslin 1856, S. 15f. und Winkelmann 1697, Teil 1, S. 107. Vgl. Zaunert 1929, S. 66f.
[342] Zaunert 1929, S. 147
[343] Firmenich 1846 (Band 2), S. 73–75
[344] Wolf 1853, Nr. 2, S. 2. Vgl. Zaunert 1929, S. 2
[345] Zaunert 1929, S. 29
[346] Enslin 1856, S. 58–60 und Zaunert 1929, S. 183. Vgl. Bertling 1907, S. 170–173
[347] Enslin 1856, S. 18f. Vgl. Wolf 1853, Nr. 57, S. 40f.; Wehrhan 1923, S. 43
[348] Wehrhan 1922, Nr. 89, S. 63–65
[349] Wehrhan 1922, Nr. 221, S. 149 f.
[350] Wehrhan 1922, Nr. 249, S. 164
[351] Pfister 1885, S. 122 f.
[352] Zaunert 1929, S. 176 f.
[353] Wehrhan 1922, Nr. 222, S. 150
[354] Zaunert 1929, S. 66
[355] Wehrhan 1922, Nr. 186, S. 125 f.
[356] Becker 1910, Nr. 57, S. 68 f.
[357] Zaunert 1929, S. 201
[358] Zaunert 1924, S. 115
[359] Zaunert 1924, S. 117
[360] Winkelmann 1697, Teil 2, S. 101
[361] Winkelmann 1697, Teil 2, S. 79
[362] Vogt 1817 (Band 2), S. 308f.
[363] Vogt 1817 (Band 2), S. 309 f.
[364] Wolf 1853, Nr. 268, S. 171
[365] Wolf 1853, Nr. 269, S. 171
[366] Wolf 1853, Nr. 190, S. 122f.
[367] Wolf 1853, Nr. 270, S. 172f.
[368] Bader 1912, Nr. 115, S. 3–6
[369] Wolf 1853, Nr. 256, S. 158–160
[370] Bader 1912, Nr. 118, S. 7
[371] Wolf 1853, Nr. 258, S. 161 f.

[372] Wolf 1853, Nr. 257, S. 160 f.
[373] Bader 1912, Nr. 141, S. 24
[374] Wolf 1853, Nr. 100, S. 63f.
[375] Wehrhan 1922, Nr. 136, S. 95
[376] Grimm 1816 (Band 1), Nr. 218, S. 300f.
[377] Wehrhan 1922, Nr. 103, S. 76f.
[378] Grimm 1816 (Band 1), Nr. 169, S. 244–246
[379] Wolf 1853, Nr. 235, S. 144–146
[380] Wolf 1853, Nr. 244, S. 152 f.
[381] Wehrhan 1922, Nr. 72, S. 50. Vgl. Wolf 1853, Nr. 32, S. 24f. »Des Rodensteiners letzter Auszug« (1848/1850)
[382] Wolf 1853, Nr. 31, S. 24
[383] Wolf 1853, Nr. 9, S. 8f.
[384] Wolf 1853, Nr. 26, S. 21f.
[385] Wolf 1853, Nr. 23, S. 17–20
[386] Grimm 1816 (Band 1), Nr. 274, S. 362f.
[387] Zaunert 1929, S. 20
[388] Grimm 1816 (Band 1), Nr. 242, S. 329 f.
[389] Wolf 1853, Nr. 81, S. 52f.
[390] Wolf 1853, Nr. 201, S. 129
[391] Wehrhan 1922, Nr. 251, S. 155
[392] Wolf 1853, Nr. 122, S. 81f.
[393] Wolf 1853, Nr. 78, S. 50 f. Vgl. »Der Schlapper« ebda. Nr. 77
[394] Grimm 1816 (Band 1), Nr. 324, S. 422
[395] Wolf 1853, Nr. 50, S. 36
[396] Wolf 1853, Nr. 67, S. 46
[397] Wolf 1853, Nr. 135, S. 91 f.
[398] Wolf 1853, Nr. 120, S. 78–80. Vgl. Wehrhan 1922, Nr. 101, S. 73 f.
[399] Wolf 1853, Nr. 114, S. 74
[400] Wolf 1853, Nr. 272, S. 174 f.
[401] Wolf 1853, Nr. 267, S. 169–171
[402] Wolf 1853, Nr. 14, S. 11–13
[403] Wehrhan 1922, Nr. 215, S. 146
[404] Bader 1912, Nr. 111, S. 2
[405] Grimm 1816 (Band 1), Nr. 223, S. 305–307
[406] Grimm 1816 (Band 1), Nr. 224, S. 307
[407] Wolf 1853, Nr. 1, S. 1
[408] Wolf 1853, Nr. 69, S. 47
[409] Wolf 1853, Nr. 238, S. 147–149. Vgl. Wehrhan 1922, Nr. 212, S. 144 f.
[410] Wolf 1853, Nr. 3, S. 2–4
[411] Wolf 1853, Nr. 139, S. 95
[412] Grimm 1816 (Band 1), Nr. 276, S. 365

Ortsregister

Bekannte Sagengestalten

Landgrafen von Hessen-Kassel

Landgrafen von Hessen-Darmstadt